Mrs. Vandersteins Juwelen

Frau Charles Bryce

Writat

Diese Ausgabe erschien im Jahr 2024

ISBN: 9789359942230

Herausgegeben von
Writat
E-Mail: info@writat.com

Inhalt

KAPITEL I

DAS Zimmer sah im Nachmittagslicht sehr kühl aus. Ein paar Schalen mit weißen Rosen, die darüber arrangiert waren, schienen ihm einen Anblick von mehr als gewöhnlicher Fleckenlosigkeit zu verleihen.

Für Madame Querterot, eine Person ohne Geschmack, die nicht den Anspruch erhob, anspruchsvoll zu sein, und die außerdem wenig Verständnis für die Leidenschaft für Sauberkeit hatte, wenn diese übertrieben wurde, erinnerte die luftige Leichtigkeit des Ortes an ihre Klosterschule jugendliche Tage; und indem sie ihr wieder die Gestalt einer strengen Oberschwester vor Augen führte, die in jenen vergangenen Zeiten gewohnt war, der jungen, aber ständig irrenden Justine schwere Strafen aufzuerlegen, veranlasste sie sie unweigerlich, nach einem kurzen Atemzug Mrs. Vandersteins Schlafzimmer zu betreten auf der Schwelle, als wollte sie sich in ein eiskaltes Bad stürzen.

Mrs. Vanderstein, die stets Pünktlichkeit verkörperte, war an diesem besonderen Abend für sie bereit, wie sie es immer war.

Eingehüllt in ein durchscheinendes weißes Kleidungsstück, das sie vielleicht einen Morgenmantel genannt hätte, lag sie auf einem mit Seide bezogenen Sofa und sah träge zu, wie Madame Querterot die kleine Tasche auspackte, in der sie die Accessoires ihres Berufs, der Friseurin und Schönheitspflegerin, bei sich trug Spezialist.

„Sie müssen mich heute Abend sehr schön machen, Madame Justine", sagte sie mit einem Lächeln. „Wir werden *La Bohème hören* und die Königin wird dort sein. Meine Loge liegt fast gegenüber der königlichen Loge, und für den Fall, dass der Blick Ihrer Majestät in meine Richtung fällt, möchte ich mein Bestes geben."

„Alle Augen werden auf Ihre Seite des Theaters gerichtet sein, Madame", antwortete Madame Querterot, holte ihre Sammlung von Pomadendosen, Puderdosen und Waschmitteln heraus und ordnete sie im Halbkreis auf einem Louis-XVI-Tisch an. „Königsleute kennen den Gebrauch von Operngläsern so gut wie jeder Bürger. Der gute Gott hat sich damit beschäftigt, dich schön zu machen! Ich kann nur bewahren, was ich finde. Ich kann Ihre Schönheit dauerhaft machen, Madame. Mehr darf man von mir nicht verlangen. Ich bin nicht der gute Gott, ich!" und Madame Querterots dicke Schultern zitterten vor unbeschwerter Heiterkeit.

Auch Frau Vanderstein lächelte. Was ihr offensichtlich gutes Aussehen betraf, zeigte sie keinerlei Bescheidenheit. Aber sie musste mit Bedauern zugeben – wenn auch nur vor sich selbst –, dass sie nicht mehr so jung war wie zuvor; und die Zusicherungen der Masseuse, dass ihr jugendliches Aussehen auf unbestimmte Zeit erhalten bleiben könne, klangen so melodisch an ihren Ohren, als wären sie tatsächlich ein Auftakt zu den magischen Klängen, die sich bald erheben würden, um sie durch die beneidete, wenn auch stickige Atmosphäre von Covent Garden zu bezaubern.

„Sie sind eine Schmeichlerin, Madame Justine", murmelte sie. Dann, bevor sie ihren Kopf in die Kissen zurücklegte und sich Madame Querterots Fürsorge hingab, rief sie einer Gestalt zu, die im Fenster saß, halb versteckt zwischen den Musselinvorhängen, die davor flatterten: „Barbara, seien Sie sicher und erzählen Sie es." Mich, wenn du etwas Interessantes siehst."

Barbara Turner antwortete, ohne sich umzusehen:

„Es ist noch nichts gekommen, aber ich halte die Augen offen."

Frau Vanderstein schloss die Augen, und nachdem Madame Querterot ihre Ärmel hochgekrempelt und eine Schürze angezogen hatte, begann sie mit ihren kurzen Fingern über die ruhigen Züge und die glatte Gesichtshaut der Dame zu streichen. Eine Zeit lang regte sich sonst nichts in dem großen Raum.

Ein Sonnenstrahl glitt sehr langsam über einen Teil der grau getäfelten Wände und gelangte zu einem vergoldeten Spiegel, der vorsichtig über den geschnitzten Rahmen kletterte, nur um von der blitzenden Oberfläche des Spiegels eingefangen und eine Weile festgehalten zu werden.

Auf allen Seiten leuchtete sanft und angenehm das gedämpfte Gold der alten Rahmen, die unschätzbare Bilder umgaben, die mit Hilfe des hervorragenden Urteilsvermögens und des langen Geldbeutels des verstorbenen Mr. Vanderstein erworben worden waren.

Die Möbel aus der besten Zeit der Herrschaft Ludwigs XVI. waren – wie überall im Haus – von demselben treffsicheren Kenner zusammengetragen worden, und jedes Stück wäre von vielen eifrigen Museumsdirektoren mit Freudentränen begrüßt worden .

Der dicke Teppich, der den Boden bedeckte, passte genau zum blassgrauen Farbton der Wände und Polster, und die extreme Leichtigkeit dieser vermittelte jene Atmosphäre von großem Luxus, zu der der großzügige Einsatz fragiler Farben in einer so schmutzigen Stadt wie London noch mehr beiträgt vermitteln als jedes auffälligere Zeichen der Extravaganz.

Durch die offenen Fensterfenster drangen viele Geräusche von der Straße, denn das Schlafzimmer befand sich an der Vorderseite des Hauses, das in einer Straße in Mayfair direkt gegenüber einem großen Hotel lag, in dem zu Zeiten von Hoffesten häufig die Schar ausländischer Könige Zuflucht findet. wenn die gastfreundlichen Mauern des Palastes bis zum Bersten gefüllt sind.

Das Kommen und Gehen dieser angesehenen Gäste löste bei Mrs. Vanderstein immer ein unstillbares Interesse aus, für die jede noch so kleine Handlung, wenn sie von irgendeiner Art von Hoheit ausgeführt wurde, voller aufregender Anregungen war.

Zu der Zeit, von der ich spreche, war London mit den Vorbereitungen für eine große Veranstaltung beschäftigt, und mit jedem Zug trafen Vertreter der europäischen Höfe vom Kontinent ein.

Mrs. Vanderstein konnte die Geräusche eines ständigen Stroms von Kutschen und Motoren hören, die unter ihrem Fenster anhielten oder starteten, und wusste, dass sie sich nicht vor ihrer Tür drängten, sondern auf der anderen Straßenseite unter dem prächtigen Stuckportikus von Fianti's Hotel.

„Barbara, ist niemand Interessantes erschienen?“ Sie rief nach ein paar Minuten erneut an.

„Noch nicht“, war die Antwort. „Aber jetzt fährt eine Victoria die Straße entlang, die irgendwie wie eine königliche Weichenstellung aussieht. Es ist eher ein gut aussehendes Paar.“

„Sind es zwei fremdartig aussehende Herren?“ fragte Frau Vanderstein aufgeregt.

„Nein, ein paar Cleveland Bays. Ich hasse sie grundsätzlich, aber von hier aus sehen sie nicht schlecht aus. Aber natürlich alles zurück.“

„Mein liebes Mädchen, erzähl mir doch etwas über die Menschen. Ich will nichts von deinen schrecklichen Pferden hören. Ich glaube, während ich hier liege, gehen alle möglichen Berühmtheiten bei Fianti ein und aus, und man bemerkt sie nicht einmal.“

„Ja, ja, das tue ich“, sagte Barbara. „Ich rufe Sie direkt an, wenn jemand vorbeikommt, der aussieht, als wäre er es gewohnt, das Zepter zu führen, oder der eine Krone über seinem Zylinder trägt.“

Mrs. Vanderstein machte eine kleine ungeduldige Bewegung. Es ärgerte sie, dass ihre Begleiterin ihre Pflichten nicht ernster nahm – sie schien tatsächlich nicht zu verstehen, wie viel wichtiger diese Aufgabe war, im breiten Bug des Fensters einen guten Ausguck zu haben, als alle anderen Sie neigte dazu, sich mit bewundernswerter Gründlichkeit zu nähern. Warum, fragte sich Mrs. Vanderstein, konnte das Mädchen in dieser Angelegenheit nicht tun, was von ihr verlangt wurde, ohne jene Versuche zu machen, scherzhaft zu sein, die so unklug schienen und so äußerst wirkungslos waren, wie eine kurze Beobachtung gezeigt hätte ihr? Sie machte keine Witze über die Blumen, während sie sie arrangierte, noch über Mrs. Vandersteins Korrespondenz, deren Beantwortung ihre Aufgabe war. Sie konnte ans Telefon gehen oder die Kutsche bestellen, ohne ungebührlich zu kichern. Warum, um Himmels willen, konnte sie dann nicht ihren Beobachtungsposten am Fenster einnehmen, ohne darin einen Vorwand für ebenso langweilige wie sinnlose Höflichkeiten zu finden?

Mrs. Vanderstein seufzte tief und ließ ihren Kopf tiefer in die Kissen sinken.

Madame Querterot sah die Wolke und erriet sehr leicht, was sie verursacht hatte: Sie hatte schon oft ähnliche Störungen im ansonsten ruhigen Gemüt ihrer Kundin bemerkt. Da sie mit bemerkenswerter Genauigkeit wusste, auf welcher Seite ihres Brotes die Butter aufgetragen wurde, machte sie sich sofort daran, die unruhigen Gewässer zu beruhigen.

„Sie haben mich heute nicht gesehen, Madame“, begann sie, „aber ich, ich habe Sie bereits gesehen. Ich bin in Piccadilly vorbeigekommen, wo Ihr Auto einen Block vor dem Ritz angehalten hat.“

„Ja, wir wurden ziemlich lange dort festgehalten, aber ich habe Sie nicht gesehen, Madame Justine“, sagte Frau Vanderstein gleichgültig.

„Wie hättest du mich sehen sollen? Ich war in einem Bus. Dort würden Sie nicht nach Ihren Bekannten suchen. Das versteht sich! Aber ich war nicht der Einzige, der dich gesehen hat, und was ich damals über dich gehört habe, wird dich zum Lächeln bringen. Ich sagte mir in diesem Moment: ‚Es ist ganz natürlich, Justine, aber es wird sie trotzdem zum Lachen bringen.‘“

"Was war es? Wer kann in einem Omnibus etwas über mich gesagt haben?“

„Ah, Madame! Selbst in Bussen hört man nicht auf zu reden. Man hört Dinge, die einen zum Lachen bringen! Aber manchmal hört man auch die Wahrheit, und dieser junge Mann kann sich darüber nicht wundern, selbst wenn er einen Fehler gemacht hat!“

„Aber Sie erzählen mir nicht, was Sie gehört haben“, rief Frau Vanderstein.

„Es war dieser junge Mann, von dem ich zu Ihnen spreche. Er war ein netter, elegant aussehender junger Herr, und er hatte eine Dame bei sich, gut gekleidet und sehr schick. Was sie in dieser *Galère gemacht haben* , weiß ich nicht, aber als wir am Ritz vorbeikamen, berührte er seinen Begleiter am Arm und zeigte aus dem Fenster. „Schau, Alice“, sagte er, „siehst du die dunkle Dame in diesem Motor? Es ist die russische Prinzessin, über die sie so viel reden, Prinzessin Sonia. Ist sie nicht hübsch? Sie wurde mir gestern Abend beim Empfang im Auswärtigen Amt gezeigt.' Die Dame, die er Alice nannte, schaute in die Richtung, in die er zeigte, und alle im Bus schauten ebenfalls hin. Auch ich drehte mich um und folgte den Blicken der anderen. Und wen habe ich gesehen, Madame? Können Sie es nicht erraten? Sie haben Sie angeschaut, als Sie in Ihrem wunderschönen Auto saßen, mit Mademoiselle Turner an Ihrer Seite. Du, mit deinen Blumen und deinem hübschen Hut mit der langen weißen Feder und deinen wundervollen Perlen. Und Ihr Gesicht, Madame! Aber ich darf mir nicht erlauben, darüber zu sprechen!"

„Sie reden großen Unsinn, und ich glaube Ihnen kein Wort", sagte Frau Vanderstein fröhlich, ihre gute Laune war mehr als wiederhergestellt. „Niemand könnte mich auch nur einen Moment lang mit der wunderschönen Prinzessin Sonia verwechseln."

„Trotzdem, Madame, ist es passiert, wie ich sage. Und ich sehe nichts Seltsames daran. Es war ein ganz natürlicher Fehler, und jeder, der Sie und die Prinzessin gesehen hat, wird Ihnen ohne weiteres zustimmen."

Madame Querterot hatte die Prinzessin selbst nicht gesehen, aber sie hatte ihr Foto in den illustrierten Zeitungen studiert und inständig gehofft, dass Mrs. Vanderstein die Dame nicht selbst aus der Nähe getroffen hatte.

„Der arme junge Mann war nicht nah genug, um meine Falten und mein Doppelkinn zu sehen, Madame Justine!"

„Bah! Sie werden das Wort „Falte", das nicht *gerade schön* ist, vergessen haben , wenn ich mit meiner Behandlung fertig bin. Und was ein Doppelkinn betrifft, schauen Sie mich an, Madame! Ich versichere Ihnen, dass ich im Laufe meiner Zeit nicht weniger als fünf Doppelkinn entwickelt habe. Und ich habe sie alle weggerieben. Glaubst du also, dass ich dir erlauben werde, eins zu haben?"

Mrs. Vanderstein sah so aus, wie sie eingeladen wurde. Tatsächlich ließ sie keine Gelegenheit aus, das Gesicht der kleinen Französin zu studieren, die nach eigenen Angaben mindestens zehn Jahre älter war als sie selbst, deren Gesicht aber so glatt und faltenlos war wie das eines Mädchens, obwohl da etwas Undefinierbares war im Ausdruck, vielleicht ein erfahrener Schimmer in den Augen, der verhinderte, dass ihr Aussehen völlig jugendlich war.

Dennoch hätte man sie durchaus für Mrs. Vandersteins jüngere Frau halten können, möglicherweise sogar für ihre jüngere Schwester, wenn sie genauso gut gekleidet gewesen wäre, denn es gab eine gewisse Ähnlichkeit zwischen den beiden Frauen. Beide waren klein und rundlich, beide hatten lange, ovale Gesichter und braune Augen, die unter geschwungenen, gut markierten Augenbrauen ziemlich nahe beieinander standen, und obwohl Madame Querterot keinen Tropfen jüdischen Blutes in ihren Adern hatte und ihre Nase nicht die hebräische Senkung annahm Das in Mrs. Vanderstein verriet ihre Abstammung, doch war es deutlich von der Hakenart und verlieh ihr eine Familienähnlichkeit mit den Kindern Israels, und ihre Verwandten und

Freunde hatten es oft als unterhaltsam empfunden, darüber nachzudenken. Ihr Haar jedoch war golden und flauschig und kräuselte sich mit jugendlicher Unbekümmertheit um ihren Kopf; während Mrs. Vandersteins dunkle, gerade Locken hinten schlicht und streng frisiert waren und auf ihrer Stirn von einem großen, flach gelockten Pony verdeckt wurden, ganz in der Art, wie es die Damen des englischen Königshauses tun.

Jedenfalls war Mrs. Vanderstein mit ihrer Bewunderung aufrichtig.

„Wenn du mich so jung aussehen lassen kannst wie du", sagte sie jetzt, „dann verlange ich nichts Besseres. Aber in der Tat ist London bei diesem heißen Wetter sehr anstrengend und ich sehe, wie ich jeden Morgen älter werde. Heute war es bedrückend, selbst mit offenem Motor zu fahren."

Fahren? Ah! Madame Querterot war nicht einfallsreich, aber eine Vision des überfüllten Busses, in dem sie ihren Geschäften nachging, schwebte vor ihr, Seite an Seite mit der eines rasenden Autos; und sie unterbrach ihre Arbeit für eine Minute und sah sich um.

Über dem Fenster drehte sich unermüdlich ein elektrischer Ventilator, und auf einem Tisch am Fußende des Bettes lag ein großer Eisblock, halb versteckt in Blumen und Farnen. Sie richtete sich auf und atmete die kühle Luft in langen, tiefen Atemzügen ein.

„Es war heiß, sehr heiß in den letzten Tagen", gab sie zu. „Es erinnert mich an unser wunderschönes Paris und an vieles aus meiner Jugend, das ich gerne vergessen würde", fügte sie lachend hinzu. „Ah, das Zimmer in dieser Stadt, in dem ich als Mädchen gearbeitet habe; der kleine dunkle Raum, in dem ich mein Handwerk gelernt habe! Im Sommer war es in diesem Raum heiß. Aber, Madame, ich konnte Ihnen nicht sagen, wie heiß es war. Ich erinnere mich an eines der Mädchen, das ganz ernsthaft darum betete, zu sterben, denn, so erklärte sie uns, wo auch immer sie in eine andere Welt ging, es konnte nicht anders, als cooler zu sein. Es befand sich über der Küche eines Bäckers und hatte kein Fenster außer einem, das zu einer Art Schacht führte, der in der Mitte des Hauses verlief, so dass das Gas immer brannte. Oh, la, la!"

"Wie schrecklich!" murmelte Frau Vanderstein entspannt. „Ich frage mich, ob es erlaubt war."

"Erlaubt? Ach, Madame, in Paris gibt es viele schlimmere Arbeitszimmer. Ich frage mich, was Sie sagen würden, wenn Sie die Herstellung Ihrer Kleider sehen könnten! Im Winter gefiel es uns sehr gut, denn es gab keine Treppen, und dann war es angenehm, das Fenster zu schließen und die Wärme der Küche zu genießen. Das ist alles lange her, bevor ich den armen Eugène geheiratet habe und nach London gezogen bin. Trotzdem waren sie damals nicht so schlimm. Ach, la jeunesse, la belle jeunesse, die man nicht genießen kann, wenn man sie hat."

Madame Querterot ging zum Tisch, legte ihre Hände auf den Eisblock und warf einen Blick über die Schulter zum Fenster, wo Barbara an ihrem Wachposten saß. Die regungslose, schweigsame Gestalt ärgerte Madame Querterot. Das Bewusstsein, dass all ihr Geschwätz von diesem stillen Zuhörer belauscht wurde, ging ihr auf die Nerven und gab ihr, wie sie sagte, manchmal das Gefühl, dass ihre eigenen Worte sie ersticken würden. Es gab so viel, was sie von Zeit zu Zeit zu Mrs. Vanderstein hätte sagen können, wenn sie allein gewesen wären – vieles, von dem sie instinktiv spürte, dass es für diese Dame sehr akzeptabel gewesen wäre –, aber in der Gegenwart von Miss Turner, auch wenn sie nichts von ihr gesagt hätte Bis auf ihren Hinterkopf waren offenbar Schmeicheleien zu erkennen, zu denen Madame Querterot nicht in der Lage war. So verbreitete ein Gefühl der Unbeholfenheit, ein gewisses Gefühl der Zurückhaltung eine gewisse Düsterkeit über die Stunden, die die hellsten des Tages hätten sein sollen.

„Diese Rosen, Madame, wie schön sie sind", murmelte sie und beugte sich zu einer Schüssel, die auf dem Tisch stand, und unbewusst nahm ihre Stimme einen trotzigen Unterton an, als sie zum Fenster blickte. „Sie sind so schön, als wären sie künstlich. Man würde sagen, sie seien aus Seide!"

Mrs. Vanderstein lachte tolerant, aber Barbara, die ihr Gesicht der Straße zuwandte, machte ein böses Gesicht.

Madame Querterot widmete sich mit eiskalten Händen wieder ihrer Massage, und eine Weile lang sprach wieder niemand.

Plötzlich drehte sich Barbara um.

„Hier kommt eine königliche Kutsche", sagte sie. „Ich glaube, es sind Prinz Felipe von Targona und seine Mutter."

„Oh, ich muss sie sehen", rief Frau Vanderstein, sprang auf und schob Madame Querterot kurzerhand beiseite. "Wo sind sie?" Sie rannte zum Fenster.

Die Masseuse folgte langsamer und drei Köpfe wurden über die Straße hinausgeschleudert.

KAPITEL II

EINE KUTSCHE fuhr die Stufen von Fianti hinauf.

Um die Annäherung zu ermöglichen, musste ein wartender Motor wegfahren, und in der kurzen Zeitspanne, die verging, während dieser aufgezogen und losgefahren wurde, hielt der Wagen fast unmittelbar gegenüber dem Fenster von Mrs. Vandersteins Schlafzimmer an; Sie hatte somit einen besseren Überblick über die Bewohner, als es ihr je zuvor möglich gewesen war.

Auf der rechten Seite der Kutsche saß eine ältere Dame mit hochgestecktem grauem Haar unter einem sehr kleinen schwarzen Hut. Sie saß sehr aufrecht und steif und zuckte leicht nervös zusammen, als die Pferde ungeduldig vorwärts gingen und vom Kutscher mit einem Ruck hochgezogen wurden.

„Das ist die Prinzessin", sagte Barbara, deren Kopf den von Frau Vanderstein berührte.

Prinz Felipe saß neben seiner Mutter, einem jungen Mann mittleren Alters von vierzig Jahren mit schwarzem Schnurrbart und Brille. Er hatte eine Zigarette in der Hand und als sie ihn ansahen, drehte er sich um und blickte einer elegant gekleideten Frau nach, die vorbeifuhr.

Auf dem Rücksitz der Kutsche saßen zwei weitere Männer – zweifellos wartende Herren.

Mrs. Vandersteins Augen waren jedoch ganz auf die Prinzessin und ihren Sohn gerichtet.

„Ist er nicht hübsch?" flüsterte sie Barbara zu, als bestünde die Gefahr, über dem Rattern und Lärm der belebten Straße belauscht zu werden.

Aber es schien fast so, als ob die Worte das Ohr des Mannes erreichten, den sie beobachtete, denn als der Motor im Portikus endlich in Gang gekommen war und die Straße für Ihre Hoheiten frei gemacht hatte, warf der Prinz den Kopf zurück, als die Kutsche fuhr weiter, und als sie aufblickte, begegnete Frau Vandersteins Augen, die bewundernd auf ihn gerichtet waren.

Sie zog verwirrt den Kopf zurück, aber der Prinz schaute immer noch auf, als die Kutsche im Schatten des Portikus verschwand.

„Madame! Son Altesse, vous a reconnue!" rief Madame Querterot, ihr Gesicht war von einem Lächeln umhüllt.

„Er hat mich noch nie gesehen", antwortete Frau Vanderstein und zog sich ins Zimmer zurück. „Wie seltsam, dass er in diesem Moment aufgeschaut hat! Was für ein bezauberndes Gesicht er hat." Und sie ließ sich noch einmal auf dem Sofa nieder, ihr eigenes Gesicht strahlte vor Aufregung und Vergnügen.

„Entferne dich nicht vom Fenster, Barbara, was auch immer du tust", sagte sie. „Denken Sie nur, wenn wir sie verpasst hätten!"

Als Madame Querterot mit dem Reiben fortfuhr, klopfte es an der Tür, und Mrs. Vandersteins Zofe kam mit den Juwelen herein, die ihre Herrin an diesem Abend in der Oper tragen wollte. Während sie die Koffer auf dem Frisiertisch abstellte und sich damit beschäftigte, die verschiedenen Kleidungsstücke für die Abendtoilette ihrer Herrin bereitzulegen, warf sie von Zeit zu Zeit missbilligende Blicke in Richtung Madame Querterot, die sie, obwohl eine Landsfrau, nicht leiden konnte sehr herzlich, wenn man bedenkt, dass in der Privatsphäre von Mrs. Vandersteins Zimmer alle anderen Dienste außer ihren eigenen unnötig waren, und insgesamt eine starke Tendenz hatte, ihre Landsfrau als Eindringling zu betrachten, der möglicherweise ein Auge auf einen Anteil an verschiedenen Vergünstigungen hatte, für die Amélie Ich bevorzuge es, keinen anderen Kandidaten in diesem Bereich zu sehen.

Sie nahm ein aufwändiges Kleid aus dem Kleiderschrank und breitete es zusammen mit verschiedenen anderen Kleidungsstücken auf dem Bett aus. Sie stellte einen Krug mit heißem Wasser in das Becken und ein Gefäß mit aromatischen Salzen daneben.

Sie richtete mehrere Gegenstände auf dem Frisiertisch zurecht, die nicht gerade ausgerichtet werden mussten; kippte den Spiegel nach vorne und wieder zurück; hob einen Stuhl hoch und setzte ihn mit einem dumpfen Geräusch ab; und schließlich wollte sie gerade den Raum verlassen, als die Stimme ihrer Herrin sie zurückrief, weil sie daran verzweifelte, jemals Zeuge des Weggangs ihrer gefürchteten Rivalin zu werden.

„Amélie", sagte sie, „zeig mir einfach, welche Halskette du heute Abend für mich mitgebracht hast. Ist es das mit den Blumenanhängern oder den Steintropfen?"

Amélie trug alle Koffer zum Sofa; und Madame Querterot hörte auf zu reiben, während Mrs. Vanderstein sich aufsetzte und sie eine nach der anderen öffnete.

Im größten glitzerte eine prächtige Diamantkette, die eine Girlande aus wilden Rosen und ihren Blättern imitierte, vor dem blauen Samthintergrund. Die anderen Kisten zeigten beim Öffnen Armbänder und eine Diamant-Tiara sowie Ringe und ein Paar Ohrringe aus riesigen Einzelsteinen.

Mrs. Vanderstein schloss sie alle wieder und gab sie Amélie zurück.

„Bring sie wieder runter zu Blake", sagte sie, „und sag ihm, dass ich meine Meinung geändert habe und stattdessen die Smaragde tragen werde." Zu diesem Kleid passen sie besser."

„Ah, Madame", seufzte Madame Querterot, als Amélie mit den Juwelen ging, „was für wunderbare Diamanten! Wohin man auch geht, man hört von den Juwelen von Mrs. Vanderstein."

„Es stimmt", sagte Frau Vanderstein, „dass mein Schmuck sehr gut ist." Mein lieber Mann hatte eine Leidenschaft für sie und sammelte Steine, während ein anderer Mann Nippes sammelt. Er habe nie einen Fehler gemacht, heißt es, und mein Schmuck sei deshalb eher aus dem Weg. Für mich selbst halte ich es für eine Extravaganz, so viel Kapital in bloßen Schnickschnack zu stecken."

„Mein armer Eugène", sagte Madame Querterot, „hatte auch die gleiche Begeisterung für Edelsteine. Er liebte es so sehr, seine Frau mit Diamanten zu schmücken, diese liebe Seele! Aber bei ihm war es leider mehr als eine Extravaganz. Es war unser Ruin; denn er war kein Kenner wie Monsieur votre Mari, und als die Krise kam und wir meinen Schmuck wieder zu Geld gemacht hätten, siehe, da wurde uns gesagt, dass wir bei unseren Einkäufen betrogen worden seien und dass wir größtenteils die Steine waren wertlos. Ach, der traurige Tag! Wie Sie wissen, Madame, folgte der Bankrott, und wir mussten unser wunderschönes *Etablissement* in der Bond Street aufgeben . Es hat dem armen Eugène das Herz gebrochen. Er erholte sich nie von dem Schlag und verließ mich, wie ich vertraue, bald in eine glücklichere Welt, natürlich im Fegefeuer", fügte die Masseuse hinzu und bekreuzigte sich wie eine gute Katholikin. „Seit diesem Tag habe ich die Probleme dieses Lebens allein, ohne Freundschaft und ohne Mitgefühl gemeistert."

Hier überwältigte ihre Ergriffenheit Madame Querterot, und sie wandte sich für einen Moment ab und zeigte ihr Taschentuch. Sie hatte in ihrer ergreifenden Erzählung die Tatsache außer Acht gelassen, dass „dieser arme Eugène" durch seine eigene Hand gestorben war, als er den Stand seiner Angelegenheiten erfuhr; und sie spielte ein wenig mit der Wahrheit, als sie behauptete, es sei seine unglückliche Begeisterung gewesen, seine Frau mit Juwelen zu bedecken, die zu solch einem katastrophalen Zustand geführt habe. Es war Madame Querterots Leidenschaft für die Verschönerung ihrer Person, die zur Verschwendung von Eugènes Ersparnissen geführt hatte und ihn schließlich mit Verzweiflung mitansehen musste, wie das Geschäft, das sie vernachlässigt und ruiniert hatte, völlig verschwunden war.

Das gütige Herz von Frau Vanderstein war berührt.

Sie hatte vage erfahren, warum die Querterots nach dem Tod von Eugène, dem unvergleichlichen Friseur, ihre prächtigen Zimmer in der Bond Street verlassen hatten, und aus dem glaubwürdigen Wunsch heraus, die Unglücklichen nicht im Stich zu lassen, beschäftigte sie die kleine Französin seit diesem Tag weiter der Katastrophe. Aber es waren ihr keine Einzelheiten der Affäre zu Ohren gekommen, und nun hörte sie zum ersten Mal, und nicht ohne aufrichtig bewegt zu sein, die traurige Geschichte eines Mannes, der, nachdem er sein ganzes Geld für verschwenderische Liebesbeweise für seine Frau ausgegeben hatte, in der … Das Ende brachte sie in einen Zustand der Armut, der an Not grenzte, und ließ sie aufgrund seiner fehlgeleiteten Zärtlichkeit diesem Schrecken sogar in Einsamkeit gegenüberstehen.

Sie war sehr betroffen und versuchte, der armen Frau tröstende Worte zu sagen.

„Es ist furchtbar traurig", murmelte sie. „Arme Madame Justine, wie leid es mir tut. Ich verstehe sehr gut, dass Ihr armer Mann Sie vergöttert hat und dass das, was er getan hat, nur zum Besten war. Aber Sie sind nicht ganz allein auf der Welt, oder? Hast du keine Tochter?"

„Ja, es stimmt, Madame, ich habe eine Tochter", antwortete Madame Querterot, wischte sich die Augen und nahm ihre Arbeit wieder auf.

„Und sie ist zweifellos ein großer Trost für dich?"

„Kinder, Madame, sind Freude und Ärger zugleich", erwiderte die Masseuse ausweichend.

„Ich hoffe, deine Tochter hat dir nicht viel Ärger gemacht."

„Seit dem Tag ihrer Geburt hat sie mir nur Sorgen gemacht. Ihre Kindheit, ihre Ausbildung, ihre Krankheiten! Masern, Windpocken, Keuchhusten, Mumps, Scharlach; sie hat sie alle nacheinander gehabt."

„Aber nicht, solange Sie mich besuchen kommen!", rief Mrs. Vanderstein erschrocken.

„Nein, Madame, das ist alles schon lange vorbei", antwortete Madame Querterot, „aber seitdem musste ich für ihre Ausbildung aufkommen, und jedes Jahr ist sie teurer geworden. Jetzt ist sie achtzehn, und man kann sich vorstellen, dass sie darauf erpicht ist, mir einen Teil der Kosten und *der Langeweile zurückzuzahlen*, die sie mir all diese Jahre lang bereitet hat."

„Ja, ohne Zweifel", stimmte Mrs. Vanderstein zu, „sie wird Ihnen jetzt eine große Hilfe sein."

„Das sollte man meinen. Aber überlegen Sie selbst, Madame, was dieses junge Mädchen mir für ihr Leben vorschlägt. Sie möchte lieber in ein Kloster eintreten und ihre Tage mit guten Werken verbringen, als ihrer Mutter zu helfen!" und Madame Querterot lachte bitter.

„Ich denke, sie sollte derzeit keinen so entscheidenden Schritt unternehmen", sagte Frau Vanderstein; „Mit achtzehn Jahren kann sie kaum wissen, ob ein religiöses Leben wirklich ihre Berufung ist."

„Sie ist stur wie ein Esel, Madame. Denken Sie nur daran, ein junges Mädchen, gesund, nicht hässlich; Sie hat bereits Heiratsangebote erhalten. Da ist ein junger Mann, sehr *bien* , sehr *comme il faut* , der ihre Hand verlangt und an nichts anderes denkt als an sie. Aber wird sie ihn nehmen? Nein überhaupt nicht. Wir ziehen es vor, religiös zu sein; und *voilà* !"

Nachdem Madame Querterot mit der Massage fertig war, packte sie die braune Tasche, in der sie ihr Gerät mitgebracht hatte, wieder ein.

„Ich hoffe, dass Sie sich in der Oper amüsieren, Madame", fuhr sie fort, faltete ihre Schürze zusammen und legte sie auf die anderen Dinge in der Tasche, deren Verschluss klickte, als sie sie mit einem ungeduldigen Schnappen zuschlug.

„A demain, mesdames", schloss sie, packte die Tasche am Griff und schüttelte sie, als wünschte sie sich nur, sie könnte ihr unbefriedigendes Kind so schütteln. „A cette heure-ci, n'est-ce pas?"

Und damit verneigte sie sich aus dem Zimmer.

KAPITEL III

MRS. VANDERSTEIN und Barbara beeilten sich, ihr Abendessen zuzubereiten und waren schon früh auf ihren Plätzen in Covent Garden. Mrs. Vanderstein traf immer ein, bevor das Orchester eingestimmt hatte. Sie hatte, wie viele ihrer Rasse, einen großen Sinn für Musik und ließ sich keinen Takt der Ouvertüre entgehen, obwohl sie die aufgeführte Oper schon so oft gehört hatte, dass sie sie auswendig kannte.

Sie war an diesem Abend in der Stimmung, sich zu amüsieren, und bis der erste Akt zu Ende war, lehnte sie sich mit halb geschlossenen Augen in ihrem Stuhl zurück, bewegte sich kaum und lauschte ganz vertieft den wunderbaren Sängern, die an diesem Abend Puccinis melodisches Werk interpretierten. Sogar die gegenüberliegende königliche Loge lenkte ihre Aufmerksamkeit kaum länger als ein paar Augenblicke ab.

Barbara Turner war nicht musikalisch, aber auch sie ging immer gerne in die Oper. Sie mochte das Gefühl von Luxus, das sie dort noch mehr umgab als anderswo; Ihr gefiel das Gefühl, dass die ihnen angebotene Unterhaltung eine Menge Geld kostete und daher nur wenigen Privilegierten beiwohnen konnte. Obwohl sie über Mrs. Vandersteins Leidenschaft für das Königshaus lachte, teilte sie ihre schlichte Genugtuung darüber, dass die Loge, in der sie jetzt saßen, zwischen der Loge des Herzogs von Mellinborough zu ihrer Linken und der Loge von Sir Ian Fyves eingeklemmt war , der sportliche schottische Millionär.

Barbara freute sich über die Exklusivität, die die Reichen erreichen konnten, und unterschied sich darin von einigen anderen Menschen, die die Vorteile des Reichtums mit der Begründung herabwürdigen, dass die größten Vermögen von den Vulgärsten gemacht und verwaltet werden könnten und dass Bankkonten heutzutage nicht die Exklusivität seien Eigentum des Verfeinerten oder sogar des Intellektuellen.

Mrs. Vanderstein machte keinen Hehl daraus, wie wohltuend es für ihre Gesundheit war, Stunden in unmittelbarer Nähe der Aristokratie zu verbringen, da die Luft, die eine Herzogin einatmete, nur durch die dünnste Trennwand von der Luft getrennt war, die ihre eigenen Lungen füllte. Sie nahm ausnahmslos den Stuhl auf der linken Seite der Loge ein, so dass der Abstand zwischen ihr und ihren unsichtbaren Nachbarn in Zoll ausgedrückt werden konnte; und es lässt sich nicht leugnen, dass Barbara selbst den Gedanken an die Gesellschaft der Großen, die sie umgaben, genoss, so rücksichtslos sie auch gegenüber dem Vergnügen waren, das sie bereiteten. Es war außerdem nicht wirklich zu erwarten, dass die Nähe von Sir Ian

Fyves, dessen Pferd das Derby im Jahr zuvor bereits so leicht gewonnen hatte und der für den kommenden Wettbewerb erneut der glückliche Besitzer des Favoriten war, das Pferd ungerührt lassen würde Tochter von Bill Turner, dem Trainer.

Barbaras ganze Kindheit hatte sie in Newmarket verbracht, und das Gerede über die Rennfahrer, mit denen ihr Vater verkehrte, war ihr als erstes aufgefallen. Die Pferde unter seiner Obhut waren zu ihrem Hauptinteresse im Leben geworden, so wie sie das eines jeden Menschen waren, mit dem sie in Kontakt kam; und im Alter von zehn Jahren wusste sie genauso viel über sie – ihre Vorzüge, ihr Können, ihren Wert und ihre Chancen – wie jeder andere Stallbursche hier. Auf einem kleinen, aber widerspenstigen Pony folgte sie ihrem Vater und seinen Freunden am frühen Morgen in die Heide und beobachtete die morgendlichen Galopps mit kritischem Blick; Den größten Teil des Tages verbrachte sie mit den gleichen erbaulichen Gefährten auf dem Stallhof, und erst als die Schlafenszeit kam – und zwar um acht Uhr, denn in diesem einen Punkt blieb ihr Vater standhaft –, war sie widerwillig hin- und hergerissen weg.

Alle Pferde von Herrn Vanderstein wurden von ihrem Vater trainiert, und oft folgten ihnen die Kinderaugen bis zum Sieg.

In früheren Tagen, bevor Barbara die Szene betrat, hatte Turner in verschiedenen geschäftlichen Angelegenheiten mit Mr. Vanderstein zu tun, dem damals schlichten Mr. Moses Stein, der seinen damaligen Vertrauten unter dem liebenswerten Spitznamen „Nosy Stein" bekannt war ; manchmal wurde er in Momenten seltener Zuneigung, wenn gerade ein besonders brillanter *Coup* gelungen war, als Nosy Posey bezeichnet.

Mrs. Vanderstein, dann Miss Ruth Hengersohn, hatte das alles verändert. Der Name Stein war ihr zuwider, obwohl er auf seine Art eine recht gute Bezeichnung zu sein scheint; An „Nosy" oder „Nosy Posey" konnte sie nur mit Schaudern denken; während die Vorstellung, selbst als Mrs. Nosy bekannt zu sein, sie mit einer brennenden Entschlossenheit erfüllte, die sich beim Abkühlen zu der unflexiblen Konsistenz von gekühltem Stahl verhärtete.

Bevor ihre Heirat stattfand, hatte Mr. Stein, der, wenn er ihm begegnete, immer mit Bewunderung einen Willen erkannte, der unnachgiebiger war als sein eigener, unter großen Schwierigkeiten, Unannehmlichkeiten und Kosten seinen Namen in den von Vanderstein geändert, den er später erhielt bekannt.

Die Unternehmungen, die hauptsächlich mit der Förderung von Unternehmen verbunden waren und bei denen dieser Herr in seiner frühen, vergessenen – und am besten vergessenen – Jugend die Hilfe und Mitarbeit von Mr. William Turner in Anspruch genommen hatte, waren ihrer Natur nach prekär und keine Quelle , leider, des Profits, den diejenigen, die sich auf den Weg dorthin machen, vorhergesehen haben.

Am Ende einer von ihnen nahmen die Dinge in der Tat eine völlig unerwartete Farbe an und nahmen im Handumdrehen einen so unangenehmen Farbton an, dass die Direktoren des Unternehmens, dessen Management plötzlich im Mittelpunkt der Anziehungskraft stand und das in Gefahr war Da sie eine äußerst unwillkommene, wenn auch schmeichelhafte Aufmerksamkeit des Staatsanwalts erhielten, hielten sie es für das Beste, mit einer Schnelligkeit und Unaufdringlichkeit zu verschwinden, die einem bescheidenen Wunsch nach Selbstverleugnung in einem Moment zu verdanken war, in dem freie Werbung für jeden von ihnen in greifbarer Nähe war.

Zum Glück für Herrn Stein tauchte sein Name nicht unter den Vorstandsmitgliedern dieses bestimmten Unternehmens auf und er konnte seinen Weg zurückhaltend und gewinnbringend weiterverfolgen; Anders verhielt es sich jedoch mit seinem weniger glücklichen Freund Bill Turner.

Auf die Suche nach dieser würdigen, wenn auch allzu unvorsichtigen Person richteten sich die Bemühungen der Behörden hauptsächlich; und das nur dadurch, dass er noch einmal unter falschem Namen zu den Rennzirkeln zurückkehrte, die er während einer kurzen Zeitspanne verlassen hatte, um in die Stadt zu gehen, und noch dazu aufgrund der Abwesenheit des Hauptzeugen der Anklage, über dessen Aufenthaltsort keine Auskunft gegeben werden konnte Es ist seit langem sicher, dass Turner dem Schicksal entgehen konnte, das ihm sicherlich hätte zufallen müssen.

Er ließ sich schließlich in Newmarket nieder und heiratete die Tochter eines benachbarten Gutsbesitzers, der nie wieder mit einem Kind sprach, das die Stellung seines Vaters so weit vergessen und seine Befehle ignorieren konnte, dass es sich mit dem mehr als fragwürdigen William verbündete.

Die arme Dame jedoch rächte sich an ihren Verwandten und verabschiedete sich von einer Welt, in der sie Zeit gefunden hatte, einige Desillusionen zu ertragen, an dem Tag, an dem Barbara ins Licht geführt wurde; so dass das kleine Mädchen ganz in dem Geruch der Ställe aufwachsen konnte, den ihr Vater in seinem Herzen jedem zarteren Parfüm vorzog.

Erst als sie zehn Jahre alt war, begann Turner unter der Aufmerksamkeit von Erpressern zu leiden, doch nachdem sie ihn einmal entdeckt hatten, sahen sie in ihm eine Goldgrube, von der sie liebevoll erwarteten, dass sie sich als unerschöpflich erweisen würde. Dies war jedoch nicht der Fall. Nach einem Jahr der Verfolgung war der arme Mann mittellos und verließ auf Anraten von Vanderstein, dem einzigen seiner alten Freunde, der ihn in seinen Schwierigkeiten nicht ignorierte, das Land überstürzt und im Verborgenen.

Seine Absicht wurde so wenig geahnt, dass er sich jeder weiteren Entdeckung entzog und erfolgreich nach Südamerika flüchtete, wo er von unerwünschten Bekannten nicht aufgespürt wurde und sich schließlich nach mehreren Jahren erfreulicher Dunkelheit zu Tode trank.

Als Turner England verließ, bedauerte er nur, dass er sein kleines Mädchen nicht mitnehmen konnte; aber behindert durch die Gesellschaft eines Kindes wäre eine Flucht unmöglich gewesen, und er gab in diesem Punkt betrübt den Darstellungen Vandersteins nach.

Der Jude versprach, sich in Zukunft um Barbara zu kümmern, und versicherte Turner mit aller Ernsthaftigkeit, dass es dem Mädchen, solange er oder seine Frau lebten, nicht an einem Zuhause mangeln dürfe. Turner, der wusste, dass Vanderstein nie aufhörte, sich unter dem Gefühl der Verpflichtungen zu ärgern, die er in den ersten Tagen seiner Kämpfe eingegangen war, vertraute voll und ganz auf die Worte und hatte keinen Zweifel daran, dass sein Freund seine Versprechen halten würde.

Und Vanderstein hat es nicht versäumt, dies zu tun.

Barbara, deren Trauer über die Trennung von ihrem Vater tief und erbärmlich war, wurde so gut es ging getröstet und auf die Eliteakademie der Misses Yorke Brown in Brighton geschickt. Hier erhielt sie zusammen mit etwa dreißig anderen jungen Damen, den Töchtern wohlhabender Mittelschichtsbürger, die beste Ausbildung. In ihrer Gesellschaft lernte sie Algebra, Geschichte, Naturwissenschaften und Literatur kennen; Mit ihnen besuchte sie Tanzkurse, lernte ein wenig Französisch und Deutsch und vergnügte sich auf dem Tennis- und Hockeyplatz. Sie lief Rollschuhlaufen und spielte Golf, erlernte die Kunst des Schwimmens und ritt täglich mit einigen Auserwählten und Glücklichen die Abfahrten hinunter.

Am Ende von sechs oder sieben Jahren war sie zu einer selbstbeherrschten, fähigen jungen Frau herangewachsen, vielleicht ein wenig zu alt für ihre Jahre, wie diejenigen, die sie gut kannten, offensichtlich war, aber dem äußeren Anschein nach immer noch ein bloßes Kind, leicht zu amüsieren Sie beherrschte Kleinigkeiten und verfügte über eine seltene Fähigkeit, das Leben zu genießen, was sie zu einer entzückenden Begleiterin machte.

Ihr Gesicht hatte einen unschuldigen und hilflosen Ausdruck, der im Widerspruch zu ihrer wahren Natur stand, die äußerst eigenständig und unabhängig war. Sie würde den Verwandten ihrer Mutter, die ihren Vater verachtet hatten, niemals verzeihen, und wenn sie erwähnt wurden, blitzten ihre großen blauen Augen immer verärgert auf.

Ihre Verwandten ihrerseits machten keine Anstalten, sie aufzusuchen und überließen sie ganz zufrieden der zärtlichen Gnade der Vandersteins.

Bevor Barbara die Schule verließ, starb Herr Vanderstein und hinterließ in seinem Testament eine Bestimmung, die besagte, dass seine Witwe weiterhin für die Tochter seines Freundes sorgen sollte, indem sie ihr entweder eine jährliche Zulage von 500 Pfund pro Jahr zahlte oder sie bei sich aufnahm Freund und Begleiter. Es gab ein weiteres Vermächtnis von 30.000 Pfund an Barbara, das nach dem Tod von Frau Vanderstein ihr gehören sollte.

Dies war nicht der einzige Punkt im Testament, der Frau Vanderstein mit Empörung erfüllte.

Zu ihrem Entsetzen stellte sie fest, dass die Hälfte des Vermögens, das sie als ihr Eigentum angesehen hatte, dem jungen Joe Sidney, dem Sohn der Schwester ihres Mannes, überlassen worden war. Diese Dame hatte das schreckliche Vergehen begangen, eine Christin zu heiraten, und zu ihren Lebzeiten hatte der orthodoxe und empörte Moses nie eine Anspielung auf sie gemacht. Ihr Tod ereignete sich ein oder zwei Jahre vor seinem Tod, und danach zeigte Mr. Vanderstein ein gewisses Interesse an seinem Neffen, aber nicht genug, um seine Frau auf seine absurde Handlung hinsichtlich der Aufteilung seines Geldes vorzubereiten. Tatsächlich brachte er im Testament seinen Wunsch zum Ausdruck, dass nach ihrem Tod alles an Joe gehen sollte, obwohl er die endgültige Entscheidung in diesem Punkt ihrem Ermessen überließ.

Der alte Vanderstein hatte im letzten und erfolgreichsten Teil seiner Karriere deutlich mehr als eine halbe Million Pfund angehäuft, so dass seine Witwe nicht ganz die arme Frau war, die sie sich selbst gern nannte; Doch im ersten Schock, als sie sah, wie sich ihr Einkommen durch zwei teilte, beschloss sie, die für Barbara bereitgestellten 500 Pfund zu sparen und sich stattdessen der Belastung durch ihre Anwesenheit zu unterwerfen.

Sie hatte das Mädchen nie gesehen, über das es zwar zwischen ihrem Mann und ihr zu Meinungsverschiedenheiten gekommen war, aber sie war im Herzen so locker und gutmütig, dass eine sehr kurze Zeit in Barbaras Gesellschaft ausgereicht hatte, um ihre Vorurteile zu ändern und Misstrauen verwandelten sich in eine herzliche Zuneigung, und sie betrachtete sie bald wie eine jüngere Schwester.

Es gab sicherlich Gelegenheiten, in denen sie, wenn sie etwas verärgerte, nicht umhin konnte, Barbara darauf hinzuweisen, wie viel für sie getan worden war und wie übertrieben Mr. Vandersteins Ansichten in dieser Richtung gewesen waren.

„Mein lieber Mann", rief sie aus, „hätte sich selbst ruiniert, wenn er länger gelebt hätte, durch seine eigene grenzenlose Philanthropie. Er war von Natur aus nicht in der Lage, zu irgendjemandem „Nein" zu sagen, und Gott weiß, in welche Schwierigkeiten er geraten wäre, wenn ihm nur die Zeit gegeben worden wäre. Wie oft gestand er mir gegenüber, dass bestimmte Leute versucht hatten, etwas von ihm zu leihen, und dass er ihnen gegeben hatte, was sie wollten. Vergeblich flehte ich ihn an, energischer zu sein. Er würde mir Versprechungen machen, aber ich würde bald feststellen, dass er dasselbe wieder getan hatte. „Meine Liebe", antwortete er auf meine Vorwürfe, „ich bringe es wirklich nicht übers Herz, diesen armen jungen Männern die Hilfe zu verweigern."

Herr Vanderstein belästigte seine Frau nicht mit Einzelheiten seiner Privatangelegenheiten und vertrat die Auffassung, dass Frauen sich nicht um Geschäfte kümmerten; und er hielt es bestimmt nie für nötig zu erwähnen, dass er in seinem Wohlwollen eine gewisse Diskretion an den Tag legte und sich gegen mehr Bitten wappnete, als sie vermutete.

Es stimmte jedoch, dass er sich nie weigerte, armen jungen Männern Geld zu leihen, die Erben von Fideikommisse waren oder eine andere zufriedenstellende Sicherheit für die Rückzahlung seiner Güte bieten konnten, und durch diese unauffälligen Wohltätigkeitsorganisationen wurde sein Vermögen gesammelt.

Mrs. Vandersteins Vorurteile gegenüber Joe Sidney hatten ebenfalls sehr schnell abgenommen, als sie diesen jungen Mann kennenlernte, was kurz nach dem Tod seiner Mutter der Fall war, und zu dem Zeitpunkt, als diese Geschichte beginnt – also drei Jahre nachdem sie selbst es gewesen war Sie hatte eine Witwe hinterlassen – er war ihr großer Favorit geworden, obwohl es immer noch Momente gab, in denen sie ein wenig verbittert an die großen Summen dachte, die er ihr durch die Tatsache seiner Existenz vorenthalten hatte. Sie mochte ihn jedoch so sehr, dass sie ihn wissen ließ, dass es ihre Absicht sei, Mr. Vandersteins Wünschen hinsichtlich der endgültigen Verfügung über sein Vermögen nachzukommen, und dass ihr Testament Sidney zu ihrem alleinigen Vermächtnisnehmer machte.

Da sie nur wenige Jahre älter war als er und sich einer robusten Gesundheit erfreute, war es sehr wahrscheinlich, dass diese Bestimmung sein Schicksal noch viele Jahre lang nicht beeinträchtigen würde oder dass sie ihn sogar überleben würde.

KAPITEL IV

ALS SICH an diesem Abend, in der Pause zwischen dem ersten und zweiten Akt der Oper, die Tür der Loge öffnete und Sidney erschien, begrüßte ihn Frau Vanderstein mit einem strahlenden Lächeln und aufrichtigster Freude.

„Wie schön, dich zu sehen, lieber Joe“, sagte sie. „Ich wusste nicht, dass du in London bist.“

„Ich bin erst gestern Abend aus York hergekommen“, sagte ihr Neffe, „sonst hätte ich dich schon früher besuchen sollen. Die Garringdons haben mich in ihre Loge gebeten, die sich mehr oder weniger darunter befindet, daher konnte ich nicht sehen, ob Sie hier waren, aber ich dachte, Sie wären da.“

Er setzte sich und fing an, über seine Taten zu sprechen und Fragen über ihre Taten zu stellen, während Mrs. Vanderstein ihn währenddessen mit einem Gefühl der Befriedigung über die dekorative Wirkung dieses gutaussehenden Jugendlichen auf ihrer Schachtel ansah. Sie hoffte, dass das Publikum oder zumindest einige davon seinen Auftritt bemerkt hatten, und dachte bei sich, dass selbst unbequeme Neffen ihren Nutzen hatten.

Joe Sidney war 25 Jahre alt und der Sohn seines Vaters. Der verstorbene Mr. Sidney war ein sehr großer, blonder Mensch gewesen, und Joe ähnelte ihm und zeigte in der herabhängenden Nase, die jedoch nicht sehr ausgeprägt war, die geringste Spur des Juden. Vielleicht auch seine Augen – aber warum sollte er einen jungen Mann in Stücke reißen, der im Großen und Ganzen wirklich ein sehr schönes Exemplar seiner Art war? Obwohl er das Aussehen der Rasse seiner Mutter nicht oder kaum geerbt hatte, zeigte er viel von deren Sympathie für Kunst und Musik; und seine Intelligenz wurde durch seine einnehmende Art übertroffen, die ihn seit seiner Kindheit bei fast allen, mit denen er in Kontakt kam, zum Liebling gemacht hatte und ihn zusammen mit seinem Reichtum in dem Kavallerieregiment, in dem er Subaltern war, äußerst beliebt machte. Er kannte viele kluge Leute, für deren Bekanntschaft Mrs. Vanderstein ihr ganzes Interesse gespendet hätte, und von Zeit zu Zeit lud er sie ein, ein oder zwei von ihnen bei einem Abendessen im Restaurant oder im Theater zu treffen, ohne sich der Freude bewusst zu sein, die er ihnen bereitete ; denn gerade die Intensität ihrer Sehnsucht ließ Mrs. Vanderstein davor zurückschrecken, diesen überlegenen jungen Verwandten davon ahnen zu lassen, und Barbara hatte ihm gegenüber nie die Schwäche der Witwe seines Onkels angedeutet.

Arme Frau Vanderstein! Man hat Mitleid mit ihr, wenn man darüber nachdenkt, dass sie, wenn der gute Moses ein paar Jahre überlebt hätte, bis zum Aufkommen einer radikalen Regierung, die im Oberhaus äußerst knapp an Sympathisanten war, vielleicht noch erlebt hätte, wie er „Mein Herr“

genannt wurde, und das auch getan hat antwortete mit klopfendem Herzen auf den köstlichen Gruß „My Lady.“

Sie nutzte die Gelegenheit, die Sidneys Anwesenheit bot, um Informationen über die Bewohner der Logen vor ihnen zu sammeln. Hat Joe jemanden gesehen, den er kannte? Natürlich kannte sie jeden in der königlichen Loge vom Sehen, außer dem Mann hinter der Königin. Wer war das? Sidney dachte, es sei der italienische Botschafter. Was für ein vornehm aussehender Mann! Und in der nächsten Box? Sidney wusste es nicht. Und der darüber hinaus? Er wusste es auch nicht. Frau Vanderstein war von ihm enttäuscht. Nun, wen kannte er? Konnte er es ihr niemandem sagen?

„Wirklich“, sagte Sidney, „ich sehe nicht viele, aber es sind ein oder zwei.“ Diese Frau mit dem roten Gesicht und dem lila Kleid ist Lady Generflex, und der Mann, der zwei Kartons von ihr entfernt rechts ist, ist Sir William Delaplage. Dann ist das Mädchen in Rosa, das gerade ihr Opernglas in die Hand genommen hat, Lady Vivienne Shaw, und der Mann in derselben Kiste ist Tom Cartwright, der mit mir in Eton war. Unten im Parkett sind ein oder zwei Männer, die ich kenne, und ich denke, das ist alles. Natürlich gibt es nebenan den alten Fyves. Du kennst ihn, nicht wahr?“

Mrs. Vanderstein blickte die Menschen, auf die er zeigte, mit aufmerksamem Interesse an; und dann ließ sie ihre Aufmerksamkeit wieder auf die königliche Loge schweifen, während Sidney mit Barbara sprach.

„Bist du Rennen gefahren?“ sie fragte ihn bald.

"Aus und an. Neulich habe ich meinem Pferd Benfar beim Laufen zugeschaut. Er kam locker als Letzter ins Ziel.“

„Ich glaube nicht, dass dieser Mann ihn gut reiten kann. Er ist ein gutes Pferd. Ich habe ihn als Zweijährigen gesehen.“

„Irgendwo stimmt etwas nicht, das ist sicher. Wenn ich dieses Jahr nicht mehr Glück habe als letztes Jahr, werde ich aufhören, Rennpferde zu halten“, sagte Sidney entschieden.

„Oh, das darfst du nicht tun“, rief Barbara in einem so verzweifelten Ton, dass Sidney lachte.

"Warum kümmert dich das?" er hat gefragt.

„Es liegt mir sehr am Herzen. Heutzutage sehe ich nie wieder Leute, die Rennen fahren, und treffe niemanden außer Ihnen, der ein Pferd von einem Tausendfüßler unterscheidet. Wenn du den Rennsport aufgibst, werde ich das Gefühl haben, dass meine letzte Verbindung zum Rasen unterbrochen ist.“

„Warum lässt du dich nicht morgen von meiner Tante nach Epsom bringen?“

„Oh, das würde ihr überhaupt nicht gefallen“, sagte Barbara bedauernd.

„Ich gehe davon aus, dass es ihr eine Menge Spaß machen würde. Tante Ruth, warum kommst du nicht manchmal mit mir zum Rennen? Miss Turner und ich zeigen Ihnen, wie es geht, und nächste Woche um diese Zeit werden Sie sich wahrscheinlich wie wild stürzen.“

„Ich hasse es, einen heißen Tag damit zu verbringen, vom Stand zum Fahrerlager und wieder zurück zu laufen“, sagte Frau Vanderstein. „Ich hasse Pferde und ich hasse es, ihre Absätze auf allen Seiten um meinen Kopf wehen zu sehen, was mir beim einzigen Mal, als ich zu einem Renntreffen ging, der Fall zu sein schien. Böse, bösartige Tiere. Die Art und Weise, wie sie von Menschen, die sie nicht kontrollieren können, in der Menge herumgeführt werden, halte ich für äußerst gefährlich.“

„Ich gehe davon aus, dass du gesehen hast, wie einer aus purer Leichtigkeit ein oder zwei Tritte abfeuerte“, sagte Barbara. „Pferde sind wirklich Lieblinge; Ich wünschte, du wüsstest sie genauso gut wie ich.“

Frau Vanderstein mochte Pferde nicht nur selbst nicht, sie missbilligte auch Barbaras Vorliebe für Pferde. Die Karriere des verstorbenen Mr. Turner war so unerbaulich gewesen, dass selbst Mr. Vanderstein einige seiner berüchtigteren Merkmale nicht vollständig vor seiner Frau verbergen konnte, und Mrs. Vanderstein wäre mehr zufrieden gewesen, wenn sie es geschafft hätte, ihn zu überzeugen sich selbst, dass das Mädchen die Tage ihrer Gesellschaft mit einem so unerwünschten Vater völlig vergessen hatte.

Darüber hinaus hatte sie kein Verständnis für Spekulationen jeglicher Art und misstraute insbesondere allem, was die Form des Glücksspiels auf dem Rasen annahm. Ihre beste Freundin hatte einen Mann geheiratet, der sich durch die Praxis, Verlierer zu unterstützen, völlig ruiniert hatte; und der Anblick des Elends und der Entbehrungen, die auf diese Weise einer Frau zugefügt wurden, für die sie eine aufrichtige Zuneigung empfand, hinterließ bei Frau Vanderstein einen jener tiefen Eindrücke, die viele unserer stärksten Meinungen und Vorurteile im Laufe des Lebens prägen. Für Mrs. Vanderstein war das Wetten eine der unverzeihlichsten Sünden. Es stimmte, dass Mr. Vanderstein einen Rennstall geführt hatte, und sie hatte ihm nie wirklich verziehen, dass er ihn auf ihre Bitte hin nicht aufgegeben hatte. Aber er hatte ihr immer versichert, dass er nie wettete.

Sie wandte sich ab, ohne zu antworten, und Barbaras Gewissen – denn sie wusste, wie sehr ihre Freundin das Thema Rasen verabscheute – ließ sie glauben, einen ungeduldigen Ausdruck auf der Rückseite ihrer weißen Schultern zu entdecken, und sagte ihr, es wäre besser, das Gespräch zu ändern . Die Versuchung war jedoch zu groß und sie fuhr fort und senkte ihre Stimme zu einem Murmeln:

„Gehen Sie morgen selbst nach Epsom?"

„Ja", sagte Sidney und fragte sich, warum sie sich so vertraulich zu ihm beugte.

„Nun, ich frage mich, ob Sie so nett wären und ein wenig Geld für ein Pferd für mich ausgeben würden. Wäre es zu viel Mühe?"

"Kein Bisschen. Welches Pferd ist es?"

„Das ist ein Tipp, den Ned Foster mir geschickt hat. Er war einer der Pferdepfleger meines Vaters, wissen Sie, und ich höre manchmal von ihm. Als ich ein Kind war, war er sehr gut zu mir . Ich habe heute einen Brief von ihm erhalten, in dem er mich bittet, Averstone zu unterstützen. Er sagt, dass er ganz sicher am Mittwoch mitmachen wird."

„Wie viel soll ich auf ihn auftragen?" fragte Sidney.

„Ich habe leider nicht viel", sagte Barbara reumütig, „aber ich habe ein wenig von dem Taschengeld gespart, das mir deine Tante gibt. Es kostet nur 20 £. Ich wünschte, es wäre mehr."

„Wirst du dein gesamtes Vermögen riskieren?" sagte Sidney. „Sie sind eine ziemlich unbesonnene junge Dame, nicht wahr?"

„Oh, ich muss ein Flattern haben. Außerdem ist es eine absolute Gewissheit. Ich würde tausend drauflegen, wenn ich es hätte."

„Was für ein ängstlicher Spieler! Wenn du so viel verloren hast wie ich, wirst du etwas langsamer vorgehen."

„Hast du viel verloren?" fragte Barbara mitfühlend. "Es tut mir so leid. Erst in letzter Zeit?"

„Nun ja, wenn du mich fragst, habe ich kein Problem damit, dir zu sagen, dass ich in den letzten Monaten einige ziemlich schlimme Schicksalsschläge erlitten habe. Dieser Rohling, Benfar, hat eine Menge zu verantworten, mein Wort!"

„Er wird noch ein Sieger werden", sagte Barbara hoffnungsvoll.

„Er könnte als Erster ins Rennen gehen, wenn alle anderen Starter ausfallen würden", sagte Sidney und bemühte sich, das Thema auf die leichte Schulter zu nehmen, „aber ich fürchte, bevor das passiert, muss ich den Laden schließen." So kann es nicht weitergehen. Ich habe beim Lincolnshire-Treffen 10.000 Pfund verloren, und das ist nur ein Tropfen auf den heißen

Stein. Aber ich weiß nicht, warum ich dich mit meinen Problemen belästige", schloss er und richtete sich abrupt auf.

„Ich freue mich, dass du es mir erzählst", antwortete sie schlicht. „Es tut mir so leid, dass Sie so viel Pech hatten. Am besten ändern Sie es, indem Sie meinen Tipp unterstützen. Ned Foster hätte mir nie geraten, alles auf Averstone zu setzen, wenn er nicht gewusst hätte, dass es eine sichere Sache ist. Ich glaube, er hat wirklich große Wertschätzung für mich, und er hat oft gesagt, dass der Tag kommen würde, an dem er mein und sein eigenes Vermögen machen würde. Er befürwortet Wetten grundsätzlich nicht. Er ist ein äußerst beständiger und vorsichtiger Mensch."

„Das frage ich mich", sagte Sidney. „Ich denke, vielleicht werde ich eine letzte Affäre haben. Wie stehen die Chancen?"

„Sie sind lang. Averstone sollte eigentlich keine Chance haben. Ich denke, dass es ungefähr 40 zu 1 gegen ihn ist."

„Mein Wort, stellen Sie sich vor, einer hätte ein paar Tausender bei sich und es würde abgehen!" sagte Sidney. „Die Buchmacher würden alle auf der Stelle sterben."

„Für manche wäre das ziemlich nervig", lachte Barbara. „Ich hoffe, dass es klappt."

„Ich fürchte, es wäre zu schön, um wahr zu sein", sagte Sidney düster, „aber es würde die Situation sicherlich retten, wenn es so wäre. Wenn ich noch ein bisschen mehr verlieren würde, müsste ich die Armee verlassen."

„Ist es so schlimm?" fragte Barbara und erkannte zum ersten Mal, wie ernst die Lage für Sidney war. "Wie schrecklich. Es *tut* mir leid!"

Der junge Mann lachte verlegen.

„Es ist furchtbar nett von dir", sagte er. „Ich war natürlich ein Vollidiot. Wenn ich die Hälfte meiner Verluste zurückgewinnen könnte, würde ich schwören, dass ich nie wieder auf ein Pferd setzen würde!"

„Ich gehe davon aus, dass sich Ihr Glück wenden wird", wiederholte Barbara hoffnungsvoll. Sie hatte den Optimismusinstinkt eines Spielers.

Aber Sidney lachte nur noch einmal ziemlich unbekümmert, als er aufstand, um zu gehen. Die Pause war vorbei und die Leute eilten zurück zu ihren Plätzen.

„Da das Orchester offenbar einen weiteren Versuch unternehmen wird", sagte er, „muss ich zurück in die Loge der Garringdons. Gute Nacht, Miss Turner; gute Nacht, Tante Ruth; ich werde in ein oder zwei Tagen vorbeikommen und Sie besuchen, wenn ich morgen rüberkomme, ohne meine Karriere abrupt beenden zu müssen.“

„Was meinte Joe mit seiner letzten Bemerkung?“, fragte Mrs. Vanderstein, als sich die Tür hinter dem jungen Mann schloss. „Ich verstehe nicht, was er damit meinte, dass er seiner Karriere ein Ende setzen wollte.“

„Er hat mir erzählt, dass er in letzter Zeit beim Rennen eine Menge Geld verloren hat“, murmelte Barbara eher widerstrebend, denn sie war sich nicht sicher, ob Sidney möchte, dass sie wiederholte, was er gesagt hatte. Dennoch, dachte sie, wäre es sicherlich absurd, sich vorzustellen, dass er ihr alles anvertrauen würde, was er einem Verwandten nur ungern erzählen würde. „Ich nehme an, er wollte darüber Witze machen.“

„Das ist kein Grund zum Scherzen“, sagte Frau Vanderstein streng. „Nicht, dass ich so etwas wie einen Witz gesehen hätte. Ich finde es eine Schande, und ich werde meine Meinung über ihn ernsthaft ändern, wenn er wirklich gewettet hat. Aber still, die Musik wird beginnen.“

Und schon bald war sie ganz in das Zuhören vertieft.

Aber Barbara, deren Ohren selbst bei den einfachsten Melodien nichts als ein wirres Durcheinander von Geräuschen zu hören bekamen, zappelte von Zeit zu Zeit ziemlich ungeduldig auf ihrem Stuhl herum, während sie darauf wartete, dass der Akt zu Ende ging. Erinnerungen, die lange Zeit geschlummert hatten, auf irgendeinem hohen Regal in der Garderobe der Erinnerung verstaut, waren durch ihr Gespräch mit Sidney und den Brief, den sie an diesem Tag vom alten Stallknecht erhalten hatte, wieder erwacht. Wie glücklich schien ihre Kindheit, wenn man sie jetzt durch die schmeichelhafte Atmosphäre der dazwischenliegenden Jahre betrachtete, die alles Unangenehme verdeckte und die Freuden ihrer hemmungslosen Wanderungen und der freien und entspannten Gesellschaft ihres Vaters und der wunderbar scherzhaften Freunde ihres Vaters noch verstärkte.

Wie sie über die witzigen Bemerkungen des anderen gelacht hatten, und wie auch sie gelacht hatte und sich in die Heiterkeit eingelassen hatte, ohne auch nur im Geringsten zu verstehen, was sie erregte, aber mit nichtsdestotrotz vollkommenem Vergnügen. Mit geschlossenen Augen lehnte sie sich an die Wand der Loge, die Lippen zu einem Lächeln verzogen und den Kopf leicht zur Seite geneigt, in einer Haltung des Zuhörens. Aber es waren nicht die Stimmen der Sänger, die sie hörte. Stattdessen ertönte in ihren Ohren das Auf und Ab galoppierender Hufe, die immer näher kamen, und, vermischt mit dem Knarren des Leders, dem aufgeregten Schnauben ihres Ponys und dem Klirren von Gebissen. Sie schien um sich herum die kahlen, offenen Flächen der Heide und die Gestalten der Beobachter zu sehen, darunter sie selbst, die tief im Sattel hockten und den bitteren Ostwinden den Rücken zuwandten, die im Frühling über das trostlose Land von Newmarket fegen. Herrlich erfrischende Luft, sagte ihr Vater immer, und sie ihrerseits hatte nie einen Gedanken an das Wetter verschwendet. Glückliche, glückliche Zeiten! Oh, dass sie zurückkehren könnten. Warum konnte Mrs. Vanderstein ihr nicht diese 500 Pfund im Jahr geben, dachte Barbara, und ihr ein Häuschen nehmen lassen, egal wie klein es war, in der Nähe einer Rennbahn und in der Nähe eines Trainingsstalls? Wenn sie nur ein wenig eigenes Geld hätte. Geld war schließlich alles. Es bedeutete Freiheit. Wenn Averstone sein Rennen gewinnen würde, wäre das etwas Gutes.

Mrs. Vanderstein drehte sich um, um ihren Blick auf eine Stelle in der Musik zu lenken, die ihr noch mehr als die anderen ein Vergnügen bereitete, das geteilt werden wollte, und sah nur die geschlossenen Lider und die lächelnden Lippen und mit einem Gefühl befriedigter Überraschung sagte sich, dass Barbara endlich eine Wertschätzung für Musik entwickelte.

KAPITEL V

ALS Madame Querterot das kühle, luftige Haus verließ, das sie so unangenehm an eines erinnerte, das in ihrem innersten Bewusstsein hauptsächlich mit dem Gefühl körperlicher Züchtigung verbunden war, die in keinem geizigen Geist angewendet wurde, wandte sie ihre Schritte in Richtung ihres eigenen Hauses, das in … der entlegenste Teil von Pimlico.

Als sie aus dem Bus ausstieg und sich zu Fuß in das trostlose Labyrinth schmuddeliger Straßen begab, in der sie wohnte, wurden die Schatten immer länger und der Bürgersteig verlor etwas von der glühenden Hitze, die sich im Laufe des Tages angesammelt hatte. Madame Querterot stieg ziemlich müde die Treppe vor ihrer Tür hinauf. Als sie den kleinen Laden betrat, in dem Julie nähend hinter der Theke saß, ging sie ohne ein Wort zu ihrer Tochter hindurch, ging in das winzige Zimmer, das als Wohnzimmer diente, und warf sich mit etwas in den einen Sessel wie ein Stöhnen.

Julie, deren Willkommenslächeln auf ihren Lippen verschwunden war, als sie den Gesichtsausdruck ihrer Mutter sah, beugte sich wieder über ihre Arbeit, und für eine Weile war alles still in dem winzigen, zweistöckigen Haus.

Im Laden war für viele Kunden kein Platz. Julie fragte sich oft, was sie tun würde, wenn mehr als zwei gleichzeitig hereinkämen, aber solch eine peinliche Situation war bisher noch nicht eingetreten. Gut die Hälfte des Platzes nahm die Theke ein, auf der ein Tablett mit Haarnadeln und Haarnetzen stand. In einer Ecke wurde ein Raum für die Kunden abgetrennt, die sich die Haare frisieren oder waschen lassen wollten. Noch hatte niemand diesen letzten Dienst angefordert. Im Schaufenster stellte Madame Querterot einige hochwertige Artikel aus, die den Untergang des Bond-Street-Establishments überstanden hatten.

Da war eine wächserne Dame mit blonden Haaren, wunderbar gelockt und gedreht, die das Licht ziemlich verdunkelte, während sie dastand, die Schultern verächtlich zum Inneren des Zimmers gewandt und ihre schneeweiße Nase dicht an der Glasscheibe, die sie trennte die Straße. Offensichtlich empfand sie es als übertrieben, auf diese düstere Pimlico-Straße hinauszuschauen. Um sie herum lagen verstreute Kämme und Bürsten, Brillantine-Flaschen und Porzellantöpfe mit Cremes für den Teint, Locken und Schwänze aus künstlichem Haar – in einigen Fällen befestigt an grausigen Skalpen aus rosafarbenem Wachs – und ein halbes Dutzend kunstvoll geschnitzter Schildpattkämme Der glücklose Eugène war kurz nach seiner Ankunft in England in einen Anfall irrtümlicher Begeisterung geraten, hatte aber von keinem derer, die sie seitdem gesehen hatten, auch nur einen Kommentar oder eine Preisfrage erhalten.

Für Madame Querterot waren sie jedoch nach wie vor eine Quelle des Stolzes, die Julie gegenüber oft bemerkte, was für eine Ausstrahlung sie ausstrahlten.

Nachdem Julie einen Blick auf die Uhr geworfen hatte, legte sie ihre Arbeit nieder und kam zur Tür zwischen den beiden Räumen.

„Du bist zurück, Mutter", sagte sie und sah sie ernst an.

„So scheint es", fauchte ihre Mutter, ohne den Blick zu heben.

„Ich fürchte, du musst müde sein", fuhr Julie ruhig fort. „Der Tag war so heiß. Willst du nicht vor dem Abendessen ein Glas Limonade trinken?"

„Hast du eine Zitrone?" fragte Madame Querterot etwas weniger verärgert.

„Ja", sagte Julie.

Sie öffnete den Schrank, holte eine Zitrone, ein Glas und eine Zitronenpresse heraus und machte sich daran, ihrem erhitzten Elternteil ein kühles Getränk zuzubereiten.

„Hat heute jemand etwas gekauft?" fragte Madame Querterot, als ihr nach ein paar Minuten das Getränk gereicht wurde. „Geben Sie noch etwas Zucker ins Glas."

„Ein Junge kam herein, um eine Flasche Haaröl zu holen", antwortete Julie, „und ein paar Frauen haben Haarnadeln und Lockenwickler gekauft. Es war ein langweiliger Tag."

„In diesem Tempo werden wir bald auf der Straße sein", sagte Madame Querterot verzweifelt. „Man kann nicht von ein paar Päckchen Haarnadeln und einer Flasche Haaröl leben. Nein. Wenn wir nur in einen angesagten Ort ziehen könnten. Hierher kommt nie jemand und wir müssen nur verhungern."

„Wir sind noch nicht lange hier. Vielleicht machen wir es jetzt besser. Es sind die Kunden, die Sie massieren, die uns vor dem Verhungern bewahren." Julie öffnete die Tür zum Laden, nahm ihre Arbeit auf und setzte sich an den Tisch im Wohnzimmer.

„Pah! Wer weiß, wie lange sie noch so weitermachen? Sie haben alle eine Krokodilhaut. Was kann ich damit anfangen? Nichts. Und mit der Zeit werden sie das herausfinden, und ich werde vor die Tür gesetzt. Was wird dann passieren? Du denkst wohl, du bist in deinem religiösen Haus sicher. Und über deine arme Mutter kannst du dich dann lustig machen, *hein* !"

„Mutter, du weißt, ich werde dich nicht verlassen, solange du mich brauchst. Seit Vaters Tod habe ich nicht mehr davon gesprochen, Nonne zu werden, oder?"

„Ihr Vater!", rief Madame Querterot gerührt. „Ihr Vater war ein Feigling. Kaum brauchte ich seine Hilfe, da ließ er mich im Stich!"

„Mutter!", rief Julie, und in ihrer Stimme lag etwas, das Madame Querterots Wehklagen zu unhörbarem Gemurmel verklingen ließ.

Das Mädchen sagte nichts mehr, sondern nähte ruhig weiter, bis ihre Mutter nach einer Weile aufstand, um nach oben zu gehen.

An der Tür blieb sie stehen.

„Bert kommt zum Abendessen", sagte sie über ihre Schulter. „Sie haben nicht vergessen, dass wir heute Abend mit ihm ins Theater gehen? Ich denke, er wird bald hier sein", und sie ging die schmale Treppe hinauf, ohne eine Antwort abzuwarten.

Eine halbe Stunde später, als sie sich zu einer kalten Mahlzeit setzten, die Julie sorgfältig zubereitet hatte – denn Madame Querterot aß besonders gern und hatte dafür gesorgt, dass ihre Tochter schon früh die Grundsätze einer guten Küche erlernte –, gesellte sich der Gast zu ihnen wen sie angespielt hatte.

Dies war ein junger Mann von anämischem Aussehen mit blondem Haar, das ziemlich unordentlich über eine hohe, schmale Stirn fiel. Sein Gesicht, das blass und schmal war, war auf den ersten Blick nicht besonders einnehmend. Die Konturen waren ungewöhnlich spitz, obwohl das Kinn so weit zurücklag, dass man kaum von einer Spitze sprechen konnte. Der Mund war schwach und groß und immer halb geöffnet, so dass die Zähne, die vom ständigen Rauchen braun gefärbt waren, beim Sprechen nicht vollständig unter dem streunenden kleinen Schnurrbart verborgen waren, an dessen Ende er die unangenehme Angewohnheit hatte, zu kauen. Die Nase war markant und wirkte zu groß für den Rest seines Gesichts, die dunklen und tiefliegenden Augen schienen mit unerwartetem Feuer zu blitzen, wenn das Gespräch auf ein Thema kam, das ihn interessierte. Sie waren es, die den ganzen Mann vor der völligen Bedeutungslosigkeit retteten. Es waren die Augen eines Enthusiasten, fast eines Fanatikers. Er redete nicht viel, sondern schien zufrieden damit zu sein, das vor ihm stehende Essen zu verschlingen und Julie, die ihm an dem kleinen quadratischen Tisch gegenübersaß, unermüdlich anzustarren.

Julie war auf ihre Art ein sehr gutaussehendes Mädchen, was überhaupt nicht englisch war, obwohl ihr die englische Sprache natürlicher vorkam als ihre Muttersprache. Um die Wahrheit zu sagen, war sie darin nicht sehr bewandert, da ihre Mutter und ihr Vater es beide leichter fanden, mit ihr in gebrochenem Englisch zu reden, nachdem sie zur Schule gegangen war. Tatsächlich wurde ihnen diese Sprache nach etwa zwanzig Jahren Aufenthalt in London so selbstverständlich wie ihre eigene Sprache, und Madame Querterots Französisch war inzwischen genauso anglisiert wie das vieler Linguisten in ihrer Wahlheimat. Sie stellte jedoch fest, dass viele ihrer Kunden es vorzogen, wenn sie in gebrochenem Englisch sprach; Sie mochten das Gefühl, dass hier jemand war, der direkt aus der Schwulenstadt kam, um ihnen ihr Vergnügen zu bereiten.

Ihre Tochter hatte das ovale Gesicht und die geschwungenen Augenbrauen von ihrer Mutter geerbt, aber da hörte die Ähnlichkeit auf. Julie war groß, während Madame Querterot klein war; Sie war dunkel, während ihre Mutter blond war, und zwar von einer Schönheit, die nichts mit der Kunst zu tun hatte. Julie hatte eine gerade, kurze Nase und einen kleinen Rosenknospenmund, ihre Haut war dunkel, strahlte aber vor Gesundheit, und die braunen Augen, die weit auseinander unter der niedrigen Braue lagen, blickten weit aufgerissen und voller trauriger Überraschung, als hätte sie etwas gefunden sich selbst in einer Welt, die ihren Erwartungen immer wieder nicht entsprach. Es war deutlich zu sehen, dass Bert dies alles sehr nach seinem Geschmack fand und von der Betrachtung darüber so sehr in Anspruch genommen wurde, dass ein großer Teil von Madame Querterots Gespräch unbeachtet in seinen Ohren blieb und seine Antworten, wenn er welche gab, waren größtenteils völlig irrelevant.

Madame Querterot hatte zu diesem Zeitpunkt ihre gute Laune vollständig wiedererlangt oder zeigte zumindest die Liebenswürdigkeit, die sie im Umgang mit Fremden gewohnt war. Sie plapperte über das Wetter, den Brief, den sie an diesem Tag von ihren Verwandten in Paris erhalten hatte, erkundigte sich nach Berts Arbeit und zeigte und spürte möglicherweise großes Interesse an seinen dürftigen Antworten. Plötzlich begann sie, über die Beschäftigung ihrer Zeit zu sprechen.

„Es gibt eine alte Dame, die ich zur Massage besuche", sagte sie, „deren Anblick einen zum Lachen bringen würde." Sie ist hässlich, sie ist fett, sie hat den Teint eines Truthahns! Doch niemand ist so darauf bedacht, wieder jung zu werden wie sie. War sie jemals schön? Ich weiß es nicht; aber es ist sicher, dass sie es nicht wieder sein wird. Jeden Tag finde ich sie mit einem Spiegel in der Hand, und jeden Tag, wenn ich sie verlasse, nimmt sie ihn wieder in die Hand, um zu sehen, ob sich eine Verbesserung einstellt. Soweit ich weiß, sitzt sie so da und starrt auf ihr unsympathisches Spiegelbild, bis ich am nächsten Tag wieder komme."

Madame Querterot hielt inne und nahm einen Schluck Limonade.

„Ein bisschen mehr Zucker, Julie, mein Schatz, und es wäre noch besser“, sagte sie. „In diesem Land ist Zucker weniger teuer und man geht unnötig vorsichtig damit um. Wenn wir in Frankreich wären, würde ich das nicht sagen; da gibt es *impots* . Aber man muss zugeben, dass dies der billigste Ort ist, an dem man leben kann. Deshalb gibt es hier so viele Juden. Bah! die Juden! Warum erleidet man sie? In England wie in Frankreich sieht man nichts anderes; aber noch mehr in England seit l'affaire Dreyfus. Es gibt eine Dame, zu der ich täglich gehe und die, glaube ich, gerne in Frankreich leben würde, wenn es seit dieser Angelegenheit für ihre Rasse hier nicht weniger unangenehm geworden wäre. Aber vielleicht bleibt sie nicht nur deshalb hier, wenn ich jetzt darüber nachdenke. Sie gehört nicht zu denen, die sich in einer Republik gut amüsieren.“

„Wie ist das, Mutter?“ fragte Julie ohne großes Interesse, während ihr Gast seinerseits nur gleichgültig grunzte.

„Sie ist mehr als eine Royalistin“, sagte Madame Querterot; „Sie liebt es, einen Kopf zu sehen, der weiß, wie es sich anfühlt, eine Krone zu tragen. Sie geht jeden Tag hin, um der Königin bei ihrer Fahrt durch den Park zuzusehen. Mon Dieu! Ich glaube, sie lebt nur dafür. Heute ging ein Prinz unter ihrem Fenster vorbei, und wie es der Zufall wollte, blickte er im Gehen zu ihr auf. Sie war wahnsinnig vor Freude; man hätte sagen können, es war die glücklichste Stunde ihres Lebens. Sie sagte nichts, aber ich habe meine Augen! Und es ist eine Frau, die alles hat, damit sie das Leben genießen kann. Sie sieht nicht schlecht aus, überhaupt nicht schlecht; für eine Jüdin sogar hübsch; Sie ist noch jung und reich. Oh, aber reich!“

Madame Querterot legte Messer und Gabel nieder und hob beide Hände in die Luft, um das Ausmaß des Reichtums der glücklichen Jüdin zum Ausdruck zu bringen.

Zum ersten Mal zeigte Bert Interesse an dem Gespräch oder dem Monolog, wie man es treffender nennen könnte.

„Es ist eine Schande“, sagte er, „dem sollte ein Ende gesetzt werden.“ Diese Leute! Sie saugen das Blut der Armen aus!“

„Die Juden, ja; Es ist ihr *Metier* “, stimmte Madame Querterot zu.

„Ich beziehe mich nicht besonders auf den Juden. Was ich im Moment meine, sind all diese nutzlosen reichen Leute. Die Drohnen des Bienenstocks, wie Sie vielleicht sagen. Diese aufgeblähten Kapitalisten, die das Land besetzen, das eigentlich gut leben sollte, gehören dem Volk. Sie sollten besser auf sich selbst aufpassen, das kann ich ihnen sagen. Es kommt der Tag, an dem die Gesellschaft es nicht mehr aushält. Mit anderen Worten:

Wir werden sie vertreiben. Besteuern Sie sie aus ihrer Existenz. Mache ich mich vollkommen klar?"

Bert blickte sich triumphierend um, als er seine Hand mit einem schlüssigen Nachdruck auf den Tisch senkte, der die Gläser auf dem Tisch nervös hüpfen ließ.

„Diese Frau Vanderstein, von der ich spreche", fuhr Madame Querterot gelassen fort, „hat meines Wissens kein Land. Sie hat nur ein Haus in London. Aber sie ist trotzdem reich. Man sieht es bei jedem Schritt. Was für ein Luxus im Haus! Solche Bilder! solche Möbel! solche Blumen! Und Autos und Logen in der Oper! Solche Kleider! Und vor allem solche Juwelen! Oh, sie ist sehr reich, diese.

„Es ist doch egal", erklärte Bert, „ob sie ihr Geld für Land ausgibt oder für Kleidung oder was auch immer." Der Punkt, den ich Ihnen klar machen möchte, ist, dass sie es tatsächlich ausgibt und dass der Rest von uns verhungern könnte, während sie vom Fett des Landes lebt!"

Er bediente sich, während er mit einem weiteren Teller *œufs à la neige sprach* .

Julie beobachtete ihn, der Anflug eines Lächelns spielte um ihre Lippen.

„Hast du den Schmuck dieser Dame gesehen, Mutter?", fragte sie. „Ich liebe Edelsteine."

„Ich habe einige davon gesehen", sagte ihre Mutter. „Heute Abend brachte ihr ihre Zofe eine Halskette und Armbänder aus Diamanten, außerdem eine Frisur und Ringe von großer Schönheit, die zweifellos unbezahlbar sind. Aber sie schickte sie wieder weg und sagte, sie würde andere tragen. Diese habe ich nicht gesehen, aber es ist sicher, dass sie viele hat und alle wunderschön. Jeden Tag trägt sie andere und ständig eine Kette riesiger Perlen. Ohne diese letzteren habe ich sie nie gesehen. Sie sind so groß wie Murmeln und, um die Wahrheit zu sagen, für meinen Geschmack nicht viel hübscher. Wenn ich Ihnen sage, dass sie einen Nachtwächter beschäftigt, dessen einzige Aufgabe darin besteht, jede Nacht das Haus zu patrouillieren, werden Sie verstehen, dass der Wert dessen, was es enthält, sehr groß sein muss."

„Genau das machen diese Kapitalisten", rief Bert aufgeregt. „Sie sperren auf diese Weise Tausende von Pfund ein, obwohl das Geld in der Welt verteilt sein sollte, um gerechte und gleiche Löhne zu zahlen. Ich würde gerne sehen, dass das Tragen von Schmuck eine Straftat darstellt."

„Aber was würde mit den Leuten passieren, die es herstellen?" fragte Julie. „Sie alle würden ihre Möglichkeiten verlieren, ihren Lebensunterhalt zu verdienen, nicht wahr? Was würde der Perlenfischer tun oder derjenige, der Edelsteine aus der Erde gräbt? Und die Polierer und Einrichter? In jeder Branche gibt es einen Wirt, der hinsichtlich der Nachfrage nach seinen Arbeitskräften von ihm abhängig ist."

„Es gäbe weniger Arbeitskräfte", sagte Bert sanfter, wie immer, wenn er mit ihr sprach, „wenn das Geld den Kapitalisten weggenommen und unter dem Volk aufgeteilt würde."

„Trotzdem –" wandte Julie erneut ein.

Madame Querterot hatte jedoch nicht vor, sich eine Auseinandersetzung über die vom Sozialismus zu erwartenden Vorteile anzuhören; Sie hatte oft alles gehört, was Bert zu diesem Thema zu sagen hatte, und es hatte sie sehr gelangweilt. Sie schob ihren Stuhl zurück und stand auf.

„Es ist halb acht", sagte sie, „wir müssen unsere Hüte für das Theater aufsetzen. Es beginnt um neun, aber wir werden zwanzig Minuten brauchen, um dorthin zu gelangen, und ich möchte gute Plätze haben. Komm und mach dich bereit, Julie."

KAPITEL VI

DIE beiden Frauen gingen nach oben; Bert zündete sich eine Zigarette an und zog sich zum Rauchen in den kleinen Hof hinter dem Haus zurück. Bald hörte er Schritte herabkommen, warf hastig seine Zigarette weg und betrat das kleine Zimmer wieder, gerade als Julie hereinkam. Sie war schneller als ihre Mutter.

Bert verschwendete keine Zeit mit Einleitungen. Er wusste, dass ihm höchstens ein paar Minuten blieben.

„Joolie", begann er hastig, „warum lässt du mich dich nie alleine sehen? Wirst du nie netter zu mir sein?"

„Bin ich nicht nett zu dir, Bertie? Ich habe nicht vor, es nicht zu sein."

„Du weißt ganz genau, was ich meine. Ich möchte, dass du mich mehr magst. Oh, Joolie, du hast keine Ahnung, wie sehr ich dich liebe. An dem Tag, an dem wir im Park spazieren gingen, als deine Mutter ausnahmsweise nicht mitkam, kam es mir ganz plötzlich vor. Und seitdem hatte ich keinen Moment Ruhe. Kein einziger einsamer Moment. Wohin ich auch schaue, sei es auf dem Weg ins Büro, bei meiner Arbeit oder danach, ich scheine nichts außer dir zu sehen, Joolie, und ich möchte auch nichts anderes sehen."

Er rückte näher an sie heran und sie zog sich instinktiv zurück.

„Hab keine Angst! Ich werde dich nicht anfassen", sagte er mit einer gewissen Bitterkeit. „Ich weiß, dass du meinen Anblick nicht ertragen kannst, aber ich würde mein Leben geben, um dich glücklich zu machen."

„Oh, Bert", sagte sie und ihr Ton war voller Reue. „Es ist nicht wahr, dass ich deinen Anblick nicht ertragen kann. Ich mag dich sehr, das tue ich wirklich. Wir sind so alte Freunde. Und es ist so nett von dir, dass du mich so sehr magst, aber warum können wir nicht einfach weiterhin Freunde sein?"

„Joolie, Joolie", rief der junge Mann. „Du verstehst es nicht. Ich liebe dich, Joolie. Ich liebe dich so sehr, Liebes! Glaubst du nicht, dass du mich eines Tages heiraten könntest? So, ich wollte dich jetzt nicht fragen", fuhr er schnell fort, als er den Gesichtsausdruck des Mädchens sah, „antworte mir jetzt nicht. Ich weiß, was du sagen wirst, und ich kann es nicht ertragen, es zu hören. Warten Sie eine Weile, vielleicht schaffe ich es, Sie rechtzeitig dazu zu bringen, sich um mich zu kümmern."

Bevor sie antworten konnte, war Madame Querterots Fuß auf der Treppe, und im nächsten Moment kam sie lächelnd und in Bestform herein.

Sie machten sich ohne weitere Verzögerung auf den Weg und fuhren mit einer Reihe von Bussen zum Strand. Als sie dort abstiegen, machten sie sich auf den Weg in eine der benachbarten Straßen und stellten sich in eine Schlange von Menschen, die bereits darauf warteten, dass sich die Türen des Theaters öffneten.

Obwohl sie keineswegs die ersten waren, die eintraten, sicherten sie sich gute Plätze im Graben und ließen sich dort nieder, um auf den Beginn der Aufführung zu warten. Jeder von ihnen war auf seine oder ihre Art darauf vorbereitet, den Abend in vollen Zügen zu genießen.

Als sich schließlich der Vorhang öffnete, verfolgten sie mit atemlosem Interesse die Geschicke der Charaktere, und das Stück selbst war anschließend Gegenstand einer hitzigen Diskussion, die den ganzen Weg nach Hause andauerte, wobei Julie behauptete, dass ein ehrlicher Verlauf immer wünschenswert sei Für anderes Verhalten könnten Entschuldigungen angeführt werden.

Bert und Madame Querterot vertraten, wie es schien, dehnbarere Meinungen. Bert erklärte, dass es eine Sünde sei, Menschen im Besitz ihrer unrechtmäßig erworbenen Gewinne zurückzulassen, und Madame Querterot neigte zu der Ansicht, dass jemand so dumm sei, dies nicht zu tun Um das behalten zu können, was sie hatten, muss denjenigen, die klug genug waren, es ihnen wegzunehmen, ein kleiner Vorwurf gemacht werden.

Sie bestätigte diese Behauptung, indem sie darauf hinwies, dass niemand dem Gentleman-Einbrecher, der die zentrale Figur des Stücks darstellte, die Schuld gab; Die Heldin selbst, die sicherlich in hohem Maße das Vorbild aller Tugenden war, hatte seine kleinen Fehler, die nur ihr zuliebe begangen worden waren, leicht verziehen.

„Ich für meinen Teil“, beteuerte sie, „bewundere einen Mann dieser Art.“ Es ist nicht üblich, jemanden wie ihn zu finden. Die meisten Männer legen zu großen Wert auf die Sicherheit ihrer eigenen Haut. Aber man muss zugeben, dass das junge Mädchen, für das dieser tapfere Mann all diese Risiken auf sich nahm, keine gewöhnliche Schönheit war. Es ist möglich, dass es, wenn es mehr wie sie gäbe, auch mehr junge und leidenschaftliche Liebhaber gäbe, die bereit wären, das Gefängnis und den Galgen zu riskieren, um den Reichtum zu erlangen, der sie zu ihrem Eigentum machen sollte. Ach, heutzutage gibt es keine Ritterlichkeit mehr“, und Madame Querterot seufzte schwer. Möglicherweise dachte sie an die niederträchtige Art, mit der Eugène sie in der Stunde der Not im Stich gelassen hatte.

„Reichtum reicht nicht immer aus“, sagte Bert trostlos, „und Reichtum ist sowieso eine Abscheulichkeit und eine Falle.“ Im idealen sozialistischen Staat wird es so etwas nicht geben. Alle Reichtümer werden gleichmäßig aufgeteilt und jeder wird genug zum Leben haben, aber nicht mehr. Wer Luxus will, muss dafür arbeiten."

„Sie blicken zu weit nach vorne, mein junger Freund", erwiderte Madame Querterot philosophisch. Sie gingen die dunklen Straßen entlang, die zu ihrem Haus führten, und Bert hatte darauf bestanden, sie nach Hause zu bringen, trotz aller Proteste, weil es schon spät sei und er am nächsten Morgen früh aufstehen müsse.

„Sie haben Verstand", fuhr sie fort, „und Sie benutzen ihn, was nicht allzu allgemein ist. Aber in dieser Welt ist es ein Fehler, zu zeigen, dass man klug ist. Die Dummen mögen einen nur deshalb nicht, weil man sich auf eine Weise von ihnen unterscheidet, die sie nicht verstehen, und kluge Leute hassen tatsächlich andere, die es wagen, ihnen auf diese Weise zu ähneln. Wenn Sie geliebt werden möchten, ist es am besten, dumm zu erscheinen. Niemand wünscht sich einen Liebhaber, der zu intelligent ist, um sich um seine Meinung zu kümmern. Wenn Sie Respekt erlangen möchten, zeigen Sie sich nicht ungewöhnlich brillant. Sie werden nur für exzentrisch oder sogar verrückt gehalten. Und schließlich, wenn Sie Geld verdienen möchten, lassen Sie niemals zu, dass jemand vermutet, dass Sie nicht völlig ein Idiot sind. Die Leute werden auf der Hut sein, wenn sie glauben, es mit einem klugen Mann zu tun zu haben, aber wenn sie Sie für einen Narren halten, werden Vorsichtsmaßnahmen unnötig erscheinen und es wird Ihnen sehr leicht fallen, mit ihnen zu Ihrem eigenen Vorteil umzugehen."

Bert hörte diesen Bemerkungen aufmerksamer zu, als er sonst an den Tag legte.

„Glauben Sie wirklich, dass ein Mann mehr Chancen bei einem Mädchen hat, wenn er dumm und reich ist?" fragte er leise. Sie gingen hinter Julie her, der Bürgersteig war so schmal geworden, dass es unmöglich war, zu dritt weiterzugehen.

Madame Querterot verlangsamte ihr Tempo und wich etwas zurück.

„Lauf weiter, Julie, mein Engel", rief sie, „und bereite mir eine Tasse Kaffee zu. Ich verspüre eine Art Ohnmacht und werde langsamer gehen, wenn Bertie mir seinen Arm geben würde."

Bert machte eine verärgerte Geste und hatte sie verlassen wollen, um Julie zu verfolgen, die, wie ihr geheißen, weiter eilte, aber Madame Querterot packte ihn am Arm und hielt ihn zurück.

„Bleib bei mir, ich möchte mit dir sprechen", sagte sie und klammerte sich so fest an ihn, dass er sie ohne Grobheit nicht hätte abschütteln können.

"Was ist es? Ich möchte mit Joolie sprechen", sagte er verärgert.

„Sie können jederzeit mit ihr sprechen; Hör mir jetzt zu. Du hast mich gerade gefragt, ob ich glaube, dass man mit einem Mädchen mehr Chancen hat, wenn man reich ist."

"Ja." Er sprach mit wiederkehrendem Interesse. „Du denkst das, nehme ich an?"

„Bert, lass mich sprechen. Ich muss Ihnen sagen, dass ich seit einiger Zeit deutlich sehe, dass Sie eine gewisse Zuneigung für meine Tochter empfinden. Du möchtest sie heiraten, nicht wahr?"

„Es ist der einzige Wunsch meines Lebens."

„Es ist leicht zu erkennen. Du zeigst es in jedem Wort, in deinem ganzen Verhalten ihr gegenüber. Aber lassen Sie mich Ihnen sagen, mein Freund, dass in meinem Land ein potenzieller Ehemann nicht nur die Zustimmung eines jungen Mädchens einholt. Es wäre angenehmer gewesen, *wenn* Sie sich in dieser Angelegenheit an mich, ihre Mutter, gewandt hätten."

„Madame Querterot, helfen Sie mir? Joolie scheint sich nicht um mich zu kümmern. Gibt es noch einen anderen Mann?"

„Es gibt keinen anderen Mann. Julie hat die absurde Idee, in ein Ordenshaus einzutreten, aber sie ist eine pflichtbewusste Tochter und wird weder in dieser noch in irgendeiner anderen Angelegenheit gegen meine Wünsche verstoßen. Ich bin überzeugt, dass sie sich in dieser Frage der Ehe von mir leiten lassen wird. Ach, wie sie mich liebt, dieses Kind! Es gibt nichts, was sie nicht tun würde, um mir zu gefallen. Ich sage dir, dass Julie kein Mädchen ist. Sie ist ein Engel!"

„Das weiß ich", grunzte Bert; „Wenn Sie mir dabei helfen, Madame Querterot, und es gibt irgendetwas, was ich tun kann, um meine Dankbarkeit zu zeigen, dann können Sie davon ausgehen, dass ich es tun werde, das ist alles."

„Ah, Bert, jetzt ist es an der Zeit, das zu beweisen. Worte, Worte, Worte! Aber wenn es darauf ankommt, was würden Sie tun, nicht um Dankbarkeit zu zeigen, sondern um die Hand von Julie zu gewinnen? Das frage ich mich."

"Ich würde alles tun. Bei Gott, ich glaube, es gibt nichts, woran ich festhalten würde."

"Sehr gut. Jetzt, da ich Ihr Freund und Verbündeter bin, können Sie meiner Meinung nach sicherstellen, dass meine Tochter der Heirat zustimmt. Aber ich, Bert, werde niemals zustimmen, dass sie einen armen Mann heiratet. Ich habe andere Ideen für sie, das versichere ich Ihnen."

„Du weißt, dass ich arm bin", sagte Bert. „Ich verabscheue Reichtümer, aber für Joolie würde ich keinen Einwand dagegen erheben, wenn sie in meiner Reichweite wären. Aber Sie wissen ganz genau, dass ich immer arm bleiben werde, solange diese abscheuliche kapitalistische Regierung ihren eigenen Weg geht. Eines Tages werden sich die Dinge vielleicht ändern."

„Bert", sagte Madame Querterot mit gesenkter Stimme, „Sie selbst haben mir einen Weg vorgeschlagen, wie man reich werden könnte." Angenommen, ich würde Ihnen sagen, dass ich einen Plan hatte; Dass ich einen Weg kannte, wie du im Handumdrehen Reichtum und Julie erlangen und gleichzeitig deinen Glauben an die Wahrheit deines eigenen Evangeliums zeigen könntest? Was dann, Bert? Hast du ein wenig Mut, mein Junge? Mädchen verstehen Ihre modernen Vorstellungen nicht, dass jeder von gleicher Armut sein sollte; Sie mögen es, Geld zu haben, sie mögen, was Geld ihnen geben kann. Hast du Julie heute Abend nicht sagen hören, dass sie Juwelen liebt?"

Sie hatten die Tür des Ladens erreicht und Bert drehte sich zu ihr um, ohne zu antworten. Aber Madame Querterot machte Anstalten, ihren Spaziergang fortzusetzen, und nach einem Moment des Zögerns drehte er sich um und ging neben ihr auf und ab.

„Ich würde ihr alle Diamanten der Welt geben", sagte er, „wenn sie sie wollte und ich sie für sie besorgen könnte." Was glaubst du, interessieren mich meine Ideen, wie du sie nennst? Nichts! Oh, außer Joolie zählt nichts! „Trotzdem bin ich gehängt", sagte Bert, „wenn ich sehe, worauf Sie hinaus wollen."

„Ich sehe eine Möglichkeit", antwortete sein Begleiter, „ein kleines gutes Geschäft zu machen." Dafür brauche ich die Hilfe, die ein junger Mann wie Sie geben kann. Jemand mit Mut und Entschlossenheit, der sich nicht durch ein paar scheinbare Schwierigkeiten entmutigen lässt. Aber um Erfolg zu haben, muss die Angelegenheit geheim gehalten werden. Es ist in der Tat von höchst privatem Charakter. Bevor ich mehr sage, schwöre mir bei deiner Liebe zu Julie, dass du sterben wirst, bevor du auch nur ein Wort von dem wiederholst, was ich dir sagen werde."

„Ich schwöre es", sagte Bert feierlich.

Madame Querterot warf noch einen kurzen, durchdringenden Blick auf sein blasses Gesicht und begann, offenbar beruhigt durch das Licht, das in den dunklen Augen brannte, erneut in leisem, überzeugendem Ton zu sprechen, während sie vor dem kleinen Haus auf und ab gingen.

Julie kam zur Tür und rief ihnen zu, dass der Kaffee fertig sei; dann zog sie sich, verzweifelt an einer Antwort, in ihr Schlafzimmer zurück, wo eine Weile ein Licht brannte; Bald war es erloschen, und Julie war nach wenigen Minuten friedlich eingeschlafen.

Aber ihre Mutter und ihr Geliebter gingen immer noch auf dem Bürgersteig unter ihrem Fenster umher.

Kapitel VII

AM nächsten Tag war Mrs. Vanderstein mit einer Gießkanne zwischen den Rosentöpfen beschäftigt, die während der Saison ihren Balkon schmückten, und hielt scharf nach dem Eingang zu Fiantis gegenüber Ausschau. Zu ihrer Enttäuschung erhaschte sie keinen weiteren Blick auf Prinz Felipe von Targona, den sie jede Minute unter dem Portikus hervortreten sah.

„Was kann ihn an so einem schönen Tag im Haus halten?", fragte sie sich wiederholt, denn wieder schien die Sonne aus wolkenlosem Azur auf die Stadt herab.

Nachdem sie die Stunde unmittelbar nach dem Mittagessen in dieser vergeblichen Erwartung verbracht hatte, mit der unmittelbaren Gefahr eines Sonnenstichs und einer Verdauungsstörung, begann sie zu verzweifeln, ob sich ihre Hoffnungen jemals erfüllen würden, und ging zurück ins Wohnzimmer, wo sie sich niedergeschlagen in einen Sessel warf.

„Wenn das Wetter so bleibt", sagte sie zu Barbara, „fahren wir vielleicht für ein paar Tage nach Dieppe."

Mrs. Vanderstein hatte die Angewohnheit, spontane Ausflüge auf die andere Seite des Kanals zu unternehmen; Wenn ihr zu Hause langweilig war, lief sie jederzeit nach Dieppe oder Ostende.

Barbara genoss diese Reisen, wünschte sich aber manchmal, dass Mrs. Vanderstein sich nicht dazu entschließen würde, erst in letzter Minute abzureisen, was sie fast immer tat. Manchmal war es unangenehm, nur eine halbe Stunde Zeit zum Packen zu haben.

„Wirst du heute gehen?" sie fragte mit einem Anflug von Angst in ihrer Stimme.

„Oh, ich weiß nicht", antwortete Frau Vanderstein müde. „Ich wage zu behaupten, dass ich das kann."

Barbara ging zum offenen Fenster.

„Da kommt Madame Justine aus Fianti's", bemerkte sie plötzlich

"Wirklich?" sagte Frau Vanderstein, stand auf und trat an Barbaras Seite. „Ich frage mich, was sie dort gemacht haben könnte?"

Madame Querterot eilte mit der Tasche in der Hand über den Bürgersteig. Sie schaute zum Balkon hinauf und verneigte sich lächelnd, als Reaktion auf Mrs. Vandersteins freundliches Nicken. Dann bog sie um eine Ecke und war außer Sichtweite.

„Was für ein gutes, freundliches Gesicht sie hat", sagte Frau Vanderstein, als sie sich wieder dem Haus zuwandte. „Es würde jeden aufheitern, dieses entzückende Lächeln. Es tut mir immer gut, Madame Justine zu sehen."

„Ich kann mir nicht vorstellen, warum du sie so sehr magst", sagte Barbara, als sie ebenfalls ins Zimmer zurückkam. „Ich finde nicht, dass sie besonders schön aussieht."

„Ah, Barbara", sagte Frau Vanderstein, „in Ihrem Alter können Sie den Charakter nicht beurteilen. Jetzt erkenne ich eine gute Frau, wenn ich eine sehe, und ich bewundere sie wirklich. Schauen Sie sich an, wie sie Tag und Nacht arbeitet, um ihre untätige, undankbare Tochter zu unterstützen."

„Ich glaube nicht, dass sie so undankbar ist, wie ihre Mutter behauptet", sagte Barbara. Sie schien entschlossen, in der armen Madame Querterot nichts Gutes zu sehen.

In der Kühle des Nachmittags fuhren die beiden Damen durch den Park und besuchten ein oder zwei Häuser ihrer Freundinnen. Es war nach sechs, als sie nach Hause kamen, und ausnahmsweise wartete die Masseuse auf sie. Sie trat vor, als Frau Vanderstein eintrat, und ihr Auftreten zeigte eine gewisse Aufregung. Im Hintergrund schwebte Amélie, die lieber gestorben wäre, als Madame Querterot zu erlauben, allein im Zimmer ihrer Herrin zu bleiben, und deutete den anderen Bediensteten düster, wenn auch vage, an, dass mit geheimnisvollen und schrecklichen Folgen zu rechnen sei, wenn eine solche Freiheit zufällig gewährt würde gestattet.

„Oh, Madame", rief Madame Querterot, „ich habe so amüsante Neuigkeiten. Ich hoffe auf jeden Fall, dass Sie lachen und sich nicht beleidigt fühlen, wenn ich es Ihnen wiederhole."

„Was ist los, Madame Justine?"

„Stellen Sie sich vor, Madame, dass ich heute Morgen eine Vorladung erhalten habe – aber, Madame", sagte Madame Querterot, indem sie sich plötzlich selbst zügelte und den anderen Bewohnern des Schlafzimmers einen Blick kaum verhüllter Bosheit zuwarf, „was ich tun muss." Ihnen zu sagen, ist eher privater Natur. Ist es möglich, dass Sie erlauben, dass ich allein mit Ihnen spreche?"

„Ja", sagte Frau Vanderstein; „Warum nicht, wenn du willst? Amélie, ich rufe bitte an, wenn ich dich brauche. Barbara, würde es dir etwas ausmachen, wegzugehen, bis ich dich rufe? Vielen Dank. Ich muss unbedingt diese amüsante Geschichte von Madame Justine hören."

Barbara und das Dienstmädchen gehorchten sofort und verließen das Zimmer; Aber während die eine dies mit Eifer tat und ihr Stolz sie davon abhielt, auch nur für einen Moment irgendeine Neugier zu zeigen, was

Madame Querterot zu erzählen hatte, gab sich Amélie keine Mühe, die Abneigung, die fast an Hass grenzte, zu verbergen, die aufleuchtete in ihren Augen, als sie sie mit einem wütenden Blick auf ihren Landsmann richtete, bevor sie sich langsam auf die Tür zubewegte. Eines Tages hoffte sie, sich an dieser Frau, dieser abscheulichen, geschwätzigen Bourgeoisie rächen zu können, für die Art und Weise, wie sie sich, wenn auch nicht in das Vertrauen ihrer Herrin, so doch in so vertraute, unverschämte Umgangsformen mit ihr eingezwängt hatte; Wenn Mrs. Vanderstein nur dazu gebracht werden könnte, tief in ihren Knochen zu fühlen, wie Amélie sich fühlte, würde sie in ihr eine Person erkennen, an die sich eine ehrliche Frau, ganz zu schweigen von einer Dame überhaupt , mit Verachtung wenden würde Sie selber.

Ihre Wut und Empörung steigerten sich im Laufe der Minuten immer mehr, und keine Glocke rief sie zurück zu ihren Pflichten. Obwohl Amélie nicht arbeitsfreudiger war als ihre Kameraden, empörte sich ihre ganze Seele gegen den Gedanken, dass man auf sie verzichten könnte. Und als sie und Miss Turner schließlich nach einer Stunde des Wartens ins Schlafzimmer zurückgerufen wurden, betrat zumindest eine von ihnen es mit mörderischen Gefühlen im Herzen, die sie ausdrückte, indem sie der Masseurin hinter der Damentoilette Grimassen schnitt. Rücken und schwor sich, dass der Tag der Rache nicht mehr lange auf sich warten lassen könne.

Was Barbara betrifft, so fiel ihr, sobald sie zu ihrer Freundin zurückkehrte, eine unterdrückte Erregung und Unruhe auf, die zu verraten schien, dass an den Vertraulichkeiten von Madame Quertcrot etwas von persönlichem Interesse gelegen hatte. Sie fragte jedoch nicht gern, was die Französin privat zu erzählen hatte, und da Frau Vanderstein keine Auskunft gab, sondern den ganzen Abend über sehr schweigsam war und offenbar ganz mit ihren eigenen Gedanken beschäftigt war, tat es Barbara nicht leid als die Schlafenszeit kam.

„Denken Sie immer noch daran, nach Dieppe zu rennen?" sie fragte, als sie gute Nacht sagte.

„Nach Dieppe!" rief ihre Freundin, „Mein Gott, nein! Ich habe alle möglichen Verpflichtungen, und Sie haben vergessen, dass meine Loge für die Galavorstellung der Oper am Montag belegt ist. Ich werde auf jeden Fall vorerst in London bleiben!"

Offensichtlich hatte Mrs. Vanderstein die halbfertige Absicht des Nachmittags vergessen.

Nun, das würde sie nicht davon abhalten, ihre Meinung noch einmal zu ändern, dachte Barbara, und trotz der Entscheidung von heute Abend könnten sie in ein oder zwei Tagen über den Kanal aufbrechen.

Doch die Tage vergingen, und es wurde nichts mehr über das Thema gesagt. Jeden Abend kam Madame Querterot wie üblich, doch jetzt gab es jedes Mal ein privates Gespräch zwischen ihr und Mrs. Vanderstein, das diese Dame errötend und lächelnd zurückließ.

Barbara konnte sich nicht vorstellen, was all diese Veränderungen verursachte. Sie mochte Madame Querterot nicht und ärgerte sich vage über das Geheimnis, das man ihr ihrer Meinung nach vorenthielt. Warum sollte Mrs. Vanderstein Geheimnisse mit dieser schrecklichen kleinen Französin haben und sie im Regen stehen lassen? Wie konnte sie die Vertraulichkeit der Frau zulassen? Barbara war von der ganzen Entwicklung der Angelegenheit zugleich verärgert und angewidert.

Am Sonntag gingen sie mit einer gewissen Mrs. Britterwerth, einer Freundin von Mrs. Vanderstein, im Park spazieren.

Nach ein oder zwei Tagen voller Wolken und Regen, an denen die Leute zitterten und sagten, es sei wie im Winter, hatte sich das Wetter wieder aufgeklärt und erreichte die strahlende Helligkeit, die diesen Sommer von den vorangegangenen und folgenden Sommern unterschied. Der Park war fröhlich mit hellen Kleidern und leuchtend bunten Sonnenschirmen. Auch die Blumen waren in ihrer schönsten Form – der Regen kam genau zum richtigen Zeitpunkt für sie, und die Beete waren ein Traum von Schönheit – , aber wie üblich erregten sie nur spärliche Aufmerksamkeit, und die Leute strömten auf die andere Straßenseite, wo sie Ehrlich gesagt war es auf den grünen Wiesen unter den Bäumen sehr angenehm.

Die drei Damen schlenderten im Schatten auf und ab. Mrs. Vanderstein nannte es Sport treiben und machte es ihrer Figur zuliebe einmal pro Woche. Frau Britterwerth war wirklich beleibt und hätte sich gerne nach ein oder zwei Runden hingesetzt, aber ihre energischere Freundin erlaubte es nicht.

„Bedenken Sie, meine Liebe, was für einen großen Nutzen es uns bringt", sagte Frau Vanderstein.

Hier gesellte sich bald Joseph Sidney zu ihnen, und bald ging Barbara mit ihm voran, während die beiden anderen ihnen in einiger Entfernung folgten.

Sie hatte ihn seit der Nacht in Covent Garden nicht mehr gesehen und bemerkte mit Sorge, dass er erschöpft und besorgt aussah.

„Ich habe gesehen, dass Averstone nichts Gutes getan hat", sagte sie, sobald sie außer Hörweite waren.

„Nein", sagte Sidney knapp.

„Haben Sie ihn unterstützt?" sie fragte und wusste die Antwort, bevor er sprach.

„Oh ja", sagte er, „ich habe ihn durchaus unterstützt. Er hätte wohl gewonnen, wenn ich ihm nicht durch mein Pech die Chance verdorben hätte."

Barbara ging eine Minute lang schweigend weiter.

„Es tut mir leid", sagte sie schließlich. "Es war meine Schuld. Ich habe dir den Tipp gegeben."

„Unsinn", antwortete er fast grob. „Dein Geld ist auch weg."

„Hast du letzte Woche viel verloren?" fragte sie unvermittelt.

„So sehr", antwortete er, „dass es keinen Sinn hat, es vor dir verbergen zu wollen. Es wird bestimmt in ein paar Tagen herauskommen. Die Wahrheit ist, dass ich jeden Penny verloren habe, den mein Onkel mir hinterlassen hat, und jeden Sixpence, den ich vorher hatte. Schlimmer als das! Ich habe Geld verloren, das ich nicht bezahlen kann, und ich werde nicht nur das Regiment verlassen müssen, sondern –" er brach verbittert ab und schlug mit seinem Stock ins Gras. „Nun, Sie wissen, was es bedeutet", beendete er lahm.

„Oh, so schlimm kann es doch nicht sein!" rief Barbara. „Sagen Sie es Frau Vanderstein. Sie wird dir helfen. Ich wünschte, ich hätte etwas Geld!"

„Glaubst du, sie würde mir helfen?" fragte Sidney. „Sie würde mich zuerst das Gehirn rausblasen lassen. Sie wissen vielleicht nicht, was für eine heftige Voreingenommenheit sie gegenüber Wetten hat. Schauen Sie sich diesen Brief an. Ich habe es am Tag, nachdem ich dich in der Oper gesehen habe, bekommen." Er zog ein großes Blatt blaues Schreibpapier aus seiner Tasche, auf dem Barbara sofort Mrs. Vandersteins unverkennbare Handschrift erkannte.

„ MEIN LIEBER JOSEPH ", hieß es,

„Ich hoffe, dass nichts an dem dran ist, was ich über Ihre Wetten auf Rennpferde höre. Ich verurteile diese Praxis aus tiefstem Herzen und es würde mir sehr leid tun, wenn Sie sich in solch skrupellose Abgründe begeben würden. Ohne mich in eine lange Abhandlung zu verstricken, muss ich Ihnen sagen, dass ich es für meine Pflicht halte, den Wünschen Ihres Onkels nachzukommen und Ihnen mein Geld ganz und gar zu entziehen, es sei denn, Sie brechen fortan alle Verbindungen zu Buchmachern und dergleichen ab. Es schmerzt mich, so zu schreiben, und ich hoffe, es ist unnötig, aber es ist am besten, wenn alles klar ist.

                                                    „Deine liebevolle Tante,
                                                    „ RUTH VANDERSTEIN .“

Barbara las den Brief in entsetztem Schweigen.

„Das ist die Art von Hilfe, die ich von ihr bekommen sollte“, sagte Sidney,
als sie es ihm zurückgab.

„Es muss etwas getan werden“, wiederholte sie ausdruckslos. „Kannst du dir
nicht etwas von jemandem leihen?“

„Ich verliere seit drei Jahren ständig“, antwortete der junge Mann, „und ich
musste schon vor langer Zeit zu den Geldverleihern gehen.“ Ich kann keinen
Cent mehr von ihnen bekommen. Es ist ziemlich lustig, wenn man daran
denkt, wie mein Onkel sein Geld verdient hat, nicht wahr? Aber vielleicht
wissen Sie es nicht“, fuhr er hastig fort, als er den leeren Ausdruck auf
Barbaras Gesicht sah. „So ist es also“, begann er erneut. „Es hängt alles von
mir ab, wissen Sie? Ich bin völlig am Ende, es sei denn, ich schaffe es nicht,
bis nächste Woche 10.000 Pfund zu bekommen. Ich bin ziemlich verzweifelt,
das kann ich dir sagen. Es gibt nichts, was ich nicht tun würde, um an das
Geld zu kommen.“

Er sprach mit eindringlichem Ton, und einige der vorbeigehenden Menge
drehten den Kopf, um zu sehen, wer es war, der so lautstark die unglückliche
Lage seiner Finanzangelegenheiten bekannt gab. Sidney erkannte schnell die
Aufmerksamkeit, die er auf sich zog, und senkte seine Stimme auf einen
vertraulicheren Ton. Weder er noch sein Begleiter bemerkten besonders
einen von denen, die zu ihnen aufsahen, als sie die offenen Worte hörten,
einen kleinen, hageren Mann mit einem glattrasierten Gesicht und braunem
Haar, das zu einem vorzeitigen Grau verblasste. Auch wenn sie es getan
hätten, hätte keiner von ihnen diesen korrekt gekleideten, gepflegten
Londoner wiedererkannt, dessen gut sitzender Morgenmantel und seine
Lackstiefel so genau denen ähnelten, die Sidney selbst und fast jeder kluge
junge Mann, den man traf, trugen An diesem Tag traf sich im Park der
bekannte Privatdetektiv Mr. Gimblet, der von der Verbrecherschicht des
gesamten Königreichs am meisten gefürchtete Mann.

Er ging schneller als sie und war gerade dabei, das Paar zu überholen, als sie
entlangschlenderten, als etwas in Sidneys Stimme, ein Hauch verzweifelter
Rücksichtslosigkeit, mehr als die Worte selbst, die er aussprach, sein
Interesse weckte und sein ganzes Leben weckte Bereite Neugier. Er ging
weiter, ohne seine Geschwindigkeit zu verlangsamen, und blickte erst zurück,
als er etwa fünfzig Meter vorgekommen war. Dann zögerte er, blieb einen
Moment stehen und setzte sich schließlich auf einen der grünen Stühle, der

bequemerweise unbesetzt stand, kurz bevor Sidney und Barbara unbekümmert vorbeischlenderten.

Bevor sie vorbeikamen, hatte Gimblet einen kurzen Blick auf das Gesicht des jungen Mannes geworfen, auf dem deutlich Anzeichen von Besorgnis und Besorgnis zu erkennen waren.

„Ich frage mich, wer es ist", dachte er; und fuhr fort, als sie weitergegangen waren, den jungen Leuten nachdenklich hinterherzublicken.

Er wiederum übersah zwei Damen, die entgegen der Richtung, in die er den Kopf gedreht hatte, auf ihn zukamen. Mrs. Vanderstein beobachtete seinen aufmerksamen Gesichtsausdruck, als sie sich näherte, und folgte der Richtung, in die sein Blick ging, und murmelte ihrer Freundin zu:

„Sehen Sie den Mann, der Barbara anstarrt? Er sieht ziemlich mondsüchtig aus. Sie erregt große Aufmerksamkeit. So ein liebes Mädchen, ich weiß nicht, was ich ohne sie tun soll."

„Du bist so gut zu ihr", murmelte ihre Begleiterin. „Die Frage ist vielmehr, was würde sie ohne dich tun? Aber sie ist auf jeden Fall eine attraktive junge Person, besonders für Männer. Ich wundere mich, dass Sie keine Angst davor haben, Ihren entzückenden Neffen so viel von ihr sehen zu lassen."

Für Barbara, die mechanisch an Sidneys Seite ging, schien es plötzlich, als würde eine seltsame Dunkelheit über dem Angesicht der Natur liegen. Die Leichtigkeit des Herzens, mit der sie das Haus verlassen hatte, die ihr angeborene Hochstimmung, die das einzige wertvolle Erbe darstellte, das sie von ihrem Vater geerbt hatte, verließen sie nun und machten dem Kummer des jungen Mannes Platz . Und nicht nur beim Gedanken an die Schwierigkeiten, die ihm widerfahren waren, schreckte sie erschrocken zurück, und das Sonnenlicht nahm eine düstere Qualität an, die die gegenwärtige Stunde so düster erscheinen ließ und die der Zukunft von ihr umgeben erscheinen ließ eine Dämmerung, die immer tiefer wurde, je mehr sie sich entfernte, bis sie in die völlige Dunkelheit überging, über deren Grenzen Joe bereits zu schlüpfen und zu verschwinden schien. Es waren die Auswirkungen seiner Katastrophe auf ihr eigenes Leben, die sie am meisten erschreckten und schockierten. Was würde sie ohne den einzigen Freund in ihrem Alter tun, den sie in London kannte und dessen Geschmack ihrem eigenen so ähnlich war? Sie würde keinen Sportklatsch mehr hören und von ihrer einzigen verbliebenen Verbindung zur Rennsportwelt abgeschnitten sein. Was würde sie ohne ihn tun, wenn er verschwinden würde, wie er drohte? Was würde sie ohne die einzige Person auf der Welt tun, die sie sehen wollte? Der einzige Mensch auf der Welt, der ihr etwas bedeutete . Das Wissen kam ihr plötzlich wie eine Offenbarung und sie stolperte einen

Moment lang auf ihrem Weg, als ihr mit einem Anflug von Selbstverständnis die volle Bedeutung ihrer Angst klar wurde.

In diesem Moment erkannte und erkannte sie, dass der Verlust von Joe Sidney für sie den Verlust von allem bedeuten würde.

Während er damit beschäftigt war, seine Sorgen aufzuzählen, bemerkte er nichts außer seiner eigenen fast unbewussten Erleichterung, als er ausführlich über die Sorgen sprach, die er so lange für sich behalten hatte. Es war ein Trost, einen so sympathischen Zuhörer zu haben.

Dennoch konnte selbst daraus nicht viel Trost gewonnen werden, da die Krise in seinem Leben so real und so nah war, und er wiederholte bald seine früheren Behauptungen, dass es keinen Sinn hatte zu reden und dass es für ihn keine Hoffnung darauf gebe alles andere als der absolute Ruin.

"Deine Tante. Sie muss, oh, sie muss dir helfen!" Barbara hörte sich noch einmal sagen.

Wieder schüttelte Sidney den Kopf.

„Du verstehst sie nicht. Sie wird nach ihren Vorstellungen handeln. Wir Juden –"

„Du bist kein Jude!" Ihre Stimme war empört.

„Meine Mutter war Jüdin. Glaubst du nicht, dass ich mich dafür schäme? Wir Juden haben stärkere Überzeugungen – Meinungen – Prinzipien – nennen Sie sie, wie Sie wollen –, als Christen es gewohnt sind, sich damit abzulenken. Wir sind, würde ich sagen, eher in der Lage, unseren Theorien gerecht zu werden. Für meine Tante ist Glücksspiel die tödlichste aller Sünden. Wo Sie oder ich eine grüne Bahn und ein paar Buchmacher sehen, sieht sie, glaube ich, eine Persönlichkeit mit Hörnern und einem Schwanz, die eine Heugabel schwingt. Ich bin mir überhaupt nicht sicher, ob sie nicht recht hat. Ich bin zumindest ziemlich sicher, dass ich, wenn ich aus diesem Schlamassel herauskäme, mein Leben lang nie wieder in die Nähe einer Rennbahn gehen oder auch nur einen Blick auf die Chancen werfen würde. Es nützt nicht viel, das jetzt zu sagen, oder? Aber glauben Sie mir, an Hilfe von Tante Ruth ist nicht zu denken. Sie können es zerkratzen. Das ist für mich das Ende von allem. Ich muss einfach gehen. Steigen Sie aus, wie es viele bessere Männer vor mir tun mussten."

„Oh, rede nicht so", rief Barbara. Sie hatte sich zusammengerissen und dachte klar und schnell. "Hört mir zu. Wenn Sie nicht mit der Wahrheit zu Mrs. Vanderstein gehen können, können Sie dann nicht mit" – sie zögerte – „etwas anderem" zu ihr gehen?

„Eine Lüge“, sagte Joe unverblümt. „Ich wundere mich nicht, dass du denkst, ich wäre nicht über einer Lüge erhaben, wenn sie mich retten könnte. Aber können Sie einen vorschlagen, mit dem ich zu ihr gehen und 10.000 Pfund verlangen könnte? Wenn du kannst, lass es uns hören, um Himmels willen. Aber das geht natürlich nicht. Sie ist kein absoluter Dummkopf!“ Er lachte erneut, ein kurzes, hartes Lachen.

„Sie kennen Mrs. Vanderstein nicht so gut wie ich, obwohl Sie mit ihr verwandt sind“, sagte Barbara. „Sie hat Schwachstellen, wissen Sie. Zumindest hat sie eine Schwäche. Ich frage mich, ob Sie wissen, was es ist?“

Sie waren an der Ecke angekommen und blieben an den Schienen stehen. Instinktiv drehte Barbara sich um und schaute nach, ob Mrs. Vanderstein in Hörweite war.

„Schau sie dir jetzt an“, rief sie.

Auch Sidney drehte sich um und folgte der Richtung ihres Blicks.

Seine Tante und ihre Freundin hatten einen Punkt etwa fünfzig Meter hinter ihnen erreicht. Mrs. Vandersteins Gesicht strahlte. Eine rosige Farbe färbte ihre Wangen. Ihre Augen funkelten, als sie sie für einen Moment hob und in Richtung Fahrbahn blickte. Aber größtenteils schienen sie bescheiden niedergeschlagen zu sein, und Mrs. Vanderstein schien sich nur für die Spitzen ihrer Schuhe zu interessieren; Diese waren zwar äußerst erfreulich, rechtfertigten jedoch nicht ganz die Freude, die die Dame an ihnen zu empfinden schien. Vielleicht fragte sie sich, ob sie den Boden berührten oder nicht, denn sie trat so leichtfüßig auf, dass ein bloßer Zuschauer möglicherweise sehr große Zweifel an diesem Thema gehabt hätte. Es sah tatsächlich so aus, als würde sie auf der Luft gehen. Sogar Sidney, der normalerweise nicht auf die Gesichtsausdrücke von Leuten achtete, mit denen er gerade nicht sprach, konnte nicht umhin, ihr ungewöhnliches Verhalten zu bemerken. Tatsächlich sah sie wie die Inkarnation des Glücks aus.

"Was ist los mit ihr?" fragte er und wandte sich wieder dem Mädchen neben ihm zu.

Als Antwort machte sie eine Handbewegung in Richtung Straße.

"Siehst du das?" sie erkundigte sich.

An diesem Sonntagabend herrschte im Park sehr wenig Verkehr. Ein oder zwei Motoren rollten durch, aber es waren nur wenige. Joe sah nichts Auffälliges, was seiner Meinung nach in irgendeiner Weise das seltsame Aussehen seiner Tante erklären könnte. Es fuhr nur eine Kutsche vorbei, eine Kutsche, besetzt mit einer älteren Dame und drei fremdländisch aussehenden Männern. Es gab nichts an ihnen, was Aufmerksamkeit erregte.

„Was in aller Welt gibt es da zu sehen?" sagte er verwirrt.

„In dieser Kutsche sitzen Prinz Felipe von Targona und seine Mutter", sagte Barbara, „und Frau Vanderstein ist jedes Mal so aufgeregt, wenn sie irgendeine königliche Persönlichkeit sieht." „Ich glaube nicht", fügte sie wahrheitsgemäß hinzu, „dass ich sie jemals so deutlich gesehen habe, aber man kann sehen, welche Wirkung sie auf sie haben." Das Königtum ist das, was sie im Leben wirklich am meisten interessiert. Sie würden nicht glauben, wie sehr sie davon begeistert ist. Es ist eine Verliebtheit, fast ein Wahnsinn."

„Ich hatte keine Ahnung, dass sie so ist", sagte Joe mit einem Anflug von Abscheu. „Ich hätte nie gedacht, dass sie so ein schrecklicher Snob ist."

„Ich glaube nicht, dass es sich bei Mrs. Vanderstein um Snobismus handelt", sagte Barbara. „Es ist eher eine Art Romantik. Aber ich glaube nicht, dass du es verstehst. Der Punkt ist, dass es nichts gibt, was sie nicht tun würde, um einem kleinen Prinzen zu begegnen. Und wenn sie ihn einmal treffen würde, gäbe es nichts, was er verlangen würde, was sie nicht geben würde. „Schließlich", fuhr sie in einem argumentativen Tonfall fort, „sollte sie dich nicht ruinieren lassen." Ich bin mir sicher, dass Mr. Vanderstein das nie getan hätte. Und 10.000 Pfund sind für sie wirklich so wenig. Allein ihre Perlen sind viel mehr wert. Was macht so eine Summe aus? Es sind nur vier- oder fünfhundert pro Jahr. Sie würde es kein bisschen vermissen."

„Das wage ich zu behaupten", sagte Sidney, „aber ich sehe nicht, was mir das nützt."

„Haben Sie einen Freund, dem Sie vertrauen können und der Ihnen gerne weiterhelfen würde?"

„Keine Dezimalstelle, was Bargeld betrifft. Ansonsten wage ich zu behaupten, dass ich ein oder zwei habe. Sie würden mir schon helfen, die armen Kerle, wenn sie selbst etwas Geld hätten."

„Es ist kein Geld. Ich meine jemanden, der sich ein wenig Mühe geben würde."

„Oh ja, ich glaube, so einen kann ich großziehen. Im Übrigen", sagte Sidney, „wenn es Ihnen nichts ausmacht, wenn ich Sie einen Freund nenne, denke ich, dass sich niemand einen besseren wünschen könnte. Es ist wirklich gut von dir, so mitfühlend zu sein und dich von mir mit meinen miesen Affären langweilen zu lassen."

Das Mädchen wandte ihr Gesicht ab.

„Natürlich bin ich eine Freundin", sagte sie, „aber du wirst einen Mann wollen, wenn meine Idee gut ist." Jetzt hör zu, ich habe einen Plan."

Barbara zögerte. Sie war sich sehr bewusst, dass die Idee, die ihr gekommen war, nicht für Joe geeignet war. Ein paar Stunden zuvor hätte sie den Vorschlag, dass sie selbst jemals dazu gebracht werden könnte, ein solches Mittel zu dulden, verächtlich zurückgewiesen, aber jetzt war alles anders und alle ihre Überzeugungen von richtig und falsch waren von der Angst erschüttert und ins Wanken geraten, wenn nicht sogar ganz beiseite gefegt von der drohenden Gefahr für den Mann, den sie liebte. Ihr einziges Gefühl war jetzt, dass die Gefahr um jeden Preis abgewendet werden musste, und die Frage des Augenblicks war, wie sie ihren Plan so darstellen sollte, dass er darin einen Weg erkennen konnte, dem ein Mann möglicherweise folgen und ihn dennoch beibehalten könnte ein Rest Selbstwertgefühl.

Mit großer Sorgfalt und bedachtsamer Wortwahl enthüllte sie Sidney den Plan, der ihr die einzige Möglichkeit zu bieten schien, seine Angelegenheiten in Ordnung zu bringen. Wie erwartet, weigerte er sich zunächst, sich überhaupt mit diesem Gedanken zu befassen; unbeirrt ging sie erneut zum Angriff über und beharrte darauf, ihm mit jesuitischen Argumentationen und Syllogismen zu zeigen, dass die von ihr vorgeschlagene Methode seine einzige Hoffnung war, das nötige Geld zu beschaffen. Sehr langsam und widerstrebend ließ er sich überreden. Niemand hätte Barbaras Schmeicheleien eine halbe Stunde lang zuhören können, ohne nachzugeben.

Beim ersten Anzeichen seiner Schwäche verdoppelte sie ihre Bemühungen, und während sie redete, ließ sie sich durch Joes Einwände und die Schwierigkeiten, die er aufzeigte, nicht entmutigen. Er gab allmählich ihren Schmeicheleien nach und wurde, nachdem er seine Skrupel in den Hintergrund gedrängt hatte, beinahe ebenso enthusiastisch wie sie selbst.

Bevor sie sich trennten, war der Plan in allen Punkten ausgearbeitet. Es blieb nur noch, den treuen, notwendigen Freund Joes ins Vertrauen zu ziehen. Joe sagte ihr, dass es besser sei, ein Subaltern in seinem Regiment zu sein, mit Namen Baines, glücklicherweise im Moment in London.

„Solange", sagte er und kehrte zu früheren Zweifeln zurück, „solange der alte Baines dem Job gewachsen ist." Allerdings gibt es nicht viel, woran er festhalten würde."

„Ja", sagte Barbara und schwieg eine Minute lang, während der die Schwierigkeiten, ihren Plan erfolgreich umzusetzen, mit ganz neuer Kraft um sie herumzuschwimmen schienen. „Wenn irgendetwas auftaucht", stockte sie, „um diese Idee unmöglich zu machen, werden Sie versuchen, Mrs. Vanderstein die Wahrheit zu sagen, nicht wahr? Es ist schließlich eine Chance."

„Nun, es kann die Sache wohl nicht noch schlimmer machen", stimmte er zu. „Ich hoffe, dass es nicht dazu kommt. Ich glaube nicht, dass es jetzt so sein wird; aber wenn es so ist, verspreche ich, wenn es dir gefällt, dass ich ihr eine reine Brust daraus machen werde."

„Danke", murmelte sie; Und als sie sich dann umdrehten, „ist sie jetzt da und macht uns Zeichen, dass wir umkehren sollen."

KAPITEL VIII

ALS sie weggefahren waren, wanderte Sidney hinter der Menschenmenge zu einem einsamen Platz zwischen den Bäumen, wo er auf und ab ging, leise vor sich hin pfiff und von Zeit zu Zeit innehielt, um einen Schlag auf den Kopf eines harmlosen Gänseblümchens zu richten mit seinem Stock.

„Was für ein Arsch ich bin", rief er plötzlich in herzlichem Ton, aber ein Zuhörer, der geglaubt hatte, er spiele auf sein törichtes Glücksspiel auf dem Rasen an, hätte sich getäuscht. Seine Gedanken beschäftigten sich mit einem ganz anderen und viel angenehmeren Thema.

Wie hübsch sie ausgesehen hatte! Wie leid es ihr schien! Welches Mitgefühl hatte in ihren Augen geleuchtet, als sie seinen schändlichen Problemen zuhörte. Wie entschlossen sie gewesen war, einen Ausweg zu finden; Sicherlich konnte sie sich nicht so sehr für die Belange aller ihrer Bekannten interessieren.

Übrigens war der Ausweg, jetzt, wo er leidenschaftslos darüber nachdachte, vielleicht kaum einer, den ein Mann überhaupt nehmen und das bisschen Selbstachtung behalten konnte, das ihm noch geblieben war; Aber es war überwältigend süß, dass sie alle Überlegungen außer der, sein Vermögen wiederzugewinnen, so völlig aus den Augen verloren hatte.

Er hatte sie natürlich immer gemocht und bewundert, aber bis heute war ihm nie bewusst geworden, was für ein treuer, tapferer Geist hinter diesen meerblauen, kindlichen Augen wohnte. Es gab kein Mädchen auf der Welt wie sie, und war es übermäßig eingebildet von ihm zu denken, dass sie ihn ein wenig mögen musste, um sich über die Geschichte seines Unglücks so aufgeregt zu zeigen? Und hier runzelte er die Stirn und riss sich zusammen. Was hatte er, ein ruinierter Spieler, ein Mann, dessen Karriere im Grunde genommen am Ende war, zweimal über ein Mädchen nachzudenken, geschweige denn, sich so absurd glücklich zu fühlen? Er entschloss sich heldenhaft, Barbara aus seinen Gedanken zu verbannen, und marschierte, diesem hervorragenden Vorsatz folgend, mit solch rasanter Geschwindigkeit durch den Park, dass kleine Jungen, an denen er vorbeikam, spöttisch fragten, wo die anderen Teilnehmer des Rennens geblieben seien.

.   .   .   .   .

Am nächsten Morgen machte Mrs. Vanderstein Barbara gewisse Vertraulichkeiten und machte damit die großen Hoffnungen zunichte, die sie geweckt hatte, Sidney aus den ruinösen Netzen zu retten, in die er sich verstrickt hatte.

Das Mädchen hörte dem, was Mrs. Vanderstein ihr erzählte, zunächst ungläubig zu, aber eine spöttische Bemerkung wurde mit so großer

Ablehnung aufgenommen, dass sie es nicht wagte, noch eine weitere zu wagen; Und schließlich, als sie immer ausführlichere Berichte hörte und Mrs. Vanderstein, verärgert über den Unglauben ihrer Freundin, so weit ging, schriftliche Beweise für die Wahrheit der Geschichte vorzulegen, konnte Barbara sich nicht länger verleugnen, dass dies der Fall war Die erstaunliche Geschichte war zweifellos nicht der Witz, für den sie sie gehalten hatte, sondern spiegelte die klaren Fakten des Falles wider.

Mit zunehmender Bestürzung hörte sie alles, was Mrs. Vanderstein ihr zu sagen hatte, und sah, wie ihre Hoffnungen für Joe mit jeder neuen Information immer mehr schwanden; und als ihre Freundin ihr am Ende der Geschichte ihr mangelndes Mitgefühl vorwarf, musste sie sich nur mit großer Mühe davor bewahren, in vergebliche Tränen auszubrechen.

Es gelang ihr jedoch, genug Selbstbeherrschung aufzubringen, um ein paar liebevolle Worte zu finden, die den Anforderungen der Situation zu entsprechen schienen; jedenfalls schienen sie Mrs. Vanderstein zufriedenzustellen. Das Mädchen machte nur eine Bedingung und blieb in diesem Punkt hartnäckig, bis die ältere Dame, die ihre Entschlossenheit nicht erschütterte, schließlich gezwungen war, widerstrebend ihre Zustimmung zu geben.

Sobald sie entkommen konnte, rannte Barbara mit der ersten Ausrede, die ihr einfiel, in ihr Zimmer, wo sie sich einen Hut aufsetzte, ohne auch nur einen Blick in den Spiegel zu werfen. Dann schnappte sie sich einen Schlüssel, verließ die Flurtür und eilte zum nächsten Postamt.

Mehrere Telegrafenformulare wurden ausgefüllt, nur um dann zerrissen und weggeworfen zu werden, bevor sie die Nachricht zu ihrer Zufriedenheit formulierte; und selbst als sie es unter der Absperrung abgab – die junge Damen der Post vor zu engem Kontakt mit einem Publikum schützt, das ohne diese Vorsichtsmaßnahmen möglicherweise zu Anzeichen von Gewalt verärgert werden könnte – betrachtete sie es immer noch mit Zweifeln , und ihre Finger verweilten auf dem Papier, als wollte sie es nicht loslassen.

Es war an Joseph Sidney gerichtet und umfasste mehr als eine Form.

„Der völlig durcheinander geratene Plan wird es dir erklären. Versuche in der Zwischenzeit, deiner Tante die Wahrheit zu sagen, denn du hast ihr versprochen, dass sie zur Teezeit da sein wird, und es wird das Beste sein, es auf die eine oder andere Weise hinter dich zu bringen.“

Würde er kommen? fragte sie sich, als sie zum Haus zurückging; und den ganzen Nachmittag hallte dieselbe Frage in ihrem Kopf wider. Würde er kommen? Und wenn es ihm nicht gelang, Mrs. Vandersteins Mitgefühl zu gewinnen, was dann?

Es schien keinen anderen möglichen Weg zu geben. Als sie neben ihrer Freundin im Auto saß, zerbrach sie sich vergebens den Kopf und überlegte, wie Joe das Geld noch aufbringen könnte, wenn dieser Versuch scheiterte. Aber sie hatte seine Versicherung, dass er bereits alle möglichen Mittel ausgeschöpft hatte.

Mrs. Vanderstein wollte ein Geschäft am Strand besuchen, und ihr Weg dorthin führte sie an dem Theater vorbei, das Madame Querterot eine Woche zuvor in Begleitung ihrer Tochter und des Verehrers ihrer Tochter besucht hatte.

Große Plakate schmückten die Vorderseite des Hauses und zeigten einige der spannenderen Episoden des Stücks. Abgerundet wurden diese durch Fotos des jungen Schauspielers, der die Hauptrolle spielte. Er wurde in makelloser Abendkleidung und beim Öffnen des Safes dargestellt; auf einem anderen Bild schnippte er mit den Fingern nach den Gesetzeshütern; und doch zeigte ihn ein dritter, als er im vierten Akt die Heldin in seine Arme nahm.

Frau Vanderstein und Barbara hatten das Stück, das ein voller Erfolg war, mehr als einmal gesehen. Frau Vanderstein lächelte, als sie die Plakate betrachtete.

„Das ist ein gutes Stück", sagte sie zu ihrer Begleiterin. „Ich kann kaum ein Schreien unterdrücken, als er durch das Fenster entkommt, während die Polizei ins Zimmer stürmt. Es ist fast zu aufregend. Und er, der Gentleman-Einbrecher, ist so gutaussehend. Man kann nicht anders, als auf seiner Seite zu sein, oder? Und natürlich soll man das sein. Alle ehrlichen Leute sind so schrecklich langweilig. Außerdem war er natürlich ein Graf und wirklich ziemlich charmant. Es wundert mich nicht, dass die Heldin ihm verziehen hat." Sie legte ihren Sonnenschirm ab, als sie in eine schattige Straße einbogen. „Wissen Sie, Barbara", fuhr sie fort, „ich glaube, diese Art von Stück könnte viel Schaden anrichten. Es kann nicht richtig sein, Unehrlichkeit so attraktiv erscheinen zu lassen."

Barbara antwortete nicht, und Mrs. Vanderstein blickte sie überrascht an und war noch mehr erstaunt über den seltsamen Ausdruck in den Augen des Mädchens.

„Was denkst du darüber?", fragte sie noch einmal.

„Es kommt darauf an, was Sie Schaden nennen", antwortete Barbara langsam, und als sie an ihrem Ziel ankamen, endete das Gespräch.

Sie gingen früh nach Hause und hatten kaum den Tee ausgetrunken, als Sidney angekündigt wurde. Er sah ziemlich blass aus und schüttelte Barbara wortlos die Hand, als sie sich hastig entschuldigte und den Raum verließ. Sie ging in ein anderes Wohnzimmer und wartete voller Spannung, bis sich die Tür zum Wohnzimmer öffnete und das Interview endgültig vorbei war.

Sie musste nicht lange warten.

Es waren kaum fünf Minuten vergangen, als sie das Geräusch von hastigen Schritten die Treppe hinunter hörte, und einen Moment später schlug die Haustür hinter Sidneys sich entfernender Gestalt zu. Gleichzeitig läutete eine Klingel laut, und bevor sie antworten konnte, hörte Barbara das Rascheln seidener Röcke und die leichten Schritte von Mrs. Vandersteins Füßen, als sie ein paar Stufen hinunterlief und über das Geländer nach dem Butler rief.

„Blake", rief sie, als die stämmige Person aus der Kellertür kam. „Bist du das, Blake?"

„Ja, Ma'am."

„Blake, ich werde in Zukunft nicht mehr bei Mr. Joseph Sidney zu Hause sein. Du darfst ihn nie wieder in dieses Haus lassen. Verstehst du?"

„Sehr gut, Ma'am." Blakes Tonfall klang so gelassen, als hätte er den Auftrag erhalten, einen Brief auf die Post zu geben.

„Und sagen Sie es den Lakaien. Ich werde ihn unter keinen Umständen wiedersehen. Das muss klar sein. Und, Blake, rufen Sie bitte sofort Sir Gregory Aberhyn Jones an und sagen Sie ihm, wenn es ihm passt, möchte ich ihn sofort sehen. Bitten Sie ihn, sofort zu kommen; oder zum Abendessen; oder in die Oper. Nein", verbesserte sie sich, „nicht in die Oper heute Abend. Aber bitten Sie ihn, wenn möglich, zu mir zu kommen, bevor ich aufbreche. Es ist äußerst wichtig."

„Ja, Ma'am." Blake zeigte sich nicht überrascht: In Momenten der Not rief seine Herrin immer Sir Gregory Aberhyn Jones an.

Mrs. Vanderstein, immer noch in einem Zustand großer Erregung, zog sich zurück, um einen Brief zu schreiben, bevor sie sich für die Oper anzog, eine Angelegenheit, die ausgerechnet heute Abend sowohl Zeit als auch ungeteilte Aufmerksamkeit erforderte.

Als sie ins Esszimmer hinabstieg, waren alle Spuren der Unruhe, die Sidneys Besuch verursacht hatte, aus ihrem Gesicht verschwunden; und ihr Gesichtsausdruck war wieder voller freudiger Erwartung, wie schon den ganzen Tag. Nachdem sie hastig eine Notiz geschrieben hatte, hatte sie jede Erinnerung an den Neffen ihres Mannes völlig verworfen.

Es war nur natürlich, dass Sidney im Wettstreit mit anderen so spannenden Interessen wie denen, die an diesem Abend die Witwe seines Onkels beschäftigten, keinen Platz mehr in Mrs. Vandersteins Gedanken einnahm;

sollte, wie er es ausgedrückt hätte, zu einem „also ran" werden. Bemerkenswerter war die Tatsache, dass Barbaras Gesichtsausdruck, als sie zum frühen Abendessen ihren Platz einnahm, einen Ausdruck angenehmer Vorfreude zeigte, der dem ihrer Freundin fast ebenbürtig war, ganz anders als die Anzeichen von Angst und Kummer, die währenddessen darauf sichtbar gewesen waren der frühere Teil des Tages. Mrs. Vanderstein hatte nichts von der weinenden Gestalt gesehen, die nach Joes Entlassung mit dem Gesicht in den Kissen auf Barbaras Bett vergraben lag und versuchte, das laute Schluchzen zu unterdrücken, das sie trotz aller Bemühungen erschütterte, oder selbst sie, so beschäftigt wie sie war , wäre über eine so vollständige Genesung erstaunt gewesen.

Die Veränderung war tatsächlich augenblicklich eingetreten und fiel mit dem Moment zusammen, als Barbara inmitten ihrer Trauer eine plötzliche Idee durch den Kopf schoss, eine Eingebung, die, so schien es, sofort alle Sorgen beseitigte und den Weg klar machte, auf dem Sidneys Schwierigkeiten beseitigt werden sollten. Wie war es möglich, dass sie nicht früher daran gedacht hatte? Das Wissen, dass Joe niemals mit den Mitteln einverstanden sein würde, die sie zu ergreifen vorschlug, dass die Überredungskünste und Spitzfindigkeiten von gestern hier nichts nützen würden, dass es unmöglich sein würde, das Thema auch nur bei ihm anzusprechen, wischte sie ungestüm von sich. Es war nicht nötig, dass er jemals ihre Hand in der Sache vermutete. Sie musste vorsichtig sein; sie musste mit Umsicht und Vorsicht handeln, und alles würde gut werden. Nur ein Gedanke hielt sie davon ab, alles andere auszublenden, der Wunsch, diesen Jungen, den sie liebte, vor den Folgen seiner eigenen Torheit zu schützen und zu retten. Nichts anderes war es wert, darüber nachzudenken. Keine Angst vor möglichen Auswirkungen auf ihr eigenes Leben konnte ihre Entschlossenheit erschüttern, denn, dachte sie, was ist Leben oder überhaupt Tod, wenn es nicht einerseits eine Verlängerung oder andererseits ein Abschneiden der Bande der Zuneigung bedeutet.

Sie erinnerte sich an die unbekümmerte Art, mit der Joe gesagt hatte, diese Sache würde das Ende für ihn bedeuten, und schaudernd sagte sie sich, dass diese Worte nur eine Bedeutung haben konnten. Wenn sie durch die Opferung ihres Lebens seins retten konnte, würde sie nicht zögern, es zu geben. Hier lag für sie die Gelegenheit, ihm zu dienen, klar vor Augen, und was auch immer das Ergebnis für sie selbst sein mochte, sie schreckte nicht davor zurück. Während sie sich für den Abend anzog, lächelte Barbara vergnügt vor sich hin und sang leise ein kleines Lied. Ein Gedanke beunruhigte sie. Sidney war sich nicht bewusst, dass seine Rettung so nahe war. Sie konnte es nicht ertragen, jetzt an ihn zu denken, besorgt und verzweifelt. Doch wie konnte sie ihn beruhigen, ohne sich selbst und die große Idee zu verraten? Mit leichtem Stirnrunzeln dachte Barbara über diese Frage nach, während sie einen Kamm aus Kunstharz, den Mrs. Vanderstein ihr gegeben hatte, in die Masse ihres dichten blonden Haares steckte. Dann kritzelte sie ein paar Worte auf ein Blatt Papier, faltete es hastig zu einem Umschlag zusammen und steckte ihn in die Vorderseite ihres Kleides; Dann rannte sie aus Angst, zu spät zu kommen, die Treppe hinunter.

„Sir Gregory Aberhyn Jones ist nicht in der Stadt, Ma'am", sagte Blake, als sie den Raum betrat.

„Na ja, jetzt ist es egal", sagte Frau Vanderstein.

Das Abendessen an diesem Abend war eine stille Mahlzeit. Mrs. Vanderstein, herrlich gekleidet, saß an einem Ende des kleinen Tisches und lächelte geistesabwesend ins Nichts. Sie war so beschäftigt, dass sie vergaß zu essen, und Blake musste sie wiederholt fragen, ob sie von einem Gericht essen würde, bevor sie bemerkte, dass es ihr gereicht wurde. Einmal, als sie, plötzlich in die Gegenwart zurückgerufen, ihre Gedanken plötzlich von ihrer Irrfahrt zurückholte und sich mit einer unbedeutenden Bemerkung Barbara zuwandte, bemerkte sie mit einem leichten Gefühl der Belustigung, dass das Mädchen ebenso sehr in ihre eigenen Fantasien vertieft war wie Sie war sie selbst und saß geistesabwesend da und zerpflückte eine Blume, ihre großen Augen starrten ausdruckslos auf die leuchtenden Perlen, die am Hals ihrer Freundin hingen.

Sie machten sich rechtzeitig auf den Weg, Barbara bettelte darum, unterwegs eine Minute an einem Postamt anhalten zu dürfen.

Sie habe, wie sie sagte, vergessen, auf eine Einladung zu antworten, und dachte, dass es nun so spät sei, dass sie besser per Telegramm antworten sollte. Sie gab die Nachricht, die bereits ausgeschrieben und in einem versiegelten Umschlag steckte, zusammen mit etwas Geld dem Lakaien und forderte ihn auf, sie so abzugeben, wie sie war, und keine Zeit damit zu verschwenden, auf die Annahme zu warten.

Der Mann war eine Minute später zurück, und sie fuhren weiter, um ein paar Minuten später ihre Plätze in der langen Reihe von Motoren und Waggons einzunehmen, die langsam auf die Türen des Opernhauses von Covent Garden zusteuerte.

KAPITEL IX

HERR GIMBLET lebte in einer Wohnung in der Nähe von Whitehall. Es war eine Modeerscheinung von ihm, bequemer untergebracht zu sein als die meisten Einzelgänger. Die Situation lag praktischerweise in der Nähe von Scotland Yard, wo die Beamten die Angewohnheit hatten, ihn in ungewöhnlichen Momenten zu sehen. Der Blick aus den Fenstern auf den Fluss war für jemanden mit kultivierten und künstlerischen Neigungen ein entzückender Anblick, und die großen und wohlproportionierten Räume waren in der Lage, die alten und wertvollen Bilder und Möbel, an denen der Detektiv seine Freude hatte, zur Geltung zu bringen sich umgeben.

Einen Großteil seiner Zeit verbrachte er in Kuriositätenläden und er gehörte zu den Ersten, die das ehemalige Jagdrevier der Schnäppchenjäger entdeckten – den kaledonischen Markt. Viele ungeduldige Angehörige der Truppe, die vom „Hof" hergeschickt worden waren, um Mr. Gimblet in einem unbekannten Fall um Hilfe zu bitten, hatten, nachdem sie ein oder zwei Stunden lang im Flur herumgetrampelt hatten, in ihrer Verzweiflung die Wohnung verlassen, nur um sich mit ihm zu treffen der Detektiv, der mit einem düsteren, staubbedeckten Bild in der Hand die Treppe heraufkommt oder ein Stück altes Porzellan an die Brust drückt.

Als jüngerer Sohn einer Midland-Familie, die sich im Laufe des vorangegangenen Jahrhunderts durch Handelsgeschäfte, bei denen eine bestimmte arbeitssparende Maschine für die Webindustrie eine große Rolle gespielt hatte, mäßig bereichert hatte, hatte Herr Gimblet die übliche öffentliche Schule besucht Ausbildung und verbrachte zwei oder drei aufeinanderfolgende Jahre in Oxford. Seine künstlerischen Neigungen waren schon immer stark ausgeprägt, aber seine Familie widersetzte sich stark der Karriere als Künstler, und er selbst hatte eine bescheidene Vorstellung von seinem eigenen Genie und zweifelte an seiner Fähigkeit, mit Hilfe ganz weit nach oben auf der Erfolgsleiter zu gelangen Aufgrund seines Talents, von dem er wusste, dass es eher begrenzt war, war er schließlich in ein Architekturbüro gegangen, wo er noch mehrere Jahre lang mit Interesse und Freude gearbeitet hatte. Durch Zufall entdeckte er seine Fähigkeit, selbst die vorsichtigsten Kriminellen bis zu seinem Versteck aufzuspüren und die Urheber mysteriöser und tief geplanter Verbrechen ausfindig zu machen. Es geschah, dass ein Arbeiter, der beim Bau eines Hauses beschäftigt war, für das Gimblet den Entwurf geliefert hatte, unter ebenso seltsamen wie unheimlichen Umständen ermordet aufgefunden wurde. Es schien keinen Hinweis auf den Urheber der Tat zu geben, und nach ein oder zwei Wochen hatten die offiziellen Ermittler untereinander gestanden, dass sie völlig ratlos waren.

Für Gimblet, der in seiner Eigenschaft als Architekt den Tatort besuchte – allerdings nicht ohne eine ungewöhnliche und bisher unbekannte Beschleunigung des Pulses –, hatte sich ein Stück Brett, das an der Stelle aufrecht genagelt war, wo es horizontal hätte sein sollen, sofort als suggestiv erwiesen; und seine Entfernung hatte bestimmte hastig versteckte Gegenstände ans Licht gebracht, was zusammen mit ein oder zwei zuvor unbemerkten Kleinigkeiten zur Gefangennahme und endgültigen Erhängung des Mörders geführt hatte.

Dieser Erfolg hatte dazu geführt, dass der junge Mann Interesse an anderen mysteriösen Angelegenheiten der gleichen Art verspürte; und es dauerte nicht lange, bis er die Aufgabe, die Polizei bei solchen Nachforschungen zu unterstützen, so viel gewinnbringender und spannender fand als seine Arbeit als Architekt, dass er nach und nach immer mehr seiner Freizeit dem Versuch widmete, Geheimnisse zu entdecken und zu entdecken Probleme lösen, die auf den ersten Blick keine Lösung zu bieten schienen. Als er dreißig war, gab es kaum ein Verbrechen von Bedeutung, bei dem er nicht dabei helfen sollte, den Täter aufzuklären. und er hatte das Streben nach architektonischer Gelehrsamkeit völlig aufgegeben und sich stattdessen dem der kriminellen Menschheit zugewandt.

Er lehnte eine Einladung zur Aufnahme in den Beamtenstab ab, obwohl diese in äußerst schmeichelhaften Worten ausgesprochen wurde, und zog es vor, selbst zu entscheiden, ob er einen Fall übernehmen sollte oder nicht. Es war das Sensationelle und Seltsame, das ihn anzog; und er stellte fest, dass davon genug auf ihn zukam, um seinen Beruf äußerst einträglich zu machen.

Am frühen Dienstagnachmittag saß Gimblet in seinem Esszimmer und betrachtete mit einiger Befriedigung eine große Schüssel Erdbeeren und einen Topf Sahne, die ihm ein Freund aus Devonshire geschickt hatte. Er beendete gerade ein Mittagessen, das er für wohlverdient hielt, wie er an diesem Morgen in einer engen Seitenstraße in Lambeth entdeckt und für ein kleines Lied gekauft hatte, ein kleines Bild, schwarz vor Alter und Schmutz, auf dem sein hoffnungsvolles Auge eine Menschenmenge erkannte Kleine, aber meisterhaft bemalte Figuren, die es zu den Klängen einer Geige im Gras unter einem ausladenden Baum bewegen. Gimblet sagte sich, dass es höchstwahrscheinlich aus dem Pinsel von Teniers stammte, und er hatte es auf den Kaminsims im Esszimmer gestellt, damit er in den Pausen beim Essen sowohl seine Augen als auch seinen Körper erfrischen konnte. Neben ihm lag die Tageszeitung, die er kaum lesen konnte, bevor er am Morgen aus dem Haus ging. Er häufte Sahne auf seine Erdbeeren, bestreute sie mit Zucker und nahm nacheinander einen Löffel der Mischung, einen Blick auf sein Bild und einen Blick auf das Papier. Mit einem zufriedenen Seufzer wiederholte er den Vorgang.

Im Moment hatte er keine Arbeit zu erledigen, und niemand genoss ein gelegentliches Brot mehr.

Er empfand es als gut, einmal nichts zu tun zu haben; Zeit zum Faulenzen haben; gierig leckeres Essen essen; so viele Stunden zu verbringen, wie er wollte, in den staubigen Nischen von Second-Hand-Läden; manchmal ein wenig malen; sogar eine Golfpartie vorher vereinbaren zu können. Gimblet hatte ein ausgezeichnetes Auge und war in seiner Anfangszeit ziemlich gut im Spielen gewesen. Er hatte nur noch selten Zeit und wenn er nachmittags gelegentlich auf den Golfplatz ging, musste er sich damit abfinden, mit jedem zu spielen, den er finden konnte, da er bis zur letzten Minute nie wusste, ob er entkommen würde.

Er dachte daran, heute Nachmittag zu gehen, und schaute auf seine Uhr. In einer halben Stunde würde ein Zug von Waterloo kommen. Es ist gerade an der Zeit, seine Erdbeeren aufzuessen und zu fangen. Das Bild würde gut aussehen, wenn er es gereinigt hätte. Er nahm die Zeitung erneut zur Hand. Es muss gestern Abend in Covent Garden ein schöner Anblick gewesen sein. Und was für eine Sängerliste. Gimblet, der Musik liebte, wünschte, er wäre dort gewesen. „Vielleicht haben mich die Verterexes in ihre Loge eingeladen“, sagte er sich. „Das Leben ist voller Undankbarkeit. Nach allem, was ich für sie getan habe.“

Und dann fiel ihm auf, dass er doch nicht viel für die Verterexes getan hatte, außer dass er Mr. Verterex beinahe versehentlich wegen eines Mordes verhaftet hätte, den er nicht begangen hatte.

Gimlet lachte.

Dann kehrten seine Gedanken träge zu den Freuden des Faulenzens zurück.

„Ich denke, ich werde die Arbeit aufgeben“, sagte er sich. "Warum nicht? Ich habe genug Geld beisammen, um mich bei Sparsamkeit in mäßigem Komfort zu halten. Vielleicht nicht ganz so viele Erdbeeren“, fügte er bedauernd hinzu und nahm einen weiteren Bissen, „aber ich will Freizeit. Ja. Ich habe beschlossen, dass ich keine weitere Arbeit mehr machen werde. Lassen Sie die Polizei ihre eigenen Einbrecher fangen!“

Er sprach laut und trotzig und wandte sich an das Bild.

In diesem Moment kam sein Diener ins Zimmer.

„Ein Herr, der sich sehr darauf freut, Sie zu sehen, Sir“, sagte er. „Ich habe ihn in die Bibliothek geführt.“

„Bitten Sie ihn, hierherzukommen, wenn er es eilig hat", sagte Gimblet. „Ich habe das Mittagessen noch nicht beendet."

Eine Minute später öffnete der Mann die Tür erneut und verkündete:

„Major Sir Gregory Aberhyn Jones."

Major Sir Gregory Aberhyn Jones war ein kleiner Mann mit rosafarbener Gesichtsfarbe und einem kleinen braunen Schnurrbart. Er war klein und etwas rundlicher, als er es sich wünschen konnte, aber er bewegte sich sehr aufrecht und hatte ein großes Gefühl für seine eigene Wichtigkeit, wobei er diejenigen, die vielleicht so dumm waren, es nicht sofort zu erkennen, mit solch konzentrierter Missbilligung anstarrte, wie es für ihn üblich war Damit die Täter ihren Fehler schnellstmöglich erkennen. Hinter seinem pingeligen, selbstzufriedenen Äußeren verbarg er einen Schatz an Freundlichkeit und Gutmütigkeit, die man selten findet. Sir Gregory war stolz auf sein jugendliches Aussehen, war seinerseits stolz auf einen der besten Schneider Londons, zeigte bemerkenswertes Interesse an seinen Krawatten und Stiefeln, frisierte sein verbleibendes Haar so, wie es sein sollte, und Obwohl er fünfundsechzig war, schmeichelte er sich, dass er keinen Tag älter aussah als neunundfünfzig.

„Ich habe das Glück, Sie zu finden, Mr. Gimblet", sagte er und kam mit ausgestreckter Hand auf ihn zu, als Gimblet aufstand, um ihn zu empfangen. „Aber das ist ein trauriger Anlass, ein sehr trauriger Anlass, fürchte ich."

„Meine Güte", sagte Gimblet, „es tut mir leid, das zu hören. Aber willst du dich nicht hinsetzen? Als mein Mann sagte, dass Sie es eilig hätten, dachte ich, dass Sie lieber hierher kommen würden, als auf mich zu warten. Darf ich Ihnen ein paar Erdbeeren anbieten? NEIN? Es tut mir leid, dass ich Ihnen keinen Wein geben kann, aber ich bin ein Abstinenzler, wissen Sie. Habe keine im Haus. Ich habe Angst, dass du mich für Schwindel hältst. Und jetzt, da der Diener gegangen ist, darf ich fragen, was für ein trauriges Ereignis es war, das mir die Freude bereitet hat, Sie zu sehen?"

„Schlechte Angewohnheit, Wasser zu trinken", bemerkte Sir Gregory und setzte sich in einen Sessel am Kamin. „Aber heutzutage haben junge Männer keinen Kopf. Sie können es nicht ertragen, das ist es. Zeigen Sie ihnen drei oder vier Gläser Portwein und sie sagen, dass sie davon Kopfschmerzen bekommen. Absurd, mein Herr! Das Land ist durch und durch verrottet. Die Männer können nicht essen, sie können nicht trinken, sie können nicht einmal tanzen! Sie schlendern jetzt auf eine Weise durch den Ballsaal, dass einem übel werden würde. Zu meiner Zeit haben wir richtig valsiert. Aber sie tanzen nicht mehr die *Deux-Tempps*, *wurde mir gesagt*. Sie sagen, es macht sie schwindlig! Schwindlig! Schlechte Verfassungen, darunter leiden wir heutzutage. Das Gleiche gilt für das ganze Gerede über eine Reform der

Armee. In der Tat Pflichtdienst", schnaubte der Major. „Wozu sollen wir die Wehrpflicht wollen? Zu meiner Zeit war ein Engländer so gut wie zwanzig Deutsche oder irgendein Ausländer. Zumindest wäre er es gewesen, wenn wir einen europäischen Krieg gehabt hätten, was zufällig nicht der Fall war, als ich im Militär war. Aber es gibt tatsächlich Leute, die meinen, dass es für uns von Vorteil wäre, wenn es zu einem Kampf kommt, wenn wir so viele Männer wie der Feind haben. Sie sollten sich schämen, wenn daran etwas Wahres dran ist. Nein, nein, die Armee muss nicht reformiert werden, glauben Sie mir. Es gibt ein paar Änderungen, die ich an den Uniformen vorschlagen könnte, die den Unterschied in der Welt ausmachen würden, aber abgesehen davon sage ich: Lasst schlafende Hunde ruhen."

Nachdem er diese Bemerkungen vorgebracht hatte, griff Sir Gregory in seine Tasche, zog ein Zigarrenetui hervor, wählte eine Zigarre aus und bat um ein Streichholz.

„Sind Sie gekommen, um mich von Ihren Ansichten zum Pflichtdienst zu überzeugen?" fragte Gimblet freundlich, während er weiter seine Erdbeeren verschlang, die mittlerweile fast alle aufgebraucht waren. „Weil ich fürchte, dass es nicht gut ist. Sie können mich unmöglich davon überzeugen, dass seine Einführung keine lebenswichtige Notwendigkeit für die Nation ist."

„Es tut mir leid, das zu hören", sagte der andere, „denn ich habe die höchste Meinung von Ihrem Intellekt. Glauben Sie mir, als Sie die Betrügereien entdeckten, die letztes Jahr bei der Großen Kontinentalbank begangen wurden, habe ich Sie, Herr Gimblet, als den Mann bezeichnet, den ich im Bedarfsfall konsultieren sollte. Und um Sie zu konsultieren, bin ich hier. Ich sagte, es sei ein trauriger Anlass. Nun, es ist traurig für mich, aber ich bin mir noch nicht ganz sicher, ob es wirklich so ist oder nicht. Mit einem Wort ist Folgendes passiert. Eine Frau, die mir sehr am Herzen liegt, ist verschwunden."

"Verschwunden?" sagte Gimblet und schob seinen Stuhl zurück. Er hatte die letzten Erdbeeren gegessen. „Darf ich fragen, wer die Dame ist – eine Verwandte von Ihnen?"

"Nicht genau. Sie ist eine Frau Vanderstein, für die ich, wie ich gerade sagte, große Achtung, ich möchte sagen, Zuneigung hege. Tatsächlich", sagte Sir Gregory, beugte sich vor und sprach in vertraulichem Tonfall, „habe ich kein Problem damit, Ihnen zu sagen, dass sie die Dame ist, die ich als zukünftige Lady Aberhyn Jones ausgewählt habe."

"In der Tat. Du bist verlobt, sie zu heiraten?"

„Nicht gerade verlobt", gab Sir Gregory mit leicht beunruhigtem Blick zu.

Der Genauigkeit halber hatte er Mrs. Vanderstein seit dem Tod ihres Mannes etwa dreimal im Jahr einen Heiratsantrag gemacht; Doch obwohl Frau Vanderstein durch seinen Titel in Versuchung geführt wurde, war sie bereits die Frau eines Mannes gewesen, der doppelt so alt war wie sie, und hatte nicht vor, das Experiment zu wiederholen. Dennoch lag ihr seine Freundschaft am Herzen; Er war der einzige Baronet in ihrem Bekanntenkreis und sie hatte ihn gern im Haus. Er war Vorstandsmitglied einer der Firmen ihres Mannes gewesen, und als er sie ihr vorstellte, hatten ihr hübsches Gesicht und ihr liebenswürdiges Wesen Sir Gregorys Herz erobert, so dass er Mr. Vandersteins Gesellschaft zu einem so guten Zweck gepflegt hatte ein ständiger Stammgast des Hauses in der Grosvenor Street werden.

Nach Mr. Vandersteins Tod verlor er nicht mehr Zeit, als der Anstand erforderte, um seiner Witwe einen Heiratsantrag zu machen; Und obwohl sie sich immer wieder weigerte, ihn zu heiraten, tat sie es dennoch auf so mitfühlende Weise und war trotz ihrer Hartnäckigkeit so gütig, dass Sir Gregory glaubte, dass es ihr an Eifer mangelte, als sie seine Hand annahm alles andere als ein Mangel an Zuneigung. Sie behandelte ihn wie ihren besten Freund und konsultierte ihn in allen geschäftlichen Fragen, bei deren klugem Verhalten sie sich weitaus besser orientieren konnte, und hatte sich unmerklich angewöhnt, nie eine Entscheidung von Bedeutung zu treffen, ohne sie vorher auszuhandeln die Vor- und Nachteile im Gespräch mit ihm. Nichts stärkte ihren Glauben an die Richtigkeit ihres eigenen Urteils so sehr wie seine Missbilligung jeglichen Kurses, den sie einzuschlagen beabsichtigte.

„Aus irgendeinem Grund", fuhr Sir Gregory nach einer Pause fort, „hat Mrs. Vanderstein hat einer tatsächlichen Verlobung nie zugestimmt. Das ist es, was mich jetzt so unruhig macht. Kann es sein – Mr. Gimblet, ich gebe dir mein Wort, ich schäme mich, einen solchen Verdacht auch dir gegenüber zu erwähnen – aber kann es sein, dass sie mit einem anderen geflohen ist?"

Er sprach die letzten Worte in einem so tragischen Ton, dass Gimblet, obwohl er geneigt war zu lächeln, seinen Impuls unterdrückte und, indem er alle ihm zur Verfügung stehenden Anteilnahme zusammenbrachte, noch einmal nachfragte:

„Würden Sie mir die Umstände nicht etwas ausführlicher erklären? Wann ist die Dame verschwunden? Haben Sie Grund zu der Annahme, dass sie nicht alleine gegangen ist? Gab es eine Art Verständigung zwischen Ihnen und was hat diese zur Folge?"

„Ich werde ganz offen mit Ihnen sein", sagte Sir Gregory. „In solchen Fällen ist es das Beste, absolut aufrichtig zu sein. Sie stimmen mir da zu? Das dachte ich mir. Wenn es jedoch um eine Dame geht – verstehen Sie mich? Man muss alles vermeiden, was den Anschein erweckt, als würde man sie verraten. Aber in diesem Fall gibt es wirklich keinen Grund, warum ich Ihnen etwas verheimlichen sollte. Mrs. Vanderstein hat meine Anträge nie angenommen. Im Gegenteil, sie hat sich jedes Mal geweigert, mich zu heiraten, wenn ich es ihr vorgeschlagen habe. Sie fragen mich, warum? Mein lieber Sir, ich kann diese Frage nicht beantworten. Wer kann die Launen einer Frau erklären? Ich nicht, Sir, ich nicht. Und Sie auch nicht; wenn Sie mir das erlauben." Sir Gregory hob verwirrt die Hände und Augen, als er über das unerklärliche Verhalten von Frauen im Allgemeinen und von Mrs. Vanderstein im Besonderen nachdachte. „Aber ich habe keinen Zweifel, dass sie ihre Entscheidung mit der Zeit überdacht hätte", fuhr er fort und paffte weiter an seiner Zigarre, „das heißt, ich *hatte* bis heute Morgen keine Zweifel."

„Und was ist dann passiert?" fragte der Detektiv.

„Ich kam aus Surrey, wo ich am Wochenende einen Besuch abgestattet hatte", fuhr sein Besucher fort, „und kam gegen Mittag in meinen Zimmern an. Mein Diener teilte mir sofort mit, dass Frau Vanderstein gestern Abend eine telefonische Nachricht geschickt hatte, in der sie mich bat, sofort zu ihr zu gehen, und hinzufügte, dass dies äußerst wichtig sei. Ich wartete nur darauf, mich in London umzuziehen, Mr. Gimblet, bevor ich zu ihrem Haus in der Grosvenor Street eilte. Und als ich dort ankam, was hörte ich? „Pon meine Seele", rief Sir Gregory und nahm seine Zigarre aus dem Mund, „Sie hätten mich mit einer Feder niederschlagen können!"

„Sie haben gehört, dass die Dame verschwunden ist?"

"Genau. Seit gestern Abend weder gesehen noch gehört. Sie fuhr, wie man mir erzählt, in ihrem eigenen Auto von ihrer eigenen Tür weg; und ist von dieser Stunde bis heute nie zurückgekehrt."

„Hat sie kein Wort darüber hinterlassen, wohin sie wollte?"

„Überhaupt nichts. Wegen der Oper hat sie natürlich früh zu Abend gegessen.

"Die Oper! Warum glauben Sie in diesem Fall, dass sie nicht dorthin gegangen ist?"

„Natürlich ist sie gegangen. Habe ich das nicht gesagt? Sie ist nach Covent Garden gefahren und das ist das Letzte, was man von ihr gehört hat."

„Du interessierst mich", sagte Gimblet. „Hat man sie nicht gesehen, wie sie das Opernhaus verließ?"

„Das weiß ich nicht", sagte Sir Gregory. „Ich fand die Diener sehr verstört; und ich würde sagen, sie waren sehr froh, mich zu sehen."

„Sie hatte wahrscheinlich einen Unfall und wurde in ein Krankenhaus gebracht", vermutete Gimblet. „Wurden irgendwelche Nachforschungen angestellt?"

„Ich glaube eher, dass sie mit den Krankenhäusern telefoniert haben, aber ich habe ihnen gesagt, sie sollen nicht mit der Polizei kommunizieren, bis ich Sie gesehen habe. Das würde nicht gehen, wissen Sie. Es würde ihr überhaupt nicht gefallen, vor allem, wenn es so kommt, wie ich befürchte, und sie mit einem anderen Mann ausgeht."

„Ich verstehe nicht, warum sie das hätte tun sollen", sagte Gimblet. „Ich nehme an, sie war ihre eigene Geliebte und hatte es nicht nötig, ihre Bewegungen zu verbergen. Verlassen Sie sich darauf", fuhr er fort, denn die Besorgnis in Sir Gregorys Gesicht weckte in ihm Mitleid, „man wird sie in einem der Krankenhäuser finden; und ich rate Ihnen, sich dort zu erkundigen. Eine Frau, so allein sie war, würde zu einem von ihnen getragen werden, wenn sie krank würde oder einen leichten Unfall hatte, der sie für einen Moment daran hinderte, ihre Adresse anzugeben."

„Aber sie war nicht allein", drängte Sir Gregory. „Miss Turner, ihre Begleiterin, war natürlich bei ihr."

„In der Tat", sagte Gimblet, „du hast nichts davon gesagt, dass jemand bei ihr war. Und was hat Miss Turner zu diesem Thema zu sagen?"

"Sie ist nicht dort. Sie ist auch verschwunden."

„Wirklich", sagte der Detektiv. „Das wird langsam interessant. Dass zwei Damen an einem Galaabend zum Opernhaus von Covent Garden aufbrechen und nie wieder zurückkehren, ist, gelinde gesagt, etwas unkonventionell. „Bevor wir weitermachen", fuhr er schnell fort, „was soll ich in dieser Angelegenheit tun?"

„Ich möchte natürlich, dass Sie Mrs. Vanderstein finden", erwiderte Sir Gregory und starrte ihn erstaunt an. „Ich habe die größte Sorge um sie, umso mehr, als Sie davon ausgehen, dass sie wahrscheinlich einen Unfall hatte."

„Aber wenn die Dame, wie Sie anscheinend vermuten, absichtlich weggegangen ist, wird es sie dann nicht ärgern, dass wir sie aufsuchen? Wird sie nicht wütend auf dich sein, weil du versuchst, ihre Bewegungen zu entdecken, wenn sie sie unbekannt haben möchte?"

„Ich vermute, sie würde es für unverschämt halten. Aber ich kann nichts dagegen tun. Vielleicht braucht sie mich; „Tatsächlich", rief Sir Gregory mit plötzlicher Erinnerung, „weiß ich, dass sie es ist! Sag ich dir nicht, dass sie gestern Abend für mich angerufen hat? Eine äußerst dringende Nachricht.

Das beweist, dass sie in einer für sie wichtigen Angelegenheit meine Hilfe wünscht, und wie kann ich ihr helfen, ohne zu wissen, wo sie ist?"

„Wie Sie sagen", sagte Gimblet, „sieht es so aus, als wollte sie Sie nicht über ihren Aufenthaltsort im Unklaren lassen." Nun, ich habe im Moment nichts zu tun, und wenn Sie möchten, dass ich Nachforschungen anstelle, werde ich dies gerne tun, obwohl ich nicht glaube, dass es sich in meinem Fachgebiet als reine Angelegenheit herausstellen wird."

„Danke. Vielen Dank", murmelte der alte Soldat mit der Zigarre zwischen den Zähnen. "Das ist, was ich will. Wie wollen Sie es nun angehen?"

„Ich werde Ihnen zunächst ein paar Fragen stellen. Sie haben mir noch nicht den umfassenden, klaren Bericht geliefert, in dem die trivialen Details, die so unwichtig erscheinen und dennoch von großer Bedeutung sein könnten, niemals ausgelassen werden: die klare Erzählung, die dem Detektiv so am Herzen liegt. Ich glaube nicht, dass ich es wahrscheinlich von Ihnen bekommen werde, wenn Sie mir das verzeihen, Sir Gregory."

Sir Gregory starrte ihn böse an, sagte aber nichts; und Gimblet fuhr mit einem Lächeln fort:

„Zuallererst: Wer ist Mrs. Vanderstein?"

„Die Witwe eines jüdischen Geldverleihers." Sir Gregory sprach etwas kurz. Er hielt Gimblets Bemerkungen für respektlos.

„Dann reich?"

"Ja."

„Lebt sie allein in der Grosvenor Street?"

„Eine junge Dame, Miss Barbara Turner, lebt bei ihr."

"Und wer ist sie?"

„Sie ist die Tochter eines alten Kumpels von Vanderstein. Ein Mann, der seine Rennpferde in Newmarket trainierte. Er war ein schlechter Kerl und musste schon vor langer Zeit das Land verlassen. Jetzt tot, glaube ich."

„Hat Miss Turner eigenes Geld?"

„Der alte Vanderstein hat ihr eine beträchtliche Summe hinterlassen, 30.000 Pfund, glaube ich, aber Mrs. Vanderstein hat ein lebenslanges Interesse daran. Das Mädchen hat nichts, solange sie bei Frau Vanderstein lebt, die ihr gegenüber jedoch, daran habe ich keinen Zweifel, äußerst großzügig ist."

„Ich nehme an, Sie kennen Miss Turner gut? Wie ist sie?"

„Oh, sie ist ein ganz normales Mädchen, anscheinend ziemlich hübsch, wie manche Leute meinen. Ich bewundere den robusten, muskulösen Typ nicht, der heutzutage in Mode ist. Mrs. Vanderstein mag sie sehr.“

„Das heißt, du magst sie selbst nicht?“

Sir Gregory zögerte. Eigentlich war es nicht seine Art, jemanden ohne großen Anlass nicht zu mögen, aber er hatte immer das Gefühl, dass Barbara ihn auslachte, und er schätzte seine Würde.

„Ich nehme an, dem Mädchen ist nichts Böses passiert“, grunzte er schließlich.

„Hat Mrs. Vanderstein die volle Kontrolle über ihr Vermögen?“, fragte Gimblet, nachdem er ihn kurz angesehen hatte.

„Das glaube ich ganz bestimmt. Aber wenn Sie glauben, ich wäre hinter ihrem Geld her gewesen“, rief Sir Gregory in wütendem Ton und stand dabei halb auf, „dann irren Sie sich gewaltig!“

Gimblet beeilte sich, ihn in diesem Punkt zu beruhigen, und er setzte sich wieder, immer noch murrend.

„Es war Vandersteins ausdrücklicher Wunsch, dass das gesamte Geld letztendlich seinem Neffen, dem jungen Joe Sidney, überlassen werden sollte“, erklärte er, „und ich bin sicher, dass seine Witwe seine Ideen in diesem Punkt nicht außer Acht lassen würde.“

Das Esszimmer war nach Südwesten ausgerichtet, und die umherkriechende Nachmittagssonne schien bereits voll auf die kleinen quadratischen Scheiben der Flügelfenster, so dass die Temperatur im Raum schnell auf eine unerträgliche Wärme anstieg. Gimblet dachte an den Zug, der ihn zu den Golfplätzen hätte bringen sollen. Es wäre darin unerträglich heiß gewesen, sagte er sich. Und das Verschwinden einer wohlhabenden Dame aus ihrem Haus in London war ungewöhnlich genug, um seine Neugier zu erregen. Seine lebhafte Fantasie brodelte bereits vor Vermutungen und Spekulationen. Sein Vorsatz, keine Detektivarbeit mehr zu machen, geriet völlig in Vergessenheit.

„Wie sieht Mrs. Vanderstein aus?“ fragte er unvermittelt.

„Sie ist ziemlich jung“, begann Sir Gregory, „ungefähr in Ihrem Alter, würde ich sagen. Sie ist nicht sehr groß und hat dunkles Haar und eine perfekte Figur, nicht einer dieser großen Maibäume von Frauen, die man heutzutage so oft sieht, aber wunderschön proportioniert und in jeder Hinsicht genau richtig. Sie hat wunderschöne braune Augen und für jeden ein Lächeln. Ich finde sie sehr schön“, schloss ihre alte Freundin schlicht.

Gmblet stand auf.

„Ich werde Anweisungen geben, wie man in den Krankenhäusern Nachforschungen anstellen kann“, sagte er, „obwohl es kaum wahrscheinlich ist, dass beide Damen verletzt worden sein sollten, ohne dass bereits zuvor Neuigkeiten darüber vorliegen.“ Und dann lasst uns zum Haus gehen. Ich würde gerne die Diener sehen und hören, was sie zu sagen haben. Ich hoffe, dass dort auch jetzt noch Neuigkeiten auf Sie warten.“

KAPITEL X

ES gab keine Nachricht über die vermissten Damen in der Grosvenor Street; aber Gimblet befragte alle Diener und hörte mehrere Fakten, die ihn zum Nachdenken anregten.

Die meisten Informationen erhielt er von Blake, dem Butler. Es war Blake selbst, der zutiefst verängstigt dreinschaute und durch seine Angst die Hälfte seiner gewohnten Wichtigtuerei aus ihm trieb, der ihnen die Tür öffnete und, als er von Sir Gregory hörte, wer ihn begleitete, Gimblet anflehte, ihm das Reden zu erlauben ihn für ein paar Momente. Sie gingen in das Morgenzimmer, eine fröhliche Wohnung mit weißen Wänden, voller Bücher und Blumen, und Blake wandte sich an den Detektiv.

„Ich freue mich sehr, dass Sie gekommen sind, Sir, wirklich. Sir Gregory wird Ihnen erzählt haben, Sir, dass Mrs. Vanderstein und Miss Turner, die hier mit ihr lebt, gestern Abend in die Oper gegangen sind und nicht zurückgekehrt sind. Ich war sehr beunruhigt wegen ihnen und wusste nicht, was ich tun sollte, Sir, denn Mrs. Vanderstein möchte vielleicht nicht, dass ich die Polizei informiere, wenn sie absichtlich weggeht. Aber ich habe nie erlebt, dass sie weggeht, ohne mich zu informieren oder ohne Gepäck und ohne Adresse zu hinterlassen, obwohl sie manchmal sehr plötzlich weggeht, um eine Woche oder so im Ausland zu verbringen. Dieppe ist ihr Favorit, muss ich sagen.“

„Tatsächlich“, sagte Gimblet, „hatte Mrs. Vanderstein die Angewohnheit, ohne Vorwarnung ins Ausland zu gehen?“

„Sie ging sehr plötzlich, wenn ihr danach war, Sir, aber nicht so plötzlich wie jetzt. Ich habe sie zur Mittagszeit zu Miss Turner sagen hören: ‚Meine Liebe, wir fahren um 14.20 Uhr von Charing Cross nach Boulogne‘, und da wir um 13 Uhr Mittag essen, blieb nicht viel Zeit zum Packen, Sir.“

„Nein, das wäre es nicht“, stimmte Gimblet zu.

„Aber in solchen Fällen“, fuhr Blake fort, „musste das Zimmermädchen oft mit dem Gepäck hinterher, und die Damen nahmen nicht mehr mit, als sie für die Nacht brauchten. Aber gestern wurde dem Zimmermädchen nichts zu diesem Thema gesagt, und ich kann mir nicht vorstellen, dass Mrs. Vanderstein jemals so irgendwohin gehen würde, Sir, in ihrem Abendkleid und mit Diamanten.“

„Da es eine Galanacht in der Oper war, würde sie natürlich Juwelen tragen“, stimmte Gimblet zu.

„Ja, Sir, und das ist zum Teil der Grund, warum ich mich so aufregte, Sir. Ich habe noch nie erlebt, dass Mrs. Vanderstein bei einer Gelegenheit so viele Juwelen trug. Es wäre für jeden die Mühe wert gewesen, sie letzte Nacht auszurauben, Sir.“

„Wirklich. Was hatte sie an? Hatte sie wertvollen Schmuck dabei?“

„In der Tat“, unterbrach ihn Sir Gregory, „die Juwelen von Vanderstein waren berühmt.“

„Ja, Sir“, wiederholte Blake; „In der Tat wunderschöner Schmuck. Eine große Verantwortung, mein Herr, in einem Haushalt. Aber ich habe sie immer in einem Safe in der Speisekammer, wo ich selbst schlafe, und wenn ich tagsüber ausgehe, geschieht das nie, ohne dass einer der Diener während meiner Abwesenheit im Zimmer bleibt. Nachts haben wir immer einen Nachtwächter vor Ort, Sir, und er war es, der mich heute Morgen als Erster alarmiert hat. Er kam gegen fünf Uhr an meine Tür und schlug mich hoch. 'Was ist los?' Ich schrie und dachte zunächst, dass das Haus brennt, weil ich geschlafen habe und so und so weiter. „Sie ist noch nicht reingekommen“, sagte er und es dauerte ein paar Minuten, bis ich verstand, worauf er hinaus wollte. Und dann fühlte ich mich nicht wirklich ängstlich; obwohl wir es gestern Abend alle sehr seltsam fanden, als Thomas, der zweite Diener, der mit dem Auto nach Covent Garden gefahren war, zurückkam und sagte, er habe den Befehl erhalten, dass der Wagen nicht zurückfahren dürfe, um das Auto abzuholen Damen überhaupt.“

"Was? Das Auto sollte nach der Aufführung nicht mehr zurückfahren?“ rief Gimblet aus.

„Nein, Sir, es wurden entsprechende Befehle erteilt. Trotzdem dachte ich, dass sie möglicherweise mit ein paar Freunden nach Hause kamen, und selbst heute Morgen dachte ich mir, dass sie vielleicht bei einem Freund übernachten würden, weil sie aus irgendeinem Grund kein Taxi nach Hause bekommen konnten. Ich hatte keinen Zweifel daran, dass ich jeden Moment eine telefonische Nachricht erhalten würde, die mir die gesamten Umstände erklären würde. Aber der Morgen verging, ohne dass wir irgendetwas hörten, und als Sir Gregory anrief, war ich gerade dabei, mich auf den Weg zu machen und auf der Polizeistation Nachforschungen anzustellen.“

Gimblet dachte einige Augenblicke schweigend nach.

„Ist Ihnen in letzter Zeit etwas Ungewöhnliches an den Gewohnheiten oder dem Verhalten von jemandem im Haus aufgefallen“, fragte er?

„Nein, nichts Ungewöhnliches außer der Tatsache, dass Mrs. Vanderstein ungewöhnlich gute Laune zu genießen schien. Ich dachte auch, aber vielleicht war es nur meine Einbildung, dass man von Miss Turner nicht dasselbe sagen könnte. Gestern schien sie sehr unglücklich zu sein."

„Ist Ihnen die Idee eines Unfalls in den Sinn gekommen?" fragte Gimblet. „Haben Sie sich bei einem der Krankenhäuser erkundigt?" „Ich habe St. George's angerufen, Sir, aber ohne Ergebnis. Ich wusste nicht, wo ich sonst nachfragen könnte."

„Ich verstehe", sagte der Detektiv plötzlich, „dass Mrs. Vanderstein Verwandte und Freunde hat, die in London leben. Haben Sie heute Morgen mit einem von ihnen kommuniziert?"

„Nein, Sir, das habe ich nicht. Ich hatte gestern Abend bereits mit Sir Gregory angerufen und erfahren, dass er nicht in der Stadt sei."

„Gibt es sonst niemanden, den Sie um Rat hätten bitten können? Soweit ich weiß, hat Frau Vanderstein einen Neffen oder angeheirateten Neffen. Lebt er in London?"

„Nein, Sir, sein Regiment ist im Norden Englands stationiert. Aber es ist wahr", stammelte Blake mit einem gewissen Anschein von Widerwillen, „dass Mr. Sidney hin und wieder in London ist, je nachdem, ob er Urlaub bekommen kann, und ich glaube, er ist im Moment wach."

„Ich hätte gedacht, dass du ihn heute angerufen hättest. Ist Ihnen das nicht in den Sinn gekommen?"

Blake zögerte erneut. Er schaute von Gimblet zu Sir Gregory, dann ließ er seinen Blick zum Fenster schweifen und sich im Zimmer umsehen, als erhoffe er sich Hilfe von einer unwahrscheinlichen Quelle. Schließlich begegneten sie noch einmal denen des Detektivs, und unter diesem überzeugenden Blick sprach er.

„Ich habe darüber nachgedacht", stockte er, „ich hätte es tun sollen, wenn nicht eines gewesen wäre. Herr Sidney kam gestern Nachmittag ins Haus und ich möchte es nicht erwähnen, Sir, aber ich fürchte, er hatte ein Wort mit seiner Tante. Ich habe keine Ahnung, worum es ging, Sir, aber er blieb nur ein paar Minuten, und sobald er weg war, rief mich Frau Vanderstein an und gab mir strikte Anweisung, ihn in Zukunft nicht mehr ins Haus zu lassen. Sie schien über irgendetwas sehr verärgert zu sein und ich bin mir sicher, dass sie nicht möchte, dass ich jetzt mit Mr. Sidney kommuniziere. Es steht mir überhaupt nicht zu, auf so etwas hinzuweisen, aber unter den besonderen Umständen, meine Herren, hoffen Sie, dass Sie mir entschuldigen, dass Mrs. Vanderstein auf mich wirklich sehr verärgert wirkte."

„Ganz richtig", sagte Gimblet, „unter den besonderen Umständen ist es das Richtige für Sie, mir alles zu sagen, was Sie können, ob es nun um Mrs. Vandersteins Versäumnis geht, nach Hause zurückzukehren, oder nicht." Es ist weniger wahrscheinlich, dass ich einer falschen Fährte nachgehe, wenn ich gründliche Kenntnisse über die Privatangelegenheiten dieser Damen habe, und ich kann nicht wissen, welches unbedeutende Detail sich möglicherweise als nützlich erweisen könnte. Können Sie mir nun zu diesen Juwelen sagen, was Ihre Herrin letzte Nacht getragen hat? Ich würde auch gerne den Ort sehen, an dem Sie sie aufbewahren."

Blake führte sie zur Speisekammer. Ein kleiner, in die Wand eingelassener Safe enthielt eine Menge Schmuckkästchen, die größtenteils leer waren. Der Butler gab Gimblet eine Liste mit dem Inhalt.

„Ich hätte nie gedacht, dass Mrs. Vanderstein so viele Schmuckstücke auf einmal trägt", wiederholte er. „Sie trug hauptsächlich ihre Perlen und eine Halskette und vielleicht eine Tiara und ein paar Armbänder und Ringe, aber gestern Abend hatte sie außerdem die beiden Diamantketten an ihr Kleid genäht und das Smaragd-Set, das so auseinanderfällt Machen Sie eine große Verzierung, wurde auch darauf genäht. „Ich glaube nicht, dass es bei der Galavorstellung viele Damen gab", sagte Blake mit einem gewissen Stolz, „die besseren Schmuck trugen als sie – es sei denn, es war die Königin selbst."

Gimblet beantragte die Übernahme des Hauses und suchte in den verschiedenen Wohnzimmern nach Beweisen dokumentarischen Charakters, die beweisen könnten, dass Mrs. Vanderstein am Abend zuvor nicht die Absicht gehabt hatte, zurückzukehren. Er suchte auf den Kaminsimsen nach einer Einladung, die dort oben hätte hängen sollen, auf den Schreibtischen für etwas Ähnliches. Aber obwohl es nicht an Karten für verschiedene Unterhaltungen mangelte – die meisten davon trugen bekannte jüdische Namen und Einladungen zu Musikpartys –, deutete nichts darauf hin, dass die Damen am Montagabend an einer solchen Veranstaltung teilnehmen würden. Er bemerkte den subtilen Geruch, der in den Räumen hing, und seine prüfenden Augen bemerkten voller Freude die vielen schönen und seltenen Objekte aus Mr. Vandersteins Sammlung.

Gerne wäre er geblieben, um die Bilder zu begutachten, die die Wände schmückten, und das unschätzbare Porzellan, das auf Schränken vor der weißen Täfelung stand. Aber er verschob dieses Vergnügen und setzte seine methodische Suche in der erwartungsvollen Gesellschaft von Sir Gregory und dem halb empörten Blake fort, der sich selbst nicht entscheiden konnte, ob es richtig war, einem Detektiv, selbst einem so bekannten wie Mr. Gimblet, die Korrespondenz seiner Geliebten auf diese unzeremonielle Weise zu übergeben. Als die Suche des Detektivs ihn zur Tür von Mrs.

Vandersteins Schlafzimmer führte, fühlte sich Blake nicht in der Lage, länger bei ihm zu bleiben, und indem er Amélie aus ihrem Arbeitszimmer rief, übertrug er ihr die Aufgabe, ein Auge auf diese zweifelhaften Vorgänge zu haben.

Die Nachricht von der Anwesenheit des Detektivs hatte sich wie ein Lauffeuer im Haus verbreitet, und Amélie ihrerseits brannte darauf, dem großen Mann zu helfen. Ganz unbeeinträchtigt von solchen Skrupeln, wie sie der würdige Butler hegte, zog sie Schubladen auf, öffnete die Türen von Schränken, drückte alle Briefe, die sie finden konnte, in Gimblets Hände und forderte ihn auf, die Informationen selbst zu überprüfen, oder das Fehlen davon , was sie freimütig mitteilte. Sie wusste, dass die Briefe nichts Aufschlussreiches enthielten und zögerte nicht, dies zu sagen. Sie hatte sie alle schon vor langer Zeit gelesen.

„Diese arme Dame", rief sie, „sie haben sie ermordet, um sie ihrer wunderbaren Juwelen zu berauben. „Ah, aber davon bin ich vollkommen überzeugt", erklärte sie und nickte mit düsterer Zufriedenheit. „Sie trug zu viele – es sollte die Vorsehung in Versuchung führen."

Gimblet bat sie um eine Liste der Juwelen und erhielt dieselbe, die er von Blake erhalten hatte.

„Und würden Sie mir beschreiben, welche Kleidung Mrs. Vanderstein trug", fragte er, „und auch die von Miss Turner?"

„Madame trug ein Kleid aus weißem *Mousseline de Soie* , ganz mit *Strass besetzt* ", sagte Amélie zu ihm, „ce qu'elle était belle avec this robe-là!" Darüber trug sie einen prächtigen Umhang aus *Crêpe de Chine* und silberner Spitze. Der Umhang ist bei Tageslicht lila, aber am Abend würde man sagen, dass er rosa war. Sie trug silberne Schuhe und weiße Strümpfe und trug einen antiken Fächer von großem Wert."

„Und Miss Turner?" Gimblet schrieb ihre Beschreibung in sein Notizbuch.

„Mademoiselle war ebenfalls weiß gekleidet, aber ihr Kleid war viel schlichter. Sie trug einen Mantel aus feuerfarbenem Brokat, den Madame ihr zu ihrem Geburtstag geschenkt hatte. Er ist mit weißem Chiffon gefüttert; nichts könnte schicker sein."

Während sie sprach, blickte sie überrascht zu Gimblet, der mitten im Zimmer stand, den Kopf in den Nacken gelegt, die Nasenlöcher weiteten und zogen sich zusammen. Als jede Schublade herausgezogen wurde, stand er da und schnupperte anerkennend. Der vage Geruch, der im unteren Teil des Hauses hing, war hier durchdringender und wurde mit jeder Bewegung von Mrs. Vandersteins Sachen stärker. Überall im Zimmer standen Blumen, Teerosen in vielen Schalen aus glänzendem Glas; aber ihre schwache Süße ging in dem stärkeren Geruch unter, der die Luft erfüllte.

„Ihre Herrin benutzt ein köstliches Parfüm", sagte der Detektiv. „Hatte sie immer dasselbe?"

„Hier riecht es gut, nicht wahr?" sagte Amélie. „Ja, Madame verwendet immer das gleiche Parfüm. Sehen Sie, hier liegt es auf ihrem Tisch. Es verkauft sich sehr teuer, aber mit einem Tropfen kann man ein ganzes Kleid parfümieren. Alles, was Madame berührt, riecht danach."

Gimblet ging zum Toilettentisch und nahm die Flasche, die sie zeigte; Er hob es an seine Nase, entfernte den Stöpsel und schnüffelte lange und tief. Dann verkorkte er die Flasche wieder und stellte sie mit einem Blick auf das Etikett wieder ab. „Arome de la Corse", las er und darunter der Name einer französischen Parfümerie, die für die Exzellenz und die hohen Preise ihrer Produkte bekannt ist.

„Madame ist eine Bewundererin des großen Napoléon", erklärte Amélie hilfreich.

„Wer teilt ihre Bewunderung nicht?" schloss sich dem Detektiv wieder an. „Und darf ich jetzt Miss Turners Zimmer sehen?"

Sein Aufenthalt in Barbaras Zimmer war kurz. Hier war kein auffälliger Duft zu erkennen, kaum ein Hinweis auf eine weibliche Persönlichkeit. Das Zimmer glich eher dem eines Jungen. Fotografien schmückten die Wände; ein paar Bücher lagen herum. Ein paar Briefe lagen auf dem Tisch; Eine davon war eine Rechnung. Der andere, den Gimblet unter den mitfühlenden Augen von Amélie las, lautete wie folgt:

„ SEHR GEEHRTE FRAU TURNER ,

„Ich habe das Geld auf Averstone gesetzt, wie Sie sagten. Es tut mir so leid, dass er nicht platziert wurde. Er kam schlecht weg und hatte von Anfang an kein Glück. In Eile,

„Mit freundlichen Grüßen
" , J. SIDNEY. "

„Danke, ich glaube, das ist alles, was ich jetzt will", sagte Gimblet und wandte sich ab, um das Zimmer zu verlassen. Aber Amélie hatte nicht vor, ihn einfach so gehen zu lassen. Sie hatte auf ein paar vertrauliche Informationen gehofft, dass sie vielleicht eine Theorie hätte, die sie unten erzählen könnte.

„Wenn Monsieur sich meinen Vorschlag anhört", sagte sie, „werde ich ihm erzählen, was meiner Meinung nach mit Madame passiert ist. Sie wurde wegen ihres Schmucks getötet. Das ist zumindest meine Meinung. Und bevor man so viele Nachforschungen anstellt, wäre es klug, sie auf dem Boden ihrer Loge in der Oper zu suchen. Wahrscheinlich ist sie dort, *la pauvre*, genau so, wie sie sie niedergeschlagen und zurückgelassen haben!"

„Danke für Ihren Vorschlag", antwortete Gimblet ernst. „Ich versichere Ihnen, dass ich nicht versäumen werde, die Loge zu besuchen. Aber ich glaube, die Leichen zweier Damen, die darin ‚niedergestreckt' wurden, hätten bei den Wärtern einige erstaunte Ausdrücke hervorgerufen."

„Monsieur lacht mich aus", begann Amélie verletzt, aber Gimblet war bereits auf halbem Weg die Treppe hinunter.

Auf dem Treppenabsatz vor der Wohnzimmertür schwebte Blake immer noch.

„Ah, da bist du ja", sagte Gimblet. „Kann ich jetzt den zweiten Diener sehen? Thomas, ich glaube, du hast gesagt, er sei gerufen worden.

Als Thomas gerufen wurde, erwies er sich als großer Junge mit einem ehrlichen und einschmeichelnden Lächeln, das ein helles und offenes Gesicht zierte.

„Ich glaube, Sie waren es", sagte der Detektiv zu ihm, „der das Auto gestern Abend begleitet hat, als es mit den beiden Damen hier abfuhr?"

„Ja, Sir", sagte Thomas, „das habe ich, Sir."

„Und Ihnen wurde gesagt, dass das Auto nach der Oper nicht mehr benötigt würde?"

"Jawohl."

„Können Sie sich an die genauen Worte von Frau Vanderstein erinnern, als sie Ihnen den Befehl gab, nicht zurückzukehren?"

„Es war nicht Frau Vanderstein, die es mir erzählt hat, Sir", sagte Thomas, „es war Miss Turner. 'Frau. Vanderstein sagt, dass sie das Auto heute Abend nicht mehr haben wird", sagte sie und: „Verstehst du, Wilcox?" sie sagt – das ist der Chauffeur, Wilcox; Sie kam herbeigerannt, um mit ihm zu sprechen, gerade als er die Kupplung betätigte und wir losfuhren – „Du sollst uns heute Abend nach der Oper nicht abholen", ich hörte natürlich jedes Wort so deutlich wie Wilcox . „Sehr gut, Fräulein", sagt er und sie rannte durch die Schwingtüren zurück. Mrs. Vanderstein war direkt hineingegangen und ich habe sie nicht wieder gesehen. Wir waren sehr überrascht, Wilcox und ich, denn es war das erste Mal, an das sich jeder von uns erinnern konnte, dass Mrs. Vanderstein nicht den Motor hatte, um sie nach Hause zu bringen. Aber Befehl ist Befehl", schloss Thomas mit einem einnehmenden Lächeln zu Mr. Gimblet, der es ignorierte.

„Danke, das reicht für den Moment", sagte er; und als Thomas gegangen war, wandte er sich noch einmal an Blake.

„Wie lange ist Wilcox schon in Mrs. Vandersteins Diensten?" er hat gefragt.

„Er war mit Mr. Vanderstein zusammen, bevor er heiratete", antwortete Blake. „Dasselbe, was ich selbst war, Sir. Wilcox war früher Stallknecht, aber vor einigen Jahren brachten sie ihm bei, einen Motor zu fahren. Er ist ein äußerst respektabler und standhafter Mann, Sir."

„Danke, ich würde ihn gerne sehen", sagte Gimblet.

Wilcox, so schien es, war gerade im Haus, er war aus der Garage gekommen, um zu hören, ob es Neuigkeiten gab, und Gimblet ließ ihn herein und verhörte ihn. Seine Geschichte war die gleiche wie die von Thomas, mit einer kleinen Ergänzung.

„Ist Ihnen irgendetwas aufgefallen, das Ihnen auch nur im Geringsten ungewöhnlich vorkam?", fragte ihn Gimblet. „Ist Ihnen im Aussehen der beiden Damen irgendetwas aufgefallen oder haben Sie mitbekommen, was sie beim Ein- oder Aussteigen zueinander gesagt haben, was nicht ganz natürlich war?"

„Nein, Sir, das habe ich nicht", sagte Wilcox stur. Er war ein ziemlich dicker Mann mit einem sehr pferdeartigen Aussehen. „Nicht, dass ich darauf geachtet hätte, was sie sagten, solange sie es nicht an mich richteten. Soweit ich mich erinnere, stieg Mrs. Vanderstein ins Auto und Miss Turner hinter ihr her, und ‚Nach Covent Garden‘ sagte einer von ihnen zu Thomas, und Miss Turner rief: ‚Halten Sie unterwegs einfach bei einem Postamt an.‘ Und das taten wir."

„Ah", sagte Gimblet, „Sie haben bei einem Postamt angehalten, nicht wahr? War das ganz normal? Und bei welchem Postamt haben Sie angehalten?"

„Es war nicht der übliche Ablauf", gab Wilcox zu, „tatsächlich kann ich mich nicht erinnern, es jemals auf dem Weg zur Oper gemacht zu haben." Aber Miss Turner hatte ein Telegramm zu senden. Wir hielten in Piccadilly an und sie gab Thomas das Formular, damit er es ins Büro bringen konnte. Danach fuhren wir direkt weiter zur Oper."

Thomas erinnerte sich sicherlich daran, das Telegramm abgegeben zu haben. Ich wusste nicht, warum er nicht schon früher daran gedacht hatte, es zu erwähnen. Miss Turner gab ihm einen versiegelten Umschlag mit der Aufschrift „Telegram" und sagte ihm, er solle ihn zusammen mit etwas Geld dem jungen Menschen im Büro geben und sich nicht die Mühe machen, auf das Wechselgeld zu warten, da sie es eilig hätten. Er tat, was sie sagte, und das war alles, was er darüber sagen konnte.

Von Thomas sind nicht viele Informationen zu sammeln. Möglicherweise zeigte Gimblets Gesicht einen Anflug von Enttäuschung, denn der Lakai fügte in bedauerndem Ton hinzu:

„Es tut mir sehr leid, Sir, dass ich den Umschlag nicht geöffnet habe, um Ihnen sagen zu können, um was für ein Telegramm es sich handelt, Sir; Aber da die Damen es eilig hatten, hatte ich kaum Zeit. Wenn ich gewusst hätte, dass es wichtig ist, oder zumindest ein oder zwei Minuten für mich gehabt hätte, hätte ich es mir angesehen. Es tut mir wirklich sehr leid, Sir.“

Gimblet entließ ihn etwas energisch. Er hatte das Gefühl, eine unbegründete Abneigung gegen den sich entschuldigenden Thomas zu empfinden, der so darauf bedacht war, sich einzuschmeicheln.

KAPITEL XI

IM Morgenzimmer traf er Sir Gregory, der es mit ungeduldiger Zartheit unterlassen hatte, ihm weiter als bis zum Salon zu folgen. Er ging vor dem Kamin auf und ab, eine weitere große Zigarre zwischen den Lippen.

"Also?" fragte er, als der Detektiv eintrat.

Gimblet sah ihn mit missbilligender Strenge an.

„Wenn Sie beabsichtigen, mich bei meinen Ermittlungen weiter zu begleiten, Sir Gregory", begann er, „muss ich Sie warnen, dass ich das Rauchen nicht gestatten kann. Der Geruchssinn ist für mich bei meiner Arbeit genauso wertvoll wie für einen Jagdhund, und ich kann nicht zulassen, dass Ablenkungsmanöver wie Ihre Zigarren über den Weg geschleift werden, dem ich möglicherweise folge."

„Meine Zigarren! Rote Heringe!" Sir Gregory stotterte. „Das, Mr. Gimblet, ist Havanna vom Feinsten!"

„Kein Zweifel", sagte Gimblet, „als Tabak ist er gut genug." Aber wenn es direkt aus dem Paradies käme, könnte ich nicht zulassen, dass sein starker Geruch mein Geschäft stört. Ich muss meine Nase von solch ekligen Gerüchen freihalten, sonst nützt es mir nicht, wenn ich es am meisten brauche. Als wir diesen Raum zum ersten Mal betraten, war er von einem ganz eigenen Duft erfüllt. Jetzt, wo ich zurückkomme, kann ich nichts außer dem Geruch deiner Zigarre riechen."

Obwohl er über Gimblets Wortwahl ziemlich verärgert war – Sir Gregory wäre fast erstickt, als er sie hörte –, beherrschte er seine Gefühle der Empörung so gut er konnte, denn er wollte unbedingt den Detektiv bei der Arbeit sehen. „Wenn Sie der Geschmack des besten Tabaks wirklich stört", sagte er und schluckte seinen Ärger herunter, „werde ich das Vergnügen des Rauchens aufschieben, bis Sie zu einem Schluss gekommen sind. Ich nehme an, Sie haben bisher nichts Wichtiges entdeckt?"

„Ich denke, dass ich durch diesen Besuch mein Wissen erweitert habe", erwiderte Gimblet, „ob das wichtig ist oder nicht, lässt sich noch nicht sagen. Sie haben mir gegenüber übrigens nicht erwähnt, dass Miss Turner die Vorliebe ihres Vaters für Pferde geerbt hat."

„Habe ich nicht? Ich wusste nicht, dass es dich interessieren würde. Ja; Sie scheint dem Reiten sehr zugetan zu sein."

„Und zum Rennsport", fügte Gimblet hinzu.

„Das weiß ich nicht. Soweit ich weiß, war sie noch nie in der Nähe einer Rennbahn. Was bringt dich dazu, so zu denken? Hast du mit Blake über sie gesprochen?“

„Wenn das Zimmer einer jungen Dame voller Bilder von Rennpferden ist und ‚Ruff's Guide to the Turf‘ einen prominenten Platz in ihrem Bücherregal einnimmt“, sagte Gimblet gleichgültig, „dann ist es nicht wirklich nötig, die Diener zu fragen, ob sie eins macht.“ Interesse am Rennsport. Aber kommen Sie, Sir Gregory, ich glaube, wir haben hier nichts mehr zu tun. Sollen wir zurück in meine Wohnung gehen und nachsehen, ob in den Krankenhäusern etwas gehört wurde?“

Mit einem Abschiedswort an Blake bereiteten sie sich darauf vor, das Haus zu verlassen. Der Butler eilte vor ihnen her, um die Flurtür zu öffnen. Als er den Riegel zurückzog und sie auf die Straße traten, standen sie vor einem grauhaarigen Mann, der eine kleine schwarze Tasche trug und die Hand bereits auf der Klingel hatte.

„Wen haben wir hier?“ sagte der Detektiv zu sich selbst, nahm Sir Gregory am Arm und zog ihn zurück ins Haus, sodass Blake mit dem Neuankömmling verhandeln konnte.

„Nein, Sir, Mrs. Vanderstein ist nicht zu Hause“, hörten sie ihn sagen.

Die beiden Männer zogen sich in den Morgenraum zurück, aber schon nach wenigen Minuten folgte ihnen Blake.

„Bitte, meine Herren“, sagte er, „hier ist Mr. Chark, Mrs. Vandersteins Anwalt.“

Ihm folgte der Fremde.

„Sie werden mir entschuldigen, dass ich zu Ihnen komme, meine Herren“, sagte er und richtete nach kurzem Zögern seinen Blick auf den Detektiv, „aber als ich hörte, dass Mr. Gimblet im Haus war“ – hier verneigte er sich vor diesem Herrn – „ Ich dachte, es wäre besser, die Gelegenheit zu nutzen und Ihnen die Hilfe anzubieten, die ich bei Ihren Ermittlungen leisten kann. Sehr wenig, fürchte ich, aber möglicherweise bin ich im Besitz einer Tatsache, die Ihnen vielleicht noch unbekannt ist.“

Mr. Chark, Teilhaber der Firma D'Allby and Chark, war ein Mann mittlerer Größe, mittleren Alters, weniger gut aussehend und mittelmäßig intelligent. Sein Gesicht und seine Haare waren in verschiedenen Grautönen gehalten und obwohl er glatt rasiert war, erweckte er den Eindruck, dass er einen Backenbart trug. Sein Verhalten und seine Bewegungen waren präzise und bedächtig. Er sprach langsam und dabei drehten sich seine Hände langsam umeinander. Es schien, als würde er jedes Wort durch einen geheimen, mühlenartigen Prozess zermahlen, der sich von dem der gewöhnlichen Sprache unterschied.

„Ich habe gerade vom Butler gehört", fuhr er fort, nachdem Gimblet und Sir Gregory seine Begrüßung mit angemessenen Worten quittiert hatten, „dass meine Klientin, Mrs. Vanderstein, unter Umständen abwesend ist, die ich als ungewöhnlich bezeichnen darf. Dass sie, kurz gesagt, letzte Nacht „aus Fröhlichkeitsabsicht" ausgegangen ist, he he! und seitdem hat man nichts mehr davon gehört. Das sind sehr erschreckende Neuigkeiten, in der Tat sehr seltsame Neuigkeiten. Ich denke, ich kann Ihnen beweisen, Mr. Gimblet, dass die anhaltende Abwesenheit von Mrs. Vanderstein unbeabsichtigt ist."

Mit diesen Worten öffnete Mr. Chark seine schwarze Tasche, die er zwischen seinen Füßen auf den Boden gelegt hatte, als fürchtete er, sie könnte heimlich entfernt werden, wenn er nicht mit ihr in Kontakt blieb, und zog aus den dunklen Nischen einen großen Brief lilafarbenen Umschlag, den er Mr. Gimblet mit einer weiteren Verbeugung überreichte.

Der Detektiv nahm es und hob es überrascht an seine Nase.

„Dies", rief er, „ist ein Brief von Frau Vanderstein selbst."

„Ihre Vermutung ist richtig", sagte Herr Chark. „Mir war nicht bewusst, dass Sie und meine Mandantin sich kannten, aber ich sehe, dass Sie ihre Handschrift kennen."

„Ich habe es noch nie zuvor gesehen", antwortete Gimblet geistesabwesend. Er studierte es jetzt mit einem Blick tiefen Interesses.

"In der Tat. Darf ich dann nachfragen, warum Sie glauben, dass dieses Dokument ihre Inschrift trug?" Mr. Charks gedehnte Stimme war eindeutig skeptisch.

„Arome de la Corse", murmelte Gimblet, als er Sir Gregory den Brief überreichte. „Sie, Sir Gregory, kennen wohl die Schrift der Dame?"

„Ja", sagte Sir Gregory. „Es ist von ihr. Wirst du es nicht laut vorlesen? Ohne Brille würde es mir leider schwerfallen, das zu tun", und er gab es Gimblet zurück.

Der Detektiv öffnete den Umschlag, entfaltete das darin enthaltene Blatt und las laut vor, was darauf stand:

„Grosvenor Street:
„Montagabend.

" SEHR GEEHRTE DAMEN UND HERREN ,

„Ich wäre Ihnen sehr dankbar, wenn jemand aus Ihrer Firma mich morgen, Dienstag, zwischen vier und fünf Uhr aufsuchen würde, um mein Testament zu ändern. Mr. Sidney hat es mir unmöglich gemacht, länger über den Gedanken nachzudenken, dass er einen Teil des Vermögens meines verstorbenen Mannes erben könnte. Wenn Mr. Vanderstein noch am Leben wäre, würde er mir in diesem Punkt sicher zustimmen, aber da er nicht mehr ist und die Angelegenheit meinem Ermessen überlassen hat, wird es für mich zu einer heiligen Pflicht, die von ihm geäußerten Wünsche völlig zu ignorieren Ändere mein Testament sofort in diesem Sinne. Wenn Sie darauf vertrauen, dass Sie morgen zur Teezeit vorbeischauen können,

„Ich verbleibe
mit freundlichen Grüßen
RUTH VANDERSTEIN . “

Gimblet faltete den Brief sorgfältig zusammen, steckte ihn wieder in den Umschlag und gab ihn Mr. Chark zurück.

„Wir haben so etwas wie einen Streit zwischen Mrs. Vanderstein und Mr. Sidney gehört“, sagte er. „Ich frage mich, ob sie an ihrer Drohung festgehalten hätte, ihn mit einem Penny abzuschneiden. Solche Briefe schreiben die Leute, wenn sie die Beherrschung verlieren, aber sehr oft haben sie sich am nächsten Tag wieder beruhigt.“

„Sie kennen Mrs. Vanderstein nicht, Mr. Gimblet“, unterbrach Sir Gregory. „Sie gehört nicht zu den Frauen, die wegen gar nichts in Wut geraten oder versuchen, Menschen mit Drohungen einzuschüchtern. Sie leidet nicht unter Nervosität; Ihre Gesundheit ist ebenso ausgezeichnet wie ihr Temperament. Ich bin überzeugt, dass sie diesen Brief nicht geschrieben hätte, wenn sie nicht die schwerwiegendsten Gründe dafür gehabt hätte.“

„Das ist auch meine Ansicht“, stimmte Herr Chark zu. „Ich kann die Meinung von Sir Gregory Aberhyn Jones hinsichtlich des Charakters meines Mandanten, Mr. Gimblet, unterstützen; Ich kann es voll und ganz unterstützen. Frau Vanderstein ist eine besonnene, kluge Frau, die sich nicht von jedem Impuls leiten lässt.“

„Die Art und Weise, wie sie es als ihre heilige Pflicht betrachtet, die Wünsche ihres Mannes zu ignorieren, hat etwas entschieden Weibliches“, kommentierte Gimblet und fügte dann, als er das zornige Leuchten in Sir Gregorys Augen sah, schnell hinzu: „Ich hoffe, dass Mrs. Vanderstein selbst wird in höchstens ein paar Stunden alles klären können. Sir Gregory und ich, Mr. Chark, waren zum Zeitpunkt Ihrer Ankunft auf dem Weg, um zu sehen, ob man in den Krankenhäusern von ihr gehört hatte. Wir befürchten, dass ihr ein Missgeschick widerfahren sein könnte.“

Herr Chark war enttäuscht. Unter seiner steifen Außenhülle lauerte ein winziger Funke romantischen Feuers, der durch die erdrückende Routine der juristischen Kasuistiken, mit denen sich D'Allby und Chark hauptsächlich beschäftigten, nie ganz gelöscht worden war. Hypotheken, Eigentumsabfindungen, die ständige Einbettung jener Taten in ein Labyrinth von Worten, die jeden außer Geschöpfen wie ihm vor ein Rätsel stellen sollten, für die ihr Mangel an Verständlichkeit ein gewinnbringendes Geschäft bedeutete; All diese systematische Trägheit hatte es nicht geschafft, diesen unmerklichen Schimmer zu ersticken, und beim bloßen Wissen um Gimblets Anwesenheit im Haus war er plötzlich in eine heiße und brennende Flamme übergegangen. Sein ganzes Leben lang hatte er insgeheim bedauert, dass sein Weg nicht über die steilen Nebenpfade des Strafrechts gegangen war, und jetzt sah seine aufgeregte Fantasie Mord und Gewalt von allen Seiten herauf, mit roten, faszinierenden Fingern. Er verneigte sich steif vor den Worten des Detektivs und sprach mit einem Gefühl der Verärgerung und dem Gefühl, bespielt zu werden, was er sorgfältig unter seinem üblichen präzisen und farblosen Ton zu verbergen suchte.

„In der Tat", sagte er gedehnt und seine Hände drehten sich wie immer in ihrer streichelnden Bewegung. „Ich wage zu behaupten, dass mein Eindruck ein anderer ist. Obwohl ich kein Detektiv bin, bin ich in meiner Eigenschaft als Anwalt dennoch in der Lage, eins und zwei zusammenzuzählen. Dieser Brief" – er tippte auf Mrs. Vandersteins Notiz – „und die Aussage des Butlers, dass es gestern Nachmittag in diesem Haus tatsächlich zu einem Streit zwischen meiner Klientin und ihrem Neffen kam, der dem Schreiben dieses Briefes unmittelbar vorausging; das Wissen, dass die Dame ihr Haus mit der Absicht verlassen hat, in zwei oder drei Stunden zurückzukehren, dies aber tatsächlich in zwanzig Stunden nicht getan hat – diese Tatsachen, meine Herren, erscheinen mir, wenn sie Ihnen nichts sagen, äußerst suggestiv."

Gimblet gab keine Antwort; aber Sir Gregory, dessen Gesicht immer rosiger geworden war, bis es einer ausgewachsenen Pfingstrose ähnelte, brach in ein widerspenstiges Schnauben aus:

„Und was schlagen sie Ihnen vor, Sir?"

„Sie vermuten", fuhr Mr. Chark scheinbar ruhig fort, „dass Mr. Joseph Sidney uns höchstwahrscheinlich über den Aufenthaltsort seiner Tante informieren könnte."

„Ich habe das Vergnügen, Mr. Sidney kennengelernt zu haben", rief Sir Gregory aus, „und lassen Sie mich Ihnen mitteilen, Mr. Chark, falls das Ihr Name ist, dass er ein Gentleman ist, der einen Posten in der Armee Seiner Majestät innehat. Ich hoffe, es ist unnötig, mehr zu sagen. Ihre Unterstellungen sind absurd."

„Angesichts der Tatsachen kann man nicht leugnen, dass die Lage gegen diesen jungen Herrn sehr düster aussieht", sagte der Anwalt gedehnt.

"Schwarz!" Sir Gregory schien kurz vor dem Ersticken. „Ich halte es für schwarzes Benehmen, Sir, hierher zu kommen und diese verleumderischen und skandalösen Behauptungen über einen Offizier und einen Gentleman aufzustellen. Einer, der Ihnen übrigens, wie ich sehe, völlig unbekannt ist. Kennen Sie ihn, Sir, oder nicht?" forderte Sir Gregory, beugte sich vor und klopfte mit der Handfläche eine Begleitung zu den Worten auf einem kleinen Tisch, der in seiner Nähe stand, so dass die Blumengläser darauf tanzten und klimperten.

„Ich kenne ihn zwar nicht", gab Mr. Chark zu, „aber ich weiß, dass er mehrere Hunderttausend Pfund davon profitieren würde, wenn Mrs. Vanderstein sterben würde, bevor sie die Möglichkeit fände, sie zu rehabilitieren Wille. Und ich habe keinen Zweifel daran, dass sie ihm ihre Absicht mitgeteilt hat, es zu ändern."

"Sterben? Was sagen Sie?" Sir Gregorys Stimme klang schwach. Die rosige Farbe verschwand aus seinen Wangen. In seinem Gesicht spiegelten sich größtes Entsetzen und Erstaunen wider.

Gimblet stand bei diesem Anblick von seinem Stuhl auf.

"Herr. Chark", sagte er ernst, „Sie lassen Ihrer Fantasie freien Lauf. Sie reden tatsächlich wie ein Halbpenny-Feuilleton. Es gibt keinen Grund, eine so melodramatische Sichtweise zu vertreten, solange Frau Vandersteins Abwesenheit immer noch eine mehr oder weniger gewöhnliche Erklärung zulässt. Ich werde jetzt feststellen, ob sie nicht auf der Unfallstation eines der Krankenhäuser entdeckt wurde. Kommen Sie, Sir Gregory?"

Mit einem Abschiedswort verließen sie das Haus und unterbrachen damit weitere Bemerkungen seitens Mr. Chark, der ihnen folgte und zutiefst verärgert darüber war, dass er mit solch einer spärlichen Zeremonie behandelt wurde.

Als Sir Gregory mit Gimblet in Richtung Whitehall fuhr, kam er nervös auf die Unterstellung eines Foulspiels zurück.

„Was hat ihn auf so etwas gebracht, meinst du?" er hat gefragt. „Es ist unmöglich, dass der junge Sidney ihr etwas antun würde. Ein netter, höflicher Junge; Ich habe ihn immer gemocht. Warum sollte er? Ich werde es nicht glauben." Er sprach unzusammenhängend; Der Vorschlag hatte ihn erschüttert.

Gimblet tat sein Bestes, um ihn zu beruhigen, aber als sie seine Wohnung erreichten! und feststellten, dass die Krankenhäuser leer waren, um Nachrichten über die beiden Damen zu erhalten, war er besorgter, als er zeigen wollte. Dennoch schien der dem Chauffeur gegebene Befehl, nicht zum Opernhaus zurückzukehren, auf eine andere Absicht hinzudeuten als die, zur Grosvenor Street zurückzukehren, und es blieb zu hoffen, dass jeder Augenblick eine Nachricht bringen würde. Es gab jedoch andere Überlegungen, die nicht ganz so ermutigend waren.

Gimblet, der Sir Gregory unten gelassen hatte, während er zu seinen Zimmern lief, gab Higgs einige Anweisungen, den Mann, der zeitweise die Pflichten eines Dieners mit denen eines Assistenten in den ermüdenderen, aber notwendigen Details der Arbeit des Detektivs kombinierte. Dann ging er wieder hinunter, um dem Baronet mit widerstrebender Ernsthaftigkeit zu erklären, dass es keine Neuigkeiten gäbe.

„Wir werden jetzt nach Covent Garden gehen", sagte er; und sie stiegen in ein anderes Taxi.

Sir Gregory war sehr still geworden. Sein Gesicht war voller Angst. „Was kann passiert sein?" er murmelte immer wieder vor sich hin.

Um seine Gedanken abzulenken, erinnerte sich Gimblet an den Verdacht, den er zunächst gehegt hatte – dass Mrs. Vanderstein mit einem anderen Bewunderer geflogen war. Aber die Angst, dass sie in Gefahr schwebte oder dass ihr noch Schlimmeres widerfahren sein könnte, hatte den Mann erfasst, und er war es, der nun die Idee vermasselte und Argumente fand, um ihre Unwahrscheinlichkeit zu beweisen.

„Sie hatte keinen Grund wegzulaufen", wandte er seinerseits ein, „sie konnte heiraten, wen sie wollte. Und wer hat je davon gehört, dass eine Frau eine Freundin auf eine Hochzeitsreise mitnimmt? Nein, wenn es so etwas gewesen wäre, wäre Miss Turner zurückgeblieben, dessen können wir sicher sein."

In Covent Garden erfuhren sie sehr wenig. Die Loge war ausgeräumt worden und wies keinerlei Anzeichen auf, dass sie am Abend zuvor benutzt worden war. Gimblet schnüffelte darin herum, konnte aber keine Spur von Arome de la Corse finden. Der Logenöffner sagte ihnen, dass Mrs. Vanderstein und die junge Dame, die normalerweise mit ihr kam, sie während der Galavorstellung besetzt und vor dem Ende der letzten Szene verlassen hatten. Sie hatte an keinem von beiden irgendetwas Seltsames oder Ähnliches bemerkt, und soweit sie wusste, hatte in den Pausen niemand die Loge besucht.

Es schien, als hätte niemand bemerkt, wie sie die Türen des Theaters verließen. Ein Kommissar glaubte sich an zwei Damen zu erinnern, die früh herauskamen und in einer Kutsche davonfuhren, konnte aber nicht genau sagen, wie sie aussahen. Könnte jung und hübsch gewesen sein, oder auch alt und hässlich. Er hatte im Laufe des Abends eine Menge Damen gesehen und nie etwas genossen, was man als Erinnerung an Gesichter bezeichnen könnte. Ohne den Mangel an diesem nützlichen Talent, schlussfolgerte der Kommissar bedauernd, hätte er in diesem Moment höchstwahrscheinlich in der Halle eines Clubs im West End gesessen und nichts weiter zu tun als zu antworten die Anfragen eines Herrn für einen anderen Herrn. Ich war noch nie das, was man als Opfer von Glück bezeichnen könnte.

Sie ließen ihn zweifelnd mit den Zähnen einen Schilling prüfen, als ob er nicht glauben wollte, dass sich sein Vermögen so weit verändert haben könnte, dass die Münze nicht eine schlechte sei.

Es wurde schon spät, die Türen der Theater würden bald geöffnet sein. Die Fensterläden vor den Schaufenstern waren bereits geschlossen, und die Menschenmassen, die noch immer die Straßen füllten, hatten keine Entschuldigung zum Herumlungern, jetzt gab es nichts mehr zum Anschauen, nirgends mehr, wo man die Nase plattdrücken konnte. Stattdessen schienen alle in eine Richtung zu eilen, Richtung Bahnhof oder Straßenbahn oder was auch immer sie zu ihren Häusern bringen würde. Die untergehende Sonne hatte die Straßen endlich voller Schatten hinterlassen, und obwohl die Gehwege und Mauern immer noch Wärme ausstrahlten, war eine kühle Brise aufgekommen und wehte vom Fluss herüber. In offenen Räumen, wo die hohen Häuserwände den Blick auf den westlichen Himmel nicht verhinderten, konnte man ein oder zwei Wolken langsam den Himmel hinaufsteigen sehen.

Die beiden Männer gingen ein Stück schweigend zusammen, dann blieb Gimblet stehen und streckte seine Hand aus.

„Ich glaube nicht, dass wir heute Abend noch mehr tun können", sagte er. „Legen Sie Ihre Ängste für ein paar Stunden beiseite, Sir Gregory; Es nützt nichts, sich Sorgen zu machen. Wenn morgen neue Nachrichten eintreffen, müssen wir sehen, was sonst noch getan werden kann. Ich denke, vielleicht wäre es ratsam, die Polizei zu konsultieren."

Aber Sir Gregory erhob daraufhin einen Aufschrei.

„Nun, das werden wir morgen sehen", sagte Gimblet. „In der Zwischenzeit muss ich gute Nacht sagen."

Gimblet begleitete Sir Gregory in Richtung seines Clubs, rief dann nach kurzem Zögern selbst ein Taxi und fuhr zur Residenz des Generalpostmeisters. Er glaubte, dass er zu dieser Stunde gute Chancen hatte, diesen Minister zu Hause anzutreffen, und er täuschte sich nicht.

„Sir James sei da", sagte der Lakai, der auf sein Klingeln antwortete, aber im Moment sei er damit beschäftigt, sich umzuziehen, bevor er früh zu Abend esse und ins Theater gehe. Er würde Mr. Gimblets Karte annehmen.

Glücklicherweise hatte Gimblet das Glück gehabt, Sir James Mossing einen beträchtlichen Dienst zu erweisen, und zwar zu einem Zeitpunkt in der Karriere dieses Herrn, als sein Fuß noch unsicher auf der ersten Sprosse der Leiter stand, die er später hinaufstieg; und als der Politiker an die Macht kam, hatte er es nie versäumt zu zeigen, dass er sich dieser Verpflichtung dankbar erinnerte. Der Detektiv brauchte nur zehn Minuten zu warten, bevor der Mann, zu dem er gekommen war, ins Zimmer eilte und sich dafür entschuldigte, dass er warten musste. Gimblet verlor keine Zeit, den Zweck seines Besuchs zu erklären, und hatte keine Schwierigkeiten, den schriftlichen Befehl zu erhalten, den er sich gewünscht hatte. Damit bewaffnet, hielt er den freundlichen Staatsmann nicht länger zurück, sondern zog sich schnell zurück und wandte sich wieder heimwärts.

„Higgs", sagte er, als sein Diener ihn im Flur der Wohnung traf. „Ich möchte, dass Sie sofort zum Postamt in Piccadilly gehen und ein Telegramm abholen, das gestern Abend von einem Lakaien abgegeben wurde. Es befand sich in einem versiegelten Umschlag, in dem sich auch das Geld für die Nachricht befand. Es kann von Miss Barbara Turner unterzeichnet sein oder auch nicht. Es wurde sicherlich von ihr geschrieben. Hier ist ein Befehl des Generalpostmeisters, der Ihnen die Arbeit erleichtern wird. Ich habe ein oder zwei Dinge zu erledigen, die heute Morgen hätten erledigt werden sollen, sonst sollte ich selbst gehen. Ich werde etwa eine Stunde dafür brauchen, und ich hoffe, dass Sie bis dahin zurück sind."

Eine Stunde später war Higgs zurück. Er schien mit sich selbst zufrieden zu sein und reichte dem Detektiv ein Blatt Papier.

„Das stimmt, Higgs, du warst schnell", lobte ihn Gimblet.

„Sie haben eine Weile damit verbracht, die Formulare durchzusehen", sagte Higgs, „aber zum Glück gab es kein großes Aufhebens darum, es mir zu geben, nachdem ich Ihre Karte und die Bestellung von Sir James gezeigt hatte."

Gimblet las die Zeitung. Es handelte sich um ein an Joseph Sidney adressiertes Telegrafenformular, das eine kurze Nachricht enthielt:

„Das Glück kommt Ihnen endlich entgegen. Erwarten Sie, dass Sie bis Mittwoch gute Nachrichten erhalten, die alle Schwierigkeiten beseitigen."

Es gab keine Unterschrift.

„Woher weißt du, dass das das Richtige ist?" fragte Gimblet scharf.

„Der junge Mensch im Büro hat sich zufällig daran erinnert, Sir. Es wurde in einem Umschlag abgegeben, und als sie es öffnete und feststellte, dass keine Unterschrift vorhanden war, rannte sie dem Lakaien hinterher, in der

Absicht, ihn um die Stelle auf der Rückseite des Formulars zu bitten, in der Name und Adresse als Referenz angegeben sind nur, sollte ausgefüllt werden. Sie sah gerade noch, wie der Motor wegfuhr. Dennoch hat es die Botschaft in ihr Gedächtnis eingeprägt, vor allem weil es etwas Kleingeld gab, das sie zurückgeben konnte."

„Sie könnte sich leicht irren", grummelte der Detektiv.

„Ich dachte, Sie wären vielleicht nicht zufrieden, Sir", sagte Higgs, „also ging ich weiter zur Grosvenor Street und bat den Butler, mir ein Exemplar von Miss Turners Schriften zu geben." Ich habe ihm natürlich nicht gesagt, warum ich es wollte. Ich habe ihn einfach glauben lassen, dass ein Brief gefunden worden sei und dass Sie etwas zur Identifizierung wollten", fügte Higgs mit einigem Stolz hinzu. Während er sprach, zog er eine Speisekarte hervor, die in großer, runder Schrift geschrieben war. „Miss Turner schreibt immer die Speisekarten in der Grosvenor Street", erklärte er.

Gimblet nahm es und verglich es mit dem Telegramm. Es war leicht zu erkennen, dass beide von derselben Person geschrieben worden waren.

KAPITEL XII

DER nächste Morgen brach grau und stürmisch an. Das englische Klima war ein Beispiel für die unendliche Vielfalt, mit der die Sitte den Fremden in unseren Toren nie in Einklang bringen kann. Julie Querterot, die ihr ganzes Leben in London verbracht hatte, litt an einer angeborenen Empfindlichkeit gegenüber Wetterveränderungen und konnte nie verhindern, dass ihre Stimmung sank, als das Barometer fiel. Regen und düsterer Himmel machten sie traurig, selbst wenn sie den ganzen Tag drinnen verbrachte, und an diesem Mittwochmorgen, als sie mit dem Kehren und Putzen im Haus fertig war und ihren Platz in dem kleinen Laden hinter dem Haar einnahm -Nadeln und Pomaden, der Blick aus dem Fenster muss mehr als die übliche deprimierende Wirkung auf sie gehabt haben, denn wenn das Unerwartete passiert wäre und ein Kunde zufällig eingetreten wäre, hätte er vielleicht gesehen, dass ihre Augenlider geschwollen waren, als wären sie vom Haarausfall herabgefallen viele Tränen.

Kurz nach Mitternacht war der Sturm, der sich zusammengebraut hatte, über die leeren Straßen losgebrochen; Stundenlang hatten die Blitze die Wolken zerrissen und der gewaltige Lärm des Donners hatte den Schlaf unmöglich gemacht. Die ganze Nacht über regnete es in Strömen, und Menschen, die wach lagen oder bestenfalls unruhig dösten, hatten das ständige Prasseln des Regens gehört. Julies Gesicht, weiß und müde, sah aus, als hätte ihr zumindest die Nacht keine Ruhe gebracht. Sie saß im Halbdunkel des Ladens und nahm langsam und bedächtig ihre Arbeit auf; Dann ließ sie es auf ihr Knie zurückfallen und stützte ihr Kinn mit einer hoffnungslosen Geste auf ihre Handfläche. Sie hatte nicht gefrühstückt, und Hunger und Müdigkeit trieben sie bis zur Erschöpfung. Neben ihr, auf der Theke, wo sie es abgelegt hatte, lag ausgebreitet ein Half-Penny-Papier; Und dann nahm sie es auf und warf einen erneuten Blick auf die markanten Schlagzeilen, die in großen schwarzen Lettern auf der Seite prangten.

„VERSCHWINDEN VON DAMEN AUS IHREM ZUHAUSE
IN WEST END."

„Das Geheimnis der vermissten Millionärin."

Nach einer Weile stand Julie auf und legte ihre Handarbeiten weg. Sie ging in ihr kleines Schlafzimmer, holte einen kleinen schwarzen Hut aus dem Schrank und machte sich bereit, ungeachtet des Wetters auszugehen. Nicht, dass sie eine aufwendige Toilette gemacht hätte. Zu ihrer Bluse und ihrem Rock trug sie einen hübschen Mantel in schlichtem Schwarz, eine eher kitschige Brosche an der Stelle, an der ein Knopf abgerissen worden war, und eine weitere, zur reinen Verzierung, an einer Stelle, an der sie nicht benötigt wurde. Es wurde bereits gesagt, dass Julie eine Vorliebe für Schmuck hatte, und es schien ihr sogar heute Morgen ein wenig Trost darin zu verspüren. An beiden Handgelenken klimperten bereits zwei oder drei Armbänder, und als sie noch ein Paar Handschuhe anzog, war ihr Outfit komplett. Ein paar Minuten später öffnete das Mädchen ihren Regenschirm und trat auf die Straße; Dann schloss sie die Ladentür hinter sich ab und blickte nach Westen. Der Regen fiel weniger stark, und bevor sie viele Wendungen genommen hatte, hörte er ganz auf. Julie schloss ihren Regenschirm mit einem erleichterten Seufzer. Seit sie das Haus verlassen hatte, war sie nicht in der Lage gewesen, eine kleine, aber immer noch sie bedrängende Sorge über das Schicksal ihres Hutes beiseite zu legen.

.　　　　　.　　　　　.　　　　　.　　　　　.

In seinen Räumen in Whitehall studierte Gimblet ein Exemplar derselben Zeitung, die jetzt vernachlässigt im Pimlico-Laden lag. Ein Blick auf die Schlagzeilen hatte ihm verraten, auf wen sie sich bezogen, und der folgende Absatz war noch deutlicher.

„Wir erfahren, dass Bedenken hinsichtlich des Verbleibs von Frau Vanderstein bestehen, einer Dame mit Wohnsitz in der Grosvenor Street Nr. 90, W. Frau Vanderstein verließ ihr Haus am Abend des letzten Montags, um an der Galavorstellung teilzunehmen das Royal Opera House in Covent Garden. Sie wurde von einer jungen Dame begleitet, Miss Barbara Turner, die als Freundin und Begleiterin von Mrs. Vanderstein in der Grosvenor Street wohnt. Die beiden Damen fuhren mit ihrem privaten Auto zur Oper, und die Bediensteten waren etwas überrascht, als ihnen an der Tür des Theaters mitgeteilt wurde, dass ihre Rückkehr nach Ende der Aufführung nicht erwünscht sei. Es gab jedoch keinen Alarm, bis gestern Morgen die Familie aufwachte und feststellte, dass keine der Damen zurückgekehrt war.

„Nachforschungen in den Krankenhäusern, in die die Damen im Falle eines Unfalls gebracht worden sein könnten, führten zu keinem Ergebnis, und da der Tag verging, ohne dass Informationen über ihren Aufenthaltsort eingingen, wurde es als ratsam erachtet, die Damen zu sichern." Dienstleistungen eines Detektivs. Es wird geflüstert, dass einer der berühmtesten Kriminalermittler Londons zugestimmt hat, die Angelegenheit zu untersuchen. Uns erreichen Gerüchte, dass Differenzen zwischen Mrs. Vanderstein und einem ihrer nächsten Verwandten mehr mit ihrem Verschwinden zu tun haben, als zunächst offensichtlich erscheint. Frau Vanderstein ist die Witwe des verstorbenen Herrn Moses Vanderstein, eines in Stadtkreisen bekannten Finanziers. Sie ist eine Frau mit bemerkenswerter persönlicher Anziehungskraft und eine große Favoritin in der jüdischen Gesellschaft. Miss Turner ist die Tochter des verstorbenen Mr. William Turner aus Newmarket und kaum älter als zwanzig Jahre. Man geht davon aus, dass die Polizei einen Hinweis auf die anhaltende Abwesenheit der beiden Damen hat und ein Verbrechen vermutet wird."

„Also", sagte Gimblet zu sich selbst, „scheint es, dass der würdige Mr. Chark gesprochen hat."

Als er die Zeitung beiseite warf und eine andere zur Hand nahm, um zu sehen, ob sie ebenfalls etwas zu demselben Thema zu sagen hatte, klingelte die Wohnungsglocke, und einen Moment später meldete Higgs Mr. Joseph Sidney.

Mit kaum merklichem Aufschrecken erkannte Gimblet den jungen Mann, den er am Sonntag im Park beobachtet hatte.

„Ich hoffe, ich störe Sie nicht", sagte Sidney sofort, „aber man hat mir in der Grosvenor Street gesagt, dass Sie dort oben waren und Fragen gestellt haben, und deshalb nehme ich an, dass Sir Gregory Sie beauftragt hat, sich mit dieser Angelegenheit zu befassen."

„Das ist so", sagte Gimblet. „Ich hoffe, Sie sind gekommen, um mir etwas zu helfen."

„Ja, ich wünschte um Himmels Willen, ich könnte es", sagte Sidney, „aber ich habe nie ein Wort darüber gehört, bis ich heute Morgen die Zeitung gesehen habe; und dann konnte ich es nicht glauben. Aber ich habe ziemlich schnell in der Grosvenor Street angerufen, und der alte Blake, der Butler meiner Tante, schwört, dass es das Evangelium ist. Es ist schon seltsam, was passiert, nicht wahr? Was können sie aus sich selbst gemacht haben? Eigentlich sollten Frauen nicht alleine rausgelassen werden. Wenn meine Tante nicht für sich selbst sorgen könnte, hätte sie sich meiner Meinung nach vielleicht Mühe gegeben, sich um Miss Turner zu kümmern!"

„Es ist in der Tat eine seltsame Angelegenheit", sagte Gimblet, „und ich fürchte, sie sieht von Minute zu Minute seltsamer und viel ernster aus, als sie am Anfang war." Denn hier ist wieder eine Nacht vergangen und es gibt keine Nachricht von einer der Damen. Und wir haben keine Ahnung, keine Ahnung, wo wir jagen sollen, noch haben wir irgendetwas, womit wir bei unserer Suche weitermachen sollen. Ich hatte gehofft, Sie könnten mir einige Informationen geben, Mr. Sidney; Ich glaube, Sie waren einer der letzten Menschen, die am Montag mit Frau Vanderstein gesprochen haben."

Gimblet blickte den jungen Mann aufmerksam an, der seinerseits sich nicht ganz wohl zu fühlen schien. Er zögerte, ging zum Fenster und trommelte mit den Fingern auf die Scheibe. In den Ohren des Detektivs hallte ein Satz wider, der das Gemurmel der Menge übertönte: „Ich bin ziemlich verzweifelt, das kann ich Ihnen sagen. Es gibt nichts, was ich nicht tun würde, um an das Geld zu kommen."

Eine Sekunde später drehte sich Sidney um, kam zu Gimblet zurück, der dort saß und teilnahmslos wartete, und zog einen Stuhl heran, auf den er sich mit entschlossener Miene setzte.

„Ich habe meine Tante am Montag gesehen, Mr. Gimblet, und um die Wahrheit zu sagen, möchte ich Ihnen nicht erzählen, was sie damals zu mir gesagt hat. Man vertraut seine privaten Familienangelegenheiten gern Fremden an. Wenn Sie jedoch meinen, es könnte von Nutzen sein … Nun, Tatsache ist, dass ich am Montag einen furchtbaren Streit mit Mrs. Vanderstein hatte.“

„Worüber?“, fragte Gimblet.

„Ich“, Sidney zögerte erneut und fuhr dann mit einem Satz fort: „Ich habe in letzter Zeit eine Menge Geld verloren; Ich schäme mich, sagen zu müssen, dass ich es auf Rennstrecken verloren habe und dass es sich um eine weitaus größere Summe handelt, als ich mir leisten kann. Ich ging zu meiner Tante, um sie um Hilfe zu bitten. Ich bat sie tatsächlich, mir etwas Geld zu leihen, um meine Schwierigkeiten vorerst zu überbrücken. Sie war sehr wütend darüber. Sie kann Wetten nicht ertragen; Und als ich es ihr erzählte, geriet sie in furchtbare Wut und warf mich aus dem Haus. Das ist alles, was ich am Montag mit ihr geführt habe. Sie können verstehen, dass ich es nicht gerne eingestehe, da es nicht gerade mein Verdienst ist.“ Sidney endete mit einem reumütigen Lachen.

"Frau. Vanderstein weigerte sich absolut, Ihnen in irgendeiner Weise zu helfen?“

„Sie sagte, sie würde mich zuerst verdammt noch mal sehen. Nun ja, wissen Sie, sie hat es vielleicht nicht genau so ausgedrückt.“

„Wohl kaum, sollte ich meinen. Ich hätte lieber ihre eigenen Worte, wenn Sie sich bitte daran erinnern können.“

Sidney durchforstete sein Gedächtnis. „Soweit ich mich erinnern kann, sagte sie eigentlich: ‚Ich will mit einem Spieler wie dir überhaupt nichts zu tun haben. Ich werde dir nicht nur jetzt kein Geld geben, sondern du sollst auch nie einen Penny haben, der mir gehört, um ihn für dieses entwürdigende Laster zu verwenden. Ich werde mein Testament ändern‘, sagte sie, ‚und zwar morgen. Und ich darf dich nie wiedersehen. Ich will dich nicht in meinem Haus haben.‘ Das hat sie gesagt, und ich hatte nichts anderes zu tun, als wie ein geprügelter Hund aus dem Haus zu gehen. Und ich ging.“ Sidneys Stimme war bitter, als er sich an seine Demütigung erinnerte, aber als er wieder sprach, hatte er seine normale gute Laune wiedergefunden. „Arme Tante Ruth“, sagte er, „von ihrer Seite gibt es eine Menge zu sagen, weißt du, und von meiner Seite so gut wie gar nichts. Aber ich bin nicht gekommen, um über meine eigenen miesen Angelegenheiten zu reden. Ich frage mich, wo sie nur geblieben sein kann? Es ist etwas ungewöhnlich Merkwürdiges daran, dass sie auf diese Weise verschwindet, finden Sie nicht? Ich hoffe inständig, dass sie wegen ihrer Diamanten nicht auf den Kopf geschlagen wurde, wissen Sie."

Sein Ton war leicht, aber Gimblet schien eine Spur echter Besorgnis zu spüren.

„Das hoffe ich tatsächlich nicht", stimmte er ernst zu.

„Ich mache mir wirklich ein bisschen Sorgen um sie – sie und Miss Turner", fuhr der junge Mann fort. „Lass es sein, denn da ich angefangen habe, dir zu vertrauen, denke ich, dass ich die ganze Show genauso gut bereinigen kann. Tatsache ist, dass ich ein schrecklich schlechtes Gewissen habe, weil ich vor ein oder zwei Tagen kurz davor stand, Tante Ruth einen üblen Streich zu spielen. Sie können sehen, wie sehr ich dieses Geld, wie ich Ihnen bereits sagte, brauche, um nächste Woche meine Schulden zu begleichen. Nun ja, ich habe so gut wie keinen Unterschied gemacht, dass ich versucht habe, es aus meiner Tante herauszuholen, und zwar durch etwas, was man wohl als Vorspiegelung falscher Tatsachen bezeichnen würde – was sich nach einer netten, schamlosen Tat anhört, nicht wahr? Ich nehme an, dass Ihnen niemand gesagt hat, dass sie in irgendeiner Form eine Vorliebe für das Königshaus hatte? Nun, ich wusste es selbst bis vor Kurzem nicht, aber es scheint, dass es nichts gibt, was sie nicht tun würde, um mit tollen Menschen in Kontakt zu kommen. Ein Freund von mir schlug vor, dass wir einen anderen meiner Freunde bitten sollten, sich als ein königlicher Prinz auszugeben, und dass ich ihn meiner Tante vorstellen sollte. Die Idee war, dass er es lieber wieder gutmachen und sich dann für mich einsetzen oder auf irgendeine Weise das Geld aus ihr herausholen sollte. Ich glaube nicht, dass ich es hätte tun sollen, als es darauf ankam, denn am nächsten Tag sah ich ganz deutlich, was für eine Unmöglichkeit das war. Und wenn ich meinen Freund um Hilfe gebeten hätte, hätte er mir ohne den geringsten Zweifel gesagt, ich solle kein Arsch sein. Aber da haben Sie es ja – ich habe darüber nachgedacht, und es bleibt mir jetzt im Gewissen hängen. Ich glaube, ich werde den Geschmack nie mehr aus dem Mund bekommen, und wenn Sie glauben, dass ich irgendetwas tun könnte, um Ihnen von Nutzen zu sein, dann können Sie verstehen, dass ich es umso lieber tun würde, nachdem sie gegangen ist und sich selbst verloren hat denn ich habe das Gefühl, dass ich ihr etwas Gutes schuldig bin."

Er hörte auf zu reden, schlug ein Bein über das andere und lehnte sich zurück, während er Gimblet mit einer Miene ansah, die halb beschämt, halb naiv war.

Der Detektiv erwiderte interessiert seinen Blick.

„Hier", sagte er sich, „ist ein junger Mann, der entweder sehr unschuldig ist oder über die übliche List hinausgeht."

„Wer hat dieses fragwürdige Vorgehen überhaupt vorgeschlagen?" er hat gefragt.

„Oh, das kann ich dir wirklich nicht sagen", rief Sidney; „Es kann keine Bedeutung haben, und ich bin nicht so abgestumpft gegenüber jeglichem Sinn für Anstand, wie Sie natürlich denken!"

„Sie sagen, Sie hätten nur kurze Zeit darüber nachgedacht. Haben Sie Ihrem Freund am Ende gesagt, dass Ihnen die Idee nicht gefiel und Sie beschlossen hatten, sie aufzugeben, nachdem Sie darüber nachgedacht hatten?"

„Es war nicht nötig. Bevor ich mit meiner Freundin kommunizieren konnte, erhielt ich eine Nachricht von ihr – von ihm – meinem Freund, meine ich – " Sidney wurde scharlachrot, als er seinen Ausrutscher bemerkte, fuhr aber hastig fort, in der vergeblichen Hoffnung, ihn zu verbergen, „eine Nachricht, die das sagt." Der Plan war zunichte gemacht. Ich weiß nicht, was passiert ist, aber aus irgendeinem Grund lief es anscheinend völlig daneben, unabhängig von meinem Halsen."

„Und jetzt", sagte Gimblet nach einer Pause, „haben Sie wohl keine Hoffnung mehr, Ihre Schulden zu begleichen."

Ein Schatten huschte über Sidneys Gesicht, als er traurig antwortete: „Der Teufel ist eine Hoffnung."

„Seit Montag hat sich an Ihren Aussichten nichts geändert", fuhr der Detektiv fort; „Sie haben heute keine besseren Nachrichten erhalten? Ihre Schwierigkeiten sind bisher nicht beseitigt?" Er sprach mit großer Bedächtigkeit, während er mit einer Hand, versteckt in seiner Tasche, das Telegraphenformular befingerte, das Barbara Turner nicht unterschrieben hatte.

Sidney blickte misstrauisch auf, aber das Gesicht des kleinen Mannes zeigte keinen Ausdruck außer einer ruhigen Frage.

„Nein", sagte er langsam, „es ist alles so, wie es war. Ich habe überhaupt nichts gehört und meine Aussichten sind so schlecht, wie sie nur sein können."

Sidney hatte etwas an sich, das jeden Verdacht entschärfte, und Gimblet ließ sich davon beeinflussen. Vergeblich dachte er darüber nach, dass der junge Mann es sicherlich unterlassen hatte, ihm von Miss Turners Telegramm zu erzählen, und zwar mit Absicht, da Gimblet ihn absichtlich daran erinnert hatte, indem er die darin tatsächlich enthaltenen Worte zitierte. Während er darüber nachdachte, was sein nächster Schritt sein sollte, öffnete sich die Tür und Sir Gregory Aberhyn Jones wurde angekündigt.

„Guten Morgen, Herr Gimblet. Gibt es Neuigkeiten für mich? Nein, ich sehe, das hast du nicht getan; und in der Grosvenor Street gibt es keine, wie Sie zweifellos wissen. Ah, Sidney, wie geht es dir? Dies ist eine schwierige Zeit für uns alle. Ich freue mich sehr, Sie zu sehen." Er schüttelte dem jungen Mann herzlich die Hand; Und dann, bevor Gimblet ahnte, was er vorhatte, war der Schaden angerichtet. „Ich freue mich sehr, Sie kennenzulernen, mein lieber Junge", erklärte Sir Gregory, „um Ihnen sagen zu können, dass ich kein Wort glaube, was sie gegen Sie sagen werden. Ich bin mir sicher, dass Sie nie an diesem schwarzen Geschäft beteiligt waren, genauso wenig wie ich selbst. Und all die Charks und scheußlichen Zeitungsfetzen in London werden mich nicht vom Gegenteil überzeugen." Sir Gregory, der Joe noch immer an der Hand hielt, schüttelte sie mit übertriebener Herzlichkeit auf und ab.

Sidney riss es weg.

„Wovon zum Teufel redest du?" er rief aus. „Wer hat Dinge über mich gesagt?"

„Ich sage Ihnen, ich glaube kein Wort davon", sagte Sir Gregory beruhigend. „Aber Sie müssen es in den Zeitungen gesehen haben. „Man geht davon aus", sagen sie, „dass es zwischen Mrs. Vanderstein und einem nahen Verwandten zu einem Streit gekommen ist, der mehr mit dem Verschwinden der unglücklichen Damen zu tun hat, als zunächst klar erscheint." Du hast doch mit ihr gestritten, nicht wahr? Und Chark, ihr Anwalt, ist von der Idee begeistert; Tatsächlich war er heute Morgen hier und hat mir erzählt, dass er mit Sicherheit feststellte, dass es Ihnen höllisch schlecht geht, was ein Motiv liefern würde, sagt er. Natürlich höllischer Unsinn."

„Höllische Lügen", schrie Sidney; „Was zum Teufel meint jemand, wenn er solche Dinge vorschlägt? Glauben sie, ich hätte nicht nur Tante Ruth, sondern auch Miss Turner entführt und halte sie als Lösegeld fest, oder was? Oder würde Ihr Freund Chark vielleicht lieber denken, dass ich dazu neigte, meine Verwandten zu vergiften? Wenn es soweit kommt, fange ich mit ihm an, wenn er nicht aufpasst. Höllischer Arsch."

Er war wütend. Gimblet, der ihn interessiert beobachtete, fragte sich, ob sein Gesicht vor Wut oder einer anderen Emotion so rot war.

Sir Gregory wurde ausnahmsweise zum Schweigen gebracht.

„Wo ist dieser Zeitungsredakteur?" forderte Sidney. „Ich werde ihn jetzt sofort treten."

„Du solltest besser warten, bis er aufsteht", sagte Gimblet; „Zu dieser Stunde liegt er wahrscheinlich noch im Bett."

„Ich werde ihn bald rausholen.“

„Es ist besser, davon keine Notiz zu nehmen. „Es wäre würdiger, es nicht zu tun“, drängte Sir Gregory und bereute seine gut gemeinten Beteuerungen zu spät. „Behandle solche Idioten am besten mit Verachtung“, fuhr er fort. „Chark ist der Schlimmste. Er ist es, der sie dazu angestiftet hat.“

"Herr. „Chark“, sagte Gimblet, „sehnt sich danach, in eine sensationelle Affäre verwickelt zu werden. Das habe ich gestern gesehen. Er sollte es besser wissen, als sich einer Verleumdung hinzugeben, auch ein Anwalt! Ich vermute, er hat Todesangst, jetzt, wo er es getan hat und Zeit hat, über die Konsequenzen nachzudenken.“

„Ich werde ihm Angst machen“, sagte der junge Mann.

Er beruhigte sich jedoch, als der Detektiv weiterhin Öl auf die unruhigen Gewässer goss, und ließ sich schließlich überreden, friedlich abzureisen.

Gimblet schrieb eine kurze Beschreibung der vermissten Damen zusammen mit dem Versprechen einer Belohnung für jeden, der Neuigkeiten über eine von ihnen bringen sollte, und übergab diese Sidney und beauftragte ihn, sie in die Abendzeitungen einfügen zu lassen, von denen die Frühe Ausgaben erschienen bereits auf der Straße.

KAPITEL XIII

SIR GREGORY blieb stehen. „Ich nehme an, es bleibt uns nichts anderes übrig, als zu warten?" sagte er, als sich die Tür hinter Sidney schloss.

„Ich fürchte, nicht viel", antwortete der Detektiv. „Glauben Sie mir, ich tue, was möglich ist, und jetzt, wo Chark mit der Presse gesprochen hat, wird die Polizei ihrerseits zweifellos tun, was sie kann. Haben Sie in der Grosvenor Street etwas gehört?"

„Nein", sagte Sir Gregory, „niemand war dort gewesen. Sie haben Mr. Chark nicht mehr gesehen. Aber heute werden zweifellos Leute vorbeikommen. Ich vermute, die Straße wird von Leuten blockiert sein, die wissen wollen, ob das, was sie in den Zeitungen gelesen haben, wahr ist. Es gibt jede Menge Neugier. Soweit ich es sehen konnte, hatte es bereits begonnen, als ich wegging; da standen drei oder vier Faulenzer, die das Haus anstarrten. Was sie darin zu sehen glaubten, fragen Sie mich nicht. Ich gehe davon aus, dass die Polizei sie bald verjagen wird. Zu viel von diesem faulen Herumlungern; wenn es nach mir ginge, würde ich sie bald zu ehrlicher Arbeit zwingen."

„Und trotzdem sind Sie dagegen, sie zu zwingen, sich für die Landesverteidigung ausbilden zu lassen!", murmelte Gimblet. „Na, na! Das waren doch nur ganz normale Faulenzer, oder?", fuhr er fort.

„Das ist alles", sagte Sir Gregory nach einem Moment, in dem er Gimblet grimmig anstarrte.

„Außer einer jungen Frau", fuhr er nachträglich fort. „Armes Ding, sie schien wirklich verzweifelt; aber mehr, weil sie dachte, sie würde ihr Geld nie sehen, als auf Mrs. Vandersteins Konto."

„Eines der Dienstmädchen?" schlug der Detektiv vor.

„Nein, nein, ich glaube nicht. Sie kam gerade hoch, als ich das Haus verließ. „Oh, Sir", rief sie, „können Sie mir sagen, ob an dem, was ich in den Zeitungen gelesen habe, etwas dran ist, dass die Dame, die hier lebt, verschwunden ist?' Das ist doch sicher nicht wahr?' Sie schien so besorgt zu sein, dass ich ihr den Stand der Dinge erklärte. „Es ist wahr", sagte ich, „dass die Damen dieses Hauses am Montagabend ausgegangen sind und noch nicht zurückgekommen sind." Aber ich hoffte, wir können jederzeit herausfinden, wo sie sind.' Zu meiner Überraschung lehnte sie sich, kaum hatte ich das gesagt, gegen den Türpfosten, als würde sie gleich in Ohnmacht fallen oder so, sie sah teuflisch krank aus, das arme Geschöpf, und dann schlug sie ganz plötzlich die Hände vors Gesicht und brach in Tränen aus. „Ich muss zugeben", gestand Sir Gregory, „dass der Anblick so großer Gefühle, die in Mrs. Vandersteins Bericht zum Ausdruck kamen, mich sehr berührt hat." Noch ein bisschen, und ich hätte meine Tränen mit denen des armen Mädchens vermischt. „Weine nicht, mein liebes Kind“, sagte ich ziemlich berührt. „Es ist natürlich, dass diejenigen, die sich um sie kümmern, besorgt und verärgert sind, aber wir müssen mutig sein und auf das Beste hoffen.“ Trotz allem, was ich sagen konnte, weinte sie immer noch und schluchzte sehr mitleiderregend, das arme Ding; Als ich sie schließlich fragte, wieso sie sich solche Sorgen um Mrs. Vanderstein machte, gelang es ihr schließlich, die Fassung wiederzuerlangen, und sie sagte in einem traurigen Ton: „Ich bin nur ein armes Mädchen, Sir, und die Dame.“ schuldet uns Geld. „Wenn sie verloren geht, bedeutet mir das sehr viel.“ Ich gestehe, dass ich enttäuscht war, da ich dachte, dass ihr Kummer eher auf Zuneigung als auf Söldnerinteressen zurückzuführen sei; aber die Menschen auf dieser Welt sind alle gleich; Eigennutz, Mr. Gimblet, das ist das einzige Motiv, das heutzutage das Handeln der Menschen bestimmt. Ich tat jedoch mein Bestes, um sie zu trösten, und sagte ihr, dass Mrs. Vandersteins Rechnungen auf jeden Fall unbezahlt bleiben würden, was auch immer passieren würde. Ich kann nicht sagen, dass ich mit meinen Bemühungen, sie zu beruhigen, sehr erfolgreich war, und am Ende ging sie mit einem furchtbar traurigen Gesichtsausdruck weg. „Mein Wort, ich habe noch nie ein so elendes, verängstigtes kleines Geschöpf gesehen!“ Ich wollte sie nicht gehen lassen, ohne zu versuchen, ihr irgendwie zu helfen, aber ich wusste kaum, was ich tun sollte, denn sie sah nicht aus wie jemand, dem man Geld anbieten konnte“, schloss Sir Gregory, der das gütigste Herz hatte in der Welt.

"Wie war sie?" fragte Gimblet interessiert.

„Eine Verkäuferin, würde ich sagen, aber sie hatte ein fremdes Aussehen: viele dunkle Haare und große, dunkle Augen, die dazu passten, und sie war ordentlich gekleidet, gepflegt und ordentlich. Sie kennen die Art und Weise, wie sich diese französischen Mädchen kleiden, aber ganz in Schwarz oder einer dunklen Farbe. Sehr ruhiges und respektables Mädchen. Das Einzige, was meiner Meinung nach etwas auffällig an ihr aussah, war, dass sie überall einen Haufen gewöhnlichen Schmucks, Armbänder und Broschen trug, billig und eklig; und ich konnte eine Kette großer Perlen um ihren Hals unter ihrer Bluse sehen, Imitationsperlen so groß wie Murmeln. Ich muss sagen, ich war überrascht, dass sie sich auf so etwas eingelassen hat, denn ansonsten schien sie ein sehr nettes, ruhiges Mädchen zu sein. Sah auch furchtbar krank aus, das arme Ding.“

„Ich frage mich, wer sie war“, sagte Gimblet. „Wollen Sie damit sagen, dass sie ihre Halskette unter ihrer Bluse trug?“

„Ja, ich konnte es durch den Musselin oder was auch immer sie trug, sehen. Ein paar transparente Sachen.“

„Das war ziemlich merkwürdig. Mädchen dieser Klasse, die sich gerne mit solch billigem Schmuck schmücken, verstecken ihre Pracht im Allgemeinen nicht. Im Allgemeinen ist es ziemlich oberflächlich, denke ich.“

„Ich würde es für ungewöhnlich halten“, stimmte Sir Gregory zu. „Sie muss sich in Eile angezogen haben und es aus Versehen getan haben; meinst du nicht?“

Gumblet antwortete nicht. Er war ziellos durch den Raum gewandert, und jetzt blieb er neben einem Tisch stehen und bot Sir Gregory den Inhalt eines Glasgefäßes an, das darauf stand.

„Haben Sie etwas Gerstenzucker?“ er schlug vor. Und wie Sir Gregory empört ablehnte: „Man muss ein Lieblingslaster haben, und schließlich ist dies mein einziger“, sagte er und steckte ein großes Stück in den Mund. Aber Sir Gregory schüttelte nur traurig den Kopf und weigerte sich zu lächeln.

„Ich nehme an“, sagte er nach einem Moment mit beschämtem Blick, „dass an Charks Idee nichts dran sein kann, oder?“ Sein Tonfall war der eines Menschen, der darum bittet, einen beunruhigenden und diskreditierenden Zweifel völlig auszuräumen. Gimblet erinnerte sich an die Herzlichkeit der Proteste des Baronets gegenüber Sidney und unterdrückte ein Lächeln.

„Ich denke, wir können auf eine Lösung hoffen, die weniger schockierend ist als die von Herrn Chark“, sagte er hoffnungsvoll. „Zu der Frage, ob seine Vermutungen etwas enthalten können oder nicht, kann ich nur sagen, dass es sich lediglich um die wildesten Vermutungen handelt. Sie laufen darauf hinaus. Herr Sidney hat auf eine Weise Geld verloren, die Frau Vanderstein missbilligt, und als er sie um Hilfe bat, wurde ihm nicht nur mit Vorwürfen, sondern auch mit der Drohung begegnet, dass er von seinem Erbe ausgeschlossen würde. Andererseits ist Frau Vanderstein nicht viel älter als ihr Neffe, so dass seine Erwartungen, in den Genuss dieses Erbes zu kommen, nur äußerst gering sein könnten, da die Dame sich bester Gesundheit erfreut. Herr Chark zögert nicht, anzudeuten, dass Sidney möglicherweise das Leben seiner Tante genommen hat, damit er sofort das Geld erben kann, das er sicherlich dringend benötigt. Und wenn er überhaupt über eine solche Tat nachdenken könnte, könnte man sagen, dass es diesen weiteren Anreiz gab, dass Frau Vanderstein, falls sie am Leben bliebe, höchstwahrscheinlich wieder heiraten würde; Wenn sie Kinder hätte, würde sie wahrscheinlich – da sie die volle Macht darüber hat – den größten Teil, wenn nicht sogar ihr gesamtes Vermögen ihnen hinterlassen, ganz gleich, welche Hoffnungen ihr verstorbener Ehemann hinsichtlich der Verfügung darüber gehabt haben mag.

„Chark nimmt diese Umstände und findet darin ein Motiv; Dann nimmt er das Verschwinden von Frau Vanderstein und schließt daraus, dass der junge

Sidney mit ihr davongekommen ist. Sein Motiv könnte existieren, obwohl es fraglich ist, ob ein solches Motiv stark genug ist, um ein so schreckliches Verbrechen bei einem jungen Mann aus Sidneys Klasse und Erziehung, der sich in einem normalen Gesundheitszustand befindet, auszulösen, und wir werden der Argumentation halber annehmen, vernünftig. Aber Chark hat meines Wissens nicht den geringsten Beweis dafür, dass die Dame in irgendeiner Weise verletzt wurde; und ich halte jede solche Vermutung für lächerlich, wenn sie nicht durch weitere Beweise gestützt wird; während es ziemlich skandalös ist, es öffentlich vorzuschlagen, wie er es getan hat. Es ist immer noch durchaus möglich, dass Frau Vanderstein oder Miss Turner während ihres Besuchs in der Oper eine dringende Nachricht erhielten, die sie dazu veranlasste, die Aufführung vor Ende der Aufführung zu verlassen. Möglicherweise handelte es sich um einen Hilferuf eines Freundes in Schwierigkeiten oder um etwas, das eine gewisse Geheimhaltung des Verfahrens beinhaltete. Es können Tausende von möglichen Situationen auftreten, für deren Durchführung die Privatsphäre von entscheidender Bedeutung wäre. Warten Sie, Sir Gregory, zumindest um zu sehen, ob wir eine Antwort auf unsere Anzeigen erhalten, bevor Sie Ihrer Fantasie freien Lauf lassen, um Mr. Charks Spekulationen zu folgen.“

KAPITEL XIV

SPÄTEN Nachmittag in die Wohnung in Whitehall zurückkehrte, erwartete ihn dort ein Besucher.

Als Higgs seine Schritte im Flur hörte, eilte er ihm entgegen und teilte ihm die Tatsache mit.

„Eine junge Dame, Sir. Sie hat mir diese Karte gegeben und möchte Sie geschäftlich sehen. Sie ist seit ungefähr zehn Minuten hier, und ich habe Tee zu ihr gebracht, ohne zu wissen, wie lange es noch dauern wird, Sir.“

Gimblet nahm die Karte und las: „Miss Seraphina Finner, Inanity Theatre.“ "Wo ist sie?" er hat gefragt.

„Im Wartezimmer“, antwortete Higgs; und Gimblet ging sofort in das kleine Wohnzimmer, das er für die Nutzung durch ihm unbekannte Leute eingerichtet hatte.

Als er die Tür öffnete, stand Gimblet einen Moment lang auf der Schwelle und hatte das Gefühl, versehentlich das Zimmer eines anderen betreten zu haben. Sein Besucher hatte die meisten Möbel zurück an die Wand geschoben und war, als er sie zum ersten Mal erblickte, gerade dabei, mitten auf dem Boden eine Pirouette zu drehen, die Röcke hochgereckt und einen Fuß auf die Höhe des Bodens erhoben der Kaminsims. Sie hatte ihm den Rücken zugewandt, aber als sie das Geräusch der sich öffnenden Tür hörte, drehte sie sich mit einer schwingenden Bewegung um und konfrontierte ihn mit einem Lachen.

„Mir wurde gesagt, dass Sie nicht da waren“, sagte Miss Finner fröhlich und ohne die Spur von Verlegenheit, „also habe ich einfach angefangen, ein bisschen zu üben, um die Zeit zu überbrücken, während der Tee steht.“ Nicht verschwenden, nicht wollen, das ist mein Motto“, fügte sie hinzu.

„Es tut mir leid, dass ich Sie warten ließ“, begann der Detektiv; „Willst du dich jetzt nicht hinsetzen?“ Und er zog einen Stuhl heraus, den sie mit einigen anderen in einer Ecke gestapelt hatte, und bot ihn ihr an.

„Das kann ich wohl auch“, gab die junge Frau zu; „Obwohl es schade erscheint, nicht ein bisschen Sport zu treiben, nachdem ich den Raum geräumt habe. Sehen Sie, ich tanze in „The Jodeling Girl“, und man muss seine Glieder geschmeidig halten, sonst wird, wenn man eines Abends nicht auf der Höhe ist, jemand anderes angezogen. Tatsache ist“, fügte sie vertraulich hinzu, „das ist der Grund, warum sie mich eingestellt haben.“ Dixie Topping, die früher eine von uns vieren war, die den Tanz aufführten, in dem ich bin, ließ sich steif werden, und eines Abends, als es darum ging, Wilhelm Tells Apfel vom Kopf des Jungen zu treten, verfehlte sie ihn sauber, und, Da es im Takt der Musik geschehen muss, hat das den Dirigenten aus der Fassung gebracht. Als sie es also noch einmal versuchte und es erneut verpasste, wurde er so wütend, dass sie sie entlassen und mich eingestellt haben. „Ein schlechter Wind, der niemandem etwas Gutes tut", sagte Miss Seraphina philosophisch.

Ihre Sachen waren im ganzen Zimmer verstreut: ein großer Strauß Nelken lag auf einem Stuhl, Handschuhe und Schal waren auf dem Bücherregal verstreut, während ein riesiger Hut, der mit Blumen und Bändern bedeckt war, auf einem Schrank balancierte. Sie hatte einen Vorhang vor das Fenster gezogen, zweifellos aus Rücksicht auf ihren Teint, da Gimblet für dieses Zimmer zufällig Vorhänge in einem kleidsamen Rosaton ausgewählt hatte; und die Luft war erfüllt vom Gestank eines billigen Parfüms. Der Detektiv verglich es in Gedanken und äußerst ungünstig mit dem Arome de la Corse. Insgesamt hätte er sein eigenes Zimmer nicht wiedererkannt, so sehr hätten zehn Minuten von Miss Seraphina Finners Beschäftigung alle früheren Spuren seiner eigenen Individualität verwischt. Er erschrak tatsächlich, als er plötzlich auf dem Kaminsims ein Paar kleiner weißer Tiere sitzen sah: eine Katze mit glattem Fell und grünlich-gelben Augen und einen Hund, nicht größer, aber mit langem, seidigem Fell. Es schien einer aus der Familie zu sein, die den Unwissenden als Fidos und den bewundernden Besitzern als Toy Poms bekannt war. Es stand an einem Ende des Regals, zappelte und winselte, wagte aber nicht zu springen. Die Katze hatte sich in die äußerste gegenüberliegende Ecke zurückgezogen, wo sie mit eng beieinanderliegenden Pfoten und eng um sie gewickeltem Schwanz das ruhelose Verhalten des Hundes mit einem Blick schläfriger Verachtung beobachtete. Man kann sich vorstellen, mit welchen Gefühlen Gimblet diese beiden, aber vor allem den Hund, sah, die diesen Aussichtspunkt mit seinem besten blau-weißen Porzellan teilten. Er war sprachlos; und vielleicht war das auch gut so.

„Ich hoffe, Sie haben nichts gegen Nigger und Pompom", sagte Miss Finner, als sie eine Tasse Tee entgegennahm, „viele Klumpen, bitte, und auch jede Menge Sahne. Seraphinas Haustiere sind ihre unzertrennlichen Begleiter! Sehen sie da oben nicht süß aus? Ich habe sie dort platziert, damit sie nicht im Weg sind, während ich auf meinem fantastischen Licht war. Es stört mich, nie zu wissen, wann mein Fuß auf einen von ihnen und nicht auf den Boden kommt. Pompom scheint es zu genießen, wenn man darauf herumtrampelt, weil er immer mitten im Raum ist." Sie packte den wolligen Hund am Genick und legte ihn auf ihren Schoß. „Hattest du Angst davor, auf deinen Kopf zu fallen, Liebling", murmelte sie und streichelte ihn ekstatisch. „Nein, nein, du darfst deiner Tante nicht das Gesicht lecken; könnte dir Schmerzen in deinem kleinen Inneren bereiten. Ist sie nicht ein süßes kleines, liebevolles Ding?" fragte sie und blickte für einen Moment zu Gimblet. „Ja", fuhr sie fort, während der kleine Hund auf ihrem Knie tanzte und verzweifelt versuchte, deutlich zu machen, dass er den Kuchen, den sie genommen hatte, teilen wollte, „Pompom soll auch einen Kuchen bekommen." Seine Tante würde ihren Schatz nicht hungern lassen, nein, das würde sie nicht! Und der Nigger bekommt etwas Sahne als Leckerbissen."

Sie goss etwas Sahne in eine Untertasse und stellte sie zu ihren Füßen auf den Boden. Die Katze, die die Aufmerksamkeiten, die Pompom zuteil wurden, mit dem kalten, gleichgültigen Blick beobachtet hatte, gab nun ihre überlegene Pose auf und sprang leicht auf den Boden, näherte sich der Untertasse auf geräuschlosen, gemächlichen Zehenspitzen. Mit vornehmer, herablassender Miene und mit gebührender Rücksicht auf seine Schnurrhaare begann es die Sahne zu schlecken und schüttelte heftig den Kopf, wenn ein Tropfen an einem ihrer langen, steifen Haare hängen blieb.

Miss Finner betrachtete den Anblick mit bewundernder Freude.

„Tut es deinem Herzen nicht gut zu sehen, wie es ihm gefällt?" Sie fragte: „Und sind seine Manieren nicht reizend? Oh, Pompom, was für ein Vorbild er für dich ist, Liebling!" „, rief sie, als Pompom sich ein Stück Kuchen schnappte und es mit einem Zug hinunterschluckte. „Versuche dich so zu benehmen wie dein Bruder, mein Engel. Er ist immer derselbe", fuhr sie fort. „Es ist mir egal, wo man ihn einordnet, Nigger ist immer der perfekte Gentleman." Warum! Ich habe sie zu Ostern mit nach Paris genommen. Ich wusste nicht, was für eine Mühe es mir machen würde, Pompom wieder nach Hause zu schmuggeln, sonst hätte ich sie in London zurücklassen sollen. Ich habe ihr jedoch überall Federn umgebunden und sie in eine Haubenschachtel gesteckt, sodass sie sie für einen Hut hielten, die Liebste. Als ob jeder Hut nur halb so schön wäre! Aber wie ich schon sagte, wir hatten eine wirklich schlechte Überfahrt. Oh mein! dieser Kanal! Und der arme Pompom war einer der ersten, der es spürte. Und so sehr ich sie liebe, muss ich sagen, sie hat einfach nachgegeben und sich nicht die geringste Mühe gegeben, ihre Gefühle zu verbergen. Aber Nigger! Wenn Sie mir glauben, schämte sich dieser Kater so sehr für sein Verhalten, dass ihm die Tränen über das Gesicht liefen und er miaute und miaute, bis ich hätte weinen können; Nur weil ich selbst so krank war, war es mir eigentlich egal. Aber obwohl er sich so schlecht fühlte, vergaß er seine Manieren nicht und er würde nicht krank werden, er würde einfach nicht krank werden, bis ich ihm eine Schüssel gab. Dann sicherlich. Oh Gott!" Miss Finner blieb stehen. Die Erinnerung war selbst für sie zu viel; sie war auch leicht außer Atem.

Gimblet hörte ihr amüsiert zu. Obwohl er sich vage fragte, was sie mit ihm zu tun hatte, ließ er sie weiterlaufen, in der Annahme, dass sie es rechtzeitig preisgeben würde. Nach einem Moment fuhr sie mit ernstem Ton fort:

„Es ist eine gute Sache, finden Sie nicht, dass es irgendeine Modeerscheinung gibt? Es ist so schwer, aufzufallen, nicht wahr? Erwarten Sie, dass Sie das gefunden haben, als Sie begannen, nach Dieben zu suchen? Die Leute werden nicht merken, dass man sich von den anderen unterscheidet, machen Sie, was Ihnen gefällt. Aber schaffen Sie es, etwas wirklich Außergewöhnliches an sich zu haben, und Sie bekommen Ihre Chance. Das ist was ich denke. Sie vergessen mich zwar, aber sie erinnern sich an meine weiße Katze und meinen weißen Hund, und nach einer Weile beginnen sie auch, mich zu bemerken. „Anfangs hatte ich eine ziemlich schwere Zeit, das sage ich Ihnen", seufzte Miss Finner. „Aber mir geht es jetzt gut, danke", fuhr sie fort und kehrte zu ihrer früheren Lebhaftigkeit zurück. „Natürlich habe ich noch keine Sprechrolle, aber ich mache einen Tanz, und das ist etwas bei der Inanity. Letzte Woche hat mir jemand eine Diamantbrosche geschickt", fügte sie stolz hinzu und zeigte auf einen hässlichen kleinen Diamantstern. "Was denkst du darüber? Ich denke, Sie sind ein Kenner von Steinen, da Sie, wie man so sagen könnte, immer in der Gesellschaft von Einbrechern waren."

Gimblet untersuchte und bewunderte. „Aber ich fürchte, ich bin kein wirklicher Richter", sagte er.

„Das ist deine Bescheidenheit. Aber wie Sie sehen, bin ich wohlhabend. Und ich bin nicht wegen der Belohnung gekommen. Ich werde nicht leugnen, dass das Geld immer nützlich sein würde. Trotzdem ist es die Anzeige. Ich denke über. Schreibst du jetzt meinen Namen in die Zeitung? „Miss Seraphina Finner von der Inanity bringt Neuigkeiten von den vermissten Damen." Das ist es, was ich gerne auf einem Poster sehen würde."

Einen Moment lang zeigte sich auf Gimblets Gesicht ein Anflug von Interesse. „Das ist es also", sagte er sich.

Laut antwortete er: „Ich weiß noch nicht, ob ich Ihnen das versprechen kann. Es kommt eher darauf an, wissen Sie. Wenn ich jedoch aufgefordert werde, eine Mitteilung zu diesem Thema an die Presse zu senden, können Sie sicher sein, dass, wenn möglich, Ihr Name aufgeführt wird."

Seraphina schmollte. „Ich nenne das geizig", beschwerte sie sich. „Vielleicht bringt er uns auf ein Plakat, Pompom, nicht wahr? Er ist ein unfreundlicher, grausamer Mann, das ist er."

„Was wissen Sie über die vermissten Damen?" fragte Gimblet und ignorierte diese Beobachtungen.

Miss Finner nahm eine wichtige Miene an. „Ich wusste bis zur Mittagszeit nichts davon", sagte sie. „Da ich kein Frühaufsteher bin, schaue ich nur selten in die Zeitung, es sei denn, es ist Nachmittag. Aber heute kam ein Freund zu mir und wir aßen zusammen zu Mittag. Nach und nach fängt sie an, über das eine und andere zu reden, und dann sagt sie: „Haben Sie von diesen verschwundenen Damen gelesen?" Also sagte ich nein, was war das, und sie sagte: „Was!" Hast du die Zeitung nicht gesehen? Im *Crier* von heute Morgen gibt es etwas Aufregendes über sie . Als sie mir alles erzählt hatte, woran sie sich erinnern konnte, begann ich, mich dafür zu interessieren. Ich hatte das Gefühl, wissen Sie, als wäre das mein Teil. Also ließ ich eine Zeitung holen, und sie brachten eine der Abendausgaben mit, in der die Belohnung und die Beschreibung der Damen standen sowie alles, was mein Freund zumindest sagte, was der *Ausrufer* hatte. Ich las alles laut vor, und als ich zu dem Teil kam, in dem es darum ging, ein weißes Kleid mit einem stark bestickten lila Umhang und einer großen Menge wertvollem Schmuck zu tragen, sagte ich mir: „Hier, Seraphina, meine Liebe, gehst du weiter." .' Als ich den Absatz beendet hatte, war ich mir sicher. „Es war nur ein Zufall", sagte Miss Finner nachdenklich, „dass ich diese Beschreibung jemals gesehen oder überhaupt etwas davon gehört habe, denn wie gesagt, ich schaue mir die Papiere höchstens alle zwei Wochen an, es sei denn Es sind die Ankündigungen einer neuen Show."

Gimblets gemurmelte Bemerkung hätte als Erstaunen, als Zustimmung oder einfach nur als Ermutigung zum Weitermachen gedeutet werden können. Er hielt es für das Beste, sie ihre Geschichte auf ihre eigene Art erzählen zu lassen.

„Es ist eine lustige Sache", fuhr sie nach einem Moment des Schweigens fort; „Irgendwie scheint es so, als ob es so sein sollte, oder? Nun, der Grund, warum ich so aufgeregt war, als ich die Beschreibung las, war, dass ich die Damen später als alle anderen gesehen hatte. Ich habe sie am Montagabend gesehen, nachdem sie die Oper verlassen hatten."

„Und wo hast du sie gesehen?" fragte Gimblet und beugte sich über die Katze, die sich, nachdem sie die Creme aufgegessen hatte, freundlich an seinem Bein rieb, wo es eine weiße Haarschicht auf seiner dunklen Hose hinterließ. „Arme Muschi", sagte er und streichelte sie.

„Ich fuhr mit dem Taxi vom Theater nach Hause", sagte Seraphina. „Ich wohne oben in der Carolina Road, NW. Ich glaube nicht, dass Sie es wissen. oben jenseits des Regent's Park, sozusagen rechts von Maida Vale. Es war eine sehr heiße, schwüle Nacht, wissen Sie, und ich hatte das Taxi geöffnet, um etwas Luft zu bekommen. Aus irgendeinem Grund war ich müde – es kommt nicht oft vor, dass man mich ermüden kann – und ich legte meinen Kopf in den Nacken, stellte meine Füße auf einen der Rücksitze und schlief so nah wie möglich ein. Deshalb kann ich Ihnen nicht genau sagen, in welcher Straße es war, und ich fürchte, das macht es sehr umständlich." Miss Finners Stimme war voller Bedauern.

„Plötzlich bogen wir mit einem solchen Stoß um die Ecke, dass es mich aufschreckte, und ich setzte mich auf und bemerkte es. Wir fuhren durch eine schöne, breite Straße mit Bäumen auf beiden Seiten und großen Häusern, die in kleinen Gärten standen und alle voneinander getrennt waren. Jeder Garten hatte zwei Tore und gerade genug Platz für die Ein- und Ausfahrt einer Kutsche. In einem von ihnen war kein Licht zu sehen, und ich dachte, wie früh die Menschen in diesen Gegenden sich verabschiedeten. Und dann erblickte ich eine offene Tür, deren Licht in den kleinen Hof oder Garten davor schien, und genau davor stand eine Straßenlaterne; so dass der Platz zwischen den beiden gut beleuchtet war. Gerade fuhr eine Kutsche durch das Tor, und im Garten gab es keine Sträucher oder Büsche, ich glaube, es war nichts als ein kleiner Hof, sodass ich die beiden Damen genauso deutlich vor der Tür stehen sah wie die Nase auf deinem Gesicht.

„Ich drehte mich um, als wir vorbeikamen, und starrte sie an, denn die Straße war nicht voller Menschen in prächtigen Opernumhängen und voller Diamanten, wie einer dieser beiden. Ich nehme an, es war Frau Vanderstein. Sie stand ein wenig abseits, als wäre sie ein oder zwei Schritte hinter der Kutsche hergegangen, und kümmerte sich immer noch um sie. Sie trug ein weißes Kleid, das ganz glänzte, und einen malvenfarbenen oder rosafarbenen Umhang, den sie über die Schultern geworfen hatte, sodass ich sehen konnte, wie die Juwelen überall auf ihr aufblitzten und glänzten wie Regen, genau wie es in den Zeitungen steht. Auf ihrem Kopf befand sich eine Tiara, die so groß war wie –“ Seraphina blickte sich auf der Suche nach einem Vergleich um – „so groß wie dieser Kronleuchter.“ Oh, es kann kein anderer gewesen sein! Und außerdem war da noch die andere junge Dame; Ich habe sie nicht so genau angesehen, aber ich könnte schwören, dass sie einen roten Umhang trug. Jetzt dort! Als ich davon las, erinnerte ich mich an das, was ich am Montagabend gesehen hatte, und sagte zu meiner Freundin: „Meine Liebe, ich gehe raus, um einen Termin mit meinem Fotografen zu vereinbaren.“ Ta-ta.' Ich würde es ihr natürlich nicht anmerken. Tatsächlich ist sie eine Art Katze.“

Miss Finner blieb stehen und blickte Gimblet voller bescheidenem Stolz an. Aber Gimblet saß allem Anschein nach gedankenverloren da. Obwohl sein Blick ihren Blick traf, war es mit einem abwesenden Blick, und das trotz der Tatsache, dass Miss Finners Augen blau und dunkel gesäumt waren. Er konnte ihre goldenen Locken, die rosa Transparenz ihrer Wangen und die breiten grünen und weißen Streifen ihres seidenen Kleides nicht übersehen. Wann immer sie sich bewegte, konnte er nicht umhin, das Klirren der Armbänder und der vielen Zauber zu hören, die an der Kette um ihren weißen Hals hingen, und das fröhliche Gelächter ihres Lachens; aber all dies schien seiner Aufmerksamkeit zu entgehen, und Miss Finner konnte nirgends die bewundernden Blicke erkennen, die ihrer Meinung nach das Geringste waren, was ihr gebührte.

Stattdessen hatte er nur prosaische Fragen an sie.

„Was sagen Sie, wie viel Uhr war das?“

„Nach dem Theater. Fast Mitternacht. Ich kam zu spät weg.“

„Du kennst den Namen der Straße nicht? Findest du den Weg dorthin wieder?“

„Leider nicht, das ist nicht der Weg, den man normalerweise geht. Ich habe keine Ahnung, wo es war, außer dem, was ich Ihnen erzählt habe.“

„Und das Haus? Konnten Sie daran nichts erkennen, was es von seinen Nachbarn unterschied?“

„Nein, ich habe nicht besonders darauf geachtet. Aber doch, da war ein Schild mit der Aufschrift ‚Zu vermieten‘ oben am Geländer. Im Licht der Lampe war es sehr deutlich zu sehen.“

„Das ist das Einzige, woran Sie sich erinnern können?“

„Ja“, sagte Seraphina.

„Sie sagten, die Tür sei offen. Konnten Sie etwas vom Inneren des Hauses sehen?“

„Nein, zumindest habe ich nichts bemerkt. Vielleicht stand jemand im Flur. Ich weiß es nicht.“

„Versuchen Sie, sich zu erinnern“, drängte Gimblet.

Miss Finner schloss die Augen, zog die Brauen zusammen und gab sich dem Nachdenken hin.

„Nicht gut“, bemerkte sie nach einer Pause, in der man zwanzig hätte zählen können.

„Haben Sie die Kutsche bemerkt, die wegfuhr?“

„Das kann ich nicht sagen. Es war ein Brougham, glaube ich. Ich habe mir die Leute auf dem Bürgersteig angesehen.“

„Haben Sie Lichter im Haus gesehen – in den Fenstern, meine ich?“

„Nein, ich glaube, das einzige Licht kam von der Tür.“

„Konnten Sie den Gesichtsausdruck der Damen beobachten?“

„Oh nein, für so etwas sind wir zu schnell vorbeigegangen. Ich habe ihre Gesichter überhaupt nicht bemerkt, außer dass ich glaube, dass es sich bei beiden um mehr oder weniger junge Frauen handelte.“

„Ihnen fällt nichts anderes ein, auch wenn es noch so trivial ist?“

Miss Finner konnte nicht.

„Wenn mir noch etwas einfällt, lasse ich es Sie wissen“, sagte sie hoffnungsvoll. „Glauben Sie nicht, dass Sie sie nach dem, was ich Ihnen erzählt habe, finden können?“

„Ich glaube nicht, dass es große Schwierigkeiten bereiten sollte, das Haus oder auf jeden Fall die Straße zu finden“, sagte der Detektiv, „Danke für Ihre Informationen, die sich als äußerst wertvoll erweisen könnten. Sie müssen mir erlauben, Ihnen die in den Papieren angebotene Belohnung zu überreichen.“

Nach einem leichten Protest ließ sie es zu.

„Nun, ich muss jetzt los“, sagte sie, nachdem diese Formalität erledigt war, und begann, ihre Sachen zusammenzupacken. „Danke für den Tee. Aber, sage ich, willst du nicht noch ein bisschen mehr über die schöne Fremde erfahren, die die frohe Botschaft überbringt? Du kennst nicht einmal meinen Namen.“

„Oh ja, Miss Finner, ich weiß es“, versicherte Gimblet ihr. „Sie haben eine Karte im Flur gelassen; Ich habe es gesehen, als ich hereinkam, aber ich würde mich natürlich freuen, mehr über Sie zu erfahren.“

„Dann wissen Sie“, sagte Seraphina und sprach mit hoher, klarer Stimme und einem Anschein von Geziertheit, „dann wissen Sie, dass ich nicht das bin, was ich zu sein scheine. Mein Name ist in der Tat eine Verkleidung, denn mein Vater, würdiger Mann, war ein Fynner mit einem unbekannten Verwandten des Adelshauses Fynner von Loch Fyne. Obwohl er ehrlich war, war er arm; und meine geliebte und schöne Mutter stammte aus einer ebenso gut vernetzten und mittellosen Familie wie seine eigene. Die Heirat erregte den Zorn beider Familien, und das Oberhaupt des Hauses meines Vaters, der stolze und hochmütige Graf, der er war, ließ sich nie dazu bringen, seine unglücklichen Cousins anzuerkennen. Ich wurde in einem Kloster erzogen und war nach dem Tod meiner Eltern im Alter von sechzehn Jahren allein und ohne einen Cent auf der Welt. Ich verachtete das Betteln und nahm den Beruf der Bühne an, hauptsächlich mit der Absicht, eine alte und leidende Verwandte, die Tante des Cousins meines Vaters, zu unterstützen. Jetzt wissen Sie alles über die unschuldige und unglückliche Tochter eines tapferen Herrn, dem Spross einer stolzen, aber edlen Rasse.“

Miss Finner reckte ihre Nase gen Himmel und richtete sich hochmütig auf. Dann zwinkerte sie Gimblet mit einer beunruhigenden Plötzlichkeit zu und brach in schallendes Gelächter aus.

„Wenn Sie in dieser Geschichte nichts Verdächtiges entdecken können", rief sie, „sind Sie nicht der Detektiv, der Sie sein sollen! Aber ich sage diesen Artikel oft über meine Familie. Ein armer Kerl, den ich in meiner Jugend kannte, als ich in der Provinz war, hat es für mich wieder gutgemacht. Er nannte sich selbst einen Dichter und erfand ständig Dinge; Einige davon waren sehr hübsch – falls Ihnen so etwas gefällt. Er war es, der an meinen Namen dachte, und ich habe es nie wirklich bereut. Aber ich habe nie gehört, dass er jemand anderen dazu gebracht hat, auf seine Kompositionen zu achten, der arme Kerl." Miss Finner seufzte und blickte ziemlich traurig aus dem Fenster. „Er war ein guter Kerl", fügte sie nachdenklich hinzu; "eine der besten. Ich habe mir vorgenommen, in einem Kloster erzogen zu werden", schloss sie und zog ihre Handschuhe aus. „Das ist das Übliche."

Mit einem weißen Hund unter dem einen Arm und einer weißen Katze unter dem anderen beredete sich Miss Seraphina Finner von der Inanity in den Flur, und nach einer Pause, um Gimblet schließlich mit einer Anekdote ihrer früheren Kämpfe zu erfreuen, erzählte sie ihr redete sich selbst durch die Tür und verließ die Wohnung ganz.

Als Gimblet in das kleine Zimmer zurückkehrte und geistesabwesend die verschobenen Stühle und Tische in ihre gewohnte Reihenfolge brachte, fand er es stiller und einsamer vor als vor Seraphinas Eintritt mit ihrem unaufhörlichen Geplapper, ihrer ausgelassenen Fröhlichkeit und ihrer fröhlichen Vulgarität. Während er durch das Zimmer ging und ihm den Anschein alltäglicher Ordnung zurückgab, war sein Geist mit den Informationen beschäftigt, die sie mitgebracht hatte, und der Frage, was er als nächstes tun sollte. Er entschied sich schnell dafür, als er seine Aufgabe beendete, und zögerte nur, den Vorhang zurückzuziehen und das Fenster zu öffnen, damit der Duft, den Seraphina hinterlassen hatte, sich verflüchtigen konnte. Dies tat er, und dann nahm er seinen Hut und einen leichten Mantel, denn der Abend war kühl und das Wetter hatte sich erneut in Regen verwandelt, ging auf die Straße hinunter und rief ein Taxi.

KAPITEL XV

„Fahren Sie zum Inanity", sagte der Detektiv, als er ins Taxi stieg; und als der Mann vor dem Theater stehen blieb: „Kennen Sie Carolina Road, North West?" fragte er ihn und beugte sich dazu aus dem Fenster.

„Ja", sagte der Fahrer. „Die andere Seite des Regent's Park, nicht wahr?"

„Dann geh dorthin." Gimblet zog den Kopf zurück und setzte sich, als der Mann die Kupplung betätigte und das Taxi wieder anfuhr. Es war fast sieben Uhr und die Straßen waren vergleichsweise verkehrsfrei, während der Bürgersteig noch verlassener wirkte und die wenigen Menschen, die man sehen konnte, schnell gingen, um dem Regen zu entkommen; aber es schien, dass sich die Welt zum größten Teil innerhalb der eigenen vier Wände befand, um sich nach der Arbeit des Tages auszuruhen oder sich auf die Unterhaltungen des Abends vorzubereiten.

Das Taxi fuhr schnell und hatte in kurzer Zeit sein Ziel erreicht. Als sie die modischeren Straßen hinter sich ließen und nach Norden in halbvorstädtische Viertel vordrangen, beugte sich Gimblet eifrig nach vorne und beobachtete mit aufmerksamem Auge und erwartungsvoller Wachsamkeit jedes Merkmal der Nachbarschaft.

Bald stießen sie auf von Bäumen gesäumte Straßen, die von Häusern gesäumt waren, vor deren Türen sich kleine Grundstücke befanden. Geländer umschlossen diese Grundstücke, und in vielen Fällen führte eine kurze Kutschenfahrt vom Bürgersteig bis zum Eingang des Hauses. Doch als sie um eine Ecke nach der anderen bogen und sich immer wieder dieselbe Szene mit geringfügigen Abweichungen wiederholte, wichen Gimblets Hoffnungen einer ungläubigen Enttäuschung, denn von all diesen Wohnungen entsprach keine einzige der von Miss Finner gegebenen Beschreibung. Sie hatte insbesondere erwähnt, dass das Haus, das er suchte, allein in seinem kleinen Garten stand; aber in allen Straßen, die der Detektiv durchquerte, war nicht einmal ein Häuschen von der Art zu sehen, die man technisch als „freistehend" bezeichnete.

Sie bogen schließlich in die Carolina Road ein, und der Fahrer verlangsamte das Tempo und schaute sich dabei nach Anweisungen um.

Wieder flog Gimblets Kopf aus dem Fenster.

„Gehen Sie zurück zum Theater", sagte er, „aber gehen Sie einen anderen Weg", und nach viel Lärm und Rückwärtsfahren – denn die Straße war schmal – wendete das Taxi, und sie machten sich wieder auf den Weg.

Zu diesem Zeitpunkt fiel starker Regen in einem kalten, anhaltenden Regenguss. Der Wind wehte kalt aus Westen, und der Detektiv, der an diesem Sommerabend ganz zitterte, sagte sich, als er die Luvscheibe hochzog, dass es Eisberge geben musste, die den Nordatlantik hinuntersegelten. Er wickelte seinen Mantel fester um sich und kuschelte sich in eine Ecke des Taxis. Wieder planschten und holperten sie über den schlammigen, fließenden Schotter; das Wasser rauschte von den Rädern; der Fahrer kauerte unter seiner glänzenden wasserdichten Scheibe; und das Auto geriet unangenehm ins Schleudern, als sie um die Kurven fuhren und nur knapp einer Kollision mit anderen Fahrzeugen entgingen, die sich in der gleichen Situation befanden.

Gimblet hielt die Wache nicht weniger scharf als zuvor, hatte aber kein besseres Ergebnis. Hier gab es tatsächlich Häuser in Hülle und Fülle, hier gab es Gärten und Kutschentore und tropfende Bäume; aber hier gab es kein einziges freistehendes Gebäude irgendeiner Form oder Art. Gimblet unternahm einen weiteren Versuch und folgte abwegigen Wegen. Er fühlte sich geneigt, an Miss Finners Tür zu klingeln und ihr Ungenauigkeiten vorzuwerfen; aber sie hatte ihm nicht die Nummer des Hauses in der Carolina Road genannt, in dem sie wohnte. Außerdem würde sie um diese Stunde im Theater sein und sich darauf vorbereiten, den Apfel zu entfernen, den der junge Tell unerschrocken balancierte.

Einen unangenehmen Moment lang fragte sich die Detektivin, ob sie nur einen Fehler gemacht hatte oder ob die ganze Geschichte eine Erfindung war. Unbehaglich erinnerte er sich an die Bereitwilligkeit, mit der er es angenommen hatte, und daran, wie er der redseligen Dame dringend auf die in den Papieren angebotene Belohnung gedrängt hatte. Zweifellos lachte sie über seine Leichtgläubigkeit und unterhielt ihre Freunde mit einem geschönten Bericht darüber, wie leicht sie den bekannten Detektiv aufgenommen hatte. Gimblets Lippen verengten sich, als er daran dachte. Wurde er im Alter übermäßig leichtgläubig? Da war auch die Geschichte, die Sidney ihm erzählt hatte. Er hatte sich versichert, dass er der Wahrheit gegenüber aufgeschlossen gewesen sei, und sich seine Meinung vorbehalten, bis ihm Beweise vorgelegt würden; Aber tatsächlich hatte er, wie er jetzt sardonisch zugab, jedes Wort des jungen Mannes geglaubt und sich von seinem ehrlichen Gesicht und dem Auftreten offener Vertrauenswürdigkeit auf absurde Weise beeinflussen lassen.

„Du bist ein netter Detektiv!" sagte Gimblet zu seinem Spiegelbild in dem kleinen Spiegelstück, das das Taxi schmückte; und er rief dem Fahrer zu, er solle nach Whitehall zurückfahren.

Higgs wartete auf ihn und berichtete, dass er eine zweite Anzeige bei den Werbeagenturen abgegeben habe und dass er auch bei den meisten großen Taxiständen gewesen sei, wo er Nachforschungen angestellt und Bekanntmachungen angebracht habe.

„Der Mann wird bestimmt morgen früh auftauchen, Sir“, sagte er.

Am Morgen gab es keine Neuigkeiten. Gimblet rief in der Grosvenor Street an und wurde selbst von Sidney angerufen. Er antwortete ihm kühl, dass er bisher nichts zu berichten habe. Direkt nach dem Frühstück traf Sir Gregory keuchend ein. „Ich konnte Sie am Telefon nicht erreichen“, sagte er. „Hast du nichts gehört?“

„Ich hatte eine Antwort auf meine Anzeige“, antwortete Gimblet, „aber ich fürchte, die mir übermittelten Informationen waren ziemlich unzuverlässig.“

Er erzählte Sir Gregory in wenigen Worten von Miss Finners Besuch.

„Ich habe ihre Geschichte gestern ziemlich genau geprüft“, sagte er, „aber es besteht immer noch die Möglichkeit, dass der Mann, der sie gefahren hat, auftaucht und sich an die genaue Route erinnern kann, auf der er sie am Montagabend mitgenommen hat.“ Es besteht kein Zweifel, dass ihr eigener Bericht so ungenau ist, dass er wertlos ist; und es ist möglich“, fügte er hinzu und gestand die heimliche Angst ein, die er nicht aus seinen Gedanken verbannen konnte, „dass sie sich nur einer Art Scherz hingab.“

Sir Gregory begann, die Wirkung seiner tagelangen Angst zu zeigen. Obwohl sein Gesicht immer noch rosa war, schienen die Falten tiefer und zahlreicher geworden zu sein, und er hatte die müde, lustlose Ausstrahlung von jemandem, dem der Schlaf versagt blieb. Gimblet war nicht auf seine Gesellschaft bedacht, aber Sir Gregory ließ sich nicht abschütteln. Der Detektiv sagte, er hätte Briefe zu schreiben und Geschäfte zu erledigen; wurde aber mit der Bitte um Erlaubnis zum Bleiben beantwortet, falls der Taxifahrer auftauchen sollte.

„Ich weiß nicht, was ich mit mir anfangen soll, wenn ich weggehe“, sagte Sir Gregory kläglich. „Wenn ich hier bin, habe ich das Gefühl, dass ich, wenn es Neuigkeiten gibt, nicht länger warten muss, als nötig ist. Es gibt nichts Besseres als im Hauptquartier zu sein.“

Schließlich stimmte Gimblet seinem Aufenthalt zu und zog sich mit einem Bündel Papieren, die seiner Aufmerksamkeit bedurften, in ein anderes Zimmer zurück. Als er nach einer Stunde Arbeit in die Bibliothek zurückkehrte, wo er Sir Gregory umgeben von Zeitungen und Büchern zurückgelassen hatte, fand er diese beiseite geworfen oder auf dem Boden verstreut und den Baronet selbst neben dem Telefon stehen und gerade auflegen Empfänger.

„Ich hatte das Lesen satt“, erklärte er; „Nichts Interessantes an den Papieren, oder ich kann mich nicht für sie interessieren, was auch immer es ist; Also dachte ich mir, ich rufe den jungen Sidney an und erzähle ihm von den Damen, die diese junge Frau gesehen hat. Lindere seine Angst, der arme Kerl, jemanden zu haben, mit dem er darüber reden kann." Sir Gregory hielt es nicht für nötig, über die beiläufige Erleichterung seiner eigenen Gefühle, die er dadurch verspürte, dass er einen Zuhörer hatte, der ihm diese in die Ohren schütten konnte, keine ausführlichen Bemerkungen zu machen.

Gimblet zeigte seinen Ärger.

„Wirklich, Sir Gregory, Sie hätten es vielleicht besser wissen können, als ihn auf diese Weise auf der Hut zu machen! Angenommen, an Charks Verdacht ist etwas dran, sehen Sie dann nicht, dass es umso besser ist, je vollständiger Sidney unsere Ignoranz und Mystifizierung einschätzt? Sobald er jedoch weiß, dass wir auf der Strecke sind, verlieren wir jeglichen Vorteil, den wir vielleicht haben?"

„Aber – aber Sie sagten, Sie hätten ihn nicht verdächtigt!" stammelte Sir Gregory verblüfft.

„Das habe ich nicht gesagt. Ich sagte, es gäbe zunächst keinen Grund, eine tragische Sichtweise einzunehmen oder irgendjemanden überhaupt zu verdächtigen. Ich beschuldige jetzt sicherlich niemanden. Aber Tag für Tag vergeht, und mit jeder Stunde sieht die Sache viel ernster aus . Es scheint unmöglich, dass die Damen, wenn alles in Ordnung wäre, nicht schon vorher mit ihren Freundinnen kommuniziert hätten. Das ist Donnerstag. Sie verschwanden am Montag. Ich wollte Sie unbedingt verschonen, Sir Gregory. Ich weiß, dass Sie nur allzu bereit waren, sich das Schlimmste auszumalen, und ich wollte Ihre Befürchtungen nicht noch verstärken; Aber dies ist der dritte Tag ohne Neuigkeiten, und es ist unmöglich, länger zu verbergen, dass Sie einen schwerwiegenden Grund dafür haben."

Die letzten Hoffnungen des armen Sir Gregory schwanden und wurden ausgelöscht.

„Du denkst – du denkst –", murmelte er.

„Ich denke, es besteht Anlass zu großer Sorge, aber das heißt nicht, dass ich hoffnungslos bin. Weit davon entfernt. Dennoch ist Vorsicht geboten; und es war äußerst unklug von Ihnen, Sidney zu sagen, dass wir etwas gehört hatten. Es ist wahr, dass es sich bei dem, was wir gehört haben, wahrscheinlich um ein Stutennest handelt, aber es besteht auf jeden Fall kein Grund, mit solchen Dingen herauszuplatzen."

Sir Gregory achtete kaum darauf, was Gimblet sagte. „Sie glauben also, dass Sidney mehr über diese Angelegenheit weiß, als er zugibt", wiederholte er halb im Stillen. „Nun, vielleicht war es schade, dass ich gerade mit ihm gesprochen habe, obwohl ich auch nicht sehe, welchen Schaden das anrichten könnte. Die Frage ist: Was hat er Ihrer Meinung nach mit ihr gemacht? Glauben Sie" – Sir Gregorys Stimme schien ihn zu versagen, aber er räusperte sich und fuhr mit einem Schluck fort – „er hat sie getötet?"

Die Worte kamen mit einem Eile, und die Frage war klarer, als Gimblet beantworten wollte. „Ich denke nichts", antwortete er immer noch ziemlich gereizt, „aber ich muss alles und jedes für möglich halten." Im Moment ist alles nur ein Verdacht, aber es sieht ziemlich düster aus, allerdings nicht nur gegen Sidney. Aus persönlicher Sicht neige ich zu der Annahme, dass dieser junge Mann unschuldig ist; Trotzdem kann ich nicht zugeben, dass sein Charakter aus diesem Grund freigesprochen wurde. Ich habe keine Beweise, die es wert wären, auf die eine oder andere Weise erwähnt zu werden."

„An wen denkst du sonst noch, wenn du sagst, bei anderen sieht es schlecht aus als an Sidney?" fragte Sir Gregory eifrig. „Ich habe selbst gedacht, dass die Diener vielleicht –"

"Frau. Vandersteins Diener? Ich glaube nicht, dass sie etwas damit zu tun haben können. Es wäre für einen von ihnen unmöglich gewesen, die beiden Damen loszuwerden, während sie zu Hause waren, ohne das Wissen der anderen. Und die Möglichkeit einer organisierten Verschwörung können wir derzeit kaum in Betracht ziehen. Glauben Sie, dass der Chauffeur und der Lakai sie auf irgendeine Weise entsorgt haben, als sie zur Oper fahren sollten? Aber der Chauffeur ist ein alter und vertrauter Diener, und außerdem sagt der Logenöffner, dass die Damen ihre Loge besetzt hätten. Da ist auch der Nachtwächter, ein ehemaliger Unteroffizier der Fußgarde, dessen Charakter hervorragend ist. Angenommen, er hätte sie bei ihrer späten Rückkehr ins Haus stillschweigend hereingelassen, wie es seine Aufgabe war, und sie dann beide getötet, um an Mrs. Vandersteins Juwelen zu gelangen. Die Schwierigkeiten, mit denen er dann konfrontiert werden würde, bevor er die Leichen entsorgen könnte, wären nahezu unüberwindbar, selbst wenn es ihm gelänge, zwei Frauen gleichzeitig so effektiv zum Schweigen zu bringen, dass niemand im Haus erregt wird. Die Wahrscheinlichkeit spricht stark dagegen, dass der Nachtwächter etwas damit zu tun hat; und tatsächlich denke ich, dass alle Diener getrost von der Abrechnung ausgeschlossen werden können."

„Wer kann ihnen dann geschadet haben?" fragte Sir Gregory.

„Ich zögere, Ihnen gegenüber noch etwas zu erwähnen, Sir Gregory, nach Ihrem jüngsten unüberlegten Verhalten. Allerdings glaube ich nicht, dass Sie in der Lage wären, die andere Person, auf die der Verdacht fallen könnte, zu warnen. „Es ist seltsam, dass unserem Freund Chark nicht in den Sinn gekommen ist, dass Sidney nicht der Einzige ist, der von Mrs. Vandersteins Tod profitieren würde", sagte Gimblet.

„Warum, was meinst du? Wer würde davon profitieren?"

„Sicherlich wissen Sie es. Du hast es mir gesagt."

"Ich habe es dir gesagt?" Sir Gregory sah völlig verwirrt aus. „Ich kenne niemanden, außer natürlich Miss Turner, die um einen Penny besser wäre, wenn meine liebe Freundin sterben würde."

"Genau." Gimblet, das Kinn auf die Hand gestützt, blickte über Sir Gregorys Kopf hinweg auf seine neu entdeckten Teniers, die er an zentraler Stelle aufgehängt hatte. „Ein bisschen weiter rechts, und es wäre noch besser", dachte er.

Aber Sir Gregory hüpfte auf seinem Stuhl herum. „Miss Turner! Unmöglich! Ein junges Mädchen, Sir! Du weißt nicht, was du sagst."

„Ich dachte, du magst sie nicht." Gimblet war sehr ruhig, fast gleichgültig.

„Das ist etwas ganz anderes, als sie für fähig zu halten … das ist sicherlich unmöglich … Was bringt Sie dazu, sie zu verdächtigen?" Sir Gregory beendete seine Frage mit einer Frage, wobei seine Neugier die Oberhand über seine Ungläubigkeit gewann.

„Ich sage nicht, dass ich sie verdächtige", antwortete Gimblet geduldig. „Ich sage, dass der Verdacht vielleicht eher auf sie fällt als auf Mr. Sidney, in den sie meiner Meinung nach übrigens verliebt ist."

„Wirklich, woher weißt du das?"

„Ich habe Beweise dafür, dass sie sehr tiefes Mitgefühl für seine Probleme hatte und ihr Mitgefühl in einem Maß ausdrückte, das bei jungen Damen für Männer, zu denen sie keine Bindung haben, ungewöhnlich ist. Ich habe ihn letzten Sonntag in Begleitung eines Mädchens gesehen, von dem ich glaube, dass es sie war. Wenn ja, besteht an der Sache kein Zweifel. Jeder konnte es auf den ersten Blick in ihrem Gesicht sehen."

„Trotzdem verstehe ich nicht, warum sie Mrs. Vanderstein verletzen sollte, wenn das so wäre."

„Liebe ist ein sehr häufiger Auslöser von Verbrechen. Ich behaupte nicht, dass es wahrscheinlich ist, aber es ist nicht unmöglich, dass diese junge Frau, die weiß, dass Sidney aus Geldmangel in einer schrecklichen Notlage ist, seine Karriere bedroht ist und Gott weiß, welche Drohungen er sonst noch im Mund hat, bereit sein sollte, hinzugehen verzweifelte Versuche, ihm das zu beschaffen, was er braucht. Man kann nie sagen, was sie in solchen Fällen tun werden; und der einzige wirkliche Beweis, den ich habe, zeigt, dass sie nicht vorhatte, untätig herumzusitzen, während ihr Geliebter in den Ruin ging."

Gimblet nahm Barbaras Telegraphenformular aus seinem Notizbuch und breitete es vor sich auf dem Tisch aus. „Sehen Sie sich das an", sagte er; und

Sir Gregory stand auf und spähte eifrig über seine Schulter, die Brille auf der Nase.

„Das Glück kommt endlich auf Sie zu. Erwarten Sie, dass Sie bis Mittwoch gute Nachrichten erhalten, die alle Schwierigkeiten beseitigen."

„Es gibt keine Unterschrift. Von wem ist es?" er hat gefragt.

„Es ist von Miss Turner. Ich konnte dieses Formular von der Post bekommen und es mit einem Exemplar ihrer Handschrift vergleichen", sagte Gimblet. „Allein das Fehlen der Unterschrift lässt darauf schließen, dass zwischen ihr und Sidney eine große Vertrautheit besteht, obwohl der Name möglicherweise versehentlich weggelassen wurde."

„Aber was könnte sie meinen?"

„Ihre Bedeutung ist klar genug. Sie verspricht Sidney, dass er das Geld bekommen wird, das er will. Ich weiß nicht, wie viel er benötigt, aber er sagte mir, dass die Summe hoch sei. Wie sollte sie nun bis Mittwoch an eine große Summe kommen?"

„Vielleicht könnte sie etwas aus dem Erbe des alten Vanderstein holen, an dem seine Witwe ein lebenslanges Interesse hat", schlug der Baronet vor.

„Ich kenne die genauen Bedingungen des Testaments nicht; aber was passiert, wenn wir annehmen, dass sie vor Mrs. Vanderstein stirbt?"

„Ich weiß es nicht", gestand Sir Gregory.

„Wenn es an Mrs. Vanderstein zurückfällt, gäbe es nicht viel Sicherheit, um Geld zu leihen. Auf jeden Fall gibt es zwischen den beiden Damen kaum einen Altersunterschied und die Preise wären sehr hoch. Sie könnte vielleicht nicht annähernd genug aufbringen, selbst wenn sie überhaupt welche bekommen könnte", sagte Gimblet.

„Es wäre zu schrecklich, wenn ein Mädchen wie dieses auch nur einen Finger gegen jemanden rühren würde, der die Seele der Güte zu ihr war", wiederholte Sir Gregory.

„Ah, Sir Gregory, wirklich schrecklich! Aber jeden Tag passieren schreckliche Dinge. Lassen Sie eine Krise entstehen, und Sie wissen nie, wer Sie nicht überraschen und erschrecken könnte, indem er den gespaltenen Huf zeigt. Ich hoffe, dass Miss Turner keinerlei Kenntnis von dieser Angelegenheit hat, aber es gibt zwei Punkte, die gegen sie sprechen."

„Und was sind sie?"

„Eine davon ist ihre Abstammung. Ich habe Nachforschungen über ihren Vater angestellt und herausgefunden, dass William Turner ein äußerst unheiliger Schurke war, ein Mann, der vor nichts zurückschreckte, um seine Ziele zu erreichen, und der den Strafen des Gesetzes stets um Haaresbreite entging. Er entkam immer wieder der Gewalt der Justiz und flüchtete schließlich nach Südamerika, wo er Berichten zufolge starb. Angenommen, an diesem Gerücht sei nichts Wahres? Angenommen, er wäre in Wirklichkeit nach Europa zurückgekehrt, er befindet sich sogar jetzt in England, in London, und niemand außer seiner Tochter weiß von seiner Anwesenheit? Wer kann sagen, was das Mädchen angesichts eines solchen Mannes, der sie zu einem Verbrechen anstiftet, nicht wagen würde? Auf jeden Fall hat sie böses Blut in sich; Und an dem alten Sprichwort „Blut wird es zeigen" ist viel Wahres dran, Sir Gregory, trotz der sozialistischen Meinungen, die jetzt vorherrschen.

„Das stimmt", murmelte der Baronet. Er beugte sich vor und lauschte aufmerksam jedem Wort Gimblets. „Aber Sie sagten, es gäbe zwei Punkte gegen sie."

"Ja. Der zweite Grund könnte Sie davor bewahrt haben, sie zu verdächtigen. Es ist die Tatsache, dass sie anscheinend genauso begeistert war wie Mrs. Vanderstein. Nun, wenn es ein Verbrechen gegeben hat – was Gott bewahre, aber wir müssen jetzt alle Möglichkeiten in Betracht ziehen – wenn, sage ich, das Verschwinden dieser Damen seinen Ursprung in einem Verbrechen hat, dann ist das Verschwinden von Miss Turner der verdächtigste Teil davon ganze Angelegenheit. Denn warum in aller Welt sollte sie mit Mrs. Vanderstein die Aufmerksamkeit eines hypothetischen Kriminellen teilen? Sie hatte keine Diamanten, die man rauben konnte; Sie ging nicht mit Juwelen bedeckt umher und hatte nichts Wertvolles zur Schau zu stellen. Sie könnte nur eine zusätzliche Gefahr darstellen, und zwar eine, mit der sich kein gewöhnlicher Räuber bereitwillig belasten würde, da ihre Anwesenheit keine mögliche Gewinnquelle sein konnte.

„Nein, es scheint klar zu sein, dass Mrs. Vanderstein, falls sie wegen ihres Schmucks verführt und ermordet werden sollte, zu einem Anlass geschehen würde, bei dem sie von ihrer Begleiterin unbeaufsichtigt war. Bis jetzt, Sir Gregory, können Sie das als Ermutigung zu der Annahme verstehen, dass sie unverletzt ist. Es ist in der Tat ein höchst hoffnungsvolles Zeichen und einer der Gründe, warum ich mich bis heute geweigert habe, eine düstere Sicht auf die Sache zu haben. Doch warum ist das Mädchen verschwunden? Wir werden durch die Annahme zurückgedrängt, dass sie dies aus freien Stücken tat; und wenn das der Fall war, was war ihr Zweck? Denken Sie daran, dass dies alles nur eine Theorie ist, deren Akzeptanz lächerlich wäre, bevor wir weitere Fakten erhalten, anhand derer wir sie überprüfen können. Derzeit haben wir nur sehr unzureichende Kenntnisse über alles, was diese wilden Vermutungen nicht beinhaltet." Als er zu Ende gesprochen hatte, holte Gimblet seine Uhr heraus und blickte lange und bedeutungsvoll darauf.

Mit einem Seufzer war Sir Gregory schließlich gezwungen, den Hinweis zu verstehen. Es war Mittagszeit: die Schritte von Higgs, als er zwischen der Küche und dem Esszimmer hin und her ging; das Klappern des Geschirrs, als er es auf den Tisch oder die Anrichte stellte; der köstliche Kuchenduft, der hereinwehte, wann immer die Tür geöffnet wurde – all das verkündete, dass die Stunde geschlagen hatte, zu deren Schlag Gimblet es gewohnt war, voller angenehmster Vorfreude seinen Platz vor dem Esstisch einzunehmen. Er war ein exzentrischer Feinschmecker, der sich Mahlzeiten ausdachte, bei denen seltsame Gerichte auf der Speisekarte standen, und er hatte einen ausgezeichneten Koch, der sich damit zufrieden gab, seinen Geschmack zu beherzigen und heimlich daran zu arbeiten, zu verhindern, dass er sich gänzlich vergiftete; Wenn er zum Mittagessen gebratene Austern und Schwalbach- *Soufflé* oder zum Abendessen Hummer und Schokoladeneis bestellte, streute sie ihrer Meinung nach gesündere Gerichte wie Hammelkeulen und Milchreis unter die Gerichte, die er selbst ausgewählt hatte die vergebliche Hoffnung, dass sie ihn von seinen gefährlichen Kombinationen abbringen könnten. Nach einer Weile gab er es auf, bei ihr Vorwürfe zu machen, obwohl er sich nicht dazu zwingen ließ, etwas zu essen, das ihm nicht schmeckte, und seine anhaltende Vernachlässigung, den Milchreis zu sich zu nehmen, sorgte in der Küche für solche Unruhe, dass Higgs es sich zur Gewohnheit machte, einen Löffel davon herauszunehmen von ihnen, bevor er sie wegräumte, und verzehrte es selbst, anstatt dass der Koch das, was er nannte, „annehmen" sollte.

Um die Wahrheit zu sagen, Sir Gregory war nicht ohne Hoffnung, dass Gimblet ihn gebeten hätte, zum Mittagessen zu bleiben; aber selbst dem Zuversichtlichsten war klar, dass der Detektiv keine solche Absicht hatte, und mit zögerndem Widerwillen musste der Baronet gehen. Er drehte sich jedoch in der Tür um und sagte bestimmt: „Ich werde heute Nachmittag wiederkommen", und eilte dann davon, bevor Gimblet Zeit hatte, den Einwand, den seine Lippen zu formen versuchten, in Worte zu fassen.

Sir Gregory ging zu seinem Club und gönnte sich kaltes Lammfleisch und ein Glas Rotwein. Er hatte keinen Appetit, schob bald seinen Teller weg und schlenderte in das Raucherzimmer, wo er untröstlich und niedergeschlagen hin und her zappelte. Mehrere Mitglieder, die er kannte, waren sich seiner Freundschaft mit den Damen bewusst, deren mysteriöses Verschwinden inzwischen allgemeines Interesse erregte und als Thema die Gunst der Zeitungen mit den Vorbereitungen für die königliche Veranstaltung teilte, die in der folgenden Woche stattfinden sollte Sie kam auf ihn zu und versuchte, ihn dazu zu bringen, darüber zu reden. Aber wenn sie hofften, von ihm ein paar Klatschkörner zu erfahren, die über den Bereich der allgemeinen Kenntnis hinausgingen und möglicherweise zu skandalös für eine anständige Presse waren, wodurch sie bei ihren Bekannten eine verleumderische Popularität erlangen würden, sollten diese Herren den bleiernen Geschmack der Enttäuschung kennen . Sir Gregory, der die Schärfe von Gimblets Vorwürfen noch frisch im Gedächtnis hatte, verschloss wie ein Schraubstock den Mund bei jedem Versuch, das Gespräch in die verbotene Richtung zu lenken, und blickte seine Freunde so schrecklich finster an, wie sein von Natur aus liebenswürdiger Gesichtsausdruck es möglich machte; so dass sie sich bald auf den Weg machten und sich gegenseitig erzählten, dass der alte Jones sich zu einem streitsüchtigen alten Narren entwickelte und, soweit sie es beurteilen konnten, wahrscheinlich völlig den Kopf verlieren würde.

So kam es, dass der Baron immer mehr vernachlässigt und allein blieb; bis er, nachdem er es ein paar Stunden lang ausgehalten hatte, endlich einen Zustand nicht länger ertragen konnte, der für seine Nerven so katastrophal war, wie er sein Temperament zermürbte. Gegen halb vier steckte er seinen Stolz in die Tasche, verließ das Raucherzimmer, nahm seinen Hut, schnappte sich seinen Hut und eilte aus dem Gebäude. Zehn Minuten später klingelte er erneut an Gimblets Tür.

Kaum war er in die Gegenwart des Detektivs geführt worden, klingelte es erneut, und Higgs kam herein und teilte ihm mit, dass auf eine Anzeige hin ein Taxifahrer gekommen sei, und bat um einen Besuch bei Mr. Gimblet.

Zu Sir Gregorys Verzweiflung verließ Gimblet ihn sofort und rief den Mann in das kleine Wartezimmer.

„Guten Tag“, sagte er zu dem Taxifahrer, einem intelligent aussehenden Kerl mit glattrasiertem Gesicht, der seinen Gruß höflich erwiderte, als er ihm ins Zimmer folgte; „Sind Sie der Mann, der am Montagabend eine Dame vom Inanity zu einem Haus in der Carolina Road gefahren hat?“

„Das bin ich, Sir“, antwortete der Mann, „zumindest habe ich, wie man so sagen kann, einen von ihnen dorthin gefahren.“

"Was?" sagte Gimblet. „Gab es mehr als einen?“

„Ja, Sir, als ich sie aufgenommen habe, waren dort zwei junge Damen, aber nur eine von ihnen ging zur Carolina Road.“

„Was ist mit dem anderen passiert?“

„Ich habe sie zuerst zu einer anderen Adresse gebracht, Sir“, sagte der Fahrer; „Ich habe die genaue Nummer vergessen, aber irgendwo auf halber Strecke der Hilliard Street befand es sich, und zwar auf der rechten Seite, als ich ging. Das ist Maida Vale, Hilliard Street ist es.“

„Und Sie sind zuerst dorthin gegangen", rief der Detektiv, „natürlich sehe ich jetzt alles; Die Dame hat mir nur erzählt, dass sie vom Theater zur Carolina Road gegangen ist, und dass ich den Umweg, den Sie unterwegs gemacht haben, nicht wusste, hat mich zu einigen falschen Schlussfolgerungen geführt."

„Zuerst zur Hilliard Street. Das waren die Befehle, die sie mir gaben", wiederholte der Mann.

„Ja, natürlich", sagte Gimblet. „Als Sie von dort weiter zur Carolina Road fuhren, können Sie sich vielleicht daran erinnern, zwei Damen gesehen zu haben, die sehr reich gekleidet waren und vor der offenen Tür eines Hauses standen, zwischen dem und der Straße ein kleiner Garten oder Hof lag? ?"

„Jetzt stellen Sie mir ein Rätsel", sagte der Taxifahrer. „Vielleicht habe ich zwei Damen gesehen, vielleicht habe ich auch hundert von ihnen gesehen, oder ich habe vielleicht überhaupt keine gesehen. Das ist mehr, als ich Ihnen sagen könnte."

„Sind Ihnen zufällig keine der beiden aufgefallen?"

„Nein, Sir, das habe ich nicht. Wenn ich durch die Straßen fahren und mir all die hübschen Damen ansehen würde, die ich sehe, würde ich die Versicherungsleute ein bisschen zu oft belästigen. Ich behalte die Straße im Auge und dafür brauche ich meine ganze Zeit, glaube ich nicht."

„Ganz richtig", sagte Gimblet. „Natürlich hast du vollkommen recht, wenn du dich nicht umsiehst. Nun ja, vielleicht könnten Sie mir das sagen. Würden Sie auf dem Weg von der Hilliard Street zur Carolina Road an einer Reihe einzelner Einfamilienhäuser vorbeikommen? Häuser, die alle ein wenig voneinander entfernt in ihren eigenen Gärten stehen?"

Der Mann dachte darüber nach und murmelte vor sich hin die Namen der Straßen, während er im Geiste eine Reise entlang der vom Detektiv angegebenen Route machte. Eine Minute später blickte er auf.

„Da ist die Scholefield Avenue", schlug er vor, „das sind alles kleine Orte wie das, was Sie sagen."

„Hast du es am Montag gesehen?" fragte Gimblet.

„Das habe ich, Sir. Es ist ungefähr die Hälfte. Soweit ich mich erinnern kann, gibt es keine andere Straße auf der Straße, in der die Häuser so voneinander getrennt sind. Ich habe mein Taxi vor der Tür, Sir; Warum springst du nicht rein und lasst mich dich mitnehmen, damit du es dir selbst ansehen kannst?"

„Ich denke, genau das werde ich tun", sagte Gimblet. „Du gehst runter und ich folge dir gleich."

Gimblet war voller Eifer. Hier schien er nun endlich auf der richtigen Fährte zu sein, und umso eifriger sprang er darauf, um die Kontrolle der letzten Nacht zu behalten. Die Tür des Taxifahrers hatte sich noch nicht geschlossen, als der Detektiv in seinem Kopf entschieden hatte, dass mehr als eine Frage einer Antwort bedurfte. Erstens würde er Higgs nehmen, zweitens würde er Sir Gregory nicht nehmen. Er schlich auf Zehenspitzen den Flur entlang und drehte lautlos die Klinke der Speisekammertür.

„Higgs", sagte er, „ich gehe raus, um mir ein bestimmtes Haus anzusehen. Vielleicht will ich dich. Machen Sie sich bereit zu kommen. Ich gebe dir drei Minuten."

Leise begab er sich in sein eigenes Schlafzimmer, ging zu einem Schrank und wählte schnell verschiedene kleine Gegenstände aus, die er in seine Taschen stopfte. Dann öffnete er eine Schublade, holte eine Browning-Pistole heraus und verstaute sie ebenfalls. Einen Moment lang stand er mit auf die Seite gelegtem Kopf mitten im Raum und zupfte gedankenverloren an seinem Ohr. Hatte er etwas vergessen? Ah, er wusste, was es war, und er sprang zurück zu einem Regal, ergriff eine Schachtel Pralinen und fügte seiner Sammlung hinzu. „Man weiß nie, wann man von solchen Ausflügen zurückkommt", sagte er sich, „und ich war bisher auf meinen Jagdausflügen sehr hungrig."

Ein weiterer Blick in die Runde überzeugte ihn davon, dass er alles hatte, was er nur erdenklich brauchte, und er kehrte in den Flur zurück, wo Higgs an der Tür wartete.

Noch eine Minute und sie wären weg gewesen, aber genau in dem Moment, als Gimblet leise auf seinen Diener zueilte, nach seinem Hut griff und ihn an den Kopf hob, öffnete sich die Tür zur Bibliothek und Sir Gregorys rosiges und besorgtes Gesicht blickte ihn an.

„Mr. Gimblet", rief er, „wohin gehen Sie? Der Taxifahrer hat Neuigkeiten gebracht, und Sie wollten gehen, ohne es mir zu sagen! Nein, lassen Sie sich nicht von mir aufhalten", und Gimblet hielt zögerlich inne. „Ich werde mit Ihnen kommen, wohin Sie auch gehen, und Sie werden es mir unterwegs sagen", und der Baronet griff nach Hut und Stock und bereitete sich darauf vor, die anderen zu begleiten.

Es gab keine Hilfe, und der Detektiv ergab sich sofort. Tatsächlich machte ihm das besorgte Gesicht Vorwürfe, und er wusste, dass er offensichtlich etwas weniger bereit gewesen war, Sir Gregorys Gesellschaft zu ertragen, als es unter den gegebenen Umständen insgesamt wohlwollend war. Obwohl die Not des armen Mannes ihn zu einem eher deprimierenden Begleiter machte, zeugte sie doch von der Güte seines Herzens und war, wenn überhaupt, ein Umstand, der ihm durchaus zugute kam; und der Unfall, den er Gimblet langweilte, sollte ihn eigentlich nicht davon abhalten, sich an der Rettung seiner Freunde zu beteiligen, wenn es eine Rettung gäbe.

„Kommen Sie mit, Sir Gregory", sagte Gimblet.

Kapitel XVI

DIE SCHOLEFIELD AVENUE war eine kurze Straße mit mittelgroßen Häusern, die, als sie gebaut wurden, am äußersten Rand dessen gestanden hatten, was damals ein Vorort war; tatsächlich hatten einige der ursprünglichen Pächter es das Land genannt. Sie sahen sehr unterschiedlich aus, aber in einer Hinsicht ähnelten sie sich: Sie unterschieden sich von ihren Nachbarn auf Grundstücken, die sich in der Größe von einem winzigen Hof bis zu einem halben Hektar unterschieden. So verfügte Nr. 1 an der südöstlichen Ecke über einen weit nach hinten verlaufenden großen Küchengarten mit Nebengebäuden am anderen Ende, einen Stall mit einer Remise auf einer Seite des Stalltors und einen Hühnerstall auf der anderen Seite laufen. Die alte Dame, die in Nr. 1 wohnte, war sehr stolz darauf, dass sie sich das ganze Jahr über mit Gemüse, Eiern und Geflügel versorgte, obwohl ihr Haus, wie sie gern sagte, nur drei Meilen vom Marble Arch entfernt lag . Sie dachte oft daran, eine Kuh zu halten.

Hinter dem Nachbarhaus Nr. 3 gab es kaum einen Garten, da das Grundstück, das ihm eigentlich gehören sollte, früher von Nr. 1 aufgekauft und seinem eigenen hinzugefügt worden war. Dies führte zu einem unnachbarschaftlichen Gefühl zwischen den beiden Häusern, das von jedem nachfolgenden Bewohner von Nr. 3 geerbt wurde. Die meisten anderen Wohnhäuser in der Straße waren gleichmäßiger mit Grundstücken ausgestattet. Die Reihe endete mit Nr. 17, einem sehr kleinen Haus, das von nichts Interessanterem umgeben war als einem Asphaltweg, zwischen dem sich eine dünne Lorbeerhecke und dem äußeren Geländer befand. Einige der Häuser zeigten die großen, hohen Fenster eines Ateliers. Auf der gegenüberliegenden Straßenseite gab es dieselbe Vielfalt.

Das Taxi mit Gimblet, Sir Gregory und Higgs fuhr langsam die Straße entlang und war schon mehr als auf halbem Weg, als der Detektiv die Tafel mit der Aufschrift „Zu vermieten" erblickte, nach der er suchte. Es schmückte das Geländer von Nr. 6, das auf der linken Seite stand, wenn man nach Norden ging.

Nachdem sie um die Ecke gebogen waren, hielten sie an und stiegen aus dem Taxi. Gimblet zahlte und entließ es, und sie gingen zurück zu Nr. 6.

Es sah nicht sehr vielversprechend aus, bot dem Betrachter eine verschlossene und ununterbrochene Fassade und wies Spuren des Alters und des Verfalls auf. Das Tor schwang an einer kaputten Angel, und in dem kalten Wind, der immer noch wehte, schlug hin und wieder eine Tür an der Rückseite mit unkontrollierter und nutzloser Heftigkeit zu.

Auf ein Zeichen von Gimblet hin klingelte Higgs und trat beiseite, während sie darauf warteten, dass jemand antwortete. Ein paar Minuten lang hörten sie nichts als das Geräusch der zuschlagenden Tür und das Rascheln des Windes in den Bäumen, die die Straße säumten; Dann bemerkten sie eine schlampige Frau, die einen Holzeimer in der Hand hielt und versuchte, ihre Aufmerksamkeit von den Stufen des Nachbarhauses aus auf sich zu ziehen.

„Wenn Sie, meine Herren, a-klingeln", begann sie und rief ihnen über die dazwischen liegenden Büsche hinweg zu, „und zu denken, wie es auch sein mag, auf diese Weise in dieses Haus zu gelangen, ist nicht gut; Du kannst es nicht tun. Da ist niemand drin."

„Wer hat den Schlüssel?" Gimblet weinte zurück.

„Ich habe es selbst. Ich komme vorbei und schließe die Tür auf."

Während sie sprach, stieg sie die Stufen hinunter und begab sich auf die Straße und gelangte so zum Schwingtor von Nr. 6.

„Haben Sie eine Horde von den Hagents bekommen?" fragte sie, als sie ankam. "NEIN? Naja, es macht mir trotzdem nichts aus, wenn du dir das Haus anschaust, wenn du darauf festgelegt bist. Ich schätze, es gibt nicht viel zu sehen, aber viel Dreck und Müll."

Während sie sprach, steckte sie den Schlüssel ins Schloss und öffnete die Tür. Sir Gregory, der am nächsten war, wollte gerade eintreten, aber Gimblet legte ihm eine Hand auf den Arm.

„Bitte, Sir Gregory, ich muss heute an Ihnen vorbeikommen", sagte er, legte ihn sanft auf die Seite und trat über die Schwelle. Die Frau wollte ihr gerade folgen, aber er winkte sie zurück und blieb einen Moment stehen und starrte auf den Boden. Dann drehte er sich zu ihr um.

„Ich sehe auf der Tafel, dass das Haus unmöbliert vermietet oder verkauft werden soll", sagte er, „und ich habe gehört, dass es schon seit geraumer Zeit leer steht. Können Sie mir sagen, wie lange es her ist, dass sich jemand das letzte Mal angesehen hat?"

„Es hat mehr als zwei Jahre lang stillgestanden", sagte die Frau, „das habe ich gehört. Seit ich hier bin, ist niemand mehr gekommen, um es sich anzusehen. Ich kümmere mich um die Party, die nebenan wohnt. Er ist in fremden Gegenden, dort ist er, und die Zeit, in der ich mich um ihn gekümmert habe, bist du der Erste, der gebeten wird, die Rückseite dieses Hauses zu sehen."

„Und wie lange kümmern Sie sich hier schon, sagen Sie?" Gimlet erkundigte sich.

„Nächsten Montag bin ich schon seit vier Monaten hier“, antwortete die Frau.

„Danke“, sagte Gimblet; und wandte sich wieder dem Inneren des Gebäudes zu. Er bückte sich und blickte genau auf die kahlen Dielen des Flurs, auf denen der Staub und Dreck lag, der sich in einem leeren Haus ansammelt. Als ihm dann eine Idee kam, richtete er sich wieder auf.

„Ich glaube nicht, dass wir uns die Mühe machen werden, das Haus zu durchsuchen“, sagte er zu der Frau. „Ich fürchte, es würde mir nicht passen. Auf jeden Fall können Sie mir vielleicht noch etwas sagen, das ich unbedingt wissen möchte“, fuhr er fort, als er aus dem Haus kam und auf die Straße blickte. „Vor etwa einer Woche gab es in dieser Straße noch eine weitere Tafel, aber wie ich sehe, wurde sie abmontiert. Wissen Sie, welche Nummer es war und ob das Haus vermietet ist?“

„Ja, Sir, sie waren da und haben die Tafel von Nr. 13 abgebaut“, sagte der Hausmeister, „sie haben sie Anfang der Woche abgebaut. Aber das Haus ist vermietet, glaube ich; Es wird nichts nützen, wenn du ihm nachgehst. Wenn Sie ein möbliertes Haus suchen, sehe ich neulich in der nächsten Straße ein Bretterhaus. Little Cumberland Street.“

„Vielen Dank“, sagte Gimblet. „Ich werde es mir ansehen, wenn ich finde, dass Nr. 13 vermietet ist. Guten Morgen, es tut mir leid, dass ich Sie beunruhigt habe.“

Sie ließen die Frau zurück, damit sie das Haus abschloss und sich wieder um die Pflege kümmerte, und machten sich auf den Weg die Straße hinauf.

Sir Gregory ging widerstrebend und blieb sichtlich zurück.

„Schau mal“, sagte er zu Gimblet, „warum gehst du nicht durch das Haus?“ Es würde keine Minute dauern. Angenommen, sie hätten sie irgendwo oben in einem leeren Raum eingesperrt. Viel besser ist es, sich zu vergewissern.“

„Mein lieber Sir Gregory, seit Monaten ist niemand mehr in diesem Haus gewesen; der Staub lag tief auf dem Boden und es gab keine Anzeichen dafür, dass er vor kurzem aufgewirbelt worden war. Glauben Sie, dass zwei Frauen in langen Abendkleidern hineingehen könnten, ohne Spuren ihres Vorbeigehens vor so kurzer Zeit zu hinterlassen? Ihre Kleider hätten entweder etwas von dem Staub weggefegt oder, wenn sie sie hochgehalten hätten, wären ihre Fußspuren geblieben. Es ist unmöglich, dass Nr. 6 das Haus ist, es sei denn, jemand hat seit Montag frischen Staub in der Halle verteilt. Außerdem ist es sehr unwahrscheinlich, dass sie in ein so verlassenes, schmutziges Gebäude gegangen sind, und im Gegenteil, es ist mehr als wahrscheinlich, dass sie in ein Haus gegangen sind, das gerade vermietet worden ist. Als Miss Finner vorbeikam, war ich mir sicher, dass an einem anderen Haus in dieser Straße ein Brett angebracht sein musste, sobald ich auf den Boden sah. Kommen Sie, hier ist Nr. 13, und ich habe das Gefühl, dass wir dort ein gewinnbringenderes Jagdrevier finden werden."

Gimblet öffnete, während er sprach, das Tor von Nr. 13 und warf einen schnellen Blick auf dessen Äußeres, während er schnell die kurze Entfernung hinaufging, die es von der Straße trennte.

Es stellte einen auffälligen Kontrast zu der verlassenen und düsteren Atmosphäre dar, die das Haus, das sie gerade besucht hatten, der Welt bot. Nr. 13 war blitzblank; seine weißen Wände und Fensterläden erstrahlten im Glanz neuer Farbe; Ein gepflegtes Rasengrundstück, um das sich eine winzige Kutschenauffahrt im Halbkreis windete, grenzte es vom Geländer der Straße ab, wobei das Ganze nicht mehr als ein paar Quadratmeter Fläche einnahm. Auf jeder Seite der Treppe, die zur Haustür führte, befand sich ein kleines dreieckiges Blumenbeet voller Stiefmütterchen, und als die drei Männer näher kamen, brach die Sonne zum ersten Mal an diesem Tag durch die langsame Ausbreitung der Blumen Die Wolken warfen einen leuchtenden Strahl über den Ort und wurden von der Oberfläche der Fenster eingefangen und reflektiert.

Der Tageswechsel blieb nicht ohne Wirkung, selbst auf Sir Gregory, und als er zusah, wie Higgs nach vorne sprang, um die Glocke zu läuten, strömte in seinem Herzen eine neue und plötzliche Hoffnung auf.

„Ich habe einen Vorwand, mit dem wir ins Haus gelangen könnten, wenn sie scheinbar nicht bereit sind, uns einzulassen", murmelte Gimblet ihm ins Ohr. „Unterstützen Sie mich in allem, was ich sage, aber überlassen Sie den Hauptteil des Redens mir."

Sie warteten gespannt, den Blick auf die Tür gerichtet und die Ohren angestrengt, um das Geräusch von Schritten wahrzunehmen; Aber es vergingen Minuten, und kein solcher Ton empfing sie. Higgs klingelte erneut; Man konnte das laute Läuten der Glocke im Keller hören, bis es zum Stillstand kam, und sicherlich war es im ganzen Haus zu hören. Es kam immer noch niemand, und er probierte die Gegend aus, ohne ein besseres Ergebnis zu erzielen. Gimblet überließ es Higgs, seine Bemühungen fortzusetzen, ging rückwärts über den kleinen Rasen und schaute zu den Fenstern hinauf, um zu sehen, ob er ein Lebenszeichen entdecken konnte.

Vor den Schlafzimmerfenstern hingen Musselinvorhänge, und er versuchte vergeblich, ein Augenpaar zu erkennen, das hinter einem davon hervorlugte. aber nirgendwo war eine Bewegung zu sehen. Die Fensterläden des Salons waren geschlossen, und die Brüstung des breiten Balkons schloss sie vor einer gründlichen Inspektion aus, die durch ein breites Holzgestell, das den größten Teil des Balkons einnahm und sich über seine gesamte Länge erstreckte, noch weiter erschwert wurde. Darin waren Blumen, hohe Gänseblümchen und Geranien gepflanzt, die etwas verwelkt und vernachlässigt wirkten und bei geschlossenen Fensterläden den einzigen Anflug von Unordnung im sauberen und fröhlichen Erscheinungsbild des Hauses beitrugen.

Der Detektiv ging nach hinten. Hier fiel der Boden ab und der Keller erschien an der Oberfläche statt unter dem Bodenniveau. Eine weitere, längere Eisentreppe führte zu einer Tür, die zweifellos den Zugang zum Garten ermöglichte. Hier gab es keine Klingel, und die Tür, an der Gimblet versuchte, die Klinke zu öffnen, war verschlossen. Durch die Fenster im Keller konnte er in die Küche sehen, sauber und ordentlich wie die Außenseite des Hauses, mit weiß gekachelten Wänden und Reihen glänzender Kochtöpfe. Er bemerkte, dass der Tisch leer war und im Kamin kein Feuer brannte; An einem Sommerabend wie diesem hätte es durchaus erlaubt sein dürfen, auszugehen. Auf der anderen Seite der Treppe blickte er in die Spülküche, und dahinter befand sich eine Speisekammer; Darüber befand sich ein kleines Fenster, in das er nicht hineinsehen konnte, während über der Küche ein großes Fenster, ähnlich denen des Wohnzimmers, durch Außenläden verdeckt war. Das hintere Fenster im ersten Stock und alle anderen Fenster im hinteren Teil des Hauses hatten jedoch keine Fensterläden und waren nur mit Vorhängen aus weißem Musselin verhüllt.

Gimblet überflog hastig den Garten. Es war nicht groß und erstreckte sich etwa sechzig bis siebzig Meter vom Haus entfernt, aber voller Blumen und grün mit Rasen und Blättern; Bäume umgaben es von allen Seiten, jetzt golden in den Strahlen der untergehenden Sonne; und eine hohe Mauer schützte ihn vor der neugierigen Welt. Auch hier waren die Betten mit Stiefmütterchen übersät; Hier gab es Nelken und Mohnblumen, Gänseblümchen und hohe Ritterspornblumen mit all den anderen Blumen, die man dazu bringen konnte, sich von den unerquicklichen Schmutzregen, der ihr täglicher Teil war, zu ernähren. An der Stirnwand befand sich eine Hütte, deren Tür auf Gimblets Berührung nachgab und in einer Ecke eine Mähmaschine, in einer anderen einige Gartengeräte und eine Pflanzbank mit Kisten voller Schimmel und einigen Päckchen Samen freigab; Neben der Tür standen ein paar rote Töpfe. Gimblet blieb einen Moment stehen und schaute hinein, dann ging er zurück zur Vorderseite des Hauses.

Hier fand er Sir Gregory im Gespräch mit einem älteren Mann, dessen Samtmantel und der Pinsel, den er hinter dem Ohr trug, darauf schließen ließen, dass er ein Künstler war. Er stellte sich vor, als der Detektiv herankam.

"Herr. „Gimblet, glaube ich", sagte er; „Mein Name ist Brampton. Ich wohne nebenan", und er winkte mit der Hand nach Süden.

Gimblet knirschte mit den Zähnen, als ihm klar wurde, dass Sir Gregory seine Identität preisgegeben hatte, aber er antwortete höflich, dass er es tatsächlich war.

„Obwohl Sie nur ein Hausmaler sind, habe ich von Ihnen gehört", sagte der Neuankömmling. „Aber natürlich hatte ich keine Ahnung, wer klingelte, als ich vorbeikam. Meine Frau sah Ihre Freunde hier an der Tür und schlug vor, ich solle kommen und Ihnen sagen, dass ihrer Meinung nach niemand im Haus sei. Wir hörten, dass es vermietet war, und neulich kam ein Mann und nahm das Brett ab, aber meine Frau sagt, dass man seit mehreren Tagen niemanden das Haus betreten oder verlassen sah. Sie und die Dienerschaft sind der Meinung, dass es im Moment leer ist und der neue Mieter noch nicht eingetroffen ist."

„In der Tat", sagte Gimblet, „ich bin dankbar für Ihre Informationen; aber ich habe Grund zu der Annahme, dass der neue Pächter schon vor einiger Zeit eingezogen ist."

„Es kann nicht sehr lange dauern", bemerkte Brampton, „denn die Mills, denen es gehört, sind erst letzte Woche weggegangen."

„Wirklich", sagte Gimblet, „Sie interessieren mich. Wer sind die Mills? Kennst du sie überhaupt?"

„Mit Sicherheit tue ich das. Sie sind großartige Freunde von uns, und dass sie so gehen mussten, ist für uns ein trauriger Verlust. Arthur Mill ist der Sohn eines alten Bekannten von mir – eines Glasherstellers – und ist im Unternehmen seines Vaters beschäftigt. Seine Frau ist eine charmante Frau und wir sind beiden treu ergeben. Erst kürzlich wurde beschlossen, dass er ins Ausland gehen sollte, um sich um eine Niederlassung in Italien zu kümmern, und sie hatten nur sehr wenig Zeit, Vorkehrungen für die Vermietung ihres Hauses zu treffen. Sie sind erst am vergangenen Freitag abgereist und es war für uns eine große Überraschung, als wir am Montag erfuhren, dass das Haus vermietet sei."

„Hast du gehört, wer es genommen hat?" fragte Gimblet.

„Ich glaube, ich habe den Namen des Mannes gehört, aber ich fürchte, ich habe ihn vergessen. Meine Frau sah, wie am Montagmorgen eine Putzfrau hereinkam, die sie oft selbst beschäftigt, und so rannte sie, wie sie mir erzählte, hierher, um sie zu fragen, was sie mache, da das Haus am Freitag und Samstag nach dem Mills-Fest komplett aufgeräumt worden sei links. Die Putzfrau sagte, sie sei von den Hausverwaltern geschickt worden, um zu sehen, ob noch etwas in Ordnung zu bringen sei, da der neue Mieter, so wusste sie, sofort hineingehen wollte. Das ist alles, was wir gehört haben; Aber da seit diesem Tag niemand mehr von dem Ort gesehen oder gehört wurde, sieht es so aus, als hätten sie ihre Meinung geändert."

„Vielen Dank", sagte Gimblet. „Wenn Sie mir die Namen der Agenten nennen könnten, denke ich, dass mein bester Plan darin besteht, zu versuchen, den Schlüssel von ihnen zu bekommen, da es unmöglich erscheint, hier jemanden zu wecken."

„Ennidge und Pring sind die Agenten; in der Sentinel Street, etwa zehn Gehminuten von hier entfernt. Du musst schnell sein, sonst erwischst du sie nicht. Sie werden sicher um sechs schließen."

„Ich werde jetzt gehen", sagte Gimblet und zog Higgs auf die Seite. „Higgs", sagte er, „behalten Sie die Vorderseite des Hauses im Auge, und wenn jemand herauskommt und Sie ihn nicht aufhalten können, folgen Sie ihm und überlassen Sie Sir Gregory die Wache des Hauses." Lassen Sie ihn in der Zwischenzeit aufpassen. Ich werde bald zurück sein, wenn ich ein Taxi bekomme."

Er machte sich auf den Weg, Mr. Brampton begleitete ihn bis zu seiner eigenen Tür und zeigte ihm den Weg zur Sentinel Street. Am Tor warfen sie einen Blick zurück auf die Fensterläden im ersten Stock und die verblassten Blumen auf dem Balkon.

"Frau. Mill wäre furchtbar verärgert, wenn sie sehen würde, wie ihre Blumen vernachlässigt werden", sagte Herr Brampton. „Sie liebt ihren Garten sehr und gießt und kümmert sich ständig um ihre Pflanzen. Einmal in der Woche, am Samstagmorgen, soll ein Mann kommen, um sich um den Garten zu kümmern und den Rasen zu mähen, und ich werde ihm sagen, er solle darauf bestehen, die Balkonkästen zu gießen. Das ist jetzt Ihr Weg, die Straße hinauf und links halten. Ah, da ist ein Taxi.

In diesem Moment war tatsächlich ein Taxi auf die Straße abgebogen, und Gimblet hielt es an und fuhr schnell zu den Büros der Herren Ennidge und Pring, den Hausvermittlern.

Kapitel XVII

MR. ENNIDGE war ein kleiner Mann mittleren Alters mit grauem Haar und einem milden, gütigen Auge, das Sie durch eine goldgefasste Brille vage anstarrte. Mr. Pring, sein Partner, groß, dünn, nervös und aufgeregt, war das genaue Gegenteil von ihm, und das ist möglicherweise der Grund, warum sie so gut miteinander auskamen. Während Herr Pring stets in der Lage war, seinen Enthusiasmus gegenüber den Immobilien, die er zu veräußern hatte, gegenüber den Menschen zu zeigen, die sich nach Häusern erkundigten, war er nie ratlos, wenn es darum ging, zu erklären, was der beabsichtigte Kunde für Gänse hielt waren wirklich Schwäne, neigte er dazu, in Verzweiflung zu verfallen, wenn er mit potenziellen Verkäufern zu tun hatte, oder mit denen, die Häuser zu vermieten hatten und von der erzielbaren Miete enttäuscht waren, oder wenn Ennidge und Pring es versäumten, ihnen einen Mieter zu verschaffen jeder Preis. Es war dann nur allzu wahrscheinlich, dass er, wenn er sich selbst überließ, seine klare und wahrheitsgemäße Meinung über ihr Eigentum preisgab. Dies führte selten zu guten Ergebnissen, da diesen Ausbrüchen in der Regel die Übertragung des betreffenden Eigentums auf die Bücher eines anderen Agenten folgte; Und da das Unternehmen von Ennidge und Pring klein war, konnten sie es sich nicht leisten, Kunden zu verlieren.

In solchen Fällen zeigte sich Mr. Ennidge jedoch von seiner besten Seite. Er war es, der mit einem freundlichen Lächeln und hoffnungsvollen, ermutigenden Worten den niedergeschlagenen Hausbesitzer aufheiterte und ihn mit wiederhergestelltem Selbstvertrauen wegschickte, wieder einmal davon überzeugt, dass bald ein Mieter bereit sein würde, dem das Fehlen eines Badezimmers und einer Hintertür entgegenkommen würde , von Gas oder heißem Wasser, geschwärzte Decken, in Streifen hängende Tapeten und verschmutzte Farbe wären eher ein echter Anreiz, ein für den Vermieter möglichst zufriedenstellendes Geschäft abzuschließen.

Mr. Pring hatte das Büro bereits verlassen, als Gimblet am Tatort eintraf, und in einer weiteren Viertelstunde würde er es völlig verlassen vorgefunden haben. Er gab seine Karte dem einzigen Angestellten des Lokals, der sie in das kleine Zimmer mitnahm, wo er sofort von dem lächelnden Mr. Ennidge empfangen wurde; und ihm erklärte er schnell sein Anliegen.

„Es kann nichts dagegen einzuwenden sein, dass ich Ihnen alle in meiner Macht stehenden Informationen über den Herrn gebe, der die Scholefield Avenue 13 genommen hat", sagte der Hausverwalter, „und da Sie im Haus keine Antwort bekommen können, werde ich sie herunterschicken." Mein Angestellter gibt Ihnen den Schlüssel, um Ihnen Einlass zu gewähren und Ihnen bei Bedarf bei der Aufklärung des Mieters behilflich zu sein, falls dieser doch noch vor Ort sein sollte. Ein sehr exzentrischer Herr, wie ich finde, und so etwas wie ein Einsiedler. Ich könnte es mir natürlich nicht leisten, den Ersatzschlüssel, den der Eigentümer zufällig bei uns gelassen hat, auf Wunsch einer weniger bekannten und verantwortungsbewussten Person als Ihnen zu verwenden, wenn ich das so sagen darf, Herr. Gimlet; Aber seit der Gefangennahme der Fälscher im Great Continental im letzten Jahr ist Ihr Name, Sir, in aller Munde; und Sie erlauben mir hinzuzufügen, dass ich, obwohl bisher unbekannt, einer Ihrer glühendsten Bewunderer bin."

So war es immer Mr. Ennidges angenehme Art, den Verkehr mit seinen Kameraden in Schwung zu bringen.

„Der Name des Mieters von Nr. 13", fuhr er fort, „ist Mr. West, Mr. Henry West. Er hat das Haus für einen Monat übernommen, mit der Option, es für ein Jahr oder länger zu übernehmen; und ich vermute, dass er ein Mann mit guten Mitteln sein muss, da das Angebot, das er gemacht hat, ungewöhnlich hoch zu sein scheint – unnötigerweise, würde ich sagen, zwischen Ihnen und mir, Mr. Gimblet; aber im Interesse unseres Mandanten, des Eigentümers des Pachtvertrags, brauche ich Ihnen kaum zu sagen, dass wir uns deswegen nicht mit ihm gestritten haben!"

„Was für ein alter Mann ist er?" fragte Gimblet.

„Das kann ich Ihnen wirklich kaum sagen", antwortete Mr. Ennidge. „Tatsache ist, dass ich ihn selbst noch nicht gesehen habe. Sowohl ich als auch mein Partner waren zufällig nicht da, als Herr West ins Büro kam, und er traf alle Vorkehrungen mit unserem Sachbearbeiter. Vielleicht möchten Sie, dass er hereinkommt?"

„Ich würde ihm gerne ein paar Fragen stellen", sagte Gimblet.

Mr. Ennidge steckte seinen Kopf ins Vorbüro.

„Tremmels", rief er mit der Hand auf der Tür. „Kommen Sie einfach einen Moment hierher."

Der Angestellte erschien, ein weißgesichtiger junger Londoner, der sehr deutlich die Auswirkungen eines Innenlebens und langer, heißer Stunden auf einem Bürohocker zeigte; Er bewegte sich träge, als wäre jeder Schritt eine Anstrengung, die fast zu groß wäre, um ihn zu wiederholen, und stand vor Gimblet in einer schlaffen Haltung der Müdigkeit.

"Herr. Gimblet möchte etwas über den Mieter der Scholefield Avenue Nr. 13 erfahren", sagte ihm Mr. Ennidge.

Der Angestellte richtete sich mit spürbarer Anstrengung auf und starrte Gimblet starr an, der sich längst an das Interesse gewöhnt hatte, das die Erwähnung seines Namens gewöhnlich erregte. Zweifellos kannte dieser junge Mann den Detektiv; Aber er hatte einen Ausdruck von so hölzerner Dummheit und sah dabei so furchtbar krank und erschöpft aus, dass Gimblet sich fragte, ob er in der Lage sein würde, viel Sinn aus ihm herauszuholen.

„Sie waren es", sagte er, „die das Haus an Mr. West vermietet haben?"

„Ja", sagte der Angestellte. „Er kam letzte Woche eines Tages herein."

„Freitag", warf Mr. Ennidge ein.

„Ja, er kam letzten Freitagmorgen hierher und sagte, er sei über der Scholefield Avenue Nr. 13 gewesen und habe das Schild „Zu vermieten" vor dem Haus gesehen", antwortete der Angestellte. „Die Besitzer, Mr. und Mrs. Mill, waren erst an diesem Morgen weggegangen, und Mr. West wurde von einem Diener herübergeführt, der zurückgelassen worden war, um aufzuräumen und einem späteren Zug zu folgen. Er erzählte mir, dass er ein möbliertes Haus für ein Jahr brauchte. Er sagte, dass er die Einsamkeit sehr liebte; dass er sein ganzes Leben in Indien gelebt hatte und keine Lust hatte, Fremde zu treffen, sondern ein Haus mit Garten wollte, in dem er sozusagen privat sein konnte. Er sagte, er denke, die Scholefield Avenue würde ihm hervorragend passen, er wolle es aber zunächst einen Monat lang nehmen, um zu sehen, wie es ihm gefalle, und um die Möglichkeit zu haben, es zu übernehmen. Ich war mir nicht sicher, ob Mr. Mill mit einer solchen Vereinbarung einverstanden sein würde, und schlug vor, zu warten, bis wir mit dem Besitzer sprechen könnten, aber er wollte nichts davon hören; sagte, er wolle sofort hineingehen und ein anderes Haus übernehmen, das er gesehen habe, es sei denn, er könne die Sache auf der Stelle klären. Er machte ein Angebot von fünfzehn Guineen pro Woche für den ersten Monat und acht für den Rest des Jahres, falls er sich dazu entschließen sollte. Das ist ein so hoher Preis für diesen Teil von London, dass ich mir sicher war, dass Mr. Ennidge oder Mr. Pring, wenn sie hier gewesen wären, ihn nicht durchgehen lassen würden, sondern das Eisen angeschlagen hätten, während es heiß war, wenn Sie es wären Versteh meine Meinung; und da mir bewusst war, dass Herr Mill der Firma hinsichtlich der Vermietung des Hauses absolute Ermessensfreiheit eingeräumt hatte und dass er sehr darauf bedacht war, dies so schnell wie möglich zu tun, zögerte ich nicht länger, sondern stimmte Herrn zu . Wests Bedingungen.

„Er sagte, dass er das Haus ab Montagmittag besitzen wolle; Er sagte mir, ich solle am Montagmorgen eine Putzfrau rufen, falls noch Aufräumarbeiten anstehen, und er wünsche mir, dass ich ihn am Montag im Haus treffe, um das Inventar durchzugehen. Dann holte er eine Handtasche heraus, die voller Geldscheine zu sein schien, zahlte mir dreißig Guineen, die Miete für die Hälfte des ersten Monats, und bat mich, den Vertrag zur Unterschrift zu besorgen. Ich besorgte ihm zwei Vertragsformulare, wie wir sie in der Regel bei der Vermietung möblierter Häuser verwenden, und er unterschrieb beide und steckte eines in die Tasche."

„Vielleicht möchte Mr. Gimblet einen Blick auf unser Exemplar werfen", sagte Mr. Ennidge und griff in eine Schublade. „Hier ist es", und er reichte dem Detektiv ein Papier, der es nachdenklich umdrehte. Es enthielt nichts außer den gewöhnlichen gedruckten Klauseln, die die Vertragsbedingungen darlegten. Am Ende hatte der Mieter seinen Namen „Henry West" in großen, ausladenden Buchstaben unterschrieben, deren Striche ein wenig unsicher wirkten, als ob die Hand, die den Stift hielt, nicht ganz ruhig gewesen wäre. Darunter stand in ordentlicher, geschäftsmäßiger Schrift die Unterschrift des Angestellten: „A. W. Tremmels, für die Herren Ennidge und Pring."

Gumblet steckte es in seine Tasche. „Vielleicht behalte ich es vorerst, nehme ich an?" fragte er Mr. Ennidge, der so aussah, als hätte er gern Einspruch erhoben, sich aber im Großen und Ganzen dagegen entschieden.

„Können Sie beschreiben, wie Mr. West aussah?" fragte Gimblet den Angestellten. „Aber vielleicht solltest du mir das besser auf dem Weg zum Haus sagen. Mr. Ennidge hat versprochen, Sie mit mir hinunterzuschicken. Bevor wir jedoch beginnen: Ich würde gerne das Inventar sehen, wenn ich darf."

„Auf jeden Fall", antwortete Mr. Ennidge. „Hol ihn dir einfach, Tremmels, und auch den Schlüssel. Sie wissen, wo sie aufbewahrt werden", und als der Angestellte das Vorbüro betrat, wandte er sich erneut an Gimblet.

„Wenn Sie möchten, dass ich selbst komme?" er schlug vor.

„Oh nein, danke", antwortete Gimblet, „machen Sie sich nicht die Mühe zu kommen. Da der Angestellte der Einzige ist, der Herrn West kennengelernt hat, denke ich, dass er mir wirklich nützlicher sein wird. Ich nehme an, er kann einen Spaziergang bis zur Scholefield Avenue ertragen? Er sieht furchtbar krank aus, der arme Kerl; Was stimmt nicht mit ihm? Schwindsüchtig?"

„Ich fürchte, er ist krank", sagte Mr. Ennidge bedauernd, „aber es wird ihm gut tun, einen Spaziergang zu machen und frische Luft zu schnappen." Das heiße Wetter, das wir letzte Woche hatten, war sehr anstrengend; Tremmels sieht seit der Hitze auf jeden Fall sehr schlecht aus. „Ich habe ihm gesagt, er solle morgen Urlaub machen", fügte er freundlich hinzu, „ein Tag auf dem Land wäre das Beste für ihn, und zu dieser Jahreszeit gibt es im Büro nicht viel zu tun." Das Geschäft läuft sehr lahm, Mr. Gimblet. Ich wage zu behaupten, dass Sie in der einen oder anderen Jahreszeit genauso scharfsinnig sind?"

„Nun ja", sagte Gimblet. „Ich fürchte, die Kriminalpolizei fährt nicht regelmäßig in die Ferien. Es ist sehr rücksichtslos von ihnen, aber ich fürchte, sie sind ein egoistischer Haufen."

Das allgegenwärtige Lächeln des Maklers wurde breiter, und in diesem Moment tauchte der junge Tremmels mit der Bestandsaufnahme wieder auf. Gimblets scharfe Nase hatte ihm augenblicklich verraten, dass mit dem Angestellten nun ein Brandy-Geruch den Raum betrat, und sein scharfes Auge bemerkte einen Farbtupfer in der blassen Wange des jungen Mannes, der dort zuvor nicht sichtbar gewesen war. „O-ho", sagte er zu sich selbst, „das ist also das Problem, oder?" Dann, mit einem Dankeswort an Mr. Ennidge, ging Gimblet voran auf die Straße und wandte seine Schritte der Scholefield Avenue zu.

„Nun denn", sagte er zu seinem Begleiter, während sie weiter eilten, „über diesen Mr. West. Wie ist er?"

„Er ist ein älterer, eher pferdeartig aussehender Herr und seltsam in seinem Benehmen", sagte der Angestellte. „Was ich damit sagen will, ist, dass er eine sehr angenehme Art zu reden hat und dennoch irgendwie nicht wie ein gewöhnlicher Gentleman redet. Scheint ziemlich gern die Angewohnheit zu haben, schlechte Ausdrücke zu verwenden, wie ich es nennen würde."

"Wie sieht er aus?"

„Er ist nicht das, was man einen großen Mann nennen würde; auch nicht, dass ich ihn kurz nennen sollte; und dünn, sehr dünn. Ich weiß nicht, ob ich mich klar ausdrücke?"

„Völlig", sagte Gimblet geduldig, „würden Sie ihn wiedererkennen?"

"Oh ja. Er ist ein sehr ungewöhnlicher Typ, mit dem man sich treffen kann. Ich würde ihn überall kennen. Er hat ein lederfarbenes Gesicht, das aussieht, als wäre er mehr als ein paar Wochen in der Sonne gewesen, und einen komischen kleinen Spitzbart am Kinn. Sagen Sie Ihnen, wie er aussieht", sagte Tremmels mit mehr Lebhaftigkeit, als er bisher gezeigt hatte, „er sieht eher aus wie ein Amerikaner als wie ein Inder; Und wenn ich darüber nachdenke, hat er eine hässliche Stimme, genauso wie sie, aber nicht sehr stark."

„Kannst du dich sonst noch an etwas über ihn erinnern?" fragte Gimblet. Er hörte mit großem Interesse zu.

„Nun, er hat die Art, mit gespreizten Beinen zu stehen und sich auf die Zehenspitzen zu stellen; und dann lässt er sich mit einem Ruck fallen, wenn ich mich deutlich ausdrücke. Sein Fell ist etwas grau und beginnt oben kahl zu werden. Er scheint es nicht zu mögen, Fremde zu sehen oder neue Bekanntschaften zu schließen, wie man vielleicht sagen könnte. Er hat mir zu verstehen gegeben, dass er ein Gelehrter ist und dass er zum Lesen geht und was nicht, wenn er sich in der Scholefield Avenue niedergelassen hat; sagt, sein Gesundheitszustand sei auch schlecht, aber ich sollte mich nicht fragen, ob es eher etwas anderes war. Eher so etwas." Der Angestellte machte mit seinem rechten Arm und seiner rechten Hand eine Aufwärtsbewegung, deren Bedeutung ihm jedoch entging, da Gimblet auf der anderen Seite ging.

"Wie bitte?" erkundigte er sich zweifelnd.

„Zugegeben", sagte Tremmels. „Was ich meine, ist, wenn Sie mich richtig verstehen, dass es mich nicht überraschen würde, wenn mir jemand sagen würde, dass er einen Tropfen zu viel nimmt. Ziemlich rosig, dachte ich, und als er das Büro verließ, sah ich ihm nach, wie er die Straße hinunterging, bis er fast außer Sichtweite war. Was hätte er dann tun sollen, als rüber in die Privatbar des *Lion and Crown zu schlüpfen* ."

„Ah", sagte Gimblet, „mir ist aufgefallen, dass die Unterschrift auf dem Mietvertrag ein wenig wackelig ist." In Gedanken dachte er, dass es mehr als wahrscheinlich war, dass der Angestellte Mr. West zum *Lion and Crown begleitet hatte* . „Ist Ihnen sonst noch etwas aufgefallen?"

„Das weiß ich nicht", sagte Tremmels nachdenklich. „Er trug gewöhnliche Kleidung. Herren-Lounge-Anzug mit großem Karomuster, braunen Stiefeln und einer sehr eleganten Diamantnadel in der Mitte seiner Krawatte. Alles in allem ein ziemlicher Gentleman, sehr höflich und angenehm, wenn er nicht flucht. Er sagte mir, er wolle keine Kohlen bestellen, da er hauptsächlich auf dem Gasherd koche, mit dem die Küche von Nr. 13 ausgestattet sei. Es gibt, wie man so sagen kann, alle Annehmlichkeiten", schloss der Angestellte.

Während Gimblet darüber nachdachte, was er gehört hatte, und darüber nachdachte, dass die Beobachtungsgabe seines Begleiters größer war, als er ihm zugetraut hatte, näherten sie sich der Scholefield Avenue und gingen unter den Reihen verzweigter Platanen hindurch zum Tor von Mr . Mills Haus. Higgs war davor auf seinem Posten und berichtete, dass sich während der Abwesenheit des Detektivs nichts gerührt habe. Sir Gregory kam in Begleitung von Mr. Brampton, der sich ihm dort angeschlossen hatte, aus dem hinteren Teil des Hauses. Der Künstler war sichtlich begeistert.

„Ihr Freund sagte mir", sagte er, als er an Gimblets Seite trat, „dass Sie glauben, dass die beiden Damen, über deren Verschwinden die Papiere so voll sind – Mrs. Vanderstein und ihr Begleiter kamen in der Nacht ihres Verschwindens zu diesem Haus. Es wäre mir ein großer Gefallen, wenn Sie mir gestatten würden, Ihre Methoden bei der Untersuchung dieser Angelegenheit mitzuerleben.“

„Auf jeden Fall“, sagte Gimblet ungnädig, „warum sollte nicht die ganze Straße kommen? Ich halte es für sehr wahrscheinlich, dass dies der Fall sein wird, da Sir Gregory Aberhyn Jones völlig unfähig zu sein scheint, seinen eigenen Rat zu wahren, unabhängig davon, ob die Sicherheit seiner Freunde gefährdet ist oder nicht.“ Mit diesen Worten drehte er sich um und streckte dem Angestellten die Hand nach dem Hausschlüssel hin, der nun, nach seinem Spaziergang keuchend und keuchend, an der Tür lehnte, als könne er sich nicht mehr ohne Hilfe stützen.

Sir Gregory und der Künstler, den Gimblets rechte und linke Schüsse mit einem Stich getroffen hatten, der aber keine bleibenden Wunden verursacht hatte, wichen für einen Moment schweigend zurück, obwohl sie unerschütterlich entschlossen waren, alles zu sehen, was zu sehen war. Die schnellen, forschenden Augen von Brampton ruhten auf dem Angestellten, und er erfasste seinen traurigen Zustand anhand der Schnelligkeit seines Handels.

„Dieser junge Kerl sollte im Bett liegen“, sagte er mit leiser Stimme in Sir Gregorys Ohr, „aber ich vermute, dass er, wie der Rest von uns, nicht in der Lage sein wird, sich von diesem aufregenden Ort loszureißen. ”

Sie folgten Gimblet, der die Tür geöffnet hatte und durch sie in die Halle ging. Er sah sich verzweifelt um.

„Wirklich, Herr“, rief er, „Sie müssen vorerst an der Tür bleiben. Wenn dieses Haus etwas zu erzählen hat, wird es dies niemals tun, nachdem Sie mit Ihren unzähligen Füßen alle Spuren bis in den Boden gestampft haben. Ich werde nur sehen, ob jemand hier ist; und wenn nicht, können Sie hereinkommen, nachdem ich mit meiner gründlichen Untersuchung begonnen habe, solange Sie mir aus dem Weg gehen und tun, was ich Ihnen sage. Sonst warne ich Sie, Sir Gregory, dass Sie jede Erfolgsaussicht zunichte machen werden.“

„Er redet, als wären wir Tausendfüßler“, murmelte Brampton.

Sir Gregory bedeutete ihm zu schweigen, und sie blieben gehorsam in der Tür, während der Detektiv und Higgs durch das Haus rannten, alle Türen öffneten und einen Blick in die Räume warfen, um zu sehen, ob sich dort jemand befand. Welches Geheimnis auch immer unter diesem Dach lauern mochte, zumindest im Moment gab es keinen sichtbaren menschlichen Bewohner, der es preisgeben konnte; und wenn er irgendeine Antwort auf das Problem finden wollte, das sich am Montagabend nach der Ankunft der

Damen zugetragen hatte, war Gimblet klar, dass er dies ohne Hilfe tun musste, außer mit der dummen Hilfe, die er möglicherweise erhalten würde die unbelebten Objekte, die sich noch innerhalb der Wände oder sogar von den Wänden selbst befinden.

Sobald er die erste eilige allgemeine Besichtigung abgeschlossen hatte, begann der Detektiv mit einer systematischen Untersuchung des Hauses, beginnend mit der Diele und dem Durchgang im Erdgeschoss. Die anderen Männer mussten sich von den Stufen entfernen, während er hier war, da ihre Gestalten, die sich in der offenen Tür drängten, das Licht blockierten, und er wollte alles haben, was er bekommen konnte. Es gab kein elektrisches Licht. In der Scholefield Avenue, so erzählte Brampton Sir Gregory, waren alle Häuser für ihre Beleuchtung auf Gas angewiesen. Gimblet kniete nieder und untersuchte auf Händen und Knien den Teppich in der Diele. Er nahm eine kleine Lupe aus seiner Tasche und hielt sie an bestimmte Stellen, bei denen er länger verweilte als beim Rest des Bodens; am Fuß der Treppe nahm er einen kleinen Gegenstand unter der Ecke der Matte hervor; er hielt ihn einen Moment lang zwischen Finger und Daumen gegen das Licht und verstaute ihn dann sorgfältig in einer kleinen Schachtel wie einer Pillendose, die er ebenfalls aus seiner Tasche holte. Dann stand er auf und untersuchte die Möbel mit der gleichen geduldigen Bedächtigkeit. Schließlich sprach er mit dem Angestellten, der etwas abseits von den anderen vor der Tür stand.

„Haben Sie das Inventar?“ er hat gefragt. „Lesen Sie einfach den Inhalt der Halle vor.“

Tremmels kam die Stufen hinauf und öffnete das Buch, das er trug.

„Zwei Eichenstühle, ein Eichentisch, ein Spiegel, eine Matte“, las er. „Ein Schirmständer; zwei Stühle auf dem Treppenabsatz, acht Gravuren in Rahmen.“

„Warte mal“, warf der Detektiv ein, „wir sind noch nicht so weit.“

Er ging zur Tür und rief Sir Gregory und Brampton.

„Ich habe die Halle fertiggestellt“, sagte er. „Wenn du reinkommen willst, kannst du das, solange du hinter mir bleibst und mich nicht mit Reden störst.“

Dann wandte er sich wieder seiner Suche zu und begann, jede Stufe der Treppe einer genauen Prüfung zu unterziehen, die auch die Halle erhalten hatte. Von Zeit zu Zeit fügte er dem, den er bereits in die Pillendose gelegt hatte, einen weiteren winzigen Gegenstand hinzu; Vier oder fünf wurden dort deponiert, bevor sie den ersten Stock erreichten.

Auf diese Weise stieg die Gruppe Schritt für Schritt auf, bis Bramptons Neugier der Langeweile eines solch unbeschreiblich langsamen, kriechenden, schneckenartigen Fortschritts zu erliegen begann.

„Ich denke, ich werde meine Anwesenheit nicht länger aufdrängen, Mr. Gimblet", sagte er, „es ist Zeit, dass ich mich für das Abendessen anziehe, sonst muss meine Frau auf mich warten."

Da er keine Antwort von Gimblet erhielt, der jetzt völlig in seine Arbeit vertieft war, flüsterte er Sir Gregory zu, dass er nach dem Abendessen zurückkommen würde, und zog sich vom Tatort zurück, begleitet von Higgs zur Tür, der ihn hinausließ und sie hinter sich schloss bevor er zu seinem Posten am Fuß der Treppe zurückkehrte.

Oben im Haus richtete sich Gimblet auf und wandte sich an Sir Gregory und den Angestellten, die ein paar Stufen unter ihm auf der Treppe standen.

Sir Gregory, der vor aufgestauten Fragen fast erstickte, nutzte die Gelegenheit.

„Haben Sie etwas gefunden?" schrie er, und Tremmels, obwohl er nichts sagte, war ein lebendiges Echo der Worte, als er sich hinter Sir Gregory beugte, um die Antwort zu verstehen.

„Noch ist nichts Bestimmtes", sagte Gimblet, „aber ich kann sagen, dass es mir wahrscheinlich erscheint, dass Mrs. Vanderstein, falls sie am Montagabend hierher kam, nicht lange im Haus blieb. Ich würde sagen, sie ging auf keinen Fall höher als bis zum Boden des Wohnzimmers." Und er begann mit der Untersuchung der Räume und arbeitete sich nach unten vor.

Die Schlafzimmer brachten keine Ernte; Sie sahen trostlos aus wie unbewohnte Räume und waren offensichtlich nicht betreten worden, da sie, nachdem sie mit großer Gründlichkeit gefegt und gereinigt worden waren, dem Mieter zur Verfügung gestellt worden waren. Keines der Betten war gemacht, es gab kein Wasser in den Krügen, es gab überhaupt keine Anzeichen dafür, dass eines davon seit der Abreise von Mr. und Mrs. Mill auch nur benutzt worden wäre. Gimblet verbrachte nicht so viel Zeit mit ihnen wie mit der Treppe, aber es war nach acht Uhr, als er schließlich aus der letzten Treppe herauskam und in den ersten Stock hinabstieg.

„Ich kann es immer noch oben versuchen, wenn es hier nichts Eindeutiges gibt", sagte er zu Sir Gregory, als sie nach unten gingen.

Mit der Hand auf der Türklinke des Salons hielt er einen Augenblick inne und betrachtete das besorgte Gesicht des alten Soldaten mit mehr Mitgefühl, als er es in letzter Zeit gezeigt hatte. Ein Gefühl beschlich ihn, dass es nicht gut für Sir Gregory wäre, dieses Zimmer zu betreten; es war ein vages, ungreifbares Gefühl, das er nicht erklären konnte; und im Nu war es wieder verschwunden. Er öffnete die Tür und ging in den Salon, während der Baronet, den erhaltenen Anweisungen gehorchend, treu auf dem Treppenabsatz stehen blieb, während das weiße Gesicht des Schreibers über seiner Schulter hervorschaute, eingerahmt im Türrahmen gegen die düsteren Schatten dahinter.

KAPITEL XVIII

BEI der ersten, eiligen Durchsuchung des Hauses war es Higgs zugefallen, früher als sein Herr den ersten Stock zu erreichen. Gimblet hatte es ihm überlassen, es zu untersuchen, während er selbst in die oberen Stockwerke eilte; so dass er nun zum ersten Mal den Salon betrat.

Er stand einen Moment da und drehte seinen Kopf nach rechts und links, um mit schnellen, umfassenden Blicken die Hauptmerkmale der Wohnung zu erfassen. Dann versteifte sich plötzlich die ganze Gestalt des Mannes; und es war in diesem Moment schwer, Mr. Gimblet, den Dilettanten, den Besucher von Kuriositätenläden, den Faulenzer in Gemäldegalerien, in der angespannten, regungslosen Gestalt von Gimblet, dem Detektiv, zu erkennen. Er stand da, wie ein Zeiger steht, wenn er den Wind des Wildes einfängt, aufrecht und steif, in einer Haltung unterbrochener Bewegung, ein Knie noch immer gebeugt für den Schritt, den er gerade gemacht hatte; Sein ganzer Körper war absolut still, abgesehen von einer Reihe von kurzen, aufeinanderfolgenden Atemzügen, während er mit zurückgeworfenem Kopf und in seinen Augen leuchtenden scharfen, ausgeglichenen Erregungen des Jägers die Luft schnupperte.

Was roch er? Etwas so Schwaches, so Unbestimmtes, dass er es nach dem ersten fesselnden Augenblick völlig verloren hatte; Und mit ihm entglitt das Wissen darüber, was es war – das in dieser einen Sekunde beinahe ihm vorgekommen war – und war verschwunden, und auch seine größte Anstrengung konnte sich nicht daran erinnern. Oh, für einen weiteren Hauch dieses ausweichenden, beunruhigenden Geruchs! Aber so sehr er auch schnüffeln wollte, er konnte nichts mehr erkennen, und langsam entspannte sich seine Haltung, und er brachte andere Sinne auf die Szene.

Der Raum war durch seine Form in einen vorderen und einen hinteren Salon unterteilt, wie es in Londoner Häusern üblich ist; aber die beiden waren zusammengewürfelt und die Tür führte in den schmaleren hinteren Teil, so dass das Licht aus dem Fenster mit Blick auf den Garten, der von Bäumen verdeckt war, während er noch alles beleuchtete, was zu Gimblets Rechten lag, kaum in den Garten eindrang vorderer und größerer Teil des Ortes. Dort verhinderten die geschlossenen Fensterläden der drei zum Balkon führenden Fenster, dass das Licht eindringen konnte, und es war sehr dunkel. Der Detektiv zündete das Gas an und sah sich um.

Es war ein fröhlicher, angenehmer Raum; Es war nicht mit Möbeln überfüllt und zeugte von Geschmack und Urteilsvermögen bei der Anordnung und Dekoration, obwohl es nichts sehr Originelles an sich hatte. An den Wänden, die mit hellem Papier bedeckt waren, hingen drei oder vier schöne moderne Bilder; Der Kaminsims stammte aus dem 18. Jahrhundert, und auf beiden

Seiten stand ein Chippendale-Schrank mit Regalen für Porzellan, von dem einige gute Stücke durch die kleinen Scheiben der Glastüren zu sehen waren. Am anderen Ende des Raumes befand sich ein langes, niedriges Bücherregal, und bis auf eine große Schreibkommode bestand die übrige Einrichtung aus Sofas und Stühlen sowie einem oder zwei kleinen Tischen. Es war ein Raum, zugleich zierlich und trostlos, fröhlich und verlassen. Die leeren Blumenvasen, die auf den Tischen standen, das Fehlen verstreuter Bücher, Arbeiten, Papiere oder anderer Anzeichen menschlicher Besiedlung verliehen dem Ganzen ein Gefühl von Unbehagen und Tristesse; Aber aus den hellen Chintzstoffen und Vorhängen und dem weichen Luxus des Teppichs war deutlich zu erkennen, dass es nur der Anwesenheit seiner Besitzer bedarf, um ein fröhliches und lebhaftes Aussehen anzunehmen.

Gimblet begann seine Untersuchung auf seine übliche methodische Weise, indem er sich auf Händen und Knien über den Boden bewegte und den Teppich durch seine Linse an jeder Stelle betrachtete, an der es einen zweifelhaften Abdruck oder eine zweifelhafte Veränderung im Erscheinungsbild seiner Oberfläche gegenüber der Umgebung gab Teile. Als er zu Stühlen oder Tischen kam, schob er sie zur Seite und setzte seine Suche an der Stelle fort, an der sie gestanden hatten. Es gab zwei kleine Chesterfield-Sofas, von denen eines im rechten Winkel zum Kamin vor dem rechten Fenster im vorderen Teil des Zimmers hervorragte, das andere mit der Rückseite an der Wand zur Tür gerichtet.

Als der Detektiv zum Sofa am Kamin kam, schob er es beiseite, so wie er jedes Möbelstück nacheinander geschoben hatte, und als sein Blick auf den Boden darunter fiel, entfuhr ihm ein leiser Pfiff: Da war ein Stück rötlicher Fleck auf dem grünen Wilton-Teppich, etwa sieben Zentimeter im Durchmesser, und ein oder zwei kleinere Flecken daneben von derselben rostigen Farbe.

Den Kopf auf die Seite gelegt und die Lippen immer noch gespitzt, als wollten sie einen Pfeifton von sich geben, ohne dass ein hörbares Geräusch von ihnen kam, starrte Gimblet auf den Fleck auf dem Teppich. und je länger er blickte, desto strenger wurde sein Gesicht; Der pfeifende Gesichtsausdruck verschwand und er öffnete und schloss seinen Mund mit einem knirschenden Geräusch, als sich die Zähne trafen. Er rieb mit dem Finger über die Flecken, und der Fleck schien bei seiner Berührung wegzubröckeln, bis ein Loch im Teppich entstand und die weißen Bretter des Bodenbelags sichtbar wurden. Er richtete seine Linse auf die Ränder des Lochs und zupfte mit den Fingern an der ausgefransten Wolle. Ein kleines Stück, das er abgezogen hatte, schenkte er in einer der kleinen Präparateboxen, mit denen er sich ausgestattet hatte.

Dann stellte er das Sofa wieder an seinen ursprünglichen Platz und untersuchte den Boden weiter. Unter dem Kotflügel entdeckte er einen weiteren kleinen Gegenstand, den er auf der Treppe aufgesammelt hatte, aber sonst fand er nichts Interessantes, bis er begann, seine Aufmerksamkeit den Möbeln zuzuwenden. Fast das erste, was er betrachtete, war das Sofa, das das Loch im Teppich verdeckte; Er fühlte sich mit einer unwiderstehlichen Anziehungskraft dorthin zurückgezogen. Eine sorgfältige Prüfung ergab jedoch nicht viel mehr als die Tatsache, dass der Chintzbezug ziemlich durcheinander war. Gimblet grub seine Hand in die Rückseite des Sitzes und zog den Teil davon heraus, der nach unten geklappt war. Dabei spürte er eine kleine Beule unter seinen Fingern, und als er sie hochhielt, sah er, dass es sich um ein weiteres winziges, glänzendes Ding für seine Pillendose-Sammlung handelte, und als er das Stück Chintz betrachtete, das er herausgezogen hatte, bemerkte er mehrere weitere der gleichen Art.

Sie glitzerten im Gaslicht wie kleine Diamanten, waren aber offensichtlich vom glitzernden Tüll eines Damenkleides gelöst. Gimblet erinnerte sich, dass Frau Vandersteins Kleid von ihrer Zofe als „ *diamantfarben* " beschrieben worden war; aber dann war es möglich, ja sogar wahrscheinlich, dass Mrs. Mill oder ihre Freundinnen Kleider aus ähnlichem Material besaßen. Gimblet bückte sich erneut und zog den Rest des Sofabezugs aus den Tiefen hinter den Kissen hervor. Diesmal hat er alles geschafft; Die ganze Decke lag in einer unordentlichen, unhandlichen Masse vor ihm ausgebreitet, und aus dem Ende, als er sie herausriss, schossen zwei kleine Gegenstände heraus, die zu seinen Füßen auf den Boden fielen. Einen Augenblick später hatte er sie vom Boden gehoben und stand da und starrte sie an: Es waren ein Stück zerdrücktes und gefaltetes Papier und eine winzige Puderquaste.

Der Detektiv faltete das Papier auseinander und hielt es ans Licht; Es handelte sich um ein Blatt dickes weißes Notizpapier, auf dem eine Krone und ein Symbol in schwerer Goldschrift eingeprägt waren. Darunter war in feiner, schräger ausländischer Handschrift geschrieben

„Am meisten verehrt, ich zähle die Stunden, die Minuten, bis ich zum ersten Mal den Klang deiner Stimme höre. Der Himmel sei gepriesen, dass ich nicht lange warten muss, und du, den der Himmel mir gesandt hat, nimm den Dank meines dankbaren Herzens an. Ich schicke dies durch Madame Q."

Die darauf folgende Unterschrift ließ Gimblet die Augen öffnen. „Felipe" konnte sich in Verbindung mit der Krone am Kopf des Papiers und dem fremdartigen Charakter der Schrift nur auf eine Person beziehen. Gimblet war sich bewusst, dass der Prinz von Targona London mit seiner Anwesenheit ehrte. Er blickte sich sorgfältig im Raum um, um sicherzustellen, dass niemand in der Nähe war, faltete das Papier sorgfältig zusammen und legte es in sein Notizbuch. Dann wandte er seine Aufmerksamkeit der Puderquaste zu.

Es war eine gewöhnliche kleine Puderquaste aus rosa Seide und weißen Daunen – sehr klein, sehr zierlich, wenn auch sehr alltäglich. Gimblet drehte es immer wieder um, konnte aber nichts erkennen, was es von anderen Puderquasten unterscheiden würde. Nicht, dass es eine Kuriosität gewesen wäre, mit deren Besonderheiten er sich sehr gut auskannte; Er konnte nicht umhin zu erkennen, dass seine Ausbildung in Sachen Puderquasten vernachlässigt worden war. Ein französischer Detektiv, sagte er sich traurig, hätte in diesem Stofftier eine ganze Geschichte gelesen. Er strich damit über seinen Handrücken, aber es hinterließ keine Spuren; Er schüttelte es in die Handfläche, aber es fiel kein Pulver heraus. Es war ihm klar, dass es in den weißen Händen, die es zuvor umklammert hatten, auch für einen Nutzen hätte dienen können, in seinen hatte es überhaupt keinen Nutzen, und in seiner Verärgerung neigte er dazu, es von sich zu werfen. Aber seine methodischen Gewohnheiten setzten sich durch und er tastete in seinem Mantel nach einer Schachtel, in der er es aufbewahren konnte. Und plötzlich, mit einer scheinbar unwillkürlichen Bewegung, hob er die Hand, die die Puderquaste hielt, und hielt sie an seine Nase.

„Ah", seufzte er, und es war ein Seufzer tiefer Zufriedenheit. Dann verstaute er das kostbare flauschige Ding und steckte es in seine Tasche. Er beendete den Rundgang durch die Möbel, ohne weitere Entdeckungen zu machen; Am Ende forderte er Tremmels auf, den Inhalt des Zimmers aus dem Inventar vorzulesen, wie er es am Ende seiner Besuche in jedem Zimmer oder Flur getan hatte, indem er jeden Gegenstand abhakte, während der Angestellte seine Beschreibung vorlas.

„Ich hoffe", sagte er zu Sir Gregory, „etwas zu finden, das im Inventar nicht erwähnt wird und das wir für das Eigentum von Mr. West halten könnten." Aber bisher gibt es nichts, was ihm gehören könnte, nicht einmal eine Zahnbürste. Er scheint zweifellos ein Anführer des einfachen Lebens zu sein." Dann wandte er sich wieder an Tremmels. „Werden die Stuhlbezüge nicht erwähnt?" er hat gefragt. Doch der junge Mann starrte ihn nur mit offenem Mund an und nahm ihm das Buch aus der Hand.

„Lass mich sehen", murmelte er und fuhr mit dem Finger über die Seite. "Hier sind wir. „Zwei Chesterfield-Sofas und fünf Sessel mit losen Chintzbezügen." Könnte alles bedeuten. Schau hier!" Er wandte sich erneut an den Angestellten. „Sie haben das Inventar durchgesehen. Woran erinnerst du dich von diesem Sofa?" Er zeigte auf das Sofa gegenüber der Tür, das im Gegensatz zu den anderen Sofas und Sesseln keinen Chintzbezug hatte. Tremmels war durch den scharfen Ton des Detektivs aufgeschreckt.

„Ich – ich erinnere mich überhaupt an nichts“, stammelte er.

„Was, erinnerst du dich nicht daran, dass es eine Hülle hatte?“

Gimblets zweite Frage war noch schärfer formuliert. Der Angestellte warf ihm einen Blick zu, in dem sich Argwohn, Schüchternheit und Verwirrung seltsam vermischten, und er antwortete hartnäckig und wiederholte seine früheren Worte, als ob er glaubte, man würde ihm eine Falle stellen.

„Ich erinnere mich an nichts davon.“ Sein blasses Gesicht hatte einen Ausdruck, der hölzerner war als je zuvor.

Der Detektiv wandte sich mit einer ungeduldigen Bewegung von ihm ab und blickte mit gerunzelter Stirn auf das Sofa hinunter. Es war genau das gleiche wie das im vorderen Teil des Raumes, aber statt einer Decke aus rosa-weißem Chintz zeigte es nur die Polsterung, mit der es ursprünglich von den Machern überzogen worden war: eine Art weißer Wandteppich mit graue Blumen und rote Flecken, deren Farbe im Großen und Ganzen dem Chintz auf den anderen Sofas und Stühlen nicht unähnlich war, aber eng anliegend und die nackten Beine aus braun lackiertem Holz freilassend, die eine besonders hässliche Form hatten.

„Komm“, sagte Gimblet schließlich, „ich muss nach unten gehen.“

"Was hast du gefunden?" Sir Gregory fragte ihn besorgt, als sie hinuntergingen, gefolgt von dem Angestellten in einiger Entfernung: „Was haben Sie auf dem anderen Sofa gefunden?“

Der Detektiv zögerte einen Moment.

„Sir Gregory“, sagte er, „hier gibt es etwas, eine Geschichte, die gelesen werden muss, wenn ich sie lesen kann.“ Ich glaube, die Wände versuchen, zu mir zu sprechen, wenn ich nur richtig zuhören könnte. Es gibt sehr klare Dinge, die ich sehen kann, aber nicht genug davon, und es gibt etwas, das ich nicht verstehe. Aber was ich gesehen habe, deutet auf unheimliche Dinge hin, und ich muss Sie warnen, dass mir ihr Aussehen nicht gefällt.“

"Herr. Gimblet!“ rief Sir Gregory. "Wie meinst du das?"

„Ja, Sir Gregory“, sagte der Detektiv. „Ich bin um deinen Freund sehr viel unruhiger als je zuvor. Ich befürchte, dass es sehr schlimm sein könnte, wenn ich Ihnen Neuigkeiten von ihr mitteilen kann. Möglicherweise müssen Sie einen Schock ertragen. Glaubst du nicht, dass es das Beste wäre, wenn du nach Hause gehst und wartest, bis ich zu dir komme?“

Aber obwohl sich auf Sir Gregorys Gesicht ein Ausdruck entsetzter Trauer zeigte, wollte er nicht gehen.

Das Esszimmer sagte nichts, Gimblets Nachforschungen dort waren vergeblich, und er begab sich bald in den Raum dahinter, der eine Bibliothek oder ein Raucherzimmer zu sein schien. Die Fensterläden waren, wie sie vom Garten aus gesehen hatten, geschlossen, aber zu diesem Zeitpunkt war der letzte Teil der langen Sommerdämmerung bereits verblasst und die Nacht versprach, dunkel und windig zu werden. Gimblets erste Handlung bestand darin, das Gas anzuzünden.

Es war ein kleiner Raum, dieses Hinterzimmer, in dem Mr. Mill zweifellos, wenn er zu Hause war, seine Pfeife rauchte und sich um seine Korrespondenz kümmerte. Zwei der Wände waren mit Bücherregalen gesäumt; eine Seite war vom Fenster eingenommen; und am vierten, gegenüber der Tür und über dem Kamin, hingen in düsterem Schwarz gerahmte Schabbilder. Sie umringten ein kleines Ölgemälde, das den Ehrenplatz direkt über dem Kaminsims einnahm und Gimblets interessierten Blick direkt auf sich zog. Es schien ein Beispiel der frühen niederländischen Schule zu sein, und er verspürte den Wunsch, es näher zu untersuchen. Der Kamin darunter war mit alten blauen und weißen Kacheln ausgekleidet, und auch auf diese warf er einen neidischen Blick, aber die Gefühle des Sammlers waren gerade denen des Detektivs unterworfen, und er wandte sich den alltäglicheren Möbeln zu das Zimmer.

Es war nicht viel darin: Auf jeder Seite des Kamins standen ein paar Sessel, und vor dem Fenster stand ein großer Schreibtisch, auf dem ein Tintenfass, ein Löschbuch und ein paar Krimskrams lagen . Selbst damit sah der Tisch leer aus; man hat die Papiere übersehen, die eigentlich dort hätten verstreut sein sollen. Als Gimblet daneben stand, spürte er den kalten Luftzug, der an seinem Ohr vorbeipfiff, und blickte zum ersten Mal zum Fenster.

„Es muss offen sein", sagte er sich und als er genauer hinsah: „Bei Jingo!"

Es war ein Schiebefenster der altmodischen Art, mit etwa einem Dutzend holzgerahmten Scheiben in jeder Hälfte und dem üblichen Metallverschluss, der die Ober- und Unterseite zusammenhielt, wenn das Fenster geschlossen war. Es war jetzt geschlossen, und die kalte Luft, die den Raum durchdrang, drang durch Risse in den Fensterläden ein und traf danach auf kein weiteres Hindernis mehr, denn die obere mittlere Scheibe des unteren Fensterrahmens war ohne Glas.

Gimblet schob den Tisch weg und untersuchte das leere Gestell sorgfältig, wobei er die Kanten mit einem unvorsichtigen Finger berührte, den er jedoch ziemlich hastig zurückzog und an seinen Mund führte. Er blickte auf den Boden; und dann kniete er sich, seiner üblichen Gewohnheit folgend, mit der Linse in der Hand darauf nieder. Das Gaslicht wurde durch den Schatten des

Schreibtisches verdeckt, und er griff auf eine elektrische Taschenlampe zurück. Offenbar war er mit dem, was er sah, zufrieden, denn er stand bald auf und wandte sich wieder dem Fenster zu. Er löste den Riegel und versuchte, mit einer Hand den Flügel anzuheben, indem er sich auf den Rahmen stützte, aber er blieb steif, und er musste beide Hände und viel Kraft aufbringen, bevor er ihn anheben konnte.

Dann ließ er das Licht der kleinen Taschenlampe auf dem Fensterbrett aufblitzen und nahm einen Glasscherben heraus. Danach setzte er seine Inspektion des Zimmers und seines Inhalts fort. Es befand sich, wie gesagt wurde, nur wenig darin außer Büchern, aber alles, was darin war, wurde der üblichen genauen Prüfung unterzogen; Der Papierkorb wurde nicht vergessen, ebenso wenig wie der leere Rost und die Kohlenrinne. Am Ende verglich Gimblet die im Inventar aufgeführten Dinge mit denen im Raum, schloss die Tür zum Flur und ließ seine Linse hastig über das Holzwerk gleiten. Anscheinend sah er mehr darauf, als er erwartet hatte, denn er ging langsamer zu seiner Aufgabe über und verbrachte mehrere Minuten damit, einige kleine Schmutzflecken zu untersuchen, die mit bloßem Auge auf der weißen Farbe sichtbar waren.

Endlich hatte er es geschafft, und nur noch der Keller musste untersucht werden. Dies dauerte einige Zeit und die Ergebnisse enttäuschten ihn, mit Ausnahme eines Schranks unter der Treppe, in dem er die Kehrschaufel eines Hausmädchens voller Glasscherben entdeckte. Er ergriff es mit eifriger Erregung und untersuchte die Oberfläche der Dose sehr sorgfältig mit seiner Linse; nur um es mit einem gereizten Zungenschnalzen wieder wegzulegen.

Sir Gregory beobachtete diese Vorgänge in bestürztem Schweigen; Seine Hoffnungen hatten sich bei den Worten, die Gimblet beim Verlassen des Salons an ihn gerichtet hatte, in Hoffnung verwandelt; Als jede weitere Tür aufgerissen wurde, spürte er, wie sich sein Herz zusammenzog und er eine kranke Angst hatte, mit einem schrecklichen Anblick konfrontiert zu werden. Jetzt hätte er es fast vorgezogen, wenn der Detektiv keinen Hinweis gefunden hätte, so sehr fürchtete er sich vor der Lösung, zu der er instinktiv spürte, dass diese kleinen Entdeckungen unwiderstehlich führten.

Das Gesicht des Angestellten, der gleichermaßen die Rolle eines stillen Zuschauers spielte, zeigte einen Ausdruck aufgeregten Interesses, außer wenn er angesprochen wurde und sich in seiner üblichen hölzernen Apathie entspannte. Zu anderen Zeiten blickte er mit fieberhaften, angespannten Augen über Sir Gregorys Schulter, offensichtlich erfüllt von der Leidenschaft für Sensationen in jeglicher Form, die seiner Klasse eigen ist; Dass er jedoch ebenso im Dunkeln tappte wie Sir Gregory, was die Schlussfolgerungen anbelangte, die dem Detektiv aus den verschiedenen von ihm untersuchten Objekten hervorgingen, zeigte sich an dem Ausdruck einer Art Hochgefühl, mit dem er die winzige Aufmerksamkeit beobachtete, die dem Unnützen geschenkt wurde Schaufel.

Gimblet stellte diesen Artikel wieder an seinen Platz und holte einen nach dem anderen die anderen Dinge aus dem Schrank heraus: eine Wasserkanne, einen Eimer, eine Scheuerbürste und anderen Krimskrams. Das Letzte, was er ans Licht brachte, war ein zerknittertes Zeitungspapier, das hinten in einigen Besen und Eimern verstaut war. Das sah nicht interessant aus; und während Sir Gregory mit Erleichterung sah, wie er mit allem umging, was ihm Luft zum Atmen verschaffte, verzog sich Tremmels Gesicht.

Gimblet war jedoch zu methodisch, um irgendetwas zu ignorieren, selbst einen so wenig vielversprechenden Gegenstand wie eine alte Zeitung. Er breitete sie auf dem Boden des Ganges aus, entrollte die zerknüllten Seiten und breitete sie flach auf den Brettern aus. In der Mitte der Kugel befand sich eine kleine Menge Staub oder eher etwas, das eher wie Erde aussah. Gimblet hob ihn mit einer Hand auf und ließ ihn durch seine Finger in die Handfläche der anderen fallen; er war schwarz und fein, fühlte sich aber körnig an. Mit einem verwirrten Gesichtsausdruck verstaute er einen Teil davon in einer seiner kleinen Schachteln und steckte den Rest, eingewickelt in ein Stück Zeitung, in seine Tasche. Dann verschwand er im Kohlenkeller, dem einzigen Ort, den er noch nicht besucht hatte. Er fand dort nichts.

Mittlerweile war es fast zehn Uhr.

Sie gingen zurück in die Halle und Gimblet öffnete die Tür der kleinen Bibliothek.

„Setzen Sie sich hierher, Sir Gregory“, sagte er, „Sie waren schon seit Stunden auf den Beinen“ – und tatsächlich sank der Baronet vor Müdigkeit um. „Ich gehe gerade in den Garten, und du kannst dich auch ein wenig ausruhen. Was Sie betrifft“, fügte er zu Tremmels hinzu, „Sie können nach Hause gehen, wenn Sie möchten. Ich bin mit der Bestandsaufnahme fertig.“

„Da ist der Schlüssel“, erinnerte ihn der Angestellte, „und wenn es Ihnen nichts ausmacht, wenn ich noch ein paar Minuten hier im Flur sitze, bevor ich gehe … ich fühle mich selbst etwas müde, Sir.“

Er sah auf jeden Fall so aus, aber er hatte von Anfang an so krank ausgesehen, dass die Auswirkungen dieses stundenlangen Herumstehens und des Mangels an Essen, die sich schwer auf Sir Gregory auswirkten, kaum zu dem elenden Aussehen von Tremmels beitrugen, was auch immer er sein mochte Gefühl.

Gimblet sagte ihm, er solle sich setzen, und als er sie verließ, ging er in den Garten. Er ging nach hinten und den Weg entlang, der zum Geräteschuppen führte. Als er hineinging, suchte er im Schein seiner Taschenlampe zwischen den Geräten, die an der Wand lehnten; aber was er suchte, war nicht da und er zog sich unbefriedigt zurück. Als er langsam zum Haus zurückkehrte, bewegte er seine Lampe von einer Seite zur anderen, so dass das Licht auf die Blumenbeete schien, zwischen denen er ging, und nicht auf den Pfad unter seinen Füßen; es war, als ob er hoffte, unter den Blumen zu finden, was er suchte.

Als er um die Ecke der Mauer bog, sah er eine dunkle Gestalt, die gerade dabei war, das weitere Tor zu schließen; es kam auf ihn zu und er erkannte den Künstler Brampton.

„Sie arbeiten lange, Mr. Gimblet", sagte er, als er den Detektiv traf. „Irgendwelche Entdeckungen?"

Gumblet antwortete nicht; er schaute auf seine Uhr.

„Es *ist* spät", sagte er nach einer Pause; und dann halb zu sich selbst: „Spät! „zu spät und zu dunkel", murmelte er; und noch einmal: „Vielleicht ist es auch gut so." Es wird Sir Gregory nicht schaden, bis morgen auf schlechte Nachrichten zu warten."

„Was", sagte Brampton, „Sie haben schlechte Nachrichten für ihn?"

„Ich fürchte, es wird schlechte Nachrichten geben – morgen", sagte Gimblet.

Die Nacht war sehr dunkel, denn neue Wolken hatten sich zusammengezogen, und der Wind frischte wieder auf. Die Blätter der Bäume auf der Straße raschelten laut, als wollten sie protestieren; Aus der Ferne ertönte in den Pausen zwischen den Windböen das Klimpern einer Drehorgel.

„Es ist so kalt wie im Winter", grummelte Brampton.

Gimblet starrte zur Vorderseite des Hauses hinauf, und als er sprach, fiel Brampton die Veränderung in seiner Stimme auf.

"Natürlich!" rief er: „Die zerknitterte Zeitung! Worüber habe ich nachgedacht? Jetzt, ah, jetzt weiß ich es! Mr. Brampton", sagte er und bewegte sich so, dass er den anderen in der Dunkelheit ansah, „hier ist etwas sehr Schreckliches; etwas zu tun, an dem sich Sir Gregory überhaupt nicht beteiligen kann. Ich bin nur zu sehr davon überzeugt, dass in diesem Haus ein Verbrechen begangen wurde, ein grausames und heimtückisches Verbrechen, das ohne den geringsten Zufall vielleicht nicht entdeckt worden wäre Wochen. Hier waren keine gewöhnlichen Kriminellen am Werk; Wir haben es mit einem Schurken zu tun, der so kaltblütig und einfallsreich, so umsichtig und voller Voraussicht und abscheulicher List ist, wie ich ihn, glaube ich, noch nie zuvor gesehen habe. Wie sind Ihre Nerven, Mr.

Brampton? Ich sehe, dass Sie ein muskulös starker Mann sind, und ich werde Hilfe brauchen. Was sagen Sie? Können Sie mir die Hilfe geben, die ich möchte, oder soll ich in dieser Gegend den Polizisten suchen?“

Die feierlichen Worte des Detektivs und noch deutlicher der ernste und eindringliche Ton in seiner Stimme erregten die Einbildungskraft des Künstlers und erweckten in ihm eine entsetzte Wahrnehmung des Ernstes der Lage, die er bisher mit bloßem Auge beobachtet hatte , halb amüsiert, halb spöttisch, wenn wir an ein Indianerspiel denken, das von ernsthaften und dramatischen Kindern gespielt wird. Der Abenteuergeist schrie laut in ihm und überwand das Scheuen einer verfeinerten Natur vor dem Kontakt mit dem Schrecklichen.

„Sie können sich auf mich verlassen“, war alles, was er sagte, und daraufhin rannte Gimblet zur Tür und rief Higgs zu, er solle sie öffnen.

Die anderen Männer saßen so, wie er sie verlassen hatte, Sir Gregory in einem Sessel am Kamin der Bibliothek und der Angestellte im Flur; beide hingen in einer Haltung äußerster Müdigkeit zusammen.

„Würdest du bitte noch ein wenig bleiben, wo du bist?“ sagte Gimblet zu Sir Gregory. „Ich gehe mit Mr. Brampton nach oben, um zu sehen, ob er mir ein oder zwei Dinge sagen kann, die ich über die normale Entsorgung der Möbel wissen möchte; und danach werden wir nach Hause gehen, es sei denn, Sie lassen sich von mir leiten und tun dies sofort. NEIN? Nun, es wird nicht mehr lange dauern. „Wir werden dich nicht brauchen“, fügte er zu Tremmels hinzu, der steif darum kämpfte, von seinem Platz aufzustehen.

Bei Gimblets Worten sank er wieder zurück und lehnte seinen Kopf schwach gegen die Wand.

Mit einem Zeichen an Higgs und Brampton, ihm zu folgen, ging Gimblet nach oben.

Im Salon brannte noch immer das Gas, und die Tür stand noch so offen, wie er sie verlassen hatte. Gimblet blieb auf der Schwelle stehen und lenkte Bramptons Aufmerksamkeit auf das Sofa gegenüber.

„Erinnern Sie sich“, fragte er, „ob dieses Sofa einen Bezug hatte wie das andere, bevor Mr. Mill wegging?“

Brampton betrachtete es zweifelnd.

„Das kann ich nicht wirklich sagen“, sagte er. „Ich sollte es natürlich wissen, aber ich bin mir nicht ganz sicher. Sie sehen, die Farbe ähnelt sehr der der Chintze. Man wird es vielleicht nie bemerken. Trotzdem sind die Beine sehr hässlich; Ich glaube, ich hätte sie beobachten sollen. Und es sieht Mrs. Mill nicht ähnlich, ein hässliches Ding so deutlich zur Schau zu stellen. Aber im Großen und Ganzen bin ich mir da nicht sicher."

„Haben Sie nicht das Gefühl", sagte Gimblet, „dass in diesen glänzenden braunen Holzstücken etwas Schreckliches, etwas Furchtbares liegt? Ihre Hässlichkeit sollte anständig abgedeckt werden. Leider fürchte ich, ich weiß, wo ich nach ihrer Deckung suchen muss."

Er ging voran zu einem der französischen Fenster des Vorderzimmers und öffnete es. Er öffnete die Fensterläden, die immer noch den Weg versperrten, warf sie zurück und ging auf den Balkon hinaus, gefolgt von den beiden Männern.

Es war, wie er vom Boden aus gesehen hatte, ungewöhnlich breit und erstreckte sich über die gesamte Breite des Hauses. Rund um den Rand verlief eine niedrige, etwa neun Zoll hohe Mauer, die eine Balustrade aus Stein trug. Eine große grün gestrichene Holzkiste oder ein Trog, etwa zehn Fuß lang und einen Meter breit und so hoch wie die Balustrade, war mit Blumen bepflanzt, die offenbar nicht in einem besonders blühenden Zustand waren.

Im Licht der Straßenlaterne konnten sie sehen, dass die Blütenblätter der Geranien schwarz wurden und dass die Margeriten ihre Köpfe an Stielen hingen, denen jegliche Kraft verloren zu sein schien. Innerhalb der Balustrade lagen die schwarzen Schatten wie eine Tintenlache, und der Boden des Balkons war völlig unsichtbar, außer an der Stelle, an der das offene Fenster, durch das sie getreten waren, einen schmalen Lichtstrahl hereinließ.

„Öffnen Sie die Fensterläden der anderen Fenster", sagte Gimblet zu Higgs.

Als dies erledigt war, konnten sie besser sehen. Zu Bramptons Erstaunen bestand Gimblets nächste Handlung darin, eine der Geranien zu packen und sie an den Wurzeln hochzuziehen; Es folgte ein Gänseblümchen, und in wenigen Minuten hatte er jede Pflanze zerrissen. Als Brampton dastand und zusah, bemerkte er, wie leicht sie hochkamen.

Dann rief Giblet ihn.

„Nun, Mr. Brampton, wenn Sie und Higgs das Ende der Kiste übernehmen, kann ich das schaffen. Ich möchte es ein wenig nach oben kippen."

Es erforderte die ganze Kraft der drei Männer, die bis zum Rand mit Erde gefüllte Kiste zu bewegen. Keuchend und keuchend bewegten sie es zunächst von der Balustrade weg und neigten es in Richtung der Hauswand. Mit zunehmendem Winkel ergoss sich die Erde, und nach einer Minute war der Boden tief darin.

„Sanft, sanft“, sagte Gimblet. „Sehen Sie, was ist das?“ und er zeigte auf etwas Weißes, das in der Kiste durch die Erde ragte.

Seine elektrische Taschenlampe leuchtete darauf, und die anderen balancierten den schiefen Blumenkasten auf seinem Rand, spähten hinein und sahen, dass es sich um ein Stück rosa-weißen Chintz handelte.

Es schien lange zu dauern, bis Giblet sprach. Er stand da, als sei er zu Stein geworden, und Brampton spürte, wie ihn ein undefinierbares Entsetzen überkam, eine Angst, vor der er nicht wusste, was, aber von der er sich bewusst zu sein schien, dass es sich in gewisser Weise um eine Widerspiegelung oder telepathische Übertragung der unausgesprochenen Gedanken des anderen handelte.

Endlich richtete sich Gimblet mit offensichtlicher Anstrengung auf.

„Wir müssen noch ein bisschen Erde ausheben“, sagte er leise, „jetzt ganz vorsichtig.“

Ganz vorsichtig hoben sie die Seite des Standes wieder an, und ein Schwall Erde ergoss sich über den Rand; Der kleine weiße Fleck, den sie in einer Ecke gesehen hatten, wurde zu einem großen Stück, und fast augenblicklich war es allen klar, dass der größte Teil der Kiste damit gefüllt war. Gimblet überließ es den anderen, die Kiste zu verwalten, die sich nun leicht stabilisieren ließ, lief um die Kiste herum und kniete sich neben die Kiste, schaufelte eine Handvoll Gartenschimmel heraus und enthüllte etwas, das wie ein sehr langes, sperriges Bündel geblümten Chintzs aussah.

Plötzlich brach Brampton mit einer Stimme, die kaum über ein Flüstern hinausging, die Stille.

"Mein Gott!" sagte er, zeigte und starrte mit entsetzten Augen.

Aus der Ecke des Umschlags ragte eine Hand hervor, halb mit Erde bedeckt; Es war eine weiße und wohlgeformte Hand, die Hand einer Frau.

"Siehst du es?" flüsterte Brampton erneut und lehnte sich zitternd an die Wand.

„Es ist eine Hand“, sagte Higgs besorgt, aber ruhig.

Gimblet war sehr blass und holte schnell Luft, während er sich darauf vorbereitete, den umhüllenden Chintz hochzuheben. Die erleuchteten Fenster warfen drei Lichtstrahlen in die Dunkelheit und warfen grotesk verzerrte Schatten der Männer auf den Balkonvorsprung. Ein plötzlicher Windstoß ließ die Bäume auf der Straße stöhnen und zittern, als wären sie vom Besen einer nachtreitenden Hexe hinweggefegt worden; Überall um sie herum drängte sich die Dunkelheit wie ein böses Ding zusammen, das, wenn es es wagen würde, die winzigen schützenden Lichter zu verschlingen, die die Menschen zur Selbstverteidigung anzünden.

Gimblet spürte, wie er gegen solche böswilligen Einflüsse ankämpfte; halbbewusste Ängste, ein Gefühl böser Präsenz in der Luft, Spott, Spott, das Zusammenballen, um sich über die Folgen der irdischen Schurkerei zu freuen, schienen ihn zu lähmen; und er musste seine Willensreserven aufbieten, bevor er sich nach kurzem Zögern nach vorne beugte und die Chintzdecke entrollte.

Darin befand sich die Leiche einer jungen Frau. Langes schwarzes Haar lag in Locken auf ihren Schultern und fiel über das einzelne weiße Kleidungsstück, das sie trug. Das Gesicht war so schrecklich entstellt, dass es kaum wiederzuerkennen war.

Mit einem Schauder zog Gimblet die Hülle wieder über sie.

„Vitriol", murmelte er, und während er sprach, bemerkte er, dass jemand hinter ihm in der Fensteröffnung stand.

Bevor er sich umdrehen konnte, ertönte ein herzzerreißender Schrei in seinem Ohr, und er schaffte es nicht, Sir Gregory aufzufangen, der in der Schießscharte zurücktaumelte und von dort ohnmächtig zu Boden fiel. Als Gimblet ihm zu Hilfe sprang, hatte er eine flüchtige Vision von einem gespenstischen Gesicht und einer kauernden Gestalt im hinteren Teil des Salons: Es war das Gesicht von Tremmels, dem Angestellten, aber so wild und weiß vor Schrecken, so verzerrt von ihm Der Schock über das, was er gesehen hatte, war fast wie der eines anderen Mannes.

Anhand des Geräusches der sich öffnenden Fensterläden und der plötzlichen und anhaltenden Stille vermutete er, dass sich im Stockwerk über ihnen etwas abspielte, und konnte die durch Warten und Untätigkeit verstärkte Spannung und Neugier nicht länger ertragen Der Angestellte hatte sich nach oben in den Salon geschlichen, ohne die Aufmerksamkeit von Gimblet oder seinen Assistenten auf sich zu ziehen, und der Schrecken dessen, was sie gesehen hatten, war für sie beide zu groß.

Als Gimblet mit Hilfe von Higgs die leblose Gestalt des Baronets von dort hob, wo sie heruntergefallen war, ließ ein plötzlicher lauter Lärm von der Straße unten sie fast ihre Last fallen; und es dauerte eine Sekunde, bis einem von ihnen klar wurde, dass es sich bei dem Geräusch nur um den ersten klirrenden Takt eines beliebten Musikstücks handelte. Die Drehorgel, die sie eine Viertelstunde zuvor gehört hatten, war in die Scholefield Avenue gewandert und hatte, ohne Zweifel von den erleuchteten Fenstern angezogen, es für angebracht gehalten, vor Nr. 13 anzuhalten und dort mit ihrem stürmischen Sturz in die Melodie zu beginnen. Die Hälfte der ausgelassenen Luft, die es spielte, war mit dem üblichen Lärm aus knallenden Bässen und klirrenden Tonleitern herausgewirbelt, bevor einer von denen, die darüber in der grimmigen Gegenwart des Todes standen, seine Geistesgegenwart ausreichend wiedererlangt hatte, um anhalten zu können Es.

Gimblet forderte den Angestellten kurz auf, kein Idiot zu sein, sondern sich zusammenzureißen und ihnen zu folgen, und trug Sir Gregory mit Hilfe von Higgs und Brampton aus dem verhängnisvollen Haus in das Haus Nr. 15, das Haus des Künstlers. Hier übergaben sie ihn in die Obhut von Mrs. Brampton, einer fähigen, geschäftigen Frau mit ausgeprägtem gesunden Menschenverstand, der ihr Mann mit zurückhaltenden Worten so viel wie möglich über die Situation erklärte.

„Nebenan hat sich eine schreckliche Tragödie ereignet, meine Liebe“, erzählte er ihr. „Dieser arme Herr ist ohnmächtig geworden, als er vom Tod seines Freundes erfahren hat“, und das gutherzige, vernünftige Geschöpf übernahm Sir Gregory, ohne kostbare Zeit mit Fragen zu verschwenden.

Auf seine Bitte hin führte Brampton den Detektiv zum Telefon, während Higgs losgeschickt wurde, um nach einem Polizisten zu suchen.

„Ist das Scotland Yard?“ fragte Gimblet, als der Künstler die Tür hinter ihm schloss und zu seiner Frau zurückkehrte.

Als der Detektiv mit dem Telefonieren fertig war, war Higgs mit zwei Polizisten zurück. Derjenige, den er in der nächsten Straße gefunden hatte, hatte nach einem Kameraden gepfiffen. Gimblet ging mit ihnen zu Nr. 13, und gemeinsam betraten sie den stillen Salon, wo das Gas noch immer brannte und die Fenster in der Nacht offen standen wie drei schwarze Türen zu einer schurkischen und tragischen Welt. Mit Hilfe der Neuankömmlinge wurde der Körper der Toten aus dem Blumenkasten gehoben und ins Haus getragen, wo er, noch immer in die Chintzdecke gehüllt, vorsichtig auf einem der Sofas abgelegt wurde. Für einen Moment schlugen sie die Verpackung zurück, während Gimblet hastig nach einem Hinweis suchte, der versehentlich darin hätte enthalten sein sollen, aber da war nichts außer dem Körper und dem einen Kleidungsstück, in das er gekleidet war.

„Sehen Sie“, murmelte er mit leiser Stimme und zeigte auf einen länglichen Einschnitt am Saum des Hemdes, „da haben sie das Leinen weggeschnitten.“ Zweifellos wurde der Name oder die Initiale an dieser Stelle eingestickt. Was für ein feines Leinen es ist; und dieser Spitzenbesatz ist so zart wie ein Spinnennetz! Wenn uns nichts anderes zur Verfügung stünde, wäre dies ein Beweis dafür, dass die ermordete Frau reich und luxuriös war. Die meisten Frauen würden, wenn sie solche Spitze hätten, sie behalten, um ihre Kleider damit zu schmücken.“

Er zog die Decke wieder über sie; und als er zum Balkon zurückging, stand er da und betrachtete die halb leere Kiste und den Erdhaufen, der auf dem Boden aufgehäuft war.

„Sie müssen die Aufgabe gehabt haben, den überschüssigen Boden wegzuräumen", bemerkte er zu Higgs, der ihm gefolgt war. „Ich vermute, dass es Eimer für Eimer in den Garten getragen wurde und die letzten ein oder zwei Handvoll in eine Zeitung zusammengekehrt wurden. Ich habe Spuren davon unten in einem Schrank gefunden."

Sie überließen es der Polizei, das Haus zu bewachen, machten sich auf die Suche nach Sir Gregory und fanden ihn so weit genesen, dass er in der Obhut von Higgs in einem Taxi nach Hause geschickt werden konnte. Man sah auch, wie der Angestellte sich sicher auf den Weg zu seiner Unterkunft machte, wo er, dachte Gimblet bei sich, die Brandyflasche wahrscheinlich mit ins Bett nehmen würde.

„Sie müssen der Untersuchung beiwohnen, wissen Sie", sagte er zu ihm, als er ging. „Es kann morgen oder übermorgen sein. Guten Abend, und bleiben Sie nicht die ganze Nacht wach."

Nachdem er sich erneut bei den Bramptons bedankt und sich entschuldigt hatte, fand Gimblet ein anderes Taxi und gab dem Fahrer beim Einsteigen die Adresse von Joe Sidneys Zimmern.

„Ich denke", sagte er zu sich selbst, „es ist gerade an der Zeit, diesem jungen Herrn einen Besuch abzustatten."

KAPITEL XIX

ES war kurz vor elf, als das Taxi vor der Tür von Sidneys Unterkunft in der York Street, St. James's, hielt, und wie es der Zufall wollte, stand Sidney selbst auf der Türschwelle und steckte gerade seinen Schlüssel ins Schloss . Gimblet sah, wie er erkannt wurde, als er aus dem Taxi sprang, und sah auch einen Ausdruck unverkennbarer Freude über die Wiedererkennung.

„Dieser Mann ist genauso unschuldig wie ich", dachte er, als der junge Soldat ihn begrüßte.

„Komm rein", sagte Sidney, „du bist genau der Mann, den ich sehen wollte. Ich war heute Abend in Ihrer Wohnung, aber Sie waren gerade ausgegangen, sagte der Portier. Ich bin gespannt, ob Sie Neuigkeiten über meine Tante und Miss Turner haben."

Während er sprach, ging er voran und führte den Detektiv in ein Wohnzimmer im ersten Stock, während er das Licht anschaltete.

Gimblet wartete, bis die Tür hinter ihnen geschlossen war, und wandte dann seinem Gastgeber ein ernstes Gesicht zu.

„Die Nachrichten sind sehr schlecht", sagte er langsam und wartete einen Moment, um Sidney die Bedeutung der Worte klarzumachen und ihn auf das Kommende vorzubereiten.

„Was ist passiert?", rief Sidney. „Sind sie verletzt? Ist Miss Turner ..."

Er blieb abrupt stehen und hielt sich an der Stuhllehne fest.

„Ich weiß nicht, was mit Miss Turner passiert ist", sagte Gimblet, „aber ich habe schreckliche Neuigkeiten über Ihre arme Tante. Mrs. Vanderstein wurde schändlich und grausam ermordet. Ich komme gerade von der Entdeckung ihrer Leiche."

„Ermordet!", rief Sidney, „ermordet! Von wem? Wie? Wo?" Er setzte sich mechanisch hin und starrte Gimblet an. „Und Miss Turner? Haben sie sie auch getötet?"

Der Detektiv wiederholte, dass er derzeit nichts von der jüngeren Dame wisse.

"Guter Gott!" sagte Sidney, „was für eine schreckliche Sache."

Er stützte seine Ellbogen auf den Tisch und verbarg einige Minuten lang sein Gesicht in seinen Händen. Gimblet saß ihm schweigend gegenüber und wartete, bis er sich von dem ersten Schock der Nachricht erholt hatte.

Als Sidney den Kopf wieder hob, war das Gesicht, das er enthüllte, blass und eingefallen.

„Arme Tante Ruth", sagte er. „Armes Ding, armes Ding. Zu denken, dass sie tot sein sollte. Ich kann es kaum realisieren, wissen Sie. Ich nehme an, dass sie schließlich wegen ihrer Juwelen getötet wurde. Die Teufel! Du hast sie doch nicht gefangen, oder?" und als Gimblet nur den Kopf schüttelte: „Wie kann so etwas hier im zivilisierten London möglich sein?" Und wenn ich an diesen grässlichen alten Raben, Chark, denke, der wie immer krächzt und andeutet, dass ich sie getötet habe! Wenn man daran denkt, dass er doch Recht hat! Ich meine nicht, dass ich sie töte", fügte er hinzu, „aber da ist es, sie ist tot; und ich komme gerade rechtzeitig in ihr Geld, um mich vor dem Ruin zu bewahren. Ich hasse den Gedanken daran!" Er redete mehr mit sich selbst als mit seinem Zuhörer, und Gimblet ließ ihn reden. „Ich wünschte fast, sie hätte ihr Testament geändert", fuhr er fort, „es ist eine abscheuliche Vorstellung: Ihr Tod ist mein Profit, wissen Sie? Und ich nehme an, sie werden sagen, dass ich sie jetzt umso mehr ermordet habe?" Er blickte fragend auf; Dann, als er keine Antwort erhielt, veränderte sich sein Gesichtsausdruck und er fuhr wieder wachsam und hellwach auf. „Ich sage", sagte er, „glaubst du, ich habe es auch getan?"

Gimblet zögerte einen Moment, bevor er antwortete.

„Tatsächlich", sagte er schließlich, „das tue ich nicht. Das glaube ich keinen Moment. Aber das ist nur meine persönliche Meinung, und um die Wahrheit zu sagen, ich denke, es wäre genauso gut, wenn Sie Ihre Bewegungen seit Montag zur Zufriedenheit von mehr Menschen als mir erklären könnten. Ich sollte Sie verdächtigen – es ist meine Aufgabe, jeden einzelnen zu verdächtigen –, aber wie gesagt, das tue ich nicht."

„Ich wage zu behaupten, dass die Dinge für mich ziemlich düster aussehen", sagte Sidney; „Es ist meine Schuld, dass ich mir nicht die Mühe gemacht habe, mich zu verteidigen. Sehen Sie, es kommt mir so exzentrisch vor, dass irgendjemand so etwas denken sollte. Es scheint so unmöglich und absurd, wenn es Ihnen nichts ausmacht, wenn ich das sage. Man vergisst, dass andere nicht so gut wissen, wozu man fähig ist, wie man selbst, und mir ist gestern nie aufgefallen, dass Sie oder auch Sir Gregory mich verdächtigen könnten. Ich besuchte den Herausgeber der schlechtesten Zeitung, erklärte ihm die Dinge und sagte ihm, er solle den alten Chark wissen lassen, dass er falsch lag. Sie haben vielleicht bemerkt, dass er seine Worte in der heutigen Zeitung aufgegessen hat. Aber ich hielt es nicht für nötig, irgendjemandem etwas zu sagen. Sehen Sie, ich habe das, was Sie ein Alibi nennen. Ich war von Montagabend bis gestern Morgen auf dem Land. Ich traf einen Kumpel fast vor Tante Ruths Haustür, als sie mich aus dem Haus schickte, und er überredete mich, mit ihm zu seinem Haus in der Nähe von Ascot zu gehen, um Golf zu spielen, und ich blieb dort bis Mittwoch. Ich war eigentlich gerade erst zurückgekommen, als ich dich besuchen kam. Ich wusste nichts vom Verschwinden meiner Tante, bis ich es im herannahenden Zug las; Mein

Freund kam zur gleichen Zeit herauf und blieb bei mir, bis ich ihn an deiner Tür zurückließ. Es ist Zeitverschwendung, mich zu verdächtigen. Ich gebe zu, dass es so aussieht, als ob ich den armen Kerl hätte ermorden sollen, aber angesichts der Tatsachen ist diese Theorie nicht stichhaltig."

„Ich freue mich sehr, zu hören, was Sie sagen", sagte Gimblet, „und ich wünschte, Sie hätten es mir schon früher gesagt, obwohl ich nie wirklich gedacht hätte, dass Sie direkt von der Angelegenheit wussten. Dennoch müssen Sie gestehen, Mr. Sidney, dass Sie mir gegenüber nicht ganz offen waren: Es gab etwas, das Sie wussten und das Sie für sich behalten haben, als wir darüber sprachen."

„Ich bin gesegnet, wenn es so wäre!" rief Sidney. "Was war es?"

Als Antwort nahm Gimblet Barbaras Telegraphenformular aus seinem Notizbuch und reichte es dem jungen Mann.

„Sie haben mir nicht gesagt, dass Sie dieses Telegramm von Miss Turner erhalten haben", sagte er, „auch nicht, obwohl ich Ihnen als Andeutung den größten Teil des Inhalts zitiert habe."

Sidney nahm das Formular und starrte es einen Moment lang an.

„Es ist ihr Schreiben", sagte er schließlich. „Ich frage mich, was zum Teufel sie meinte."

Außerdem holte er ein gefaltetes Papier aus seiner Tasche und schob es dem Detektiv über den Tisch.

Es war die Botschaft, wie er sie erhalten hatte.

„Sie werden feststellen", sagte er, „dass es keine Unterschrift gibt. Woher sollte ich wissen, von wem es kam? Tatsächlich habe ich vermutet oder es zumindest für möglich gehalten, dass sie es geschickt hat, da es sonst niemanden interessiert, ob ich zu Blazes gehe oder nicht. Aber ich habe überhaupt keine Ahnung, warum sie dachte, ich sollte am Mittwoch etwas Geld oder gute Nachrichten bekommen. Ich muss kaum sagen, dass ich es nicht getan habe. Und ich sah keinen Grund, mit Ihnen über das zu sprechen, was nur eine junge Dame und mich betrifft. Es kann keinen Einfluss auf ihr Verschwinden oder das meiner Tante haben."

„Glaubst du nicht?" Gimblet sah ihn seltsam an.

„Wie konnte es? Ich kann mir nicht vorstellen, welchen Zusammenhang es da geben könnte. Aber natürlich sind Sie der Typ, der das Geheimnis dunkler Mysterien in allem erkennen kann, von der Tower Bridge bis zu einer Ofenkartoffel, nicht wahr? Vielleicht gibt es also eine okkulte

Schlussfolgerung, die ich nicht ziehen kann. Übrigens hast du mir noch nicht viel erzählt. Wie haben Sie den Mord entdeckt und wo?"

„Ich habe die Leiche der armen Dame in einem Haus im Norden Londons begraben gefunden", sagte Gimblet. „Nein. 13 Scholefield Avenue. Wie ich es entdeckte, geschah anhand von zwei oder drei Fakten, aus denen ich bestimmte Schlussfolgerungen ziehen konnte."

„Ich wünschte, du würdest mir alles darüber erzählen."

„Nun", sagte Gimblet, „wie Sir Gregory Ihnen heute Morgen am Telefon erzählte, habe ich aufgrund der Anzeige, die ich Ihnen gestern zur Einfügung in die Zeitung gegeben habe, erfahren, dass die beiden Damen am Montag von einer Schauspielerin gesehen wurden." Nachts stand ich unter einem Schild mit der Aufschrift „Zu vermieten" vor einem Einfamilienhaus in einer Straße auf dem Weg zur Carolina Road. Ich konnte diese Straße gestern nicht finden, und erst als ich den Taxifahrer erreichen konnte, der die Schauspielerin gefahren hatte, stellte ich fest, dass die Scholefield Avenue die einzige Straße war, die er am Montagabend passiert hatte und in der Einfamilienhäuser standen. Ich ging sofort dorthin und erfuhr, dass Nr. 13 erst kürzlich vermietet worden war und die Tafel am Dienstagmorgen entfernt worden war. Ich klingelte, aber niemand kam zur Tür. Nachdem ich von einem Nachbarn den Namen des Maklers erfahren hatte, ging ich ins Büro und interviewte den Makler. Von ihm erfuhr ich, dass das Haus erst seit Montag vermietet war und dass der Mieter ein Mann namens West war, der bereit gewesen war, für den sofortigen Besitz eine hohe Miete zu zahlen, und der zugab, ein Einsiedler zu sein, der sich nichts so sehr wünschte als Einsamkeit und Privatsphäre. Der Agent hatte zufällig einen Ersatzschlüssel für die Scholefield Avenue Nr. 13 und schickte seinen Angestellten mit mir hinunter, um die Tür zu öffnen.

„Sobald ich eintrat, rannte ich mit meinem Diener, der mich ebenso wie Sir Gregory begleitet hatte, durch das Haus, aber es war niemand darin zu sehen, und so machte ich mich an eine sorgfältige und gründliche Untersuchung. Um Sie nicht mit Details zu ermüden, fand ich bald eine beträchtliche Anzahl kleiner Pastenflitter oder imitierter Diamanten, wie sie auf die aufwändigeren und prächtigeren Arten von Damenabendkleidern aufgenäht werden. Da ich mehrere davon auf der Treppe zwischen Flur und Wohnzimmer und viele weitere im Wohnzimmer selbst, aber keines in irgendeinem anderen Teil des Hauses fand, hielt ich es für wahrscheinlich, dass sie sich lösen würden Mrs. Vandersteins Kleid, dies war der einzige Raum, den sie besucht hatte. Es bestand natürlich die Möglichkeit, dass sie aus der Kleidung von jemandem gefallen waren, der vor der Vermietung im Zimmer gewesen war, aber ich stellte dem entgegen, dass es unwahrscheinlich war, dass die Hausherrin oder ihre Freunde reiche Leute waren, die … Ich würde so teuer verzierte

Materialien tragen, und auch die Tatsache, dass das Dienstmädchen Ihrer Tante mir gegenüber von ihrer Toilette gesprochen hatte, die sie als „ *diamantfarben* “ bezeichnete.

„Die nächste Entdeckung war äußerst alarmierend. Als ich das Sofa bewegte, sah ich darunter einen großen Fleck im Teppich, der laut verschiedenen Hinweisen auf Säure zurückzuführen war. Aufgrund der Art des Schadens war ich mir ziemlich sicher, dass er durch Schwefelsäure oder Vitriol verursacht worden war. Nun ist es seltsam, Spuren davon im Salon einer Dame zu finden, und wenn man sie in einem leeren Haus findet, das eine junge und schöne Dame betreten, das sie aber nic verlassen hat, und wann auch immer Sie denken darüber hinaus darüber nach, dass das Verschwinden dieser Dame vollständig zu sein scheint und dass sie, als sie das letzte Mal gesehen wurde, ein Vermögen an Schmuck trug, eine von zwei Schlussfolgerungen unvermeidlich erscheint, es sei denn, Sie gehen davon aus, dass alle diese Tatsachen völlig unabhängig sind und das Ergebnis reiner Zufall. Nehmen wir im Gegenteil an, dass sie miteinander in Zusammenhang stehen, und Sie werden, wie gesagt, dazu gebracht, zwei Möglichkeiten in Betracht zu ziehen. Also fragte ich mich sofort, ob Mrs. Vanderstein von einem wahnsinnigen Wesen in das Haus gelockt worden war, das darauf aus war, eine wahnsinnige Eifersucht zu besänftigen, indem es Vitriol auf sie schüttete, oder ob sie dazu verleitet worden war, es zu besuchen, um die noch verhängnisvollere Gier einer Frau zu befriedigen Räuber. Und je länger ich es mir ansah, desto wahrscheinlicher schien es mir, dass die arme Dame wegen ihres Schmucks ermordet worden war und dass das Vitriol dazu verwendet wurde, die Erkennung ihres Körpers, falls er entdeckt werden sollte, zu einer vernachlässigbaren Gefahr zu machen. Ein paar Minuten später stieß ich auf eine Puderquaste, die mit dem eigenartigen Duft parfümiert war, den Ihre Tante zu verwenden pflegte – ich vermute, Sie wissen es –, und das zerstreute alle Zweifel, die ich noch hatte, ob sie im Zimmer gewesen war.

„Trotz aller Hoffnung hoffte ich immer noch, dass sie es am Leben gelassen hätte, und ich fand unten einige Beweise, die mich zu der Annahme veranlassten, dass sie eine Zeit lang in einem der unteren Räume eingesperrt gewesen war; aber wenn ja, dann muss es gewesen sein, bevor sie in den Salon gebracht wurde. In der Bibliothek war eine Fensterscheibe zerbrochen, zweifellos von jemandem, der versuchte zu fliehen oder Aufmerksamkeit zu erregen, und offensichtlich war es von einer Frau getan worden, da ein Mann das Fenster hätte öffnen können, das so steif war, dass man mehr brauchte als die Stärke einer Frau. Das zerbrochene Glas war sorgfältig aus dem Rahmen entfernt worden, so dass es ohne den Luftzug möglicherweise unbemerkt geblieben wäre.

„Dass es seit der Vermietung des Hauses kaputt war, war klar, da ich eine Kehrschaufel voller Glasscherben fand, die weder von den Bediensteten des Vermieters noch von der Putzfrau, die nach ihrer Abreise aufräumte, so zurückgelassen worden wäre. Der Anblick dieser Kehrschaufel erfüllte mich mit Hoffnungen, die zur Enttäuschung verurteilt waren. Nichts bietet einen besseren Untergrund für den Abdruck und die Erhaltung von Fingerabdrücken als ein Stück glänzendes Metall, und ich hatte erwartet, eine ganze Sammlung auf der Zinnoberfläche der Pfanne zu finden. Aber zu meinem Erstaunen und Abscheu konnte ich keinen einzigen finden; und das bestärkte mich in der Überzeugung, dass ich es mit einem vorsätzlichen Verbrechen zu tun hatte, und zwar mit keinem gewöhnlichen Stempel, denn es war offensichtlich, dass nicht nur jemand die Kehrschaufel gereinigt und poliert hatte, nachdem sie sie benutzt hatte, sondern dass die Person, die dies getan hatte, auch abgenutzt hatte Handschuhe. Und es war im ganzen Haus das Gleiche. Kein Fingerabdruck war zu sehen, außer in dem Raum mit der zerbrochenen Scheibe, an dessen weiß gestrichener Tür ich mehrere deutliche Fingerabdrücke entdeckte. Was wäre wahrscheinlicher, als dass die arme Dame, die in einem fremden Raum eingesperrt war, in plötzlicher Panik das Fenster einschlug und mit den Händen gegen die Tür schlug? Im selben Schrank wie die Kehrschaufel befand sich eine alte, zu einer Kugel zusammengeknüllte Zeitung, in der sich, wie ich feststellte, etwa eine Handvoll von etwas befand, das anscheinend Gartenschimmel war, und ich konnte mir zunächst nicht vorstellen, warum es dort sein sollte, obwohl ich es nachvollziehen kann dafür jetzt. Ich hatte inzwischen das ganze Haus durchsucht und die gründlichste und erschöpfendste Suche durchgeführt, aber der einzige andere Hinweis, den ich finden konnte, war ein negativer.

„Ich muss Ihnen sagen, dass ich mich vergewissert hatte, dass sich im Haus kein Gegenstand befand, der dem Mieter, Mr. West, wie er sich nannte, gehörte; alles war im Inventar aufgeführt und gehörte Mr. Mill, dem Eigentümer. Mir wurde klar, dass West das Haus zu einem ganz bestimmten Zweck bezogen haben musste, der nicht der übliche war, dort zu wohnen, und da ich wusste, dass es am Montagabend bewohnt worden war, erfüllte sich sein Ziel zweifellos auf schreckliche Weise, und er floh wahrscheinlich vom Tatort, sobald er nach besten Kräften alle Spuren davon beseitigt hatte. In seiner Eile hatte er die kleinen Glitzerpartikel zurückgelassen, die sich hinter seinem Opfer verstreut hatten; und obwohl er die Kehrschaufel aufräumte, als fürchtete er, sie könnte trotz der Schutzhandschuhe Geschichten erzählen, schien er zu glauben, dass das zerbrochene Glas ihn nicht verraten könnte, oder vielleicht hatte er keine Zeit, es wegzuwerfen. Aber wenn er nichts zurückgelassen hatte, sah es so aus, als hätte er etwas mitgenommen.

„Die Stühle und Sofas im Salon waren bis auf eine Ausnahme mit losen Chintzbezügen versehen. Gegenüber der Tür stand nackt und unverschämt ein kleines Sofa, in der ganzen Abscheulichkeit der ursprünglichen, hässlichen Polsterung. Nicht nur, dass der Wandteppich, der es bedeckte, ein bösartiges Muster aus dem 19. waren aus braun lackiertem Holz gefertigt und hatten ein besonders anstößiges Aussehen. Es scheint mir absolut unwahrscheinlich, dass dieses eine Ding in einem Raum voller Schönheit und stiller Vornehmheit seine Vulgarität zur Schau stellen und den Blick des Besuchers mit schrecklicher Faszination fesseln konnte. Ich war davon überzeugt, dass West für die Nacktheit verantwortlich war, und es war sehr wahrscheinlich, dass er, ein Mann, der zweifellos über keinerlei künstlerisches Gespür verfügte, annahm, dass das Fehlen dieser Hülle unbemerkt bleiben würde, da der Wandteppich in seiner allgemeinen Farbgebung den Chintzes ähnelte. "

„Aber warum sollte er es entfernen? Was könnte er sich von einem losen Chintz-Sofabezug wünschen?" fragte Sidney, als der Detektiv innehielt.

„Ich habe mir diese Fragen gestellt", fuhr Gimblet fort, „und ich sah, dass es nur zwei Erklärungen gab, die allen Tatsachen entsprachen. Es könnte sein, dass der Chintz Spuren seines Verbrechens trug, die um jeden Preis vernichtet werden mussten; es könnte zum Beispiel mit Blut befleckt sein. Aber in diesem Fall hätte er wahrscheinlich versucht, es zu verbrennen; Das würde eine schwierige Aufgabe sein, und es gab keine Anzeichen dafür, dass in letzter Zeit in einem der Gitter ein Feuer entzündet worden wäre. Keine Kohle im Keller und kein Brennholz. Er hätte Bürsten und Schwärzen gebraucht, um alles wieder in Schiffsform zu bringen, und seine Rostreinigung wäre wahrscheinlich amateurhaft gewesen. Oder er hatte vielleicht eine Verwendung für den Chintz. Es wäre praktisch, eine Leiche einzuwickeln, bevor man sie zu dem Grab trägt, das man im Garten dafür ausheben würde. Denn es schien mir sicher, dass er sein Opfer, nachdem er es getötet hatte, im Garten begraben hätte. Am Ende befand sich ein Geräteschuppen, und ich suchte dort nach einem Spaten, der Spuren kürzlichen Gebrauchs aufweisen sollte; aber zu meiner Überraschung war überhaupt kein Spaten da.

„Inzwischen war es dunkel und spät, und ich kehrte ins Haus zurück mit der Absicht, die Suche nach dem Grab auf den nächsten Tag zu verschieben, da ich sicher war, es zu finden, wenn es da war. Ich hatte wenig Hoffnung, dass die arme Frau entkommen war, aber es war immer noch durchaus möglich, dass meine Theorien falsch waren und dass sogar die Anzeichen von Vitriol, das verwendet worden war, anders interpretiert werden konnten; und ich gestand mir gern ein, dass ich keinen wirklichen Beweis für ein Verbrechen hatte. Und dann, gerade als ich im Begriff war, für die Nacht Feierabend zu machen, blitzte plötzlich eine schwer fassbare Erinnerung, die mich geplagt hatte, seit ich das Haus betreten hatte, klar und deutlich in mein Bewusstsein, und ich wusste, dass ich mich nicht geirrt hatte.

„Als ich die Tür zum Salon zum ersten Mal öffnete, nahm ich einen schwachen Geruch wahr, den ich, wenn er an mir vorbeizog, sozusagen wahrnahm und sofort wieder verschwand. In der Sekunde, in der ich es wahrnahm, lag sein Name auf meiner Zunge, aber bevor ich ihn aussprechen konnte, war der Geruch verschwunden und mit ihm auch mein Wissen darüber, was es war. Ich habe mir den Kopf zerbrochen, um mich daran zu erinnern, ohne das geringste Ergebnis; Aber obwohl ich den Versuch aufgab und meine ganze Kraft darauf konzentrierte, zu untersuchen, was für meine anderen Sinne wahrnehmbar war, störte mich die Sache, und ich vergaß sie nicht ganz. Als ich nach der vergeblichen Suche nach einem Spaten vor dem Haus stand, kam mir plötzlich in den Sinn, was ich gerochen hatte: Es war der unverwechselbare Geruch von Chloroform.

„Ich starrte geistesabwesend auf den Balkon des Wohnzimmers, als mir die Erkenntnis kam, und in einem Augenblick dämmerte mir ebenso plötzlich ein anderes Licht. Auf dem Balkon stand eine große Kiste oder ein Ständer für Pflanzen, und die Nachbarin, die mir einige Informationen über den Mieter gegeben hatte, hatte bemerkt, dass die Hausherrin traurig sein würde, wenn ihre Blumen so vernachlässigt würden. Tatsächlich waren sie alle verblüht und verdorrt, und er hatte angedeutet, dass es an Wassermangel lag. Der Gedanke, der mir so schnell und erhellend wie ein Blitz ins Gehirn schoss, war dieser: Warum sollten die Blumen aus Mangel an Wasser sterben, wenn es in den letzten zwei Tagen ständig geregnet hat? Es war offensichtlich nicht die Dürre, unter der sie litten. Aber wie wäre es, wenn der *skrupellose* Westen, nachdem er Ihre unglückliche Tante grausam ermordet hatte, die Blumen ausreißen und sie, in die Sofadecke gewickelt, im Blumenständer begraben würde? Für diesen Zweck war es ziemlich groß genug, und wenn er die Blumen dann neu gepflanzt hätte, wäre es wahrscheinlich genug, dass sie die Auswirkungen seines Gartenversuchs spüren würden.

„Ich bin sofort hinaufgegangen und habe diese Theorie auf die Probe gestellt. Es tut mir sehr leid, sagen zu müssen, dass es sich in allen Details als richtig erwiesen hat.“

Gimblet hörte auf zu sprechen, und Sidney, der in traurigem Schweigen zugehört hatte, hob den Kopf und stellte eine Frage.

„Das Vitriol? Sie hatten es benutzt – wie Sie dachten?“ Seine Stimme war heiser und sein Gesicht ernst und grimmig.

„Leider ja.“

„Aufhängen ist zu gut für solche Rohlinge; aber ich werde nie ruhen, bis sie dafür hängen. Haben Sie eine Ahnung, wer die Unholde sind, die das getan haben?“

"Eine Idee? Sagen Sie lieber, dass ich einen Verdacht habe“, erwiderte Gimblet. „Sicherlich können Sie erkennen, in welche Richtung die Umstände weisen?“

„Wenn es nicht der Chauffeur war“, sagte Sidney, „kann ich mir nicht vorstellen, wer das getan haben könnte.“

„Ich glaube nicht, dass an der Theorie etwas dran ist, dass der Chauffeur oder einer der Diener daran beteiligt gewesen wäre. Es gibt mehrere Dinge, die diese Idee kaum einer Überlegung wert erscheinen lassen. Aber es gibt eine Person, gegen die es sehr düster aussieht. Wollen Sie damit sagen, dass Sie nicht sehen können, wer es ist?“

„Nein, das kann ich nicht“, wiederholte Sidney.

"Herr. „Sidney“, sagte der Detektiv langsam, „wo ist Miss Turner wohl?“

„Ich wünschte nur, ich wüsste es“, antwortete der junge Mann; „Es ist schrecklich, es nicht zu wissen. Wo könnte sie Ihrer Meinung nach sein? Sagen Sie mir die Wahrheit, Mr. Gimblet: Glauben Sie, dass sie tot ist?“ Er sprach hart und mit abgewandtem Blick.

„Nein“, sagte Gimblet, „ich glaube nicht, dass sie tot ist.“

Etwas in seinem Ton ließ Sidney aufblicken. Gimblet sah ihn mit einem seltsamen Gesichtsausdruck an, und als sich ihre Blicke trafen, wandte er sich unbehaglich ab. Eine Minute lang starrte Sidney ihn verwundert an, dann überkam ihn eine ungläubige Erleuchtung.

„Sie meinen doch nicht“, sagte er langsam, „dass Sie glauben, sie hätte etwas von dem Angriff auf meine Tante gewusst?“

Gimblet schwieg; und sein Schweigen war beredter als Worte.

„Aber es ist unmöglich“, rief Sidney, „dass irgendjemand außerhalb einer Irrenanstalt so etwas denken sollte.“ Sie kennen sie nicht, Mr. Gimblet, sie ist das süßeste, liebste Mädchen. Das selbstloseste, hingebungsvollste und treueste Mädchen der Welt! Wie kann man darauf hinweisen? Oh, ich weiß, es ist deine Sache, Leute zu verdächtigen, aber du gehst zu weit! Ich kann kein Wort gegen sie hören.“

Gimblet drehte sich um und sah ihn an.

„Seien Sie vernünftig, Mr. Sidney", sagte er, „und akzeptieren Sie es als Tatsache, dass die junge Dame verdächtigt wird. Wenn sie unschuldig ist, ist es besser, zu versuchen, sie freizusprechen, als sich zu weigern, zu hören, was über ihre mögliche Mittäterschaft gesagt werden könnte. Ich verstehe Ihre Gefühle, aber Sie müssen erkennen, dass es nichts bringt, die Wahrheit zu verschleiern. Weil ich es für möglich hielt, dass Sie ein großes Interesse an Miss Turner verspüren, habe ich Ihnen gesagt, dass ich sie verdächtige. Ich hoffe, Sie können mir helfen, mich von ihrer Unschuld zu überzeugen, und der beste Weg, dies zu tun, besteht sicherlich darin, zu versuchen, die Wahrheit herauszufinden."

„Ich werde versuchen, vernünftig zu sein, wie Sie es nennen", sagte Sidney nach einer Pause, „und ich nehme an, dass Sie damit meinen, sich Ihre abscheulichen Anschuldigungen anzuhören. Nun, lassen Sie uns Ihre Aussage hören, und wenn ich mich davon abhalten kann, Sie zu erdrosseln, werde ich es tun! Mehr als das könnte kein Mensch sagen", fügte er hinzu und versuchte zu lächeln. „Und ich fühle mich wie ein Biest, wenn ich dir auch nur erlaube, darüber zu sprechen."

„Es tut mir sehr leid, das tun zu müssen", sagte Gimblet, „aber es hat nie etwas Gutes gebracht, die Augen vor Fakten zu verschließen, und es sind Fakten, die mich Miss Turner verdächtigen lassen." Erstens ist da die Tatsache, dass sie von Mrs. Vandersteins Tod in Höhe von 30.000 Pfund profitieren wird."

„Das gilt auch für mich, nur noch mehr", unterbrach Sidney.

„Ja, und ich halte es nicht für besonders wichtig", gab der Detektiv zu. „Ich erwähne es als einen der Punkte, der außerhalb des Bereichs der Spekulation liegt und daher nicht zu vernachlässigen ist. Die zweite Tatsache ist, dass Sie mit dem Geld am Ende waren."

"Ich wage zu behaupten! Aber was hat das damit zu tun, dass Sie vermuten, dass Miss Turner mich schlägt?", rief Sidney.

„Es hat damit zu tun, obwohl ich fürchte, dass Ihnen meine Anspielung auf Ihre privatesten Angelegenheiten nicht gefallen wird – Miss Turner ist in Sie verliebt. Wir können diese Tatsache Nr. 3 nennen."

„Es gibt absolut keine Grundlage für diese Aussage", sagte Sidney und errötete heiß, während er sich einer seltsamen Beschleunigung seines Herzschlags bewusst war.

„Gibt es das nicht?" fragte Gimblet und sah ihn nachdenklich an. „Nun, auf diesen Punkt verzichten wir, wenn Sie möchten. Lassen Sie uns sagen, dass Miss Turner ein ungewöhnlich freundliches Gefühl für Sie hegt. So freundlich, dass sie alles tat, um Ihnen die nötigen Mittel zur Verfügung zu stellen. Sie selbst haben mir so gut wie alles erzählt. Sie können nicht leugnen, dass sie die Person war, die Sie dazu gedrängt hat, durch Vorspiegelung falscher Tatsachen an das Geld zu kommen."

„Ich bin mir sicher, dass sie es nicht in diesem Licht gesehen hat", protestierte Sidney, während er sich innerlich für den Ausrutscher verfluchte, durch den er am Vortag zugelassen hatte, dass ihm das Geschlecht seiner Freundin entgangen war.

„Ich habe dich letzten Sonntag mit ihr im Park gesehen, nicht wahr?" sagte der Detektiv; „Mir ist ihr Gesichtsausdruck aufgefallen. Ich bin auf meine Art eher ein aufmerksamer Kerl, wissen Sie. Ich habe diesen Ausdruck nur auf den Gesichtern sehr verliebter Menschen gesehen. Ich finde, dass ich darauf zurückkommen muss, obwohl Sie Einwände gegen den Vorschlag haben."

„Ich habe sehr viel dagegen. Ich bin mir sicher, dass Miss Turner keine derartigen Gefühle für mich hegt, und ich kann nicht zulassen, dass Sie ihr diese Gefühle zuschreiben."

„Ich fürchte, das müssen Sie", sagte Gimblet ruhig. „Menschen, die unsterblich verliebt sind", fuhr er fort, „wie ich glaube, sind zu jedem Opfer, zu jedem Heldentum und zu jeder Schurkerei fähig." In diesem Zustand der Überheblichkeit neigen sie dazu, ihren Sinn für Proportionen zu verlieren und Extreme durcheinander zu bringen; Sie mögen in den niedrigsten Tiefen der Schande nur einen weiteren Aspekt edler Höhen der Selbstverleugnung sehen; Wenn der Gegenstand ihrer Zuneigung in Gefahr ist, dürfen sie kein Mittel als zu beschämend erachten, wenn es als Mittel zur Befreiung dienen kann.

„Es ist an sich nichts Unmögliches, wenn man sich vorstellt, dass Miss Turner, die sich nur Ihrer Bedürfnisse bewusst war, blind danach strebte, diese zu befriedigen, und nicht in der Stimmung war, an irgendeiner praktikablen Methode zu zweifeln. Ich weiß nicht, ob Ihnen der Charakter ihres Vaters bekannt ist. Er hatte den schlechtesten Ruf: ein völlig gnadenloser und skrupelloser Betrüger. Seine Tochter ist dem Makel der Vererbung möglicherweise nicht entgangen; Es ist auf jeden Fall denkbar, dass ihre Grundsätze unter der frühen Verbindung mit ihm gelitten haben. Er soll in Südamerika gestorben sein, wo er fliehen musste, um seinem gerechten Verdienst zu entkommen, aber es gibt überhaupt keinen Beweis dafür, dass er wirklich gestorben ist.

„Ich weiß, dass ich mich im Moment mit der Theorie beschäftige. Wenn ich sage, nehme ich an, dieser Mann sei heimlich in London und stehe in geheimer Kommunikation mit seiner Tochter. Angenommen, sie ließ ihn erkennen, wie dringend sie in diesem Moment Geld brauchte. Könnte ein Schurke wie er nicht die Gelegenheit nutzen, sie zu überreden, ihm bei einem so schändlichen Geschäft wie dem Raub von Mrs. Vanderstein zu helfen, und sich ihr Schweigen, wenn nicht sogar ihre Hilfe, in einem noch heimtückischeren Geschäft zu sichern? Um zum Bereich der Tatsachen zurückzukehren; Der Befehl an die Lokomotive, die Damen nicht aus der Oper abzuholen, wurde von Miss Turner gegeben. Sie rannte allein zurück, um es dem Chauffeur zu sagen, nachdem Ihre Tante ins Theater gegangen war. Sie hatte Ihnen zuvor dieses Telegramm geschickt, in dem sie sehr zuversichtlich war, dass das von Ihnen benötigte Geld in Kürze bereitgestellt werden würde.

„Sie wurde von Miss Finner gesehen, wie sie in Begleitung Ihrer Tante an der Tür des Hauses in der Scholefield Avenue stand, und es ist nicht übertrieben anzunehmen, dass sie es anschließend mit ihr betrat. Es gab keinen vorstellbaren Grund, einen Dieb oder eine Diebesbande dazu zu bewegen, sie in das Haus zu locken: Sie hatte keine Juwelen, die man ihr entziehen konnte. Im Gegenteil, es gäbe allen Grund, warum man ihr verbieten sollte, sich auch nur in die Nähe dieses Ortes zu begeben. Da sie also sicherlich aus eigener Initiative dorthin ging, ist es wahrscheinlich, dass Frau Vanderstein von dem Mädchen selbst überredet wurde, sie zu begleiten.

„Um für den Moment auf Spekulationen zurückzukommen, könnte man sich vorstellen, dass es der alte Turner war, der sich als West ausgab, der Mieter, der als pferdeartig aussehender älterer Mann beschrieben wird, der viel in einem heißen Klima gelebt hatte. Dies stimmt mit einer Beschreibung von Turner überein, die ich mir gestern besorgt habe, mit Ausnahme des von West getragenen Barts oder Kaiserbarts, den er sich in den letzten Jahren leicht wachsen ließ. Möglicherweise war es also der Vater des Mädchens, der den beiden Frauen die Tür öffnete und Ihre Tante, nachdem er sie in Sicherheit gebracht hatte, zunächst in der Bibliothek einsperrte, während er oben seine Vorbereitungen abschloss, und sie dann zur Zeichnung führte - Zimmer, denn in Zeiten, die besser mit seinen Taten harmonierten, hätte er sie zum nächsten Baum führen können.

„Schließlich haben wir zur Untermauerung dieser Theorie oder zumindest der Mitschuld von Miss Turner an der Affäre die Tatsache, dass die beiden Damen zuletzt zusammen gesehen wurden und dass die eine beraubt und ermordet aufgefunden wurde, die andere jedoch fortgegangen ist ohne ein Wort oder ein Zeichen. Es ist nur zu wahrscheinlich, dass sie sich auf halbem Weg nach Amerika befindet. Die Häfen werden beobachtet, aber jetzt ist es wahrscheinlich zu spät.“

Gimblet beendete seine Rede und beobachtete das Gesicht des jüngeren Mannes. Sidney sah beunruhigt aus, aber seine Art, als er seine Meinung äußerte, war zuversichtlich.

„Wenn man von ihr nichts gehört hat", sagte er, „dann liegt das daran, dass sie aus irgendeinem Grund nicht in der Lage ist, mit irgendjemandem zu kommunizieren. Ich habe alle Ihre Argumente aufmerksam gehört, Herr Gimblet, und ich muss gestehen, dass Sie mich nicht im Geringsten davon überzeugt haben, dass an Ihrer Idee etwas dran ist. Es klingt zweifellos alles sehr plausibel, aber wenn Sie die junge Dame kennen würden, wie ich das Vergnügen habe, würden Sie sehen, dass die ganze Sache lächerlich ist. Niemand kann sein, was er ist, und sich so verhalten, wie Sie es vorschlagen. Ihre Natur ist so beschaffen, dass sie das nicht in Frage stellt. Ich kann nur wiederholen, dass das Ding lächerlich unmöglich ist und dass, wenn man sie kennen würde, man der Erste wäre, der es sehen würde. Allerdings stimme ich Ihnen zu, dass der beste Weg, das zu beweisen, was ich sage, darin besteht, den wahren Mörder zu finden. Meine einzige Angst ist, dass Sie morgen erfahren könnten, dass auch sie getötet und im Garten begraben wurde."

„Davor habe ich keine Angst", sagte Gimblet, „denn ich sage Ihnen, wenn ihre Anwesenheit nicht wünschenswert gewesen wäre, wäre sie nie in die Nähe des Ortes gekommen. Sie wäre sich seiner Existenz ebenso wenig bewusst gewesen wie Sie selbst. Das erste Wesentliche eines solchen Plans, wie ihn der Mörder ausgeheckt haben muss, wäre, Mrs. Vanderstein allein und ohne Verdacht von irgendjemandem, der kein Konföderierter war, zu fassen."

Sidney machte eine ungeduldige Bewegung.

„Ich bin absolut davon überzeugt, dass Miss Turner überhaupt nichts damit zu tun hat", sagte er.

„Nun", erwiderte Gimblet, als er aufstand, um zu gehen, „ich hoffe, Sie haben Recht und weitere Untersuchungen werden mich dazu bringen, Ihre Ansicht zu teilen." Wenn wir Mr. West in die Finger bekommen, werden wir die Wahrheit herausfinden, und wenn er nicht sehr vorsichtig mit den Juwelen umgeht, werden wir ihn mit Sicherheit fangen. Soweit ich gehört habe, ist Mrs. Vandersteins Perlenkette jedem Juwelier in Europa wohlbekannt; und wenn er versucht, auch nur eines davon zu verkaufen, wird er ein ganz anderes Seil um seinen Hals finden. Jetzt muss ich weg; Sie erwarten mich bei Scotland Yard."

KAPITEL XX

ES war schon lange nach eins, als Gimblet endlich zu Bett ging. Er hatte einen langen und anstrengenden Tag voller Anstrengung und Aufregung hinter sich, und kaum lag sein Kopf auf dem Kissen, schlief er tief und traumlos. Es schien ihm, als hätte er gerade erst die Augen geschlossen, als Higgs ihn am nächsten Morgen weckte, indem er mit seinem heißen Wasser hereinkam. Er rollte sich gähnend und rieb sich die Augen herum, während sein Diener die Jalousien hochzog und seine Kleidung bereitlegte. Als er fertig war und wegging, drehte sich der Detektiv noch einmal um, um ein weiteres Nickerchen zu machen. aber eine Minute später war Higgs wieder zurück.

„Der junge Mann aus Ennidge und Pring hat angerufen, Sir“, sagte er, „der Angestellte, der gestern Abend mit dem Schlüssel gekommen ist, wissen Sie, Sir.“ Er möchte wissen, ob die Untersuchung heute stattfinden soll, denn wenn nicht, hätte er einen Urlaub bekommen und werde ihn auf dem Land verbringen.“

„Er kann gehen“, sagte Gimblet; „Die Untersuchung wird erst morgen stattfinden.“

Er war inzwischen völlig aufgewacht und ging in sein Bad, sobald Higgs gegangen war.

Als er das Esszimmer betrat, stand das Frühstück auf dem Tisch, und er nahm sich ein Omelett, setzte sich und schenkte sich seinen Tee ein, bevor er die Morgenzeitung zur Hand nahm, die neben seinem Teller lag.

Als er das Blatt zurückfaltete und seinen Blick über die Seite richtete, stieß er einen erschrockenen Ausruf aus und saß da und starrte ungläubig auf das Papier, während er las:

Das Geheimnis der vermissten Damen erweist sich als mythisch.

Frau Vanderstein wohnt in Boulogne.

„Unser Korrespondent in Boulogne telegraphiert, dass Frau Vanderstein, wohnhaft in der Grosvenor Street 90, im Hôtel de Douvres in dieser Stadt wohnt. Als unser Korrespondent ihren Namen im Gästebuch des Hotels entdeckte, erkundigte er sich beim Manager, ob es sich bei der Dame um die Dame handeln könne, die seit zwei oder drei Tagen als vermisst gemeldet worden sei, und erfuhr dies, während der Manager von der Besorgnis nichts wusste Was ihr wegen in England zu spüren war, ist sicherlich Mrs. Vanderstein, wohnhaft in der Grosvenor Street 90, die sich derzeit unter seinem Dach befindet. Ein weiteres Gespräch mit dem freundlichen und zuvorkommenden Gastgeber des Hôtel de Douvres brachte die Information hervor, dass die Dame am frühen Dienstagmorgen mit der Absicht ankam, nur eine Nacht zu bleiben. Sie klagte jedoch über Unwohlsein und schickte einen Arzt, der völlige Ruhe anordnete; so dass Frau Vanderstein ihr Zimmer bis heute Abend behielt, als sie, da sich ihr Gesundheitszustand besserte, wie üblich in ihrer Wohnung speiste, danach aber ins Casino ging.

„Wie es der Zufall wollte, erzählte der Manager unserer Korrespondentin diese Einzelheiten genau in dem Moment – gegen 23 Uhr –, als eine Kutsche vorfuhr und die Dame selbst das Hotel wieder betrat. Als sich unser Korrespondent vorstellte und erklärte, dass man sich in diesem Land große Sorgen um sie mache, äußerte sie ihr großes Erstaunen und sagte, dies erkläre die Tatsache, dass die von ihr geschriebenen Briefe nicht beantwortet worden seien. Sie vermutete weiter, dass sie nicht einmal zugestellt worden sein könnten, und bemerkte, dass das französische Postsystem viel zu wünschen übrig ließ. Als Antwort auf weitere Fragen äußerte die Dame ihre Abneigung gegen Interviews und sagte lediglich, dass sie am Morgen einige Telegramme schicken würde; woraufhin sich unsere Korrespondentin zurückzog, den Aufzug bestieg und in den ersten Stock fuhr, wo sie eine Suite hat.

"Frau. Vanderstein, deren Gesundheit offenbar vollkommen genesen war, trug ein elegantes schwarz-weißes Casino-Kostüm mit einer rosafarbenen Haube, die mit einem Fischadler besetzt war, was sehr gut zu ihrem dunklen Haar und ihrem herrlichen Teint passte. Sie trug einige der prächtigen Juwelen, mit denen Gerüchte in den letzten Tagen so beschäftigt waren.“

Gimblet las den Absatz zweimal und schob dann seinen Stuhl zurück und ging unruhig durch den Raum. Sein Appetit war vorerst verflogen; Seine Augen leuchteten wieder vor Aufregung über ein neues Problem. Eine Sekunde verschwendete er, um froh zu sein, dass Mrs. Vanderstein noch lebte; Er freute sich um Sir Gregorys willen und um Sidneys willen und sogar ein wenig um ihretwillen, obwohl er sie seines Wissens nie zu Gesicht bekommen hatte. Aber von Anfang an hatte er eine undefinierbare Sympathie für die anspruchsvolle Dame empfunden, deren Haus nach dem zarten, köstlichen Parfüm duftete, das er mit ihrem Namen verband. Aber tatsächlich verließ Mrs. Vanderstein, die noch gesund und munter war und sich in Boulogne vergnügte, in Gimblets Interesse schnell den Platz, den bisher die tote und grausam ermordete Mrs. Vanderstein eingenommen hatte. Sein Geist beschäftigte sich nun eifrig und eifrig mit den Fragen, die dieser Rollenwechsel in der Tragödie von Scholefield Avenue aufwarf.

Wenn Mrs. Vanderstein an jenem tödlichen Montagabend nicht die erbärmliche Rolle des Opfers gespielt hätte, wer dann? Nicht Miss Barbara

Turner, denn es wurde beschrieben, dass sie sehr helles Haar hatte, während das Haar der ermordeten Frau sehr dunkel war. Und wenn Miss Turner nicht vor der Justiz floh, wo war sie dann? Könnten sie und Mrs. Vanderstein sich zusammengetan haben, um ihre Gastgeberin zu töten, als sie das von Mr. West gemietete Haus tropischer Herkunft besuchten? Auf jeden Fall galt es hier, einen verworrenen Knoten zu entwirren und ein schwarzes Verbrechen seinem Täter klarzumachen. Gimblet erkannte, dass er das Rätsel wahrscheinlich nicht ohne weiteres lösen würde, und überlegte, dass er sich in der Zwischenzeit besser mit Essen stärken sollte, solange er die Gelegenheit dazu hatte. Sein Frühstück war ziemlich kalt, als er sich wieder daran setzte.

Was, um Himmels willen, hatten Mrs. Vanderstein und Miss Turner am Montagabend in diesem Haus gemacht? Hatte sich Miss Finner schließlich geirrt, und waren es nicht sie, die sie vor der Tür gesehen hatte? Wenn ja, durch welchen erstaunlichen Zufall war er ausgerechnet dort zur Suche veranlasst worden, durch welche unglaubliche Laune hatte ihn das Glück zum Schauplatz dieses schwarzen und kaltblütigen Verbrechens geführt? Während er aß, beschäftigte sich sein Gehirn mit diesen und ähnlichen Rätseln.

Kurz nach dem Frühstück rief ihn ein hoher Beamter des Hofes gemäß den am Abend zuvor getroffenen Vereinbarungen ab, und sie fuhren gemeinsam in einem Taxi zu Fianti.

„Denn", sagte der Beamte, als sie gingen, „ob es nun Mrs. Vanderstein oder jemand anderes war, dessen Leiche Sie gefunden haben, wir wollen den Mann, der es genauso schlimm getan hat, und wir brauchen Ihre Hilfe bei der Suche nach ihm." Ich nehme an, Ihr Auftrag von Sir Gregory Aberhyn Jones stirbt jetzt eines natürlichen Todes?"

„Das nehme ich an", sagte Gimblet, „aber ich werde ihn gleich sehen und Ihnen Bescheid sagen. Es gibt immer noch Miss Turner, die man verantworten muss, aber ich vermute, dass sie auch in Boulogne ist."

„Höchstwahrscheinlich", stimmte sein Begleiter zu. „Es ist einfach die Art von kleinem Detail, das sie vergessen würden zu erwähnen."

„Nun, wir werden es bald erfahren", war Gimblets einziger Kommentar.

Bei Fianti schickten sie ihre Karten durch den Detektiv der regulären Truppe, der immer beim Prinzen und der Prinzessin von Targona anwesend war, mit der Bitte um die Gunst einer Audienz. Sie mussten nicht lange warten und wurden von Prinz Felipe sehr gnädig empfangen, der mit großer Aufmerksamkeit der Erläuterung des Zwecks ihres Besuchs zuhörte und die

Notiz, die ihm Gimblet zur Einsicht vorgelegt hatte, mit lebhafter Neugier las.

Nein, Seine Hoheit befürchtete, er könne ihnen in dieser Angelegenheit nicht helfen. Das Schreibpapier gehörte ganz sicher ihm – über die Herkunft konnte er keine Auskunft geben –, die Schrift war natürlich eine Fälschung, wenn man das überhaupt eine Fälschung nennen konnte, die keinerlei Anspruch auf Ähnlichkeit mit dem Original erhob. Er hatte keine Ahnung, auf wen sich die Bezeichnung Madame Q. beziehen könnte. Zweifellos war ihm bei verschiedenen Gelegenheiten mehr als eine Dame vorgestellt worden, deren Name mit diesem Anfangsbuchstaben begann, aber er konnte sich im Moment nicht erinnern ... Möglicherweise könnten einige aus seiner Suite hilfreicher sein.

Aber niemand aus dem Haushalt des Prinzen konnte ihnen helfen. Bezüglich des Schreibpapiers wurde angedeutet, dass die Hotelangestellten vielleicht etwas darüber wüssten, wie es erlangt wurde, aber es konnte nichts Genaues darüber herausgefunden werden.

Der Prinz schickte sie noch einmal nach ihnen, bevor sie abreisten, aber nur, um ihnen mitzuteilen, dass er ihnen alles Gute für den Erfolg ihrer Ermittlungen wünschte, und um ein paar Fragen zu Punkten des englischen Polizeiverfahrens zu stellen, an denen er offenbar interessiert war.

„Wirklich, ein seltsames Land!" murmelte er von Zeit zu Zeit, als er die Antworten auf seine Fragen erhielt.

Bevor sie entlassen wurden, holte Gimblet noch einmal das zerknitterte Papier hervor, auf dem das Targona-Wappen über dem Namen des Prinzen abgebildet war, und fragte den Prinzen, ob er einen bestimmten Geruch wahrnehmen könne, der daran hing.

„Köstlich", sagte Prinz Felipe, als er es an seine Nase drückte, „ein zarter, scharfer Duft! Aber nein, ich weiß nicht, was es ist."

Der Beamte trennte sich an der Tür von Fianti von Gimblet, und während der eine in einem eiligen Taxi zu seinem Zufluchtsort bei Scotland Yard zurückkehrte, schlenderte der andere über die Straße zu Mrs. Vandersteins Haus.

Er fand eine erleichterte und freudige Familie vor.

„Sie haben die Nachrichten natürlich gesehen, Sir", sagte Blake und öffnete selbst die Tür, als Antwort auf das Klingeln des Detektivs. „Und wir haben heute Morgen ein Telegramm erhalten. Hier ist es."

Er reichte es Gimblet, der las:

„Blake 90 Grosvenor Street London W. Ich denke, Briefe müssen verpasst worden sein. Ich bleibe bis auf Weiteres im Hotel de Douvres Boulogne und schreibe.

„ VANDERSTEIN. "

Das Telegramm war an diesem Morgen um 8.14 Uhr abgeschickt worden.

„Ich nehme an, Miss Turner ist bei ihr, Sir", sagte Blake, als Gimblet ihm die Zeitung zurückgab, „die Zeitung erwähnt sie nicht."

„Nein", sagte Gimblet. „Trotzdem gehe ich, wie Sie sagen, davon aus, dass sie trotzdem da ist. Es sind Frau Vanderstein und vor allem die Juwelen von Frau Vanderstein, an denen sich die Öffentlichkeit interessiert."

Er ging zurück in seine Wohnung, wo er Sidney und Sir Gregory vorfand, beide strahlend.

„Was für großartige Neuigkeiten!" Sir Gregory begrüßte ihn, als sie sich trafen, mit einem Freudenschrei. „Ich konnte es zunächst nicht glauben; es scheint zu schön, um wahr zu sein. Aber oh, Herr Gimblet! Was für eine Nacht habe ich verbracht! Ich werde diesem Reporter einen Fünfer schicken. Diese Zeitungskerle haben schließlich manchmal ihren Nutzen!"

„Ich hoffe, Sie verstehen jetzt", bemerkte Sidney, „was für ein Fehler es ist, Menschen zu verdächtigen, dass sie unmögliche Dinge tun."

Sir Gregory blickte sie verwirrt an. Gimblet lächelte jedoch nur.

„Ich freue mich, dass ich Unrecht habe, Mr. Sidney", war alles, was er sagte.

„Sie wird lachen, wenn sie hört, wie viel Aufhebens ich gemacht habe", fuhr Sir Gregory fort und ging seinen eigenen Gedanken nach. „Ich glaube, ich werde morgen nach Boulogne fahren und sie sehen. Ich versichere Ihnen, Herr Gimblet, ich fühle mich wieder zehn Jahre jünger. Was für ein Albtraum das war!"

„Ich habe im Club einen Draht für mich gefunden", warf Sidney ein; „Sie sagt, es tut ihr leid, dass wir uns Sorgen gemacht haben, und dass ihr Brief wohl nicht bei der Post angekommen ist. Es ist sehr nett von ihr, mir zu telegrafieren; Als ich sie das letzte Mal sah, dachte ich nicht, dass sie noch mehr mit mir zu tun haben wollte."

„Es sieht so aus, als hätte sie dir vergeben, nicht wahr?" sagte Gimblet.

Er dachte, dass nicht jeder junge Mann in Sidneys Position so erfreut gewesen wäre, als er hörte, dass seine Tante doch noch am Leben war, obwohl alle seine Schwierigkeiten durch ihren angeblichen Tod beseitigt zu sein schienen.

- 170 -

„Sie sagt kein Wort über Miss Turner", fuhr Sidney fort. „Vielleicht hat sie es, könnte man meinen. Natürlich ist ihr nicht im Geringsten klar, dass wir uns eingebildet haben, sie sei ermordet worden."

„Ich habe heute Morgen telegrafiert, sobald ich die Zeitung gesehen hatte", sagte Sir Gregory, „und sagte, wir seien sehr besorgt gewesen und ich vertraue darauf, dass es ihnen beiden gut gehe. Ich gehe davon aus, dass ich bis zu meiner Rückkehr eine Antwort erhalten werde. Jetzt muss es tatsächlich losgehen. Sie sehen, sie war krank; „Sie hat ihr Zimmer bis letzte Nacht behalten, sagte der Hotelmann."

„Es ist eine sehr seltsame Angelegenheit", sagte Gimblet. „Ich habe auf eigene Faust ein wenig telegrafiert, das darf ich Ihnen sagen, denn ich möchte wissen, ob Mrs. Vanderstein tatsächlich zur Scholefield Avenue gegangen ist oder ob Miss Finner jemand anderen für sie mitgenommen hat. Ich sollte jede Minute die Antwort bekommen. Und die Polizei schickt einen ihrer Männer vorbei, um sie auf dem Nachmittagsboot zu sehen. Sie möchten, dass ich ihnen bei der Untersuchung der Tragödie helfe, die wir gestern entdeckt haben. Ich nehme an, Sir Gregory, dass ich Ihnen nicht weiter von Nutzen sein kann?"

„Danke, Mr. Gimblet, ich hoffe, ich werde Sie nicht noch mehr belästigen."

Nachdem sie sich noch ein wenig gegenseitig beglückwünscht hatten, machten sich die beiden Besucher auf den Weg, und Gimblet bereitete sich darauf vor, auf die Antwort auf sein Telegramm zu warten, die jetzt fällig war.

Er saß da und betrachtete seine Teniers, deren Schönheiten er in letzter Zeit nicht viel Zeit hatte zu bestaunen, und aß nachdenklich Süßigkeiten, als das erwartete Klingeln an der Wohnungstür ertönte; aber statt der Nachricht, die er zu erhalten glaubte, kam Inspektor Jennins von Scotland Yard, ein kluger und gut gelaunter Beamter, der zuvor in mehr als einem wichtigen Fall sein Mitarbeiter gewesen war.

„Ich bin vorbeigekommen, um Ihnen zu sagen, Mr. Gimblet", rief er, als er hereingeführt wurde, „dass die junge Dame gefunden wurde."

„Was, Miss Turner?"

"Das ist es. Sie liegt im Middlesex Hospital und war außerdem die ganze Zeit dort."

„Wie um alles in der Welt konnte es dann sein, dass es niemand wusste? Das war einer der ersten Orte, an denen ich mich erkundigt habe, und ich vermute, dass Sie das auch getan haben."

"Ja; Sie wurde am Mittwochmorgen gegen 3 Uhr morgens von einem Polizisten gebracht, der im Regent's Park Nachtdienst geleistet hatte. Er sah, wie sie von einem Mann niedergeschlagen wurde, und hob sie bewusstlos auf, und seitdem ist sie so. Der Mann entkam im Dunkeln, und im Krankenhaus erkannte niemand die junge Dame anhand der Beschreibung in den Nachforschungen, da die Beschreibung der Kleidung, die sie trug, völlig falsch war. Aber heute und gestern gab es in den Zeitungen viele Fotos von ihr und Mrs. Vanderstein, und heute Morgen erkannte eine der Krankenschwestern, die ihr Porträt studiert hatte, das Original trotz ihrer Wunden. Die Krankenhausleitung hat mit uns kommuniziert und ich bin jetzt auf dem Weg ins Krankenhaus. Ich dachte, vielleicht möchtest du mitkommen."

„Das sollte ich auf jeden Fall tun", sagte Gimblet und sie machten sich bald auf den Weg.

„Ich habe Miss Turner nur einmal gesehen, und das war nur ein flüchtiger Blick", sagte Gimblet, während das Taxi vorbeifuhr. „Glauben Sie nicht, dass es ein guter Plan wäre, einen der Diener aus der Grosvenor Street mitzunehmen, um die junge Dame zu identifizieren? Es ist möglich, dass sich die Krankenschwester irrt; Menschen sehen in horizontaler Position so anders aus. Und wenn sie sagen, dass ihre Kleidung falsch beschrieben wurde, sieht es für mich so aus, als ob irgendwo ein Irrtum vorläge."

„Ich denke, das ist eine sehr gute Idee von Ihnen", stimmte Jennins zu, steckte den Kopf aus dem Fenster und sagte dem Fahrer, er solle zur Grosvenor Street 90 fahren.

Sie riefen nach Amélie, Mrs. Vandersteins Dienstmädchen, die nach ein paar Minuten voller Freude und Aufregung über die Aussicht, der Polizei zu helfen, erschien. Sie sah Gimblet ziemlich vorwurfsvoll an, als hätte sie ihn gern darauf hingewiesen, dass es bedauerlich sei, dass er bisher nicht erkannt hatte, wie wertvoll ihre Mitarbeit sein könnte. „Ah, cette pauvre demoiselle", murmelte sie, als sie ins Taxi stiegen; und ihr Verhalten zeigte, dass sie gerne hinzugefügt hätte: „Wie anders wäre es gewesen, wenn Sie mich früher konsultiert hätten."

Im Krankenhaus gab es eine kleine Verzögerung, bevor man sie nach oben führte und der Leitung einer Krankenschwester mit freundlichem Gesicht übergab, die sie zu einer Station voller Verletzter führte, die durch Fortunes Hände verschiedene Verletzungen erlitten hatten.

In einem Bett lag eine Frau, die von einem Lieferwagen angefahren worden war; im nächsten ein Kind, das in das Küchenfeuer gefallen war; im dritten eine Frau, deren Mann sie bis an den Rand des Grabes getreten hatte; Die vierte hielt ein Mädchen fest, dessen Arm in den Maschinen der Fabrik, in der sie arbeitete, eingeklemmt war – so informierte die Krankenschwester den Inspektor.

Sie führte die Gruppe durch den Saal und hielt dabei fortlaufende Kommentare ab, bis sie das letzte Bett erreichten, in dem ein junges Mädchen lag, dessen Kopf mit Bandagen bedeckt war und das still und regungslos dalag, als würde es schlafen.

„Hier ist sie", sagte ihr Führer.

Gimblet sah Amélie an.

„Mais oui, Monsieur", antwortete sie auf seine unausgesprochene Frage. „C'est bien Mademoiselle Turner. Ah, là là! die Arme, was haben sie ihr angetan?"

Barbara sah schrecklich weiß und zerbrechlich aus. Ihr Gesicht war ausgemergelt, und unter ihren Augen zeichneten sich tiefblaue Linien ab.

„Arme junge Dame", sagte die Krankenschwester, „sie hat eine Gehirnerschütterung, und das muss ein schrecklicher Schlag gewesen sein."

Als sie die Station verließen, fragte Gimblet: „Wie kam es, dass Miss Turner bis heute nicht erkannt wurde?"

„Nun", sagte die Krankenschwester, „Sie sehen, die Bilder in den Zeitungen sind nicht sehr gut, und ihre Haare sind durch die Bandagen so verdeckt, dass es ziemlich schwierig ist, das Abbild zu erkennen." Aber was uns hier wirklich abschreckte, war die Beschreibung der Kleidung, die sie getragen haben soll. Natürlich kam niemand auf die Idee, sie mit einer jungen Dame in einem weißen Abendkleid und einem roten Opernumhang in Verbindung zu bringen!"

„Warum", fragte Jennins, „waren das nicht die Farben, die sie trug?"

„Warte nur einen Moment", sagte die Krankenschwester; „Ich zeige dir ihre Sachen."

Sie eilte davon und kam eine Minute später mit einem Bündel Kleidung zurück.

„Schau sie dir an", sagte sie und hielt sie hoch, damit sie sie sehen konnten. „Sehen Sie sich diesen alten schwarzen Mantel und Rock an; Sehen Sie, wie abgenutzt und altmodisch es ist? Es ist nicht einmal sehr sauber. Und dieser schreckliche Hut", sie zeigte auf einen zerschlissenen Strohhalm, „er ist fast in Stücke gerissen; und die Stiefel sind, ganz. Ihre Unterwäsche war aus so grobem, steifem Kattun, dass man sie für Arbeitskleidung halten würde, und sie war so geflickt und geflickt, dass man kaum noch das Original sehen konnte. Die Strümpfe wurden nicht einmal geflickt. Es waren nur ein einziges großes Loch. Und unter dem Mantel befand sich überhaupt keine Bluse. Nichts als ein Hemd. Wie konnte man sich vorstellen, dass dies die junge Dame war, nach der gefragt wurde? Es gibt eine enorme Menge an Äußerlichkeiten, und sie schien die Ärmste der Armen zu sein."

Gimblet ergriff die elenden Kleidungsstücke und untersuchte sie eifrig. Aber sie gaben ihm keine Auskunft. Nichts war markiert, die Stiefel waren seltsam und aus prähistorischer Zeit; Bei keinem der Dinge gab es ein besonderes Merkmal.

Mit der Anweisung, sie anzurufen, falls Miss Turner wieder zu Bewusstsein komme, verließen sie das Krankenhaus und entließen Amélie, die zurück zur Grosvenor Street ging, um zu packen und mit einigen von Barbaras Habseligkeiten ins Krankenhaus zurückzukehren, damit sie sie dort finden könnte, falls sie wurden gebraucht.

„Jetzt möchte ich den Polizisten sehen, der diese junge Dame ins Krankenhaus gebracht hat", sagte Gimblet zu Jennins.

„Das tue ich auch", sagte der Inspektor. „Er wurde geholt und sollte inzwischen im Yard sein", und sie fuhren in einem anderen Taxi los.

Polizist Matterson von der S-Division war bereits eingetroffen und erwartete sie, als sie Scotland Yard erreichten. Jennins rief ihn in sein Privatbüro und dort erzählte er als Antwort auf ihre Fragen seine Geschichte.

„Am Mittwochmorgen gegen 2 Uhr morgens", sagte er, „war es eine dunkle, nasse Nacht, der Regen strömte wie Wasser aus einem Eimer und der Donner krachte so nah über mir und so häufig, wie ich es noch nie gehört habe." Ich hatte Dienst in der Nähe der St. Mark's Church, etwas außerhalb des Regent's Park. Gegenüber gibt es eine kleine Brücke für Fußpassagiere über den Kanal, die ich auf dem Weg zum äußeren Ring des Parks überquerte. Ich ruhte mich gerade eine Minute auf der Brücke aus, denn ich wollte nicht länger unter den Bäumen bleiben, als ich brauchte, da der Sturm so nah war, als ein Blitz zu sehen war, der fast über mir gewesen sein musste, so hell war er Während ich mich an die Brüstung lehnte, ging es den Kanal hinauf, so deutlich, dass ich jeden Grashalm hätte zählen können. Da schlängelte sich der Kanal außer Sichtweite, und die Oberfläche hüpfte und zischte, als die Regentropfen darauf trafen; und da waren die Ufer auf beiden Seiten und die Baumstämme leuchteten so hell wie der Tag. Aber was mir ins Auge fiel, war der Anblick zweier Menschen, die sich ein paar Meter vom Wasser entfernt am Ufer abmühten. Es waren ein Mann und eine Frau, und er schien zu versuchen, sie am Hals festzuhalten, während sie ausweichte und sich so gut sie konnte verteidigte. Für eine halbe Sekunde war alles ganz klar, dann verschluckte die Dunkelheit alles wieder und der Donner explodierte, wie es schien, direkt auf meinen Kopf.

„Abgesehen von dem, was ich gesehen hatte, kam es mir so vor, als ob die Leute bei diesem Wetter, zu dieser Zeit und an diesem Ort nicht wirklich draußen sein würden; und als das Geräusch des Klatschens verklang, vernahm ich das Ende eines Schreis, der mich davon überzeugte. Ich richtete meine Laterne auf den Ort, schrie zurück und rannte dabei über den Zaun und hinunter zum Kanal.

„Als ich mich der Stelle näherte, an der ich das Paar gesehen hatte, zeigten zwei aufeinanderfolgende Blitze, die nacheinander näher kamen, sie nur ein paar Meter entfernt wieder und sie sahen mich im selben Moment. Der Mann hatte einen großen Spaten in der Hand, und als er mich erblickte, hob er ihn seitwärts hoch und versetzte der Frau mit der Spitze einen furchtbaren Schlag. Sie duckte sich und wich erneut aus – sie war sehr aktiv, das arme Ding – und er verfehlte sein Ziel, so dass die Klinge von ihrer Schulter abprallte und er beinahe das Gleichgewicht verlor. Aber er erholte sich sofort und warf erneut die Arme nach oben, den Spaten mit beiden Händen umklammert, wie ich beim zweiten Aufblitzen sah, und schlug ihn mit aller Kraft flach auf ihren Kopf.

„Ich habe sie nicht untergehen sehen, denn das Licht ging aus, bevor der Schlag gefallen war, und in der Dunkelheit verlor ich ihn, und er konnte entkommen.

„Während ich mit meiner Laterne herumtastete, fiel ich über den Körper des Mädchens, das dort lag, wo er sie zu Boden geschlagen hatte, und beim ersten Aufschrecken dachte ich, er hätte sie ganz sicher erledigt. Also ließ ich sie ein paar Minuten liegen, während ich in meine Pfeife blies und weiter nach dem Schurken suchte. Nach einiger Zeit kamen zwei weitere unserer Männer und wir machten eine regelrechte Jagd, aber er hatte einen guten Start hingelegt und wir sahen ihn nie. Als wir unsere Aufmerksamkeit wieder dem Mädchen zuwandten, stellten wir fest, dass sie noch lebte, wenn auch bewusstlos, also holten wir einen Krankenwagen und brachten sie ins Krankenhaus. Es gab nichts, was darauf hindeutete, wer sie war, aber anhand ihrer Kleidung schätzte ich, dass sie der untersten und ärmsten Klasse angehörte. Ich meldete den Vorfall sofort und suchte bei Tageslicht vor Ort weiter. Ich hob die Schaufel in der Nähe auf, wo der Kerl sie offensichtlich beim Laufen fallen gelassen hatte; am Griff war ein Stück dicke Kordel befestigt, etwa vier oder fünf Fuß lang, aber ansonsten hatte sie keinerlei Erkennungszeichen. Es ist draußen, falls Sie es sehen möchten, Sir.“

Jennins sagte ihm, er solle es mitbringen.

„Natürlich“, sagte er zu Gimblet, „hat niemand jemals daran gedacht, diese Geschichte von Gewalt und Brutalität mit den beiden vermissten Damen in Verbindung zu bringen.“ Der Bericht ist zufälligerweise nicht bei mir eingegangen, aber ich glaube nicht, dass ich einen Moment lang klüger gewesen wäre, wenn es so gewesen wäre. Trotzdem kommt man sich jetzt ein bisschen albern vor, das gebe ich zu.“

Matterson kam mit dem Spaten und der Schnur zurück, was sich als sehr gewöhnlich erwies; und Gimblets forschende Linse konnte nichts Bemerkenswertes über sie entdecken.

„Wie war der Mann?“ fragte er den Polizisten.

„Ich hatte nicht viel Zeit, es zu bemerken, Sir“, antwortete Matterson, „aber er war ein dunkler Kerl mit schwarzem Bart und groß.“

„Hast du gesehen, ob er Handschuhe trug?“

„Wenn Sie es mir jetzt überdenken, Sir, ich glaube, dass er es getan hat. Ich sah deutlich seine Hände, als er den Spaten hob, und ich sollte es wissen. Aber ich konnte es leider nicht schwören, obwohl ich den Eindruck habe, dass er es tat, und dass es mir damals seltsam vorkam, in der Art, wie einem etwas für einen Moment ins Auge fällt und dann herausrutscht von deiner Erinnerung wie ein Traum.“

KAPITEL XXI

„Ich wette, das ist unser Mann", sagte Gimblet, als Jennins den Polizisten entließ.

„Nun, er muss sein Aussehen verändert haben, wenn er Mr. West ist, der Herr aus Südamerika, es sei denn, Mattersons Bericht ist wirklich sehr falsch", war Jennins' einziger Kommentar. „Gehen Sie nicht ein bisschen weit, Mr. Gimblet", fragte er, „um irgendeine Verbindung zwischen diesem gewalttätigen Anschlag auf Miss Turners Leben und dem tatsächlichen Mord zu sehen, der in der Scholefield Avenue 13 stattgefunden hat? Ich für meinen Teil sehe keinen Grund zu der Annahme, dass die beiden Angelegenheiten irgendetwas miteinander zu tun haben. Ich gebe zu, es sah aus, als ob Miss Turner und Mrs. Vanderstein im Haus gewesen wären, aber diese Theorie ist jetzt sicher widerlegt und es ist klar, dass Ihre Freundin, die Schauspielerin, sich geirrt hat, als sie dachte, sie seien sie gewesen. Denken Sie daran, sie kannte sie nicht einmal vom Sehen, sondern erriet ihre Identität lediglich anhand der Beschreibung in der Anzeige: zwei Damen in Weiß, eine mit einem roten und die andere mit einem malvenfarbenen Umhang. Es mag Dutzende von Paaren in diesen Farben gegeben haben, die am Montag oder an jedem anderen Abend in London unterwegs waren!"

„Aber die Juwelen", sagte Gimblet, „die hat sie auch gesehen, wissen Sie."

„Mrs. Vanderstein hat kein Monopol auf Diamanten. Und außerdem konnte sie aus dieser Entfernung und bei dem Tempo, mit dem Miss Finner unterwegs war, ohnehin nur einen sehr vagen Eindruck davon bekommen haben."

„Ich glaube, ich habe die ganze Zeit die Scholefield Avenue im Kopf", sagte Gimblet. „Ich gebe zu, dass es mir sehr schwerfällt, daran zu denken, dass Mrs. Vanderstein jedenfalls sehr weit von diesem Ort entfernt ist. Und ich vermute, Sie haben Recht, und Miss Turner war nie viel näher dran. Trotzdem …" Gimblet verfiel in ein nachdenkliches Schweigen, aus dem er sich bald mit einem Ruck erhob. „Sagen Sie mir, was Sie denken, Jennins", sagte er. „Haben Sie eine Theorie?"

„Ich habe keine Theorie über die Sache mit der Scholefield Avenue", antwortete Jennins widerstrebend, „aber die andere Angelegenheit scheint meiner Meinung nach nicht besonders geheimnisvoll zu sein." Es ist sicherlich klar, dass Mrs. Vanderstein, als sie so heimlich nach Boulogne ging, aus irgendeinem Grund den Eindruck erwecken wollte, Miss Turner sei mit ihr gegangen, während die junge Dame in Wirklichkeit in London blieb. Zehn zu eins werden wir feststellen, dass Frau Vanderstein in Frankreich eine kompromittellere Begleiterin bei sich hatte, als sie in England zurückließ. Zweifellos zog sich Miss Turner an einen abgelegenen Ort zurück, bis ihre Anwesenheit erneut erforderlich sein sollte, wahrscheinlich in eine Unterkunft in der Nähe des Regent's Park. Sehr wahrscheinlich blieb sie den ganzen Tag drinnen, aus Angst, Bekannte zu treffen, die nach lästigen Erklärungen über ihre Anwesenheit dort verlangen könnten, und weil sie sich nicht bewegen konnte und frische Luft brauchte, ging sie nachts spazieren, um sich diese zu verschaffen. Ist es überraschend, dass dieser Schurke, den Matterson zu dieser Stunde und an einem so einsamen Ort erblickte, ihr seine unwillkommenen Annäherungsversuche nicht erspart hat? Matterson sah, wie er versuchte, einen Arm um ihren Hals zu legen, und es war für sie ganz natürlich, unter solchen Umständen zu schreien. Als unser Mann heranrannte, schlug der schwarzbärtige Faulenzer, der glaubte, erwischt zu werden, in einem Wutanfall auf das Mädchen ein und ergriff dann gerade noch rechtzeitig die Flucht, um sich zu retten.“

„Alles schön und gut, Jennins“, sagte Gimblet, „aber ich kann diese Theorie so lange durchforsten, bis Sie sie für ein Sieb halten. Lassen wir einmal die Frage beiseite, ob eine junge Dame wie Miss Turner sich für die von Ihnen angedeutete Täuschung eignet. Ist es denkbar, dass sie, wenn sie nach Einbruch der Dunkelheit an die frische Luft ging, dies bis zwei Uhr morgens aufschob und sich dann ein besonders heftiges Gewitter zum Herumlaufen aussuchte? Hätte ihr Verlangen nach Bewegung sie dazu gebracht, auf halber Höhe des Kanaldamms zu stehen, als der Regen in Strömen fiel und dies seit Mitternacht tat? Es gibt noch etwas, das ebenso unerklärlich ist, und das ist die Kleidung, in der sie diesen Mitternachtsspaziergang unternahm. Die Kleidung, die wir im Krankenhaus sahen, war bloße Lumpen. Es scheint unglaublich, dass diese junge Dame, von der wir wissen, dass sie am Montagabend in Purpur und feines Leinen gekleidet war, am Mittwochmorgen in Gewändern herumlief, die nicht nur fadenscheinig und unbeschreiblich alt, sondern tatsächlich schmutzig waren. Der ramponierte Zustand des Hutes mag auf den Schlag mit der Schaufel zurückzuführen sein, und alle Kleidungsstücke waren natürlich vom Regen durchnässt, aber ihre Abstoßung steckt noch aus einem anderen Grund. Ich kann mir nicht vorstellen, wie sie es über sich gebracht hat, solche Sachen zu tragen.

„Abgesehen von ihrem Verhalten, das an sich schon ein Rätsel ist, was tat die Schwarzbärtige am selben Ort, zur gleichen Stunde und unter den gleichen ungünstigen Bedingungen? Sie können kaum beide aus dem harmlosen Grund dorthin gewandert sein, den Sie Miss Turner zuschreiben. Und denken Sie daran, der Mann war kein mittelloser Obdachloser, dem es an Mitteln mangelte, sich Schutz vor dem Regen zu verschaffen. Er hatte einen guten, brauchbaren Spaten bei sich, der ihm den Preis einer Übernachtung eingebracht hätte, wann immer er sie verpfändet hätte. Nun, die Art von Rough, an die Sie denken, trägt keinen Spaten oder irgendetwas, das so auf harte und ehrliche Arbeit hindeutet. Aber wer benutzt dieses Gerät in einer Stadt wie dieser? Ein Gärtner könnte einen haben, oder ein Aasfresser; oder ein oder zwei andere Leute. Ich denke, einer der wahrscheinlichsten, besonders nachts, wäre ein Totengräber."

„Los geht's!" rief Jennins aus; „Deine Gedanken kreisen um die in den Blumentöpfen vergrabenen Körper! Ich nehme an, Sie denken, dieser Kerl würde das Mädchen in einem der Betten im Park begraben!"

„Es ist alles sehr seltsam", überlegte Gimblet, ohne auf die höhnischen Töne des Inspektors zu achten. „Das Seil jetzt. Das ist ein Rätsel. Was könnte er mit einem Seil machen ? Und warum war es an einen Spaten gebunden? Hatte er das Ding in die Hände bekommen, als er versuchte, seine Arme um Miss Turners Hals zu legen? Es muss ihn sehr behindert haben und ihr vielleicht geholfen haben, seinen Fängen zu entgehen." Gimblet starrte seinen Begleiter mit blicklosen Augen starr an, während seine Gedanken mit dem Problem beschäftigt waren. Plötzlich schien ein Licht darauf zu fallen. "Von Jove!" Er rief: „Ich glaube, ich sehe das Ganze. Wenn Matterson nur sicher wäre, was die Handschuhe angeht."

"Was ist es?" fragte Jennins eifrig.

„Nein, nein", sagte Gimblet. „Im Moment ist das eine zu verrückte Idee, obwohl ich tatsächlich nicht glaube, dass ich mich irren kann. Aber Sie haben alle Fakten vor sich, Jennins, und sind genauso in der Lage, die richtigen Schlussfolgerungen zu ziehen wie ich. Ich überlasse es Ihnen, über das Rätsel nachzudenken, während ich in meine Wohnung zurückgehe und schaue, ob die Antwort auf das Telegramm, das ich an Mrs. Vanderstein geschickt habe, bereits angekommen ist. Es sollte inzwischen da sein."

Aber er fand kein Telegramm vor, das ihn erwartete. Er war darüber verärgert und überrascht, aber die Zeit, die ausländische Telegramme benötigen, ist immer ungewiss, und Frau Vanderstein war möglicherweise nicht da, als er Boulogne erreichte. Das Mittagessen wurde für ihn warm gehalten, und er bereitete eine herzhafte Mahlzeit aus schottischer Waldschnepfe und Spargel zu; dazu trank er Eiskaffee und aß Biskuit statt Brot. Zum Abschluss gab es noch Erdbeeren und er verließ das Esszimmer mit einem friedlichen Lächeln im Gesicht.

Es war drei Uhr und das Telegramm war immer noch nicht zugestellt.

Gimblet beschloss, abzuwarten, und da er nun Zeit hatte, an andere zu denken, rief er Sidney an und teilte ihm die Entdeckung des Aufenthaltsorts von Barbara Turner mit.

Über die Leitung erreichten ihn zusammenhangslose Fragen, aber nach ein oder zwei Minuten verabschiedete sich Sidney und legte hastig auf. Der Detektiv lächelte, als er den Hörer auflegte. Vor seinem geistigen Auge sah er, wie der junge Mann herausstürmte und schnell in Richtung Krankenhaus fuhr, und tatsächlich hätte das Bild, das seine Fantasie für ihn zeichnete, nicht treffender sein können.

Der Nachmittag verging und der Abend verging, und doch kam kein Telegramm von Frau Vanderstein. Es war ermüdend, und Gimblet ärgerte sich über die mangelnde Höflichkeit der Dame. Sicherlich hätte sie inzwischen geantwortet. Er hatte das Gefühl, dass sie den Schlüssel zu vielen Dingen besaß, die ihn verwirrten, und er konnte nicht verstehen, dass sie es ihm nicht verraten hatte. Sein eigenes Telegramm war sehr dringend gewesen. Nun ja, die Polizei schickte einen Mann zu ihr; er sollte um 2:20 Uhr von Charing Cross herüberfahren und inzwischen in Boulogne ankommen. Viel mehr Verzögerung könnte es nicht geben, Telegramm hin oder her.

Gimblet gab das Warten auf und ging wieder hinaus. Er hatte das Gefühl, er müsse noch einmal zur Scholefield Avenue gehen. Die Tragödie, die sich dort zugetragen hatte, erfüllte seine Gedanken; und da er trotz Jennins' verächtlicher Ungläubigkeit davon überzeugt war, dass die beiden Mysterien in irgendeiner entfernten Weise miteinander verbunden waren, war er geneigt, statt abzuwarten hinzugehen und nachzusehen, ob es bei den Dingen in Nr. 13 nicht irgendeine Kleinigkeit gab, die er übersehen hatte länger für den winzigen Lichtschimmer, den Mrs. Vanderstein vielleicht in die Dunkelheit werfen konnte, in die die ganze Angelegenheit eingehüllt war.

Die Scholefield Avenue sah im Abendlicht sehr ruhig und friedlich aus; Die wenigen Jungen, die sich noch am Tor aufhielten, Überbleibsel der Menschenmenge, die sich früher am Tag wegen der Meldung über den Mord dort versammelt hatte, trugen die ruhige Miene derer, für die die Zeit keine Rolle spielt, und Gimblet blickten die Straße hinauf und hinunter , wo die Schatten lange lagen und die Luft im grünen Zwielicht der überhängenden Bäume kühl war, dachte wieder darüber nach, was für einen guten Ort der Mörder für seine Tat gewählt hatte. Wer würde in einer so ruhigen und hellen Oase inmitten des Labyrinths staubiger, verkehrsberuhigter Straßen, die sie von allen Seiten umgeben, jemals Böses vermuten?

Das Haus wurde von ein paar Polizisten betreut, die Gimblet ohne Bedenken hereinließen, als er ihnen seine Karte zeigte, und ihm mit Blicken folgten, in denen sich Neugier und Bewunderung mischten. Er ging noch einmal durch den Garten, untersuchte die halb verwischten Fußspuren und stöberte zwischen den blühenden Pflanzen herum, damit nicht etwas dort weggeworfen wurde und seiner Aufmerksamkeit entgangen war. Dann ins

Haus, wo er seine Suche erneuerte, jedoch ohne Ergebnis. Er schaute noch einmal in den Salon, wo alles so war, wie er es verlassen hatte, außer dass die Leiche in ein Schlafzimmer gebracht worden war, dann ging er in die Bibliothek und blickte erneut auf die schmutzigen Fingerabdrücke auf der weißen Farbe der Tür. Er fragte sich, wessen Finger es waren, die so viele Abdrücke hinterlassen hatten? War es die ermordete Frau, die in diesem Raum eingesperrt war? Waren Mrs. Vanderstein und ihre Begleiterin auch dort gewesen, oder hatte Jennins recht, und ihre Anwesenheit in dieser Nähe am Montagabend war eine Erfindung von Miss Finners aufgeregter Fantasie?

Seine Gedanken kehrten zu der Puderquaste und dem gefälschten Schein zurück, und er nahm das gefaltete Papier aus seiner Handtasche und schnüffelte erneut daran. Der Duftgeruch, jetzt zwar schwach, aber immer noch süß an den leidenschaftlichen Worten hängend, war unverkennbar der, der um das Haus in der Grosvenor Street schwebte. Er erinnerte sich, dass es Arome de la Corse hieß, und Amélie hatte gesagt, dass Mrs. Vanderstein es sich direkt aus Paris schicken ließ. Jeden Tag passieren so außergewöhnliche Dinge, dass etwas anderes als ein Wunder kaum Aufmerksamkeit erregt, aber es wäre sicherlich eine Belastung für den langen Arm des Zufalls, anzunehmen, dass er aufgrund der falschen Vorstellung, dass er es war, zum Tatort eines Mordes gelangt ist Auf der Spur von Mrs. Vanderstein sollte er dann feststellen, dass die tote Frau nicht nur dieser Dame ähnelte und ähnliche Kleidung trug, sondern dass sie sogar dasselbe ungewöhnliche Parfüm verwendete! Gimblets ganze Seele empörte sich über diese Unmöglichkeit. Im Namen des gesunden Menschenverstandes, sagte er sich, musste es Mrs. Vanderstein gewesen sein, die am Montagabend auf der Türschwelle gesehen worden war, und keine andere, trotz aller Wahrscheinlichkeit des Gegenteils; obwohl das, was sie in dieser *Galère* tat, sicherlich aus fast jeder Perspektive unverständlich schien.

Kein Vorfall wurde von Gimblet jemals als zu wild abgetan, um in Betracht gezogen zu werden, und die einzig vernünftige Erklärung für ihre Anwesenheit war seiner Meinung nach, dass sie in irgendeiner Weise in den Mord verwickelt war, zumindest eine Komplizin, wenn nicht sogar die eigentliche Urheberin des Mordes Tat; Diese Ansicht beinhaltete jedoch eine so völlige Änderung der Ideen, dass er sie für weitere Überlegungen im Lichte der Informationen beiseite legte, die der von Scotland Yard nach Boulogne geschickte Mann möglicherweise liefern könnte. Wenn nur die Wände sprechen könnten! dachte er, als ihm schließlich klar wurde, dass es nichts mehr zu sammeln gab, und bevor er das Zimmer verließ, schlenderte er zum Kaminsims, um sich das Bild, das dort hing und das ihm am Tag zuvor aufgefallen war, genauer anzusehen.

Es war ein kleines Ölgemälde, dunkel vor Schmutz und Alter, und viele Details gingen in der allgemeinen Schwärze verloren. Dennoch waren die Figuren, die einen Mann in Blau und einen anderen in Grünbraun zeigten, die gerade dabei waren, eine lange Pfeife anzuzünden, deutlich genug zu erkennen, zusammen mit genügend Hintergrund, um deutlich zu machen, dass es sich um einen Innenraum handelte. Gimblet studierte es mit größter Wertschätzung; Es war genau die Klasse von Bildern, an denen er am meisten Freude hatte. Das Verlangen überkam ihn, es von seinem Nagel zu lösen und ans Licht zu tragen, und mit einem eher schuldbewussten Blick zurück zur Tür, die er jedoch beim Eintreten geschlossen hatte , er hob seine Hand und hob sie ab.

Als er seine Beute vorsichtig senkte, erblickte er etwas, das ihn fast dazu brachte, sie fallen zu lassen.

Auf dem Tapetenquadrat, das das Bild verdeckt hatte, war mit Bleistift und unregelmäßiger großer, runder Hand geschrieben:

„Ich bin in diesem Raum eingesperrt. Ich schreibe dies in der Hoffnung, dass es das Mittel ist, diese Menschen vor Gericht zu stellen, denn ich bin sicher, dass sie nichts Gutes im Sinn haben. Das erkenne ich daran, dass der Mann mit dem schwarzen Bart versprochen hat, mir bei der Flucht zu helfen. Warum sollte eine Flucht nötig sein? Aber ich glaube nicht, dass er sein Wort halten wird. Ich bin schon so lange hier, ich weiß nicht wie lange, aber viele Stunden, vielleicht Tage, und Gott weiß, was für schreckliche Dinge sie Herrn im Salon antun.“

Etwa auf halber Höhe des dunkleren Quadrats, wo das Papier durch das schützende Bild am Ausbleichen gehindert worden war, brach die Schrift abrupt ab. Gimblet betrachtete es mit allen Emotionen des Wissenschaftlers, dessen Theorie den entscheidenden Test bestanden hat. Seine Hände fummelten vor Aufregung herum, als er hastig sein Notizbuch hervorholte und darin nach dem Telegraphenformular suchte, das Higgs vom Büro in Piccadilly erhalten hatte. Er drückte es flach an die Wand unterhalb der mit Bleistift geschriebenen Worte, mehr um sich über diesen Beweis der Richtigkeit seiner Schlussfolgerungen zu freuen, als um die beiden Handschriften zu vergleichen, denn es hatte nur des ersten Blicks bedurft, um ihm das deutlich zu machen sie waren ein und dasselbe. Die Schrift an der Wand war größer; Die Buchstaben folgten einander ungleichmäßig, und während einige der Linien im Laufe der Zeit immer tiefer sanken, stiegen andere schief an, um ihnen zu begegnen, so dass sich ein oder zwei tatsächlich überlappten und ziemlich schwer zu entziffern waren, der wesentliche Charakter der Hand jedoch schon eindeutig identisch mit dem Telegramm. Die Schräge der kurzen Linie des „h“ oder die ovalen, zusammenlaufenden Linien des „w" und die niedrige Kreuzung des „t" waren unverkennbar, neben hundert anderen kleinen Punkten, die dem geschulten Auge keinen Zweifel an der Urheberschaft der Nachricht ließen .

„Ich frage mich, was Jennins dazu sagen wird", dachte Gimblet, während er die Worte auf eine Seite seines Notizbuchs schrieb. „Diese Scholefield Avenue ist mir wohl in den Sinn gekommen."

So aufgeregt er auch war, er vergaß nicht den ursprünglichen Zweck, das Gemälde abzunehmen, sondern trug es zum Fenster und untersuchte es im nun schwächer werdenden Licht genau. Bei näherer Betrachtung stellte sich heraus, dass es weniger interessant war, als er erwartet hatte, und er hängte es mit weniger Bedauern wieder auf.

„Aber selbst Jennins muss zugeben, dass eine Neigung zur Kunst manchmal sehr nützlich ist", dachte er, während er die gekritzelte Nachricht erneut vor den Blicken verbarg.

Es war schon lange nach acht, als der Detektiv in seine Wohnung zurückkehrte und feststellte, dass auf sein Telegramm an Boulogne noch immer keine Antwort kam.

„Es ist nichts gekommen und niemand hat uns besucht, seit Sie gegangen sind, Sir", sagte Higgs zu ihm.

Higgs bezeichnete sich immer als „wir", wenn er sich mit Gimblets Angelegenheiten beschäftigte, ebenso wie er mit einer schönen Unparteilichkeit auf Angelegenheiten anspielte, die nur sein Herr als „unsere" betraf.

„Sie haben uns vom Hof aus angerufen", fuhr er fort, „die letzte halbe Stunde haben sie alle paar Minuten geklingelt und gesagt, ich solle Sie bitten, mit ihnen am Telefon zu sprechen, sobald Sie hereinkommen." Da sind sie wieder", schloss er, als in der Bibliothek im selben Moment, als es an der Vordertür klingelte, heftig die Glocke läutete.

Gimblet eilte zum Instrument und Higgs ging, um die Tür zu öffnen.

"Bist du da?"

„Ja, ist das Mr. Gimblet? Halten Sie bitte die Leitung, Sir."

Einen Moment später ertönte Jennins' Stimme in seinem Ohr.

"Herr. Gimlet, das bist du? Oh, Mr. Gimblet, unser Mann hat aus Boulogne telegraphiert und es sieht so aus, als hätten die Dinge eine sehr unerwartete Wendung genommen. Ich vermute, Sie haben eine Abendzeitung gesehen?"

Gimblet hatte so viel gehört, als die Tür der Bibliothek aufsprang und Sir Gregory in den Raum stürmte.

„Sehen Sie sich das an", schrie er fast, offensichtlich außer sich vor einer schmerzlichen Emotion. "Schau dir das an!"

Er schwenkte eine Abendzeitung.

„Oh, gehen Sie doch weg, Sir Gregory", sagte Gimblet; „Siehst du nicht, dass ich beschäftigt bin? Hallo, Jennins! Jennins, bist du da?"

Aber Sir Gregory ließ sich nicht abweisen. Er ergriff Gimblets Arm, riss ihn vom Telefon weg und deutete mit zitternder Hand darauf, während er die Zeitung unter die Augen hielt. Er hätte am liebsten gesprochen, aber Schluchzen erstickte seine Worte, und als Gimblet ihn zum ersten Mal ansah und dabei nicht besonders freundlich gestimmt war, stellte er überrascht fest, dass Tränen über das freundliche, rosafarbene Gesicht liefen.

"Warum, was ist los?" sagte er, aber Sir Gregory zeigte nur auf das aufgeklappte Blatt. Endlich folgten die Augen des Detektivs dem ausgestreckten Finger und er las:

„Mord an Frau Vanderstein.

„Vermisste Dame tot in ihrem Hotel in Boulogne aufgefunden."

KAPITEL XXII

„Was halten Sie davon, nach Boulogne zu gehen, Mr. Gimblet?"

Es war am nächsten Morgen und Jennins saß in Gimblets Zimmer. Er war gekommen, um die Angelegenheit zu besprechen und Pläne und Methoden zu ihrer Umsetzung zu besprechen.

„Ich denke, ich könnte nützlicher sein, wenn ich hier bleibe", antwortete Gimblet auf seine Frage. „Ihr Burford, der da drüben ist, ist ein Mann mit gutem Ton, der zumindest das Offensichtliche nicht übersieht, und Bonnot, der französische Detektiv, der angeblich herbeigerufen wurde, ist ein Meister seines Fachs. Diese Morde sind sicherlich das Werk derselben Bande, und es könnte einfacher sein, sie hier in London aufzuspüren, wenn dies, wie es scheint, ihr Ausgangspunkt ist, als in einem fremden Land. Es gibt wohl keine Neuigkeiten mehr aus Burford?"

„Nichts Neues seit gestern Abend. Und jedenfalls nicht mehr als in den Zeitungen steht. Diese Reporter sind der Hammer."

„Das sind sie", stimmte Gimblet zu. „Mal sehen, was sie dazu sagen." Er nahm eine Zeitung, wandte sich der düsteren Schlagzeile zu und las laut vor:

„Nach dem mysteriösen Verschwinden von Mrs. Vanderstein und Miss Turner, die Anfang der Woche ihr Zuhause verließen und deren Aufenthaltsort erst gestern entdeckt wurde, folgte eine erschreckende Fortsetzung. Eine dieser Damen, Frau Vanderstein, von der wir, wie wir wissen, in Boulogne wohnte, wurde gestern Nachmittag tot in ihrem Zimmer im Hôtel de Douvres aufgefunden, und es besteht der dringende Verdacht auf ein Verbrechen. Es waren deutlich Spuren von Gewalt zu erkennen und es wird angenommen, dass die arme Dame erdrosselt wurde. Ein merkwürdiges Merkmal der Angelegenheit ist, dass Frau Vanderstein zwar eine große Menge ihres wertvollen Schmucks bei sich hatte, von dem einige zu diesem Zeitpunkt tatsächlich auf dem Tisch lagen, aber soweit derzeit bekannt ist, nichts davon gestohlen wurde.

„Ein Page im Dienst des Hotels berichtet, dass er einem Besucher kurz nach dem Mittagessen das Zimmer von Frau Vanderstein zeigte und dieser Fremde, der als großer Mann mit schwarzem Bart beschrieben wird, das Hotel kurz vor drei Uhr verließ, nachdem sie eine Nachricht der Dame überbracht hatte, dass sie an diesem Tag nicht noch einmal gestört werden wolle. Der Befehl wurde ordnungsgemäß an die Angestellten des Hotels weitergegeben, und wenn nicht ein Bote aus London wegen einer wichtigen Angelegenheit mit dem Fünf-Uhr-Boot eingetroffen wäre und darauf bestanden hätte, zu Mrs. Vandersteins Anwesenheit vorzudringen, wäre der Mord wahrscheinlich nicht geschehen bis heute entdeckt worden. Die

Behörden untersuchen die Angelegenheit mit größter Energie und gehen davon aus, dass sie dem Mann mit dem schwarzen Bart auf der Spur sind."

Gimlet legte das Papier nieder. „Es gibt verschiedene andere Absätze, die dasselbe mit anderen Worten sagen", bemerkte er.

„Es sieht auf jeden Fall so aus, als hätten Sie wieder recht", bemerkte Jennins nachdenklich, „ich meine, dass das alles das Werk derselben Bande ist."

„Daran besteht kein Zweifel", sagte Gimblet. „Ich war mir von Anfang an sicher, auch wenn ich zugeben muss, dass ich nicht viel zu tun hatte. Nur ein Hauch Parfüm. Mal sehen, wie viel wir jetzt wissen. Um auf Montagabend zurückzukommen: Mrs. Vanderstein und Miss Turner betraten freiwillig das Haus in der Scholefield Avenue, obwohl wir trotz einer Theorie, die ich dazu habe, nicht wissen, ob sie einer Einladung aus dem sogenannten Westen folgten oder nicht Thema. Dann trennten sie sich vermutlich, und Miss Turner wurde in dem Raum im Erdgeschoss eingesperrt, sehr gegen ihren Willen und zu ihrer Bestürzung, da sie in der Hoffnung auf Flucht ein Fenster einbrachte und als dieser Versuch scheiterte, eine verzweifelte Nachricht an die Wand schrieb: in dem sie ihre Befürchtung zum Ausdruck brachte, dass jemandem im Salon etwas Schreckliches angetan wurde. Sie werden mir sicher zustimmen, dass, obwohl in der Nachricht steht, dass ihr Wecker für „Mr" war und dann aufhört, ein „s" hinzugefügt worden wäre, wenn Miss Turner nicht unterbrochen worden wäre, und es ihre Absicht war zu schreiben „ Frau.' Ob sich dies jedoch auf die Frau bezog, die im Blumenstand begraben lag, oder ob sie an ihre Freundin, Frau Vanderstein, dachte, ist nicht klar.

„War Mrs. Vanderstein zum Zeitpunkt des Mordes im Wohnzimmer und wenn ja, was hatte sie dort zu tun? Das ist die nächste Frage, bei der unser Wissen im Stich gelassen wird. Wir wissen, dass sie irgendwann in diesem Raum war – das wusste ich in dem Moment, als ich ihr Parfüm an der Puderquaste und dem Zettel roch –, aber ob sie zum Zeitpunkt des Verbrechens dort war oder nicht, können wir nicht sagen. In jedem Fall ist ihr anschließendes Verfahren außergewöhnlich. Wenn sie gegen ihren Willen im Haus festgehalten wurde und auf unbekannte Weise fliehen konnte, warum flog sie dann nach Boulogne und nicht zu ihrem eigenen Haus oder zur nächsten Polizeistation? Warum hat sie, als sie in Boulogne ankam, erst gestern mit ihren Freunden kommuniziert? Sie sagte zwar, sie hätte schon früher geschrieben, aber es wäre natürlicher gewesen, wenn sie telegraphiert hätte und, wenn sie keine Antwort erhalten hätte, noch einmal telegraphiert hätte. Warum zeigte sie sich keine Sorgen um Miss Turner? Ihre Handlungen scheinen derzeit im höchsten Maße unerklärlich und seltsam. War sie plötzlich verrückt geworden? Das ist meiner Meinung nach die wahrscheinlichste Lösung. Wenn dem so ist, könnte es durchaus sein, dass sie es war, die das schreckliche Verbrechen begangen hat, das ich in der Scholefield Avenue entdeckt habe, und sich dann mit der Mischung aus List und Rücksichtslosigkeit, die für Verrückte krimineller Art üblich ist, nach Boulogne zurückgezogen hat, um dort zu warten, bis die Affäre vorbei ist umgeweht. Eine solche Theorie hat jedoch mehrere Nachteile, und einer davon ist, dass sie den schwarzbärtigen Mann nicht berücksichtigt, es sei denn, er war ein Liebhaber, und tatsächlich scheint es sehr wahrscheinlich, dass er einer war.

„Wir wissen nicht, welche Rolle er am Montagabend gespielt hat. Vielleicht hat er Mrs. Vanderstein trotz seines Versprechens an sie effektiver zur Flucht verholfen als Miss Turner.

„Wir wissen nur, dass er das Mädchen am Dienstagabend oder Mittwochmorgen aus dem Haus geholt hat und dass sie zusammen zum Ufer des Kanals im Regent's Park gegangen sind, wo Matterson sie getroffen hat. Wir wissen, dass „Schwarzbart" einen schweren Spaten bei sich trug. Wozu? Ich denke, es nicht so zu nutzen, wie er es getan hat; Es war auch nicht geeignet, damit ein Grab zu schaufeln, nachdem Miss Turner auf andere Weise entsorgt worden war. Denken Sie, Jennins, am Griff war eine Schnur befestigt, und der Kanal war nur wenige Meter von ihnen entfernt. Sagen Ihnen diese beiden Tatsachen nichts? Sicherlich ist es offensichtlich, dass er die junge Dame ins Wasser werfen wollte, nachdem er zuvor den Spaten an ihr festgebunden hatte, um sicherzustellen, dass sie unterging. Zweifellos erriet sie, was ihm durch den Kopf ging, und deshalb sah Matterson, wie sie sich verteidigte, das arme Mädchen, und hörte sie schreien. Das ist zumindest meine Meinung."

„Ich sollte mich nicht wundern, wenn Sie dieses Mal den Nagel auf den Kopf getroffen haben", stimmte der Inspektor zu. „Die Frage ist, was ist als nächstes zu tun?"

„Es ist höchste Zeit, dass ich einem Hinweis in dem Brief nachgehe, der angeblich von Prinz Felipe stammt", antwortete Gimblet. „Ich hätte das schon vor langer Zeit tun sollen, wenn ich nicht auf Mrs. Vandersteins Version der Angelegenheit gewartet hätte. Sie erinnern sich, dass als Überbringerin der Notiz eine Madame Q. genannt wird. Nun, wer ist Madame Q.? Ich habe gestern früh an Frau Vanderstein telegrafiert und gesagt: „Waren Sie am Montagabend in der Scholefield Avenue 13 und wer war sonst noch anwesend?" Dort wurde ein Brief gefunden, der offenbar von Prinz F. an Sie gerichtet war und in dem Madame Q. erwähnt wird. Bitte übermitteln Sie den Brief sehr vollständig und geben Sie den vollständigen Namen und die Adresse von Madame Q. an. Es handelt sich um sehr ernste Angelegenheiten.' Wenn die Dame auf mein Telegramm geantwortet hätte, wäre uns zweifellos viel Ärger erspart geblieben, auch wenn wir ihr Leben vielleicht nicht hätten retten können; aber so wie die Dinge liegen, schlage ich vor, die Frage nach der Identität von Madame Q. selbst zu klären."

Jennins ging weg; und Gimblet, nachdem er durch einen kurzen Besuch von Sidney aufgehalten worden war – der auf dem Weg war, den Elf-Uhr-Zug nach Boulogne zu erreichen –, nahm ebenfalls seinen Hut und verließ das Haus.

Eine Viertelstunde später stand er vor der Tür von Mrs. Vandersteins Haus in der Grosvenor Street.

Er fand, wie es natürlich war, einen schockierten und verwirrten Haushalt vor. Die Köchin und Blake saßen im Morgenzimmer, wo die Köchin mit einem Taschentuch herumfuchtelte und ihre Beobachtungen wiederholte, dass sie immer gewusst habe, dass etwas Schreckliches passieren würde, seit der zweite Diener den Spiegel im Zimmer zerbrochen hatte Speisekammer; während der erwähnte junge Mann direkt vor der Tür stand und alle paar Minuten seinen Kopf in den Raum steckte, um trotzig, wenn auch mit einem gewissen Unbehagen, zu bemerken, dass es nicht in der Natur liege, dass ein so gewaltiges Ereignis herbeigeführt werde ein so unbedeutendes Stück Glas wie das, mit dem er das „Unglück" gehabt hatte. Aus dem Salon ertönte die durchdringende, schrille Stimme von Amélie, die offenbar den Zeitungsbericht über den Mord ausfüllte, mit all den ausschmückenden Details, die eine unerschütterliche, grausame Fantasie zum Wohle der übrigen Dienstmädchen hervorbringen konnte, deren chörendes Stöhnen es auch konnte unterschieden werden. Aber im Großen und Ganzen herrschte mehr Beunruhigung darüber, welche Auswirkungen die Tragödie auf ihre eigene Zukunft haben würde, als Besorgnis über das schreckliche Schicksal ihrer Geliebten; und Gimblet, der sich viel Klagen anhören musste, wurde auch von vielen ängstlichen Fragen geplagt.

Es dauerte einige Minuten, bis er sein eigenes Ziel vorbringen konnte; aber schließlich zog er Blake beiseite und fragte ihn, ob Mrs. Vanderstein ein Besucherbuch mit einer Liste der Leute geführt habe, die sie besuchte.

Sie hatte es getan, und es wurde vorgelegt, aber zu Gimblets Enttäuschung enthielt es keinen Namen, der mit dem Buchstaben Q begann. Es gab jedoch die Namen von zwei oder drei französischen Damen, und er fragte sich, ob Q nur eine Chiffre für Gerady oder Kerigoet war . Blake fiel im Kreuzverhör keine ausländische Dame ein, mit der Mrs. Vanderstein vertraute Beziehungen pflegte.

Gimblet erinnerte sich an Amélies gründliche Kenntnis der Korrespondenz ihrer Geliebten und rief sie zu sich, um mit ihm zu sprechen.

„Hatte Mrs. Vanderstein eine Freundin Ihrer Nationalität?" er hat gefragt. „Gab es eine Französin, die sie gut kannte und deren Name vielleicht mit einem Q begann?"

"Eine Dame? Nein", sagte Amélie. "Ein Freund? Kaum! Il ne manquait plus que cela! Aber sie kannte eine Französin, deren Name mit Q beginnt. Ohne Zweifel ist es diese Justine, von der Sie sprechen."

„Justine?"

„Äh! Ja. Justine Querterot. Madame Querterot, wie sie sich nennt, obwohl ich nie gesehen habe, dass sie einen Ehemann hatte. Es heißt, er habe sich selbst erschossen, der arme Mann, und ich wüsste nicht, was er mit einer solchen Frau besser hätte machen können! Ah, Monsieur, eine böse, böse Frau!"

„Solche Leute gibt es", stimmte Gimblet diplomatisch zu; „Aber sagen Sie mir, woher kannte Frau Vanderstein diese Madame Querterot?"

„Sie kam eine Zeitlang, um Madame *zu frisieren* und ihren Teint zu verjüngen, der, das versichere ich Ihnen, nichts dergleichen brauchte. Aber sie hatte die Idee, sich massieren zu lassen, und einige Monate lang war diese Frau täglich im Haus. Ich habe nie verstanden, wie Mrs. Vanderstein sie ertragen konnte. Eine Frau, die so vulgär, so vertraulich war und nie aufhörte zu reden und zu reden und zu reden!"

Amelie sprach mit tugendhafter Empörung, wie jemand, dem die Gabe des Schweigens zuteil wurde.

„Sie ist also Masseurin?"

„Sie ist allerdings keine richtige Masseurin, so nennt sie sich selbst. Um die Wahrheit zu sagen, sie ist nur eine Friseurin, die den Leuten weismachen will, sie wüsste etwas über Hautpflege. Aus irgendeinem Grund schien sie Madame zu amüsieren, und ich glaube, das war der Hauptgrund, warum sie sie kommen ließ."

„Ist sie jeden Tag gekommen und ist sie hier, seit Mrs. Vanderstein das Haus verlassen hat?"

„Zwei, drei Monate lang kam sie jeden Tag", antwortete Amélie bitter. „Tatsächlich dachte ich, sie würde immer kommen, aber erst letzten Montag – genau an dem Tag, als Madame wegging – hörte ich la Justine sagen, dass es ihr letzter Besuch sei; Und in Wahrheit war sie seitdem nicht mehr hier, ich freue mich sehr, das sagen zu können."

„Ah", sagte Gimblet. „Nun, ich muss sie besuchen. Mal sehen, du hast gesagt, sie sei eine große, dunkle Frau, nicht wahr?"

„Aber nein", rief Amélie, „im Gegenteil, sie ist klein und hat gelbes Haar vom schlechtesten Geschmack."

„Warum magst du diese Frau so sehr? Wissen Sie zufällig etwas gegen sie?"

Aber es schien, dass Amélie nichts gegen Madame Querterot wusste. Sie hatte nur vage Anschuldigungen und dunkle Anschuldigungen allgemeiner Art vorzubringen; und nachdem Gimblet einer Tirade dieser Art eine ganze Weile zugehört hatte, brach er sie ab, indem er nach der Adresse der Masseurin fragte.

„Ihre Herrin hat ihr einen Brief hinterlassen", sagte er, „der uns von der französischen Polizei geschickt wurde. Es hat keine Bedeutung und enthält, glaube ich, nur einen Hinweis auf den Bericht von Madame Querterot, aber ich bin bestrebt, ihn vorzutragen; und da die arme Dame mit der Adresse nicht weiter gekommen war als bis zu Madame Q, wäre es ohne Ihre Hilfe eine ziemlich schwierige Angelegenheit gewesen."

Es war bedauerlich, dass der Detektiv auf diesen Vorwand zurückgriff, um seine Verhöre zu erklären, denn der Gedanke, dass nicht einmal der Tod dem Verkehr zwischen Mrs. Vanderstein und ihrem Feind ein Ende gesetzt hatte, erstickte Amélie beinahe, deren eifersüchtiger Verdacht bei der Herausforderung erneut erwachte.

„Das ist die Adresse, Monsieur", sagte sie, als sie sie ihm gab, „aber ich würde nicht damit rechnen, den Vogel im Nest zu finden. In der Gegend von Boulogne sollten Sie nach dieser berüchtigten Frau suchen. Einer ihrer Art ist zu allem fähig; und meiner Meinung nach ist nichts wahrscheinlicher, als dass sie die wahre Mörderin meiner armen Madame ist! Ein schwarzer Bart, tatsächlich! Ist sie keine Friseurin?"

Gimblet floh vor dem Sturm der Worte, den er provoziert hatte, und eilte zu der Pimlico-Adresse, die er erhalten hatte.

Wider Willen hallten Amélies Worte in seinen Ohren: „Ist sie nicht Friseurin?" Ein schwarzer Bart war eine recht einfache Verkleidung, und blondes Haar konnte verdeckt werden. Man hatte ihm aber auch gesagt, dass die Masseuse eine kleine Frau sei und dass sich ihre Körpergröße nicht so leicht simulieren lasse. Das waren seine Gedanken, als er die Klinke der Ladentür betätigte.

Es war niemand drinnen, und Gimblet hatte zuvor Zeit, die leeren Regale und den verlassenen Blick des Fensters zu bemerken – das die wächserne Dame nicht mehr mit ihrer Anwesenheit zierte – als Antwort auf das Klopfen seiner Hand auf der Theke und seinen wiederholten Schrei Bei „Bitte einkaufen" öffnete sich die Tür zum Hinterzimmer und Julie Querterot erschien.

Es war eine ziemlich traurige Gestalt, die sie ihm an diesem Tag präsentierte: blasser, dünner und müder als je zuvor. In ihren Augen lag jetzt ein ängstlicher Ausdruck und darunter waren schwarze Linien. Sie trat langsam, fast schüchtern vor.

„Wolltest du etwas?" Sie sagte. „Ich fürchte, unser Lagerbestand ist fast vollständig ausverkauft."

„Danke", sagte Gimblet. „Ich habe Madame Querterot angerufen – ist es möglich, dass ich mit ihr spreche?"

„Oh nein", sagte Julie mit einem kleinen Lächeln. „Ich bin ihre Tochter. Aber ich fürchte, du kannst meine Mutter im Moment nicht sehen. Sie ist – raus."

„Macht nichts", erwiderte Gimblet. "Ich werde warten. Vielleicht ist sie bis zum Mittagessen da? Ich habe eine Nachricht für sie."

„Ich weiß nicht, wann sie zurückkommt", sagte das Mädchen. „Können Sie die Nachricht nicht bei mir hinterlassen?"

„Es ist für ihr eigenes Ohr", sagte Gimblet. „Wenn es Ihnen nichts ausmacht, werde ich noch ein wenig warten."

Er setzte sich, während er sprach, und Julie ging nach einem zögernden Blick zurück in den Innenraum und ließ die Tür zwischen den beiden offen.

Gimblet, sich selbst überlassen, stellte erneut überrascht fest, wie wenige Artikel zum Verkauf angeboten wurden. So kahl der Laden auch ausgesehen hatte, als er ihn betreten hatte, jetzt war er noch leerer, als er gedacht hatte. Ein Handwerkerkalender an der einen Wand, ein Bild aus einer illustrierten Zeitung an der anderen, zwei oder drei Flaschen Haarwaschmittel und ein paar Päckchen Haarnadeln schienen den gesamten Handelsbestand auszumachen.

Gimblet fragte sich immer noch, ob die Massage genauso schlimm war wie die Friseurseite des Querterot-Geschäfts, als ein gedämpftes Geräusch aus dem Nebenzimmer seine Aufmerksamkeit erregte.

Was war das für ein leises, gedämpftes Keuchen?

Der Detektiv stand leise auf und schlich zur Tür.

Als er schamlos durch den Spalt spähte, sah er, dass ein Stuhl an den Tisch herangezogen worden war und dass Julie dort saß, den Kopf gesenkt und auf die Hände gestützt. Von ihr kam der Ton, der sein Ohr gefangen hatte, denn ihr ganzer Körper zitterte unter dem Schluchzen, das sie vergeblich zu unterdrücken versuchte.

Gimblet öffnete die Tür und ging mutig hindurch.

„Es tut mir so leid", sagte er, „zu einer Zeit gekommen zu sein, in der Sie unglücklich sind. Aber erzählst du mir nicht alles darüber? Wer weiß, vielleicht kann ich Ihnen helfen."

Als das Mädchen ihn sah, fuhr sie auf und versuchte erneut, ihren Kummer zu überwinden. aber der freundliche Ton von Gimblets Stimme gab ihren Gefühlen den letzten Schliff: Sie verlor jeglichen Versuch, sich zu beherrschen, legte ihren Kopf vor sich auf den Tisch und brach in hemmungslose und leidenschaftliche Tränen aus.

Gimblet ließ sie eine Weile weinen, dann setzte er sich neben sie und versuchte, sie zu trösten. Er nahm eine ihrer Hände und tätschelte sie sanft, als wäre sie ein Kind gewesen.

„Na, na", sagte er, „weine nicht mehr. Sag mir, was los ist, und wir sehen, ob sich nichts dagegen tun lässt."

Allmählich kamen ihre Tränen langsamer; das krampfhafte Schluchzen, das sie geschüttelt hatte, erstarb, und sie setzte sich auf, trocknete ihre Augen und sah ihn von Zeit zu Zeit mit verstohlener Schüchternheit an.

„Sie sind sehr freundlich, Sir", sagte sie schließlich und erlag widerstrebend jenem Gefühl des Vertrauens, das Gimblet immer zu erwecken vermochte, wenn er es versuchte. „Es war – es war nur, weil Sie darum baten, meine Mutter zu sehen."

"Wie ist das?"

„Sie – sie – ich weiß nicht, wo sie ist."

„Nein? Aber das macht nichts. Wenn sie nach Hause kommt, erfährst du, wo sie war."

„Du verstehst es nicht. Sie war vier Tage lang nicht zu Hause und ich habe keine Ahnung, wann sie zurückkommt. Sie hat mir nichts erzählt."

"Liebe mich!" Gumblet sah ernst aus. „Wann, sagen Sie, haben Sie sie das letzte Mal gesehen?"

„Es war am Dienstagmorgen", sagte Julie. „Sie kam und weckte mich sehr früh; Sie schien draußen gewesen zu sein, denn sie trug immer noch ihren Hut und in der Hand hatte sie eine schwarze Tasche. Danach ging sie weg. Ich hörte sie eine Zeit lang herumlaufen, bis sie schließlich die Treppe hinunterging und ich hörte, wie die Haustür zuschlug. Ich sprang aus dem Bett, schaute aus dem Fenster und sah sie mit einer großen Tasche in jeder Hand die Straße entlanggehen. Und seitdem habe ich nichts mehr von ihr gesehen oder gehört. Aber ich bin sicher, oh, ich *weiß* , dass sie nicht zurückkommen wollte!"

"Wie kannst du das Wissen?" fragte Gimblet.

„Ich weiß es aus dem, was sie gesagt und getan hat, bevor sie ging."

„Willst du es mir nicht sagen?"

Julie sah ihn zweifelnd an.

„Bert – das ist ein Freund von mir – hat versucht, mich zu versprechen, nichts darüber zu sagen, aber ich sagte ihm, ich solle zur Polizei gehen, wenn ich nicht bald davon erfahre. Und ich habe das Gefühl, ich muss es jemandem sagen, denn ihr könnte etwas Schreckliches zugestoßen sein", fügte Julie halb im Stillen hinzu. „Haben Sie etwas mit der Polizei zu tun?" Sie fragte.

„Nun ja, das habe ich tatsächlich; auf indirekte Weise."

„Wenn ich es dir sage, wirst du wissen, was zu tun ist. Bert scheint nicht zu wissen, was er tun soll; er tobt nur. Nun, ich glaube, meine Mutter ist für immer weggegangen, denn bevor sie ging, ließ sie einen Mann ins Haus kommen und fast alle tragbaren Dinge darin kaufen. Außer diesen Stühlen und dem Tisch und meinem Bett oben ist kaum noch etwas übrig. Kurz nachdem sie gegangen war, kamen sie und nahmen die Sachen mit."

„Hat sie dir kein Geld hinterlassen?"

„Nein, aber sie hat mir das Haus hinterlassen, wissen Sie; nur die Miete ist fällig und ich habe nichts, um sie zu bezahlen. Und sie hat mir gesagt, ich solle alle fälligen Rechnungen für ihre Dienste einsammeln, und sie hat mir das Geld geschenkt. Als sie also gegangen war, habe ich in das Hauptbuch geschaut und festgestellt, dass alles, was ich ihr schuldete, in den letzten Tagen bezahlt worden war, bis auf eine Rechnung. Es war die von Mrs. Vanderstein, der armen Frau, die gestern in Boulogne ermordet wurde, wie Sie vielleicht in den Zeitungen gelesen haben?"

Gimblet neigte ernst den Kopf und sie fuhr fort.

„Meine Mutter ging immer zu Mrs. Vanderstein, um den Teint zu massieren, und die geschuldete Summe war hoch, über zwanzig Pfund. Ich war dankbar, dass mir eine solche Summe gegeben wurde; Aber als ich am nächsten Morgen sah, dass die Dame verschwunden war, stellte ich sicher, dass es daran lag, dass sie ihre Rechnungen nicht bezahlen konnte, und es schien, als hätte meine Mutter das gewusst, als sie so großzügig zu mir war. Ich sorgte dafür, dass ich nie einen Cent von diesem Geld zu Gesicht bekam, und war verzweifelt, weil ich nicht wusste, was ich mit der Miete machen sollte oder wie ich in der Zwischenzeit leben sollte. Ich ging zu Frau Vandersteins Haus, um zu sehen, ob sie wirklich gegangen war, und ein freundlicher alter Herr sagte mir, dass die Rechnung trotzdem bezahlt werden würde. Das war ein großer Trost, aber ich wusste, dass das zumindest für einige Zeit nicht der Fall sein würde, und vielleicht erst, wenn ich am Verhungern war. „Es war eigentlich nicht so wichtig", fügte Julie loyal hinzu, „denn ich möchte gern einer Ordensschwester beitreten, und sie werden mich sicher aufnehmen, auch wenn ich nichts habe, was ich ihnen mitbringen könnte." Aber ich kann es nicht ertragen, als Bettlerin zu ihnen zu gehen, und ich wünschte, ich wünschte, sie hätte mich nicht ohne Vorwarnung völlig mittellos zurückgelassen", schloss sie und ihre Augen füllten sich wieder mit Tränen.

„Wofür hat sie Sie dann am frühen Dienstagmorgen geweckt?"

„Ich habe dir erzählt, dass sie eine Tasche in der Hand hatte? Sie nahm ein paar Kleider heraus und gab sie mir. Sie sagte mir, ich solle sie verbrennen und sie würde mir erklären, warum, wenn sie zurückkäme. Aber sie sagte, ich könne das Futter behalten, um mir Unterröcke zu machen. So schöne Unterröcke würden mir nichts nützen. Trotzdem war es nett von ihr. Und dann nahm sie das hier heraus und gab es mir, damit ich darauf aufpasse" – Julie legte ihre Hand an ihren Hals und zog unter ihrer Bluse eine lange Kette riesiger Perlen hervor. „Sie sagte, eine ihrer Kundinnen hätte sie gebeten, auf sie aufzupassen, während sie auf Reisen sei", fuhr das Mädchen fort, hob die Kette über ihren Kopf und hielt sie Gimblet hin. „Ich weiß nicht, ob sie echt sind, obwohl sie mir sagte, ich solle sehr vorsichtig damit umgehen und sie immer tragen. Aber ich glaube, wenn sie echt gewesen wären, hätte sie sie nicht zurückgelassen."

Gimblet nahm die Halskette wortlos entgegen. Er war im Moment nicht in der Lage zu sprechen.

„Das war alles, was meine Mutter zu mir gesagt hat", fuhr Julie fort, „aber sie schien sich über etwas sehr zu freuen; und gleichzeitig aufgeregt. Als ich aus dem Fenster schaute und sie weggehen sah, trug sie Kleidung, die ich noch nie zuvor gesehen hatte; sie müssen ganz neu gewesen sein. Sie waren sicherlich einfach, nur ein Mantel und ein Rock und ein kleiner Hut; Aber sie waren wunderschön gemacht und passten ihr so gut, ganz anders als das, was sie normalerweise trug. Es gibt etwas an teurer Kleidung, das Menschen so anders aussehen lässt. Ich hätte sie kaum kennengelernt, wenn sie nicht so gelaufen wäre. Ich konnte nur die Oberseite ihres Kopfes sehen, aber der Hut war sehr schick, mit einem wunderschönen Fischadler darin. Irgendwie wirkte sie wie jemand, der zu einer Hochzeit geht, und ich komme nicht umhin zu denken, dass es vielleicht ihre eigene Hochzeit war, zu der sie ging. Möglicherweise hat sie jemanden über uns geheiratet und wollte nicht, dass er von meiner Existenz erfährt. Das denke ich, aber Bert sagt nein."

Gimblet räusperte sich. „Ich frage mich“, sagte er, „ob es Ihnen etwas ausmachen würde, mir die Kleidung zu zeigen, von der Sie gesprochen haben und die Ihnen Ihre Mutter gegeben hat, bevor sie gegangen ist.“

„Ich fürchte, ich kann nicht“, sagte Julie. „Ich – Sie sehen, ich hatte kein Geld – ich habe sie an einen Second-Hand-Kleiderladen in der Victoria Street verkauft. Bert wollte sie auch sehen. Er glaubt, dass meine Mutter einen besonderen Grund gehabt haben muss, zu sagen, dass sie verbrannt werden sollten, aber ich glaube nicht, dass sie mir gesagt hätte, ich könnte die Auskleidungen behalten, wenn sie ansteckend gewesen wären.“

"Wie waren sie?" fragte Gimblet. Er musste all seine Selbstbeherrschung aufbringen, um den Eifer in seiner Stimme zu unterdrücken.

„Zwei wunderschöne weiße Abendkleider“, sagte Julie, „und zwei Opernumhänge aus roter und malvenfarbener Seide, alle bedeckt mit hübschen Stickereien und Spitze.“ Natürlich hätte ich sie nie tragen können und es schien mir schade, sie zu zerschneiden. Ich hätte sie einfach nicht verbrennen können. Der Laden gab mir nur fünf Pfund für das Los, aber das wird mich noch einige Zeit beschäftigen, bis ich mich entschieden habe, was ich tun soll. Trotzdem sagt Bert, ich hätte sie nicht verkaufen sollen.“

„Übrigens“, sagte Gimblet, „wer ist Bert?“

Das Mädchen errötete. „Er ist nur ein Junge, den ich kenne“, sagte sie. „Er ging mit mir zur Schule und ist immer gut zu mir. Ich möchte ihn nicht ärgern oder seine Gefühle verletzen, und ich hätte nicht über ihn sprechen sollen, denn als er mir riet, nicht zur Polizei zu gehen, und ich würde es nicht versprechen, sagte er, dass ich das sehen sollte Es würde Schaden anrichten. Und so sagte ich ihm, dass ich sagen würde, dass er mich gedrängt hätte, wenn meine Mutter zurückkäme und mir die Schuld geben würde, weil ich von ihrer Abwesenheit gesprochen hatte, was er offenbar zu glauben glaubte. Und dann wurde er ziemlich wütend und sagte mir, ich solle tun, was ich wollte, aber ich solle ihn nicht darin verwickeln, und deshalb sagte ich, natürlich würde ich seinen Namen niemals erwähnen, wenn es ihm nicht gefiele; aber jetzt habe ich es geschafft.“ Sie blieb atemlos stehen.

„Nun, geben Sie Bert eine Nachricht von mir“, sagte Gimblet; „Sagen Sie ihm, dass ich ihm soweit zustimme und denke, dass Sie für eine Weile nicht zur Polizei gehen müssen. Aber du sagst ihm besser nicht, dass ich etwas mit ihnen zu tun habe, da er sie anscheinend so sehr nicht mag. Wirst du ihn bald sehen?“

„Ja, ich gehe davon aus, dass er heute Abend kommt, wenn er mit der Arbeit aufhört; das tut er im Allgemeinen. Und ich denke, ich werde ihm nichts über dich erzählen. Es geht ihn wirklich nichts an und ich mag es nicht, ständig belehrt zu werden.“

„Ich denke, Sie haben völlig recht", sagte Gimblet. „Jetzt noch eine Frage. Haben Sie eine Ahnung, mit welchem Mann Ihre Mutter Ihrer Meinung nach ausgegangen sein könnte? Hatten Sie vorher den Verdacht, dass sie daran dachte, wieder zu heiraten?"

Das Mädchen zögerte einen Moment. „Nein", sagte sie, „ich habe überhaupt keine Ahnung, wer es sein könnte."

KAPITEL XXIII

GIMBLET kam zu spät zur Untersuchung, die für zwei Uhr angesetzt war. Als er ankam, waren die Aussagen von Higgs und dem Polizisten, die er geholt hatte, sowie die von Brampton, dem Künstler und dem Angestellten des Hausverwalters bereits aufgenommen worden, und es blieben nur noch seine eigenen und die des Arztes zu vernehmen.

Es kam nichts Neues ans Licht, und die Jury kam zu dem Urteil: „Vorsätzlicher Mord an einer oder mehreren unbekannten Personen".

Gimblet hielt es nicht für zweckmäßig, die Theorien offenzulegen, die er zum Thema des Verbrechens entwickelt hatte. Als er in Begleitung von Jennins, die er dort bei seiner Ankunft gefunden hatte, das Haus verließ, sagte der Inspektor zu ihm:

„Ein Altkleiderhändler in der Victoria Street hat mit uns kommuniziert. Sie haben gekauft, was ihrer Meinung nach der veröffentlichten Beschreibung zufolge die Kleider und Mäntel sind, die Mrs. Vanderstein und Miss Turner am Montagabend getragen haben. Ich werde ihr französisches Dienstmädchen bitten, mit mir dorthin zu gehen und zu sehen, ob die Leute mit ihrer Annahme recht haben. Sie sagen, sie hätten die Sachen von einer jungen Frau gekauft, die eine Adresse in Pimlico und den Namen Julie Querterot angegeben habe. Kann sie die Madame Q. der Notiz sein? Wenn ja, ist es seltsam, dass sie keinen falschen Namen nennt; aber alles an diesem Fall ist mysteriös."

„Sie ist es nicht", sagte Gimblet, „es war ihre Mutter." Ich war gerade bei ihnen zu Hause und habe sie gesehen. Was die Mysterien angeht, gibt es für mich nur noch eines, und das ist der Verbleib von West und die Frage, ob er zu diesem Zeitpunkt nicht seine Verkleidung als schwarzer Bart gegen eine andere ausgetauscht hat, in der es schwieriger sein wird ihn identifizieren. Alles andere ist meiner Meinung nach ganz klar, mit Ausnahme einiger unbedeutender Details, und ich glaube, es wird nicht lange dauern, bis wir hoffen können, Mr. West selbst in die Hände zu bekommen."

Gimblet weigerte sich jedoch, Jennins seine kürzlich erlangten Informationen mitzuteilen, und sagte ihm, sehr zum Ekel des Inspektors, dass er schon bald alles darüber erfahren würde.

„Und ein verworrenes Netz, du wirst es finden, Jennins", sagte er.

Sie wurden von einem Boten unterbrochen, der Jennins darüber informierte, dass Miss Turner bei Bewusstsein sei und darauf bedacht sei, eine Erklärung abzugeben.

Gimblet und der Inspektor gingen zusammen ins Krankenhaus, wo sie Barbara vorfanden, der es sehr viel besser ging als am Tag zuvor. Sie erholte sich wunderbar, wurde ihnen gesagt, sie dürfe sich aber nicht mehr aufregen, als vermeidbar sei. Tatsächlich hätte sie sie noch nicht sehen dürfen, wenn sie sich nicht so sehr darum gekümmert hätte, ihre Geschichte zu erzählen, dass man es für das Beste gehalten hätte, sie es tun zu lassen. Der Tod ihrer Freundin durfte ihr jedoch nicht mitgeteilt werden, wenn es möglich war, ihn in den nächsten Tagen vor ihr zu verbergen.

Sie begrüßte die beiden Männer mit einem schwachen Lächeln. „Ich habe gehört, dass ich von einem Ihrer Männer gerettet wurde", sagte sie zu Jennins, „und ich bin ihm dankbarer, als ich sagen kann, obwohl ich mich nicht mehr an viel erinnern kann, nachdem mir klar wurde, dass dieser Mann versuchte, ihn zu fesseln Spaten um meinen Hals."

„Es ist ein Glück, dass Sie rechtzeitig gesehen wurden", antwortete Jennins. „Wir wollen Sie heute nicht belästigen, aber gleichzeitig sind wir natürlich gespannt auf alles, was Sie uns über den Schurken erzählen können, mit dem Sie zusammen waren."

„Oh, ich möchte dir alles darüber erzählen, damit du ihn vielleicht erwischst – und die Frau auch. Ich nehme an, du hast sie noch nicht?"

Jennins schüttelte den Kopf.

„Ich dachte, Mrs. Vanderstein hätte Sie vielleicht auf die Spur bringen können. Wie froh bin ich, dass sie entkommen ist. Ich hatte Angst – aber egal jetzt. Hat sie dir erzählt, wie sie entkommen konnte?"

"Frau. Vanderstein ist sofort ins Ausland gegangen", sagte Gimblet ausweichend; „Wir haben noch keine Einzelheiten von ihr gehört. Aber erzählst du uns nicht von Anfang an deine Abenteuer? Wie war es, dass Sie sich in der Scholefield Avenue wiedergefunden haben?"

Barbara sah ihn verständnislos an. „Scholefield Avenue", wiederholte sie, „wo ist das?"

„Das Haus, in dem Sie eingesperrt waren, ist dort", sagte Gimblet; "Hast du Vergessen? Sie waren am Montagabend nach der Oper mit Frau Vanderstein dort. Ich möchte, dass Sie uns sagen, warum Sie dorthin gegangen sind."

„Ich wusste nicht, wo es war", sagte Barbara, „aber ich glaube nicht, dass ich Ihnen sagen kann, warum wir dorthin gegangen sind. Ich glaube nicht, dass Frau Vanderstein möchte, dass ich das tue."

„Wie Sie wünschen", antwortete Gimblet; „Aber das wird Ihnen zeigen, dass ich bereits etwas über die Privatangelegenheiten Ihres Freundes weiß." Er

nahm das Blatt Briefpapier mit dem Wappen von Targona heraus und reichte
es ihr.

„Sie hat dir das gegeben!" rief das Mädchen, und während Gimblet schwieg:
„Dann kann es ihr nichts ausmachen, wenn ich davon rede. Ja, es ist wahr,
dass wir zu diesem Haus gingen, um Prinz Felipe zu treffen, aber ich weiß
nicht, ob er dorthin kam oder nicht."

„Nein, er ist nicht gegangen."

„Dann war die ganze Sache falsch! Das dachte ich am Anfang, aber danach
war ich mir nicht mehr sicher. Es war am Montagmorgen, als Frau
Vanderstein mit mir darüber sprach. Seit einer Woche sah sie seltsam aus:
aufgeregt, erfreut – ich weiß nicht genau, was – glücklicher, jünger, irgendwie
anders als sonst. Und am Montag kam sie in mein Zimmer und erzählte mir
errötend und lächelnd, dass es ihr Glück sei, von Prinz Felipe von Targona
geliebt zu werden, und dass sie ihn aller Wahrscheinlichkeit nach heiraten
würde. Sie hätten sich nur aus der Ferne gesehen, sagte sie, aber es sei für
beide Liebe auf den ersten Blick gewesen, und sie sei so glücklich, so
glücklich! Und würde ich nicht sagen, dass ich froh war? Ich fragte sie, woher
sie wüsste, was er für sie empfand, wenn sie sich nie begegnet wären, und sie
sagte, sie hätte Briefe von ihm erhalten und ihm selbst geschrieben und sie
würde ihn noch am selben Abend nach der Oper treffen das Haus eines
Freundes von ihm. Sie sagte, sie könnten sich weder in der Öffentlichkeit
noch in seinem Hotel oder in ihrem eigenen Zuhause treffen, da er von seiner
Suite umgeben sei und seine Mutter, die auch bei ihm war, jede seiner
Bewegungen beobachtete, so dass sein ganzes Kommen und Gehen wurden
gesehen und markiert.

„Sie wohnten im Fianti's Hotel direkt gegenüber von uns in der Grosvenor
Street, also wäre es für den Prinzen ziemlich schwierig gewesen, unbemerkt
zu unserem Haus zu kommen. Es war beabsichtigt, dass er aus politischen
Gründen heiraten sollte, und jedes Anzeichen dafür, dass seine Zuneigung
einer Privatperson entgegengebracht würde, hätte einen Aufschrei ausgelöst,
der schwer zu ignorieren gewesen wäre. Es sei Prinz Felipes Plan gewesen,
so erzählte mir Frau Vanderstein, dass sie stillschweigend heiraten sollten
und dass er dann abdanken sollte; wogegen weniger Einwände erhoben
würden, wenn bekannt würde, dass er aus ehelicher Sicht unwiederbringlich
entsorgt sei. Die ganze Geschichte kam mir so unwahrscheinlich und
phantastisch vor, dass ich darüber lachen musste, was meine Freundin sehr
beleidigte, und um mich zu überzeugen, zeigte sie mir schließlich einige
Briefe des Prinzen, darunter auch den, den Sie dort haben. Ich konnte nicht
länger zweifeln, nachdem ich sie gesehen hatte, obwohl ich überrascht und,
ich muss sagen, schockiert war, als ich hörte, dass die Vermittlerin in der
Angelegenheit und der Überbringer aller Geldscheine eine Französin war,

eine bei Mrs. Vanderstein und anscheinend auch von einem aus dem Gefolge von Prinz Felipe.

„Als ich hörte, dass Frau Vanderstein keine Ahnung hatte, wo das Haus lag, zu dem sie in dieser Nacht gehen sollte, sondern alle Einzelheiten Madame Querterot und dem Prinzen überlassen hatte, versuchte ich sie von der Torheit einer solchen Vereinbarung zu überzeugen. aber nichts, was ich sagen konnte, hatte irgendeine Wirkung. Schließlich sagte ich ihr, dass ich sie auf dieser Eskapade begleiten sollte; Und obwohl ihr die Idee nicht gefiel und sie darüber sogar ziemlich wütend auf mich wurde, blieb ich bei meinem Standpunkt und blieb bei dem Thema so entschieden, dass sie am Ende nachgab und sagte, ich könnte kommen, wenn ich wollte. Trotzdem machte ich mich mit ernsten Bedenken an diesem Abend mit ihr auf den Weg nach Covent Garden, wo wir als erste der Galavorstellung beiwohnten. Wir hatten kaum das Theater betreten, als Frau Vanderstein mir sagte, ich solle zurücklaufen und dem Motor sagen, er solle uns nicht abholen. Wir sollten in einer vom Fürsten geschickten Kutsche abreisen, sagte sie.

„Ich hatte zu viele Sorgen, um die Oper zu genießen. Ich weiß nicht, ob Mrs. Vanderstein das wusste oder nicht, aber sie schaute ständig auf ihre Uhr und zappelte herum, also glaube ich, dass ihre Gedanken woanders waren. Bevor der letzte Akt fast zu Ende war, verließen wir die Loge und gingen in die Halle, die fast leer war, und sagten einem Mann, er solle Mr. Targons Kutsche rufen, denn so schien es, dass bei dieser Gelegenheit auf den Prinzen angespielt werden sollte. Ein paar Minuten später fuhr ein Brougham vor, gezogen von einem dunkelbraunen Pferd, das schlecht frisierte und eine seltsame weiße Blesse auf der Nase und einem Auge hatte. Mir fiel auch auf, dass es von einem sehr merkwürdig aussehenden Mann gelenkt wurde, der einen Hut trug, der viel zu groß für ihn war, der bis über die Augen gequetscht war, und einen großen Schal, der um seinen Hals und hoch über sein Kinn und seine Ohren geschlungen war; obwohl ich trotzdem sehen konnte, dass er einen Bart trug, was, gelinde gesagt, ungewöhnlich für einen Kutscher ist.“

„Einen Moment“, unterbrach Jennins; „Glauben Sie, Sie könnten das Pferd erkennen, Miss Turner, wenn Sie es noch einmal sehen würden?“

„Ich bin mir fast sicher, dass ich das tun sollte“, antwortete Barbara. „Mit einem solchen Feuer kann es nicht viele geben. Da bin ich mir sicherer als beim Fahrer. „Er fuhr sehr schlecht“, fuhr sie fort, „er fuhr mit einem Ruck unter den Bogen und hob die Hände, von denen jeder einen Zügel umklammerte, fast über seinen Kopf. „Sicher liegt hier ein Fehler vor“, sagte ich. „Sind Sie von Mr. Targon?“ „Ich komme von Mr. Targon“, antwortete er heiser, „aber ich glaube, da liegt ein Fehler vor, wie Sie sagen; Ich sollte eine Dame holen, nicht zwei.‘ „Oh, das ist alles in Ordnung“, sagte Frau

Vanderstein hastig. „Spring ein, Barbara." Und sie stieg selbst in den Brougham, so dass ich keine andere Wahl hatte, als ihr zu folgen, und wir fuhren los.

„Oh je, wie schlecht dieser Mann gefahren ist! Zum Glück herrschte kaum Verkehr, aber bevor wir am Anfang der Regent Street ankamen, stießen wir mit drei Gegenständen zusammen und fuhren an den Ecken über den Bordstein, ich weiß nicht wie oft. Als die Kutsche anhielt, beugte sich der Kutscher herunter und rief durch das Fenster, dass er Befehl habe, eine Dame zu holen, und dass ich aussteigen müsse. Ich weigerte mich absolut, dies zu tun, und zu diesem Zeitpunkt war Frau Vanderstein so sehr beunruhigt über die rücksichtslose Art, wie er fuhr, dass ich glaube, sie hätte mir nicht erlaubt, sie zu verlassen, selbst wenn ich es gewollt hätte. Nach einem hitzigen Streit begann sich eine kleine Menschenmenge um uns zu sammeln, und der Kutscher, der, wie ich glaube, den Schatten eines herannahenden Polizisten sah, gab plötzlich den Kampf auf, und sein Pferd aufpeitschend, taumelten wir wieder vorwärts, als das Tier mit einem Satz anfing.

„Es war eine lange Fahrt und gegen Ende verlor ich jegliche Orientierung und hatte keine Ahnung, wohin wir wollten. Schließlich fuhren wir mit einem letzten Stoß und Ruck durch das Tor eines kleinen Hauses, das abseits der Straße in einem winzigen Garten zu stehen schien, und hielten ruckartig vor einer Treppe oben an Als wir anhielten, wurde eine Tür aufgerissen, und ich erkannte die Gestalt von Madame Querterot, die im Dämmerlicht des Flurs zurückstand.

„Wir stiegen aus und Frau Vanderstein, die beim Fahren zu jeder Zeit schüchtern ist, begann, den Mann in einem sehr wütenden Ton zu beschimpfen. Sie hatte große Angst gehabt, das arme Kind, und hatte die ganze Zeit mit bleichem Gesicht dagesessen und meine Hand gehalten, wie ich von Zeit zu Zeit im Licht einer vorbeifahrenden Lampe sehen konnte. „Was meinst du damit, so zu fahren?" rief sie vom Bürgersteig aus. „Ich glaube, du bist betrunken. Eine schöne Sache, in der Tat. Ich werde mich über dich beschweren, fürchte dich nicht. Es ist äußerst beschämend, in einem solchen Zustand zu sein. Noch nie wurde ich so gefahren! Es ist ein Wunder, dass wir nicht alle getötet wurden!' Der Mann warf das Pferd an und fuhr davon, aber Mrs. Vanderstein war so wütend auf ihn, dass sie tatsächlich Anstalten machte, ihm zu folgen. Sie ging jedoch nur ein oder zwei Schritte, dann drehte sie sich lachend um und wir gingen die Stufen hinauf ins Haus.

„Wir wurden von Madame Querterot empfangen, die, wie ich sagen muss, ordentlicher aussah als sonst, in einem gepflegten schwarzen Kleid und einer großen Schürze, die vermutlich ihrer Rolle als Stubenmädchen entsprach. Ich war beeindruckt von dem seltsamen Gesichtsausdruck, als sie mich zum ersten Mal sah, und sie murmelte etwas in der Art, dass Mrs. Vanderstein versprochen hatte, allein zu kommen; aber meine Freundin, die noch immer von der Begegnung mit dem Kutscher errötet war, antwortete ihr überhaupt nicht und marschierte mit erhobenem Kinn weiter. Madame Querterot erlangte in einem Augenblick ihre gewohnte Liebenswürdigkeit zurück und führte uns mit vielen Lächeln und Schmeicheleien in den Salon, wo sie uns verließ und sagte, dass Seine Hoheit noch nicht angekommen sei.

„Dort warteten wir gefühlt eine lange Zeit; zwanzig Minuten vielleicht oder eine halbe Stunde. Mein Freund war sehr nervös und konnte nicht still sitzen, sondern ging die ganze Zeit unruhig auf und ab, auf und ab. Jetzt würde sie sich auf ein Sofa fallen lassen und sich in einer anmutigen Haltung niederlassen; Eine Minute später sprang sie auf und rannte zum Spiegel, um ihre Locken zu streicheln oder ihre Nase mit Puder zu betupfen. 'Wie sehe ich aus?' sie fragte mich mehr als einmal und schien mich kaum zu hören, als ich ihr antwortete.

„Endlich gab es unten ein leichtes Geräusch; Die Vordertür schloss sich, und ich konnte das Gemurmel leiser Stimmen hören. Nach einer scheinbar endlosen Verzögerung öffnete sich die Tür und Madame Querterot kam herein. „Wenn Mademoiselle für kurze Zeit mit mir in ein anderes Zimmer kommt“, sagte sie. „Seine Hoheit ist gerade angekommen.“ Ich zögerte nur eine Sekunde. In Mrs. Vandersteins Augen lag ein so flehender Ausdruck, dass ich mich nicht weigern konnte zu gehen, so sehr ich die ganze Sache auch missbilligte. Ich nahm ihre Hand, küsste sie aufmunternd und verließ dann wortlos den Raum; denn in der Tat hatte ihre Emotion etwas Mitleiderregendes, und ich selbst war davon zu sehr bewegt, um meiner Stimme zu trauen.

„Madame Querterot führte mich in ein kleines Hinterzimmer, das wie eine Bibliothek aussah, verließ mich und schloss die Tür hinter sich. Ich hörte, wie Schritte die Treppe hinaufstiegen, wie sich die Tür zum Wohnzimmer öffnete und schloss, und dann war für einen Moment alles still.

„Plötzlich ertönte jedoch ein Geräusch von oben. Etwas schien umgeworfen worden zu sein, dann hörte man rennende Schritte und schließlich ein schleifendes Geräusch, als würde ein schwerer Gegenstand über den Boden gezogen. Ich fuhr erschrocken hoch. Was geschah oben? Sicherlich stimmte da etwas nicht! Ohne lange nachzudenken, stürmte ich in den Flur und stürmte nach oben und durch die Tür zum Wohnzimmer. Ich sah mich einem großen Mann mit einem dicken schwarzen Bart und einem blassen, fleckigen Gesicht gegenüber. Hinter ihm, am anderen Ende des Zimmers, erhaschte ich einen Blick auf Mrs. Vanderstein, die offenbar auf einem Sofa lag, und auf Madame Querterot, die sich über sie beugte. 'Was ist es. Ist sie krank?' Ich weinte. „Nehmen Sie sie weg, nehmen Sie sie weg", rief Madame Querterot und schaute über ihre Schulter, und bevor ich wieder Zeit zum Sprechen hatte, wurde ich von dem großen Mann aus dem Zimmer gezerrt und wieder nach unten in die Bibliothek gezerrt. Ich war so wütend darüber, dass er es gewagt hatte, mich zu berühren, dass ich kaum sprechen konnte, aber es gelang mir noch einmal zu stammeln: „Ist sie krank?" Ist Frau Vanderstein krank?' „Ihr geht es nicht ganz gut", antwortete er, „ohne dich geht es ihr am besten."

„Ich sah ihn neugierig an. Ich hatte Prinz Felipe gesehen, und das war nicht er. Tatsächlich glaubte ich, den Fahrer des Brougham zu erkennen. Er war ein seltsam aussehender Mann, gekleidet in gewöhnliche Alltagskleidung, und ich bemerkte mit Erstaunen, dass er an beiden Händen dicke braune Lederhandschuhe trug. „Ich denke, bei mir wird es ihr besser gehen", sagte ich trotzig und ging auf die Tür zu, aber er versperrte mir den Weg. „Du musst hier bleiben", sagte er. 'Muss!' Ich sagte; 'Wie meinst du das? Lass mich sofort gehen.' Er antwortete nicht, sondern stand einfach mit dem Rücken zur Tür und grinste auf eine törichte Art und Weise. „Lass mich raus, lass mich raus", rief ich und war, fürchte ich, inzwischen den Tränen nahe. „Lassen Sie mich raus, oder – oder – ich zünde das Haus an!"

„Ich nahm meinen Schal und hielt ihn in Richtung des Gases, aber der Mann sprang vor und, bevor ich wusste, was er tat, hatte er die Flamme vollständig ausgeschaltet und ließ uns im Dunkeln zurück. Als ich immer noch verwirrt dastand, hörte ich, wie sich die Tür öffnete, und im Nu war er verschwunden, und der Schlüssel steckte draußen im Schloss.

„Darauf folgte das Geräusch von Schritten auf der Treppe, und in der Stille, die darauf folgte, kann man ohne Übertreibung sagen, dass der Lärm meines Pulses, der in meinen Ohren pochte, so laut klang wie das Stampfen einer ganzen Armee auf dem Marsch. Ich tastete mich zu einem Stuhl vor und saß eine Zeit lang in zitternder Stille da, erschüttert und losgelöst vom Schrecken, der höchst beunruhigend, wenn auch von unbestimmter Natur war.

„Warum ließen sie mich nicht zu Frau Vanderstein gehen, wenn sie krank war? Was war mit ihr los? Warum hatte Madame Querterot so ausgesehen, als sie mich auf der Türschwelle sah? Was machte sie, als sie neben dem Sofa kniete? Und vor allem: Welche Bedeutung hatte das Verhalten des Mannes für mich? Ich glaube, es war die Berührung seiner Hand, als er mich die Treppe hinunterzerrte, die mir den Mut nahm.

„Ich saß lange Zeit regungslos in der Dunkelheit. Von Zeit zu Zeit drangen Geräusche aus dem Raum darüber, aber sie vermittelten mir keine

Bedeutung. Schließlich wurde ich ruhiger und Empörung begann an die Stelle meiner Ängste zu treten. Ich stand auf, ging im Zimmer umher und tastete mich dabei ab. Auf diese Weise hatte ich bald eine Vorstellung von der Lage und dem Charakter der Möbel, sogar des Kamins und des Kohleneimers; und ich muss mir dabei ganz schön die Finger geschwärzt haben. Ich hatte den wilden Gedanken, dass es für mich nützlich sein könnte zu wissen, wo sich der Schürhaken befand, obwohl ich keine genaue Vorstellung davon hatte, was ich damit machen würde. Dennoch war ich auf die eine oder andere Weise entschlossen, dieser Gefangenschaft zu entkommen. Was meinten sie damit, mich in diesem Raum einzusperren? Sie müssen, sie sollten mich rauslassen!

„Ich begann um Hilfe zu schreien. Ich tastete mich zur Tür vor und schlug mit den Händen dagegen, aber es kam keine Antwort. Dann kam mir ein brillanter Gedanke: Das Zimmer lag im Erdgeschoss, ich könnte bestimmt aus dem Fenster raus. Ich erreichte es und versuchte es zu öffnen, aber es war steif und schwer. Trotz aller Bemühungen gelang es mir nicht, die Schärpe anzuheben. Ich griff erneut nach dem Schürhaken, trat aus Angst vor dem splitternden Glas einen Schritt zurück und zielte mit einem Schlag auf die Stelle, an der sich, wie ich wusste, das Fenster befand, und hörte mit Freude das Krachen einer zersplitterten Scheibe. Noch während ich den Schlag ausführte, kam es mir merkwürdig vor, dass von der Nacht draußen kein Licht in den Raum fiel; und als ich den Schürhaken durch das Loch steckte, das ich gebrochen hatte, stellte ich zu meiner Bestürzung fest, dass sich dahinter starke Holzläden befanden. Aber der Lärm, den ich gemacht hatte, schien endlich etwas Aufmerksamkeit erregt zu haben, denn ich hörte, wie sich eine Tür öffnete und jemand die Treppe hinunterrannte.

„Einen Moment später wurde der Schlüssel umgedreht und die Tür öffnete sich gerade weit genug, um den großen Mann hereinzulassen, der sie sofort wieder hinter sich schloss, als er drinnen war. Er hatte eine kleine elektrische Taschenlampe, die er in meine Richtung drehte, so dass mich das grelle Licht blendete und ich ihn überhaupt nicht sehen konnte. „Es nützt nichts, diesen ganzen Krach zu machen, Miss Turner", sagte er, „nichts Irdisches, wenn man einen solchen Krach macht, für den sich eine junge Dame wie Sie schämen sollte." „Außerdem", sagte er, und jetzt lag etwas in seinem Ton, das mich krank machte, „ist es nicht *sicher*. " Verstehst du? Es ist nicht *sicher* . Nun sehen Sie, ich will Ihnen nichts Böses tun, oder ich sollte mir einfach nicht die Mühe machen, Sie zu warnen. Aber nein, ich mag dein Aussehen und es tut mir leid, dich in diesem Haus zu sehen, wo ich dir noch einmal sage, dass es gefährlich ist, dort zu bleiben. Aber seien Sie eine vernünftige junge Dame und tun Sie, was ich Ihnen sage, und ich bin enttäuscht, wenn

ich Ihnen nicht bei der Flucht helfe, wenn die Zeit gekommen ist. Was sagen
Sie dazu? Ich kann es nicht fairer sagen, oder?'

„Ich nehme an, Sie werden mich für einen schrecklichen Feigling halten, aber
irgendetwas an dem Mann machte mir schreckliche Angst. Ich glaube, es
schien so, als ob er sich selbst in der äußersten Angst befand. Wie ich zu
diesem Eindruck gekommen bin, weiß ich nicht genau. Vielleicht lag es an
der leisen, hastigen Aufregung seiner Stimme oder an der Art und Weise, wie
seine Hand zitterte, so dass das Licht, hinter dem er verborgen war, wie ein
Irrlicht zwischen uns tanzte und schwankte; oder vielleicht war es die bloße
telepathische Ansteckung mit Angst. Auf jeden Fall war ich bereit, allem
zuzustimmen, was er sagte, und stürzte mich auf die Idee einer Flucht. „Ich
werde alles tun, ich werde mucksmäuschenstill sein", rief ich flehend, „wenn
du mich nur gehen lässt." „Das stimmt", sagte er anerkennend. „Ich werde
dir helfen, keine Angst." Und um zu zeigen, dass ich es ernst meine", fuhr er
fort, „habe ich hier Wechselkleidung für dich." In diesem weiß-roten
Kostüm würdest du nie entkommen, weißt du? Er warf ein Bündel auf den
Tisch. „Beeilen Sie sich und ziehen Sie sich an, und lassen Sie mich Ihre
eigenen Sachen mitnehmen." Ich überlasse Ihnen die Lampe zum Umziehen,
aber Sie müssen aufmerksam sein und darauf achten, dass Sie alles ändern,
bis hin zu Ihrer Schicht.'

„Mit diesen Worten stellte er die Lampe ab und verließ das Zimmer wieder.
Kaum war die Tür geschlossen, nahm ich die Lampe und rannte zum Fenster.
Ich spähte durch das Glas und versuchte, die Befestigung der Fensterläden
zu erkennen und zu sehen, ob ich sie erreichen könnte, indem ich meinen
Arm durch die zerbrochene Scheibe stecke; aber es war völlig außer
Reichweite und mir wurde klar, dass ich nichts tun konnte, ohne noch mehr
Glas zu zerschlagen, und das wagte ich jetzt nicht. Also stellte ich die Lampe
wieder ab und machte mich daran, mich umzuziehen, wie der Mann es
vorgeschlagen hatte.

„Es waren schreckliche Klamotten, die er mitgebracht hatte, und es machte
mich krank, sie anzuziehen; aber ich hatte das Gefühl, dass er recht hatte, als
er sagte, dass ich in meinem Abendkleid nicht entkommen könne. Obwohl
ich also nicht sah, warum ich alle meine Unterwäsche wechseln sollte, dachte
ich, dass es auch dafür einen Grund geben könnte, und ich glaube, ich hatte
jedenfalls zu große Angst, nicht zu tun, was mir gesagt wurde. Es war bald
erledigt, aber nicht zu früh, denn ohne ein einziges Klopfen kam der
Unglückliche wieder herein, während ich gerade den letzten Knopf des
schäbigen Mantels über einem Hemd zuknöpfte, das so rau war, dass meine
Haut am ganzen Körper prickelte. Er sah mich einigermaßen zufrieden an,

„Sie müssen Ihre Frisur ändern", sagte er; „Mach es streng und schlicht, damit es nicht mehr zeigt, als geholfen werden kann."

„Damit sammelte er meine Kleider ein und ging weg, diesmal mit der Lampe, und ich sah ihn lange Zeit nicht mehr. Es war nicht nötig, mir so hastig die Haare hochzustecken, denn als das erledigt war, setzte ich mich hin und wartete gefühlte Tage. Es war schrecklich, zu warten, zu warten, zu warten in der Dunkelheit, die meine Ängste mit unsichtbaren Präsenzen bevölkerten, so dass ich den Atem anhielt, weil ich befürchtete, die Türklinke könnte sich wieder drehen und jemand oder etwas würde ungehört für mich eintreten. Bei diesem Gedanken stand ich auf und schleppte einen schweren Stuhl durch das Zimmer, wo ich mich darauf setzte, mit dem Rücken zur Tür gelehnt, meine Angst, herauszukommen, völlig vergessen und überwältigt von der schrecklichen Möglichkeit, nicht sicher zu sein, ob ich es tat oder nicht waren allein.

„Wenn Mrs. Vanderstein nur noch bei mir gewesen wäre. Aber glauben Sie mir, es war nicht nur egoistisch, dass ich mich nach ihr sehnte: Die Vision von ihr, krank und zweifellos in der gleichen Gefahr wie ich als Bewohnerin dieses schrecklichen Hauses, saß auf mir wie ein Albtraum; und wenn mich auch die Gefahr meiner eigenen Lage fürchtete, so zitterte ich noch mehr vor der Gefahr, der mein Freund ausgesetzt sein könnte. Warum hatte der Mann Angst? Es war die Erinnerung an seinen Schrecken, der mich einschüchterte, so dass ich starr da saß, gelähmt von der Angst, wovor ich wusste nicht, was. Von Zeit zu Zeit durchbrachen Geräusche die Stille, der Lärm der Menschen, die sich im Raum darüber bewegten; Und plötzlich stieg jemand die Treppe hinunter und näherte sich der Tür, vor der ich kauerte.

„Ein heftiger Zitteranfall erfasste mich und meine Zähne klapperten so krampfhaft, dass ich die Schritte draußen kaum hören konnte; aber sie gingen weiter, und ich hörte, wie sich am Ende des Ganges eine Tür öffnete. Eine Minute später kamen sie zurück, laut auf dem Linoleum im Flur und gedämpft, als sie die Treppe hinaufgingen; nur um in wenigen Augenblicken wieder herunterzukommen. Dieser Vorgang wiederholte sich immer und immer wieder: Jemand ging offenbar die Treppe hinunter, den Flur hinunter und durch eine Tür an der Rückseite des Hauses, ging dann wieder zurück und begann nach ein oder zwei Minuten wieder von vorne. Ich glaube, das dauerte mehr als eine Stunde, und nach einer Weile hörte ich, wie zwei Leute herunterkamen und zur Tür gingen; Bald wurde es sanft geschlossen und nur ein Paar Füße kam zurück.

„Plötzlich begann ein anderes Geräusch – eher ein beruhigendes, vertrautes Geräusch – das Geräusch des Fegens und Bürstens, sowohl auf der Treppe als auch im Raum darüber. Es kam mir vor, als würde ein Hausmädchen mit der Morgenarbeit beginnen, denn durch einen winzigen Spalt in den

Fensterläden konnte ich inzwischen erkennen, dass es Tageslicht war. Ich rief einmal: „Ist da jemand?" Daraufhin verstummte der Kehrlärm, und durch das Schlüsselloch, direkt neben meinem Ohr, wurde mir ein warnendes „Still" zugerufen. Nach einer Weile hörten alle diese Geräusche ganz auf. Der Kehrer kam erneut an meiner Tür vorbei und ging erneut durch die Tür am Ende des Gangs. Diesmal wurde es mit einem Schnappen des Schlosses geschlossen, und dann kehrte Stille über das Haus ein. Ich weiß nicht, wie lange ich dort gesessen habe, ohne ein Geräusch zu hören. Ich glaube, ich muss eingenickt sein. Ich weiß, dass ich mich so steif und müde fühlte, dass die Angst zweitrangig zu sein schien und es mir egal war, was passierte. Der Himmel weiß, wie lange er mich schlafend und wachend dort zurückließ , vielleicht stundenlang, vielleicht tagelang. Du weißt mehr darüber als ich.

„Nach einer scheinbaren Woche begann der Sturm. Es war das, was mich definitiv aus der Benommenheit weckte, in die ich geraten war, und mich dazu veranlasste, mir erneut den Kopf zu zerbrechen, um einen Fluchtweg zu finden. Es war furchtbar heiß in dem kleinen Raum; Die Atmosphäre war stickig und drückend, bis sie einen mit unerträglicher Beklemmung zu belasten schien, und wenn da nicht das Glas gewesen wäre, das ich zerbrochen hatte – durch das gelegentlich ein Hauch Luft durch einen Spalt im Fensterladen eindrang – nehme ich an es wäre noch schlimmer gewesen, als es war. Von Zeit zu Zeit hatte ich das ferne Grollen des Donners gespürt und gehofft, dass es die Luft klären würde, denn bevor der Sturm tatsächlich ausbrach, war mein Kopf fast gespalten; und mit einer gewissen Erleichterung hörte ich, wie die ersten großen Regentropfen zu fallen begannen. Bald darauf ertönte ein gewaltiger Donnerschlag.

„Ich war entsetzlich hungrig und fragte mich, ob man mich absichtlich dem Hungertod überließ. Mit der vagen Vorstellung, dass ich vielleicht etwas Essbares finden könnte, tastete ich erneut das Zimmer ab und zog die Möglichkeit in Betracht, im schlimmsten Fall meine Schuhe zu essen, wie ich von Hungernden gehört hatte, die dazu gezwungen wurden. Aber dazu war ich noch nicht hungrig genug und außerdem war ich mir nicht sicher, ob die Sohlen meiner Satinschuhe aus Leder oder nur aus *Pappmaché waren* . Auf dem Tisch stießen meine Finger auf einen Bleistiftstumpf, und das lenkte meine Gedanken eine Weile ab. Ich musste ihn überall abtasten, bevor ich sicher war, was es war; es war die Spitze, die mich fast sicher machte, und ich begann mich sofort zu fragen, ob ich nicht auf irgendeine Weise eine Botschaft an die Außenwelt senden konnte. Mir fiel jedoch keine Möglichkeit ein, dies zu tun, und selbst wenn ich es gekonnt hätte, hatte ich nichts, worauf ich schreiben konnte. Dann kam mir die Idee, an die Wand zu schreiben. Ich dachte mir, wenn der Mann mich hintergehen wollte, könnte ich wenigstens ein Zeichen meiner Anwesenheit hinterlassen, das vielleicht eines Tages zur Bestrafung dieser Leute führen würde. Ich wusste, dass an den Wänden

Bilder hingen, und als ich mich zum Kamin vortastete, hob ich eines davon hoch, sodass ich, indem ich meine Hand unter den Rahmen schob, auf den Teil der Tapete schreiben konnte, der, soweit ich es erkennen konnte, dahinter lag.

„Ich hatte gerade ein paar Worte geschrieben, als der Schlüssel umgedreht und die Tür geöffnet wurde. Ein Donnergrollen hatte mich daran gehindert, das Geräusch näherkommender Schritte zu hören, und ich hatte gerade noch Zeit, das Bild wieder an seinen Platz fallen zu lassen und mich ein paar Schritte vom Kaminsims zu entfernen, bevor der schwarzbärtige Mann den Raum betrat. Zum Glück verzögerte der Stuhl, den ich gegen die Tür geschoben hatte, das Öffnen für einen Moment, sonst hätte er gesehen, was ich tat. „Komm“, sagte er und ergriff meinen Arm, „jetzt ist die Zeit für dich, an einen sicheren Ort zu fliehen.“

„Ohne weitere Worte führte er mich in den Flur und daran entlang zur Haustür. Hier hielten wir inne, während er es ganz vorsichtig öffnete und hinausspähte. Ich für meinen Teil war nervöser im Hinblick auf Gefahren, die im Haus hinter uns lauern könnten; aber sein Blick auf die Außenwelt schien ihn zu befriedigen, denn zu meinem Erstaunen hob er einen großen Gartenspaten auf, der an der Wand lehnte, öffnete die Tür weit und wir gingen gemeinsam hindurch. Ich kann Ihnen nicht sagen, mit welchen Gefühlen der Freude und Dankbarkeit ich die Stufen hinunter und auf die Straße eilte, noch mit welcher Freude ich spürte, wie meine ungezügelten Füße in die Pfützen planschten und die freie Nachtluft mir frisch ins Gesicht wehte. Wir hatten einige Hundert Meter zurückgelegt und mehr als eine Ecke gebogen, bevor ich es wagte zu sprechen. „Was ist mit meinem Freund passiert?“ Ich sagte dann; „Ist sie auch entkommen?“ „Sie ist weg“, antwortete er ausweichend und beschleunigte seinen Schritt, bis ich halb rannte, um mit ihm Schritt zu halten.

„Es war wildes Wetter im Ausland: Der Sturm war immer noch auf seinem Höhepunkt und die Blitze und Donnerschläge folgten immer häufiger; Es regnete in Strömen, die Straßen und Gehwege glichen brodelnden Flüssen, und die Dachrinnen verliefen fußtief am Rand des Bordsteins, wie ich beim Überqueren der Straße feststellte, als ich in eine hineintrat. Außer der schwarz gekleideten Gestalt eines gelegentlichen Polizisten war keine Menschenseele zu sehen, und wann immer wir uns einem von ihnen näherten, packte mein Begleiter meinen Arm fester und drehte sich in eine neue Richtung davon. So kamen wir mit vielen Kurven und Umwegen auf unserem Weg voran. Und obwohl ich mehr als einmal fragte, wohin wir wollten, entlockte ich dem schwarzbärtigen Mann kein einziges Wort; und ich verfiel bald umso leichter in ein ähnliches Schweigen, als das schnelle Tempo, mit dem wir gingen, mir wenig Luft zum Sprechen ließ.

„Auf diese Weise gelangten wir, nachdem wir mindestens eine halbe Stunde geeilt waren, in ein Gehege, bei dem es sich meiner Meinung nach um den Regent's Park handelte. Die erste Hochstimmung, die das Verlassen des Hauses, in dem ich eingesperrt war, hervorgerufen hatte, ließ nach und ich hatte Zeit, mich zu fragen, wohin ich geführt wurde, erhielt aber als Antwort keine sehr tröstlichen Zusicherungen. Wurde ich von einem Haftort zum anderen gebracht? Ich fragte mich, und bei dem Gedanken versuchte ich, die Hand abzuschütteln, die auf meinem Arm lag. „Wenn du mich jetzt gehen lässt", sagte ich schüchtern, „dann komme ich allein zurecht." Ich werde nie vergessen, dass du mir bei der Flucht geholfen hast, aber jetzt, wenn es dir nichts ausmacht, ich – ich wäre lieber allein." Aber ich bekam keine Antwort, und der Griff um meinen Arm lockerte sich auch nicht. In neuer Panik beschloss ich, das nächste Mal, wenn wir einen Polizisten sahen, um Hilfe zu schreien.

„Es dauerte nicht viele Minuten, nachdem ich diese Entscheidung getroffen hatte, als mein Begleiter in seinem schnellen Spaziergang innehielt; Als er sich umsah, schien er zweifelnd einen Orientierungspunkt in der Dunkelheit zu erkennen und blieb plötzlich stehen. „Können Sie über dieses Geländer hinwegkommen?" er sagte. Wir waren der Linie eines Eisenzauns gefolgt, der den Weg begrenzte, und ich konnte eher fühlen als sehen, dass er bis über die Höhe meiner Taille reichte und mit Stacheln verziert war. „Ich glaube, das ist kaum möglich", antwortete ich; „Aber warum sollte ich rüberkommen?" Er antwortete nicht, schien aber nachzudenken. „Ich glaube, ich kann dich hochheben", sagte er schließlich, und bevor ich Einspruch erheben konnte, hatte er seine Arme um mich gelegt und schwang mich mit enormer Anstrengung in die Luft und über das Geländer. „Jetzt musst du mir helfen", sagte er und hielt meinen Arm fest, als ich sicher auf der anderen Seite landete. Und teilweise mit meiner Hilfe, teilweise indem er sich an einem Baum festhielt, der in der Nähe am Zaun lehnte, gelang es ihm, hinüberzuklettern.

„Jetzt wusste ich an der Unebenheit des Bodens unter meinen Füßen, dass wir uns im Gras befanden, noch bevor mir ein Blitz zeigte, dass wir uns vom Zaun entfernt hatten und ganz unten auf der Böschung standen Davon erblickte ich einen hohen Holzzaun. Mit instinktiver Zurückhaltung hielt ich mich zurück, als mein Begleiter begann, das Ufer hinabzusteigen und mich hinter sich herzuziehen. Am Fuße des Hügels kamen wir an die hohe Mauer, der wir ein kleines Stück folgten, und blieben bald vor einer Öffnung stehen, durch die ich das Wasser schimmern sah. „Wir müssen hier durchkommen", sagte der Mann. „Da, wo diese beiden Bretter abgerissen wurden, ist noch viel Platz." Es gab, wie er sagte, eine Lücke, in der einige Bretter fehlten und nur die Querholzstücke übrig blieben. „Warum sollten wir diesen Weg gehen?" Ich fragte noch einmal voller Bedenken. 'Wo bringst du mich hin?' „Wo du in Sicherheit bist", sagte er. „Komm schon", trat vor mir durch die Lücke und zog mich unsanft hinter sich her.

„Dann nahm er zum ersten Mal plötzlich die Hand weg, die mich die ganze Zeit am Arm gehalten hatte; Und als ich verwirrt dastand und nicht wusste, was ich mit meiner Freiheit anfangen sollte, wurde die Szene von einem gewaltigen Blitz erleuchtet, heller als alles, was es zuvor gegeben hatte, und ich sah, dass er an einer Schnur herumfummelte, die an der Schnur befestigt war Stiel des Spatens, den er trug. Seine Arme waren zu mir ausgestreckt, und bevor das Licht vom Himmel verblasste, wurde mir klar, dass er versuchte, das Ende des Seils um meinen Hals zu werfen und es dabei von einer Hand in die andere zu reichen.

„Vielleicht bin ich zu schnell zu einer Schlussfolgerung gesprungen, oder vielleicht – was ich für wahrscheinlicher halte – wurde mein Verständnis durch Angst beschleunigt, aber in diesem Augenblick wurde mir seine Absicht so sicher, als hätte er sie mir in allen Einzelheiten erklärt. Er wollte mich im Kanal ertränken, nachdem er mir zuvor die schwere Schaufel angebunden hatte, um sicherzustellen, dass ich unterging und nie wieder aufstieg. Ich schrie laut und stieß ihn mit aller Kraft von mir weg. An diesem steilen Ufer war er im Nachteil, der Regen hatte es rutschig gemacht, und für eine Minute vereitelte ich sein Vorhaben. Dann kam ein weiterer Blitz, und dabei schien der Mann etwas hinter mir zu erblicken, was ihn gleichzeitig entsetzte und wütend machte, denn ich sah, wie sich sein Gesichtsausdruck änderte, und mit einem Knurren voller Angst und Wut hob er die Schaufel und schlug damit nach mir. Irgendwie schaffte ich es, zur Seite zu springen, aber ich sah, wie er sie für einen weiteren Schlag hob, und danach – danach – kann ich mich an nichts mehr erinnern."

Barbaras Geschichte war zu Ende. Es war langsam erzählt worden, und ab und zu lag das Mädchen mit geschlossenen Augen zurück, zu schwach, um weiterzumachen. Aber bei jedem Vorschlag, ihre Rechnung auf einen anderen Tag zu verschieben, hatte sie sich aufgerafft und ging entschlossen weiter, bis sie zum Ende kam.

Während des Erzählens hatten die Schatten Zeit, länger zu werden, so dass sich die beiden Männer schließlich, nachdem sie sich endlich von dem Kranken verabschiedet hatten und wieder aus den Türen des Krankenhauses herauskamen, wieder im Freien befanden es war bereits Abendessenzeit.

„Komm mit mir zurück, Jennins, und iss etwas", sagte Gimblet, als sie weggingen. „In der Wohnung stehen bestimmt Lebensmittel aller Art für mich bereit."

Aber Jennins war anderswo unterwegs.

„Ich werde versuchen, dieses Pferd aufzuspüren", sagte er. „Miss Turner glaubt, sie wüsste es wieder, und wie sie sagt, muss die Zahl der dunkelbraunen Tiere mit einem bestimmten Gericht und einem seltsamen schiefen weißen Glanz über der Nase und einem Auge mehr oder weniger begrenzt sein. Dann, wissen Sie, glaubt sie, der Fahrer sei kein anderer als unser Freund West gewesen, und wenn er, nachdem er die Damen in der Scholefield Avenue abgesetzt hatte, weniger als eine halbe Stunde brauchte, um wieder aufzutauchen, könnte man argumentieren, dass es die Ställe waren nicht eine halbe Meile von Nr. 13 entfernt. Glauben Sie nicht, dass ich recht habe?"

„Ich denke, Ihre Argumentation ist vollkommen fundiert", sagte Gimblet. „Sie sollten in der Lage sein, ohne große Mühe etwas über das Pferd herauszufinden; und übrigens, hoffe ich, über den Fahrer. Lassen Sie mich wissen, sobald Sie Neuigkeiten haben. Ich für meinen Teil werde versuchen, herauszufinden, ob ich nicht auch einige Informationen über ihn bekommen kann. Mittlerweile habe ich seit dem Frühstück nichts mehr gegessen und die Natur erschöpft. Ich gehe jetzt etwas zu Abend essen.

„Ich nehme an", rief Jennins ihm nach, „nach dem, was Sie heute Nachmittag zu mir gesagt haben, haben Sie festgestellt, dass diese Madame Querterot im Moment außerhalb unserer Reichweite ist?"

„Ja", sagte Gimblet.

„Und glauben Sie, dass das Mädchen, ihre Tochter, eine Ahnung vom Aufenthaltsort der Frau hat?"

„Nein", sagte Gimblet sanft, „ich bin sicher, dass sie das nicht getan hat."

In der Wohnung fand Gimblet ein Telegramm vor, das auf ihn wartete. Es kam aus Boulogne und lautete wie folgt:

„Die ermordete Frau, nicht meine Tante, Frau Vanderstein, oder irgendjemand, den ich kenne, es gibt keinen Hinweis auf ihre Identität.

„ SIDNEY. "

Gimblet zerknüllte es und warf es in einen Papierkorb.

„Schade, dass ich fünf Schilling verschwende, um mir zu erzählen, was ich bereits wusste", murmelte er.

Dann eilte er hungrig ins Esszimmer.

Nach einer herzhaften Mahlzeit ging es ihm deutlich besser, und als er schließlich seinen Stuhl zurückschob und zum offenen Fenster schlenderte, war er bereit und begierig auf weitere Arbeit. Sein Verstand, der während des

Essens damit beschäftigt war, einen Plan auszuarbeiten, der ihn der Person, die er am meisten treffen wollte, näher bringen sollte, sollte dazu führen, dass die Phantomfigur von Mr. West mit dem schwarzen Bart materialisiert und wird eine feste Gestalt, die mit bloßem Auge erkennbar war und in der Lage war, Handschellen zu tragen, hatte ihm noch keine Methode an die Hand gegeben, mit der er dieses wünschenswerte Ziel erreichen könnte.

„Sicherlich", sagte er sich, „muss ich in der Lage sein, Madame Querterots Treffen mit diesem Mann zurückzuverfolgen. Es ist unmöglich, dass sie eine so intime Beziehung zu ihm hatte, ohne dass es jemand wusste."

Er schaute auf seine Uhr, nahm sich eine Süßigkeit aus einer Schachtel, die auf dem Regal stand, und beschloss, nach Pimlico zu gehen und zu sehen, ob er nicht noch etwas von Julie herausfinden könnte. Es war halb neun, aber sie war wahrscheinlich noch nicht zu Bett gegangen, und er wollte ein Exemplar der Handschrift ihrer Mutter.

Er ging raus und nahm ein Taxi zum Warwick Square, wo er es abgab und seinen Weg zu Fuß fortsetzte.

Mittlerweile war es ziemlich dunkel, mit der sanften blauen Dunkelheit des Sommers, denn das Wetter war wieder warm geworden und die Sonne war am klaren Himmel untergegangen. Es waren viele Leute unterwegs, da es Samstagabend war; Manch ein kleines Geld wurde in der Tasche des Empfängers getragen, der in ein paar Stunden nicht mehr dort liegen würde, und die Kassen der Wirte waren bereits mit dem Ansteigen der wöchentlichen Flut überflutet.

Als er sich dem kleinen Laden in der düsteren, schmutzigen kleinen Straße näherte, öffnete sich plötzlich die Tür, und ein Mann kam heraus und ging rasch davon. Nach ein paar Schritten blieb er stehen, drehte sich um und blickte einen Moment sehnsüchtig zurück zum Fenster – aus dem ein blasses Licht schien, so dass der Bürgersteig darunter in ein sanftes Licht getaucht war –, bevor er sich noch einmal umdrehte und die Straße hinaufging. Während er diesen Augenblick noch dastand und vielleicht zögerte, ob er zurückkehren und das Mädchen, das er anbetete, ein letztes Mal ansprechen sollte oder nicht, fiel das Licht der Straßenlaterne voll auf sein weißes, hageres Gesicht, und Gimblet erlebte erschrocken die Überraschung seines Lebens, als ihm klar wurde, dass er und Bert sich schon einmal begegnet waren.

Jetzt war ihm alles klar, und mit einem Seufzer, der eine Mischung aus Erleichterung und Bedauern war, sagte er von seinem geplanten Besuch bei Julie ab und widmete sich der Erledigung wichtigerer Geschäfte.

Eine Stunde später wurde Albert Tremmels, Angestellter der Herren Ennidge und Pring, Hausvermittler, in seiner Unterkunft wegen der Morde an Mrs. Vanderstein und Madame Querterot sowie wegen des versuchten Mordes an Miss Turner verhaftet.

KAPITEL XXIV

BERT leistete den Gesetzeshütern keinen Widerstand. Tatsächlich zeigte er schon nach dem ersten Augenblick eine Art Erleichterung über seine Verhaftung und ging beinahe freudig mit seinen Häschern.

„Ich wusste, dass du mich früher oder später kriegen würdest", sagte er, obwohl er warnte, dass seine Worte gegen ihn verwendet werden würden, „und es ist das Beste, es hinter sich zu bringen." Julie wird mir nie verzeihen, geschweige denn etwas mit mir zu tun haben, wofür soll ich also leben? Ich kann so nicht weitermachen; Niemand könnte. Aber wohlgemerkt, ich bin nicht so sehr schuld, wie Sie denken, und ich bin davon überzeugt, dass jeder von euch an meiner Stelle das Gleiche getan hätte wie ich."

Bert war immer bereit gewesen, sich zu rechtfertigen.

Er war bereit, der Polizei, dem Gefängnispfarrer und jedem gegenüber ein Geständnis abzulegen. Er zeigte tatsächlich große Genugtuung, um nicht zu sagen Stolz, über das Interesse, das seine Geschichte erregte, und war nicht wenig verärgert über Gimblet, als er feststellte, dass es praktisch nichts gab, was er dem Detektiv sagen konnte, von dem er nicht bereits wusste. Bert ging nicht so sehr auf seine Liebe zu Julie ein, die das einzig Wahre an ihm und der unschuldige Antrieb all seiner Verbrechen war.

Es ist vielleicht am besten, nicht die genauen Worte wiederzugeben, mit denen er die Geschichte der dunklen Taten darlegte, in die er verwickelt war, sondern dem Leser eine *Zusammenfassung* seiner Geschichte zu bieten, soweit sie durch die Beweise bestätigt wurde.

Albert Tremmels Vater war ein Milchmann im West End, der das Pech hatte, über ihm zu heiraten, wie man so schön sagt. Er hatte ein kleines Geschäft in der Hanover Street und betrieb ein profitables Geschäft, aber seine Frau verachtete es von Anfang an und weigerte sich, ihrem einzigen Kind zu erlauben, ihrem Mann zu helfen, als er alt genug dafür war. Sie wünschte, er würde Angestellter werden, und da sie eine Möglichkeit hatte, zu bekommen, was sie wollte, war der junge Bert im Alter von achtzehn Jahren in dieser Funktion in das Büro der Herren Ennidge und Pring, Haus- und Immobilienmakler, eingetreten. Er war damals wie später ein leichenhafter, unangenehm aussehender Jugendlicher mit einem mürrischen, kämpferischen Temperament und einer ausgeprägten Tendenz, die meisten Menschen als seine natürlichen Feinde zu betrachten. Das allein brachte ihm noch keine Freunde ein, und so oft er konnte, machte er die Sache noch schlimmer, indem er eine diktatorische Redeweise annahm und die Gewohnheit annahm, vergleichsweise Fremden seine Meinung klarzumachen, dass sie sich geirrt hatten, als sie dachten, sie wüssten ihr eigenes Geschäft. Er erwähnte auch ihre Pflicht als eine weitere Sache, von der sie keine Ahnung hatten. Diesen Gesprächsverlauf änderte er, indem er ihnen versicherte, wenn es wahr sei, wie sie ihn glauben machen wollten, dass sie beide sowieso besser wüssten als er, es noch mehr zu bedauern sei, dass sie das eine schlecht gemeistert hätten und es nicht geschafft hätten mach das andere.

Jungen in seinem Alter weigerten sich offenherzig, etwas mit ihm zu tun zu haben, und er fand sein angenehmstes Umfeld in einem Socialistic Club, wo alle Mitglieder seine Missbilligung der Welt im Allgemeinen teilten und sich so oft sie wollten über das Beschämende herabließen Verhalten und Charakter derer, die nicht ihrer eigenen Denkweise entsprachen. Hier wurden alle Schichten und Teile der Gemeinschaft gleichermaßen angeprangert, und wenn man kaum Worte finden konnte, die stark genug waren, um die Haltung der Reichen, die die Kontrolle über ihr eigenes Vermögen behalten wollten, zu tadeln, konnte man auch seinen Zorn und Abscheu über dieses Verhalten nicht ausreichend zum Ausdruck bringen der Armen, die sich so unabhängig von der sozialistischen Bewegung zeigten, dass sie von den Kapitalistenklassen profitierten. So gern diese jungen Männer die Wörter „geben" und „nehmen" verwendeten, so abstoßend war ihnen doch die Bedeutung, die ihr gemeinsamer Gebrauch im Allgemeinen vermittelte. Ihrer Meinung nach sollte das Nehmen auf jeden Fall an erster Stelle stehen, und eine genommene Sache verlor in ihren Augen die Hälfte ihres Wertes, wenn sie geschenkt wurde. Sie hätten sowohl Großzügigkeit als auch Dankbarkeit aus einer Welt abgeschafft, die sich den Verlust dieser Tugenden kaum leisten kann.

Bert nahm jeden Grundsatz dieses Glaubens in sich auf und genoss die Diskussionen und Verwünschungen ebenso wie er sich an der Wischiwaschi-Sentimentalität erfreute. Er war ein kranker, unzufriedener, elender Junge, dessen Hand gegen jeden gerichtet war; und sein Club war der einzige Ort, an dem er sich mehr oder weniger wohl fühlte.

Es gab jedoch einen Ort, an dem er sich lieber aufhielt, und das war der Haushalt der Querterots.

Er war mit Julie Querterot zur Schule gegangen, denn Berts Vater war zufällig ein Mann aus Lancashire und römisch-katholisch. Es stimmt, dass die Mutter des Jungen ihn nach seinem Tod, als Bert erst dreizehn war, sofort auf eine andere Schule schickte und dafür sorgte, dass er ihren Hass auf Rom in sich aufnahm; aber er war ihrer eigenen Kirche gegenüber nicht freundlicher eingestellt, und als sie selbst fünf oder sechs Jahre später starb, ging er so ziemlich seinen eigenen Weg, der frei von jeglichem religiösen Glauben war. Trotzdem verlor er nie den Kontakt zu seiner kleinen Schulkameradin; und da die Querterots in Tremmels' Laden handelten und die Kinder immer zusammen waren, lernten sich die beiden Familien kennen, und es entstand sogar eine gewisse Freundschaft zwischen Madame Querterot und Mrs. Tremmels. Diese Damen tranken zusammen Tee und lächelten über Berts Hingabe für die kleine Julie. Dies war in den Tagen, als in beiden Häusern Wohlstand herrschte.

Nach dem Tod von Frau Tremmels war es anders, als Bert herausfand, dass das Unternehmen, über dessen Einzelheiten er nie erfahren hatte, kurz vor dem Bankrott stand, da Frau Tremmels es seit dem Tod ihres Mannes mit mehr Augen geführt hatte zu ihrer eigenen Vergrößerung als zum Nutzen. Sie hatte zwei große Filialen geöffnet und Milchkarren aufgestellt, die von Shetlandponys gezogen wurden; und da sie kein Kapital hatten, hatten sie sich dafür Geld geliehen. Der Zoll unter ihrer Leitung war zurückgegangen; die Filialen mussten geschlossen werden; die schlauen Ponys wurden verkauft; und zum Zeitpunkt ihres Todes konnte sie die Zinsen für das geliehene Geld nicht mehr aufbringen und die Hypothekengläubiger standen kurz vor der Zwangsvollstreckung.

Bert, der die Hälfte seiner Abende damit verbrachte, sich für die Umverteilung des Reichtums einzusetzen, war überhaupt nicht in den Sinn der Sache gekommen, als er sich stillschweigend auf die Seite gestellt sah, während sein eigener Reichtum, das heißt die Kompetenz, die er besaß, auf der Seite stand Er glaubte immer, sein Erbe zu sein, und wurde ohne Rücksprache mit ihm umverteilt. Er nahm es wirklich sehr übel und sagte Dinge über seine tote Mutter, die ihm seine Entlassung aus dem Amt eingebracht hätten, wenn sie Mr. Ennidge oder Mr. Pring zu Ohren gekommen wären. Als sie starb, war er etwa ein Jahr lang bei ihnen angestellt und hatte sich recht gut darin geschlagen, denn er war kein schlechter Arbeiter und auch nicht ohne jegliche Intelligenz. Dennoch behielt er seinen Posten nur knapp, denn er war schon mehr als lange genug im Büro, dass Mr. Pring eine heftige Abneigung gegen ihn verspürte, und wenn da nicht das überaus gütige Herz von Mr Ennidge, der argumentierte, dass er den Jugendlichen, dem Fortune bereits einen so schweren Schlag versetzt hatte, nicht entlassen konnte, wäre Bert ein Dutzend Mal pro Woche entlassen worden. Davon ahnte er jedoch nichts und hielt sich für unentbehrlich und kläglich unterbezahlt.

Er erhielt sicherlich keine hohe Vergütung, aber immerhin mehr, als er Mr. Pring wert war, und Madame Querterot lud ihn plötzlich nicht mehr zu sich nach Hause ein. Er besuchte sie jedoch weiterhin von Zeit zu Zeit, und ein paar weitere Jahre vergingen ohne weitere Ereignisse. Dann kam der plötzliche und tragische Zusammenbruch der Querterots. Eugène Querterot erschoss sich, und angesichts ihres Vermögensverfalls waren die beiden verarmten Frauen, die er zurückließ, froh über jeden Freund, der ihnen beistand. Das plötzliche Weggehen ihrer alten Bekannten schuf ein neues

Band der Sympathie zwischen ihnen und dem jungen Mann, und als sie nach Pimlico zogen und er der einzige Mensch war, der sie jemals besuchte, wurde er, jedenfalls von der Mutter, viel herzlicher empfangen, als er es in letzter Zeit erwartet hatte.

Nach und nach ging er immer öfter hin, bis er sich angewöhnte, mindestens jeden zweiten Abend vorbeizuschauen. Er hatte Julie immer gemocht und vielleicht niemanden sonst auf der Welt, da er seinen Eltern wenig Zuneigung entgegengebracht hatte; Jetzt, da er sie immer häufiger sah, wurden seine Gefühle für sie intensiver, bis er jeden Tag neue und bezauberndere Vollkommenheiten in ihr zu sehen schien, und sogar seine Begeisterung für den Sozialismus schwand unter dem ständigen Protest ihrer Abneigung dagegen. Er gestand sich mit einer Art Selbstverachtung ein, dass Julie so klug, so vernünftig, so wunderbar vernünftig und klarsichtig war, dass ihre Meinung zu keinem Thema zu verachten war, und sie wurde ihm immer klarer dass, wenn sie schlecht über den Sozialismus denken würde, diese Doktrin Schwierigkeiten haben würde, seine volle Loyalität zu bewahren . Um es kurz zu machen: Als Bert ihren achtzehnten Geburtstag erreichte, war er über beide Ohren in das Mädchen verliebt und hatte kaum einen Gedanken, in dem sie nicht vorherrschte. Madame Querterot beobachtete alles unter ihren schweren Augenlidern. Sie sagte nichts, aber der Gedanke, dass hier jemand war, der ihr mit der Zeit nützlich sein könnte, schlich sich im Laufe der Wochen in ihr Gehirn ein und wurzelte dort tief.

Julie war fromm und fromm. Ungefähr zu dieser Zeit begann sie darüber zu sprechen, einer Ordensschwester beizutreten, aber der Sturm der Vorwürfe und Vorwürfe, den dieser Wunsch bei ihrer Mutter auslöste, veranlasste sie, den Gedanken vorerst aufzugeben und insbesondere nicht darüber zu sprechen es nicht mehr. Der einzige sichtbare Effekt des Vorschlags bestand darin, dass Madame Querterot Bert überschwänglicher als sonst begrüßte und ihn nun oft zum Abendessen einlud.

Man kann beurteilen, wie bereitwillig er es akzeptierte, und diese Abende waren sicherlich die glücklichsten Stunden in seinem Leben. Er kam immer früh und half Julie, den Tisch zu decken und manchmal sogar das Essen zuzubereiten; und wenn ihr Ärmel zufällig seine Schulter berührte, während sie sich über das Feuer beugte oder nach einem Regal griff, verfiel er in einen Zustand sprachloser Ekstase, was Madame Querterot als angenehme Abwechslung zu dem üblichen aggressiven Schwall seiner Reden empfand.

Trotz ihrer ruhigen und zurückhaltenden Art hatte Julie eine mädchenhafte Vorliebe für Kleidung und Putz, und die Opfergaben, die Bert ihr von Zeit zu Zeit zu Füßen legte, an Handschuhen und Schmuckstücken, waren für sie eine große Quelle unschuldiger Freude. Es gab eine Zeit, in der er seine Unterkunft verließ, bewaffnet mit den Ersparnissen einiger Monate und der

Absicht, einen Ring zu kaufen, den er ihr zusammen mit einer Rede überreichen sollte, die er für diesen Anlass vorbereitet hatte und in der das Geheimnis seines Herzens lag zu überreichen, zusammen mit der Bitte, dass der Ring ein Zeichen ihrer Verlobung sein solle. Doch an der Ladentheke des Juweliers verließ ihn sein Mut; er verspürte plötzlich die Überzeugung, die einer Gewissheit gleichkam, dass Julie sich weigern würde; Und anstatt das Schlimmste zu riskieren, gab er sein Projekt auf und gab seine Ersparnisse für eine Brosche aus, die er selbst nicht wirklich bewunderte und die Julie, als sie sie erhielt, für abscheulich hielt. Der Einzige, der sich darüber freute, war der Juwelier, der das Ding seit zwei Jahren in seinem Geschäft hatte und den Anblick einfach verabscheute.

Bald darauf wurde der große Plan ausgeheckt, dessen Elemente Madame Querterot schon seit langem im Kopf hatte, und präsentierte sich ihr in vollständiger und materieller Form. Sie wusste von Anfang an, dass sie es alleine nicht schaffen würde; und während sie in Gedanken nach der Hilfe suchte, die sie brauchte, sah sie in Bert ein Werkzeug, das ihr zur Verfügung stand. Als sie ihm ihre Idee vorbrachte, hatte sie ihren Entwurf bis ins kleinste Detail vorbereitet.

Es war in der Nacht, als er die beiden Frauen ins Theater eingeladen hatte, wie auf einer frühen Seite dieser Erzählung berichtet wurde. Madame Querterot begann damit, dem jungen Mann zu sagen, dass sie ihrer Tochter niemals erlauben würde, jemanden zu heiraten, der so arm war wie er selbst, und fügte schnell hinzu, dass sie einen Weg wisse, wie er sowohl an Geld als auch an die Unterstützung ihres in seinem Namen ausgeübten Einflusses kommen könne Julie. Nachdem sie seine Neugier und seine Hoffnungen geweckt hatte, verpflichtete sie ihn zur Verschwiegenheit und offenbarte ihm ihr Vorhaben.

„Du bist es, der mich auf die gute Idee gebracht hat", versicherte sie ihm. „Es ist doch Ihre sozialistische Lehre, von den Reichen zu nehmen, nicht wahr? Sie haben mehr, als vernünftig ist, diese anderen!"

Sie gingen vor dem kleinen Haus in Pimlico auf und ab, in dem die Querterots in diesen Tagen der Armut lebten; Julie hatte sie verlassen und war zu Bett gegangen; Der Schimmer einer Kerze kam hinter einer Jalousie im Zimmer oben hervor.

„Natürlich haben sie das", grunzte Bert. „Aber es nützt nichts, wenn man denkt, dass man ihnen ohne weitere Gesetzgebung ihr Geld wegnehmen kann. Welchen Preis hat die Polizei?"

„Ah, die Polizei", seufzte Madame Querterot, „wenn sie sich nur nicht in Dinge einmischen würde, die nicht ihre Angelegenheit sind!" Aber sehen Sie, es gibt Fälle, die außergewöhnlich sind. Es gibt Fälle, denen sofortige Aufmerksamkeit gebührt und die eine äußerst drastische Behandlung erfordern. Wenn das Gesetz langsam ist – und ich gebe Ihnen zu, dass das Gesetz dringend geändert werden muss –, wenn eine Angelegenheit außergewöhnlich dringend ist, sage ich, muss der gute Bürger es selbst in die Hand nehmen, um für Gerechtigkeit zu sorgen. Und wenn wir der Menschheit zwar einen Dienst erweisen, dabei aber auch für uns selbst davon profitieren, ist es klar, dass den Zielen der Gerechtigkeit doppelt gedient ist.“

Bert konnte nicht umhin, diesen hervorragenden Grundsätzen zuzustimmen. Tatsächlich hätte Madame Querterots Aura übernatürlicher Weisheit selbst die skeptischsten Menschen beeindruckt.

„Es reicht nicht zu reden, man muss seinen Glauben an eine Theorie demonstrieren. Mit den von mir vorgeschlagenen Mitteln können Sie beweisen, wie gut der Sozialismus in der Praxis funktionieren wird; Denn hier werden die Armen, wie wir sie vertreten, reicher, und doch braucht der Reiche, der unser Schicksal verändert hat, kaum Entbehrungen zu spüren. Erinnern Sie sich, dass ich beim Abendessen mit Ihnen über eine Dame gesprochen habe, eine sehr wohlhabende Dame, eine meiner Kundinnen?“

„Ja“, sagte Bert. „Eine Jüdin, nicht wahr?“

"Es stimmt. Eine Jüdin! Und haben die Juden nicht jahrhundertelang die Gebeine der Armen zermahlen? Wer wäre besser geeignet, der Erste zu sein, der im Gegenzug einen Teil seiner unrechtmäßig erworbenen Gewinne beisteuert? Sollten sie nicht verpflichtet sein, einen Teil des Geldes zurückzuerstatten, das sie nie verdient haben?“

„Ich glaube,“ stimmte Bert zu; „Aber ich wünschte, du würdest dich beeilen und mal sehen, worauf du hinaus willst, das ist alles.“

„Eh bien! Diese Frau, diese Jüdin, ist enorm reich, wie ich Ihnen sage. Und was macht sie mit ihrem Geld? Mein Freund, sie bedeckt sich mit Diamanten! Und diese Diamanten will ich ihr wegnehmen.“

„Was, sie stehlen?“ Berts Tonfall klang besorgt, obwohl er in seinem Herzen von Anfang an gewusst hatte, wohin ihr Gerede führte.

„Stehlen! Was für ein Wort.“ Es ist unmöglich, die Verachtung in Madame Querterots Tonfall auszudrücken. „Ist es dann richtig, dass sie so viel haben darf, während andere hungern? Ist es richtig, dass sie ihren Schmuck vor den Augen der hungrigen Armen zur Schau stellt?“

Madame Querterot, die über ein gutes Gedächtnis verfügte, zitierte einen Satz nach dem anderen, den sie schon mehrfach aus Berts eigenen Lippen hatte kommen hören. Sie schüttete ihm seine Lieblingsschlagworte ins Ohr und untermauerte sie mit eigenen Argumenten. Sie malte den von ihr entworfenen Raubüberfall in so leuchtenden Farben, dass man, wenn man ihr zuhörte, hätte meinen können, es sei ein Opfer, das sie zum Wohle der Menschheit bringen würde. Sie ging unmerklich dazu über, sich die Freude Julies vorzustellen, wenn ihr eines der weniger leicht zu identifizierenden Juwelen überreicht würde, und die Bereitwilligkeit, mit der sie auf den Rat und mit der freudigen Zustimmung ihrer Mutter das Herz und die Hand dieses Juwels annehmen würde der wohlhabende und wohlhabende Albert, zum Glück des jungen Paares, das in seinem bezaubernden Haus untergebracht ist, umgeben von Motoren, Grammophonen und Champagner; Kurz gesagt, all der Luxus, der einem Mädchen von Julies Perfektion zusteht. Madame Querterot hörte nicht auf, bis sie zu ihren künftigen Freuden kam und ihre Enkelkinder auf ihr Knie kletterten. Es reichte dem errötenden und betrunkenen Bert. Er ergab sich, stimmte allen ihren Vorschlägen zu, unterwarf sich vollständig ihren Anweisungen, und diese gab ihm seine künftige Schwiegermutter bereitwillig.

Sie erklärte ihm zunächst ausführlich den Charakter von Frau Vanderstein und die Mittel, mit denen sie ihre Schwäche auszunutzen hoffte.

„Es gibt", sagte sie, „einen jungen Prinzen – den Prinzen Felipe von Targona –, der jetzt in London ist und im Fianti's Hotel in der Grosvenor Street wohnt, das direkt gegenüber dem Haus dieser Jüdin liegt. Es geschah heute, als ich mitten in der Massage war, dass sie aufsprang und zum Fenster lief, um diesen jungen Mann vorbeigehen zu sehen, und ich schaute auch hinaus. Nun hob der Prinz zufällig im Vorbeifahren den Kopf und sah Frau Vanderstein direkt ins Gesicht. Es war ein äußerst glückliches Ereignis, und ich hätte nicht hoffen können, dass so etwas Vorsehung eintreten würde. Man würde tatsächlich sagen, dass es für mich ein Omen ist, ein Auftrag, meinen Plan auszuführen. Frau Vanderstein freute sich über diese Begegnung der Augen und verbarg ihre Freude nicht. Nun, sehen Sie, wie einfach jetzt mein Teil ist. Ich habe im Laden einige Schildpattkämme, die der arme Eugène zu einem lächerlichen Preis gekauft hat, als wir hier in London unser Geschäft begannen. Sie sind sehr schön, von feinster Verarbeitung, exquisit und aufwendig geschnitzt, aber von einem veralteten und *démodé -Muster*. Wir konnten sie nie verkaufen.

„Nun sehen Sie, ich werde diese Kämme nehmen und mich bei Fianti mit der Bitte melden, dass ich die Prinzessin von Targona, die Mutter von Prinz Felipe, sehen darf. Für sie habe ich eine Geschichte, dass mein Mann aus Targona stammte und dass die Kämme auch aus diesem Land stammen. Ich werde sie Ihrer Hoheit als Geschenk eines bescheidenen und ausgewanderten Untertanen überreichen und sagen, dass mein verstorbener Ehemann sich aus Patriotismus weigerte, sich von ihnen zu trennen, und dass er, wenn alles andere, was er besaß, verkauft werden musste, immer an den einzigen Gegenständen festhielt Er war gegangen, um sich an seine geliebte Targona zu erinnern. Es ist durchaus wahrscheinlich, dass die Prinzessin von dieser berührenden Geschichte betroffen sein wird. Vielleicht macht sie mir sogar ein Geschenk; aber das ist übrigens so. Was wirklich wichtig ist, ist, dass ich für ein paar Minuten in einem der von der königlichen Gesellschaft bewohnten Gemächer allein gelassen werde. Wenn mir das gelingt – und ich denke, Sie können darauf vertrauen, dass ich es schaffen werde – werde ich einige Stücke des Briefpapiers des Prinzen besorgen, auf denen sicherlich sein königliches Wappen oder Monogramm eingraviert ist; Auf jeden Fall wird es ein besonderes Zeichen tragen, und es wird hart, wenn nicht ein paar Blätter davon den Weg in meine Tasche finden.

„Der nächste Schritt wird einfach sein. Ich werde das Hotel in einem Moment verlassen, in dem ich durch einen Blick aus dem Fenster festgestellt habe, dass Mrs. Vanderstein auf ihrem Balkon ist, wohin sie zu einer bestimmten Stunde sehr oft geht, um einige Blumen zu gießen, die sie dort hat. Sie wird mich vorbeigehen sehen; und da sie sehr neugierig auf alles ist, was bei Fianti vor sich geht, wird sie sich zu dem Vorfall äußern. Ich werde ihr sagen, dass ich vom Prinzen von Targona gerufen wurde, der sich auf den ersten Blick unsterblich in sie verliebt hat. Sie denken vielleicht, dass sie das nicht glauben wird, aber vertrauen Sie darauf, dass ich es plausibel mache; Und sie wird einer solchen Idee eher Glauben schenken, als Sie denken, denn erstens sind alle schönen Frauen bereit zu glauben, dass ihre Anziehungskraft unwiderstehlich ist – und sie ist schön, diese Jüdin, nicht unähnlich dem, was ich selbst war, als ich jünger war – und zweitens ist Mrs. Vanderstein von Natur aus bis zur Lächerlichkeit romantisch und erfindet sich, davon bin ich überzeugt, stets Geschichten von Helden und Fürsten, wobei sie selbst die Heldin dieser Fabeln ist.

„Woher soll ich das wissen, fragen Sie mich? Ich sage dir, ich weiß es. Ich bin ein Charakterbeurteiler; Dafür habe ich eine Begabung. Eh gut! Ich werde die Jüdin davon überzeugen, dass sie von einem regierenden Prinzen mit Raserei, Hingabe und Leidenschaft verehrt wird; dass er an nichts anderes als an sie denkt; dass er ihretwegen seine Hand ins Feuer legen würde, dass er bereit sei, auf seinen Thron zu verzichten, die Regierung seines Landes aufzugeben. Kurz gesagt, er möchte sie heiraten, und wenn sie nicht auf seine Ansprachen hört, gibt es für ihn auf dieser Welt keinen Lebensgrund mehr. Was vielleicht der Schwachpunkt meiner Geschichte ist, ist die Idee, dass Prinz Felipe sich hätte entscheiden sollen, mich zu einem Vertrauten zu machen, aber glauben Sie mir, mein lieber Bert, ich werde selbst das nicht unnatürlich erscheinen lassen, und zwar in der Tat , jeden Tag werden seltsamere Dinge getan. Das alles wird Zeit brauchen, ich weiß nicht wie lange – Tage, vielleicht Wochen. „Ich muss herausfinden, wie lange der Prinz in London bleibt", fügte Madame Querterot hinzu, mehr zu sich selbst als zu ihrem Begleiter.

Es war das Einzige, was sie vergessen hatte.

„Ich werde ihre Briefe auf das königliche Briefpapier schreiben, und da sie mir die Antworten per Hand zusendet, werde ich ihren Inhalt kennen und darauf antworten können, ohne bei ihr Verdacht zu erregen. In seinen leidenschaftlichen Briefen bittet der Prinz um ein Interview; Er wird die Hindernisse beklagen, die ihn daran hindern, sie entweder im Hotel oder in ihrer eigenen Wohnung zu sehen, und er wird sie schließlich, da bin ich sicher, überreden, sich mit ihm zu treffen, um seine Bekanntschaft in einem Haus zu machen, das er nennen wird.

„Sie wird allen seinen Vorschlägen zustimmen, sonst irre ich mich sehr. An diesem Punkt, mein lieber Bert, wird Ihre Hilfe so unverzichtbar. Sie sind Angestellter eines Hausmaklers. Ich werde ein Haus brauchen; und Sie sind es, die es für mich übernehmen müssen, natürlich unter falschem Namen und ohne Wissen Ihrer Arbeitgeber."

„Ich sehe nicht ein, wie das jemals gemacht werden kann", wandte Bert ein.

Sie gingen immer noch langsam die schmuddelige Straße auf und ab. Ein Polizist an der Straßenecke schaute sie ein- oder zweimal an, kam zu dem Schluss, dass sie harmlos waren, und hörte auf, sich weiter um sie zu kümmern. Das Licht in Julies Schlafzimmer war schon lange erloschen.

Madame Querterot räusperte sich und begann erneut.

„Es wird, sagen wir, ein Herr aus Indien da sein", fuhr sie fort, „der zu einer Stunde im Büro vorbeikommt, wenn die beiden Partner nicht da sind. Niemand wird dies mehr bereuen als Sie selbst, aber in ihrer Abwesenheit werden Sie Ihr Bestes tun, um den Anforderungen des Gentleman aus Indien gerecht zu werden. Er wird ein Haus wollen, und zwar sofort. Er wird den Wunsch haben, es wöchentlich zu nehmen, und er wird bereit sein, eine hohe Miete zu zahlen. Er ist etwas exzentrisch, dieser Herr, und er mag es nicht, Fremde zu treffen. Er wird Ihnen sagen, dass Sie dafür sorgen sollen, dass Sie eine Putzfrau beauftragen, das Haus für ihn herzurichten, und er wird dann und dort die Bedingungen, den Tag, an dem er es in Besitz nehmen soll, und alle notwendigen Details festlegen. Dann wird er Ihnen nach Unterzeichnung der Vereinbarung die Miete für die erste Woche im Voraus zahlen – für die ich das Geld bereitstellen werde – und das Büro verlassen . Sie werden Herrn Ennidge und Herrn Pring bei ihrer Rückkehr von dem exzentrischen Herrn aus Indien erzählen, und sie werden ihm gegenüber keinen Verdacht schöpfen, da das Geld für die Miete übrig bleibt."

„Wirst du so tun, als ob du der Gentleman bist, von dem du sprichst?" fragte Bert.

„Nein", antwortete Madame Querterot. „Er wird überhaupt nicht existieren; es ist nicht notwendig, dass er jemals erscheint. Aber es könnte sehr nützlich sein, wenn man glaubt, dass er existiert."

„Wer soll dann den Mietvertrag unterzeichnen?"

„Das werden Sie tun", sagte die Französin, „Sie müssen sofort anfangen, das Schreiben mit der linken Hand zu üben." Wählen Sie einen kurzen Namen – wir nennen ihn Mr. West – und schreiben Sie ihn immer und immer wieder auf ein Blatt Papier, das Sie immer verbrennen werden, wenn Sie es abgedeckt haben. Vergiss nie, es zu verbrennen, Bert. In ein paar Tagen wird es Ihnen ganz leicht fallen, und es wird nicht im Geringsten Ihrer eigenen Hand ähneln."

„Mir gefällt es nicht halbwegs", bemerkte Bert.

„Ich verspreche Ihnen, es wird alles sein, was am einfachsten ist. Der indische Herr wird Sie persönlich bitten, ihn am Tag der Besitzübernahme im Haus zu treffen, und er wird Ihnen sagen, dass Sie auf jeden Fall selbst kommen sollen, da er Fremde nicht mag und es vorzieht, nicht mit mehr als einer Person Geschäfte zu machen. Sie bereiten also das Haus für ihn vor, geben ihm den Schlüssel und lassen ihn darin zurück. Das ist der ganze Ärger, den es mit dem Haus geben wird. Sie müssen zugeben, dass Sie nicht viel nehmen müssen, um ein Vermögen und eine bezaubernde Frau zu erlangen? Der Vanderstein wird zum Haus kommen, um Prinz Felipe zu treffen. Sie wird uns dort finden, maskiert und ihr unbekannt. Wir werden sie von ihren Juwelen befreien, die ich dafür sorgen werde, dass sie sie trägt; Prinz Felipe liebt Schmuck so sehr, dass es für ihn eine wahre Leidenschaft ist, Frauen so geschmückt zu sehen! Das werde ich ihr sagen, und sie wird es nicht versäumen, sich damit zu schmücken. Wenn alles erledigt ist, kann sie nach Hause zurückkehren; enttäuscht, fürchte ich; Aber das Leben ist voller Desillusionen und die Schuld liegt beim exzentrischen Mr. West aus Indien."

Es war alles sehr plausibel. Bert konnte keine Lücken im Plan finden. Er versuchte, ein oder zwei Einwände vorzubringen, wurde aber schnell überstimmt, sagte schließlich gute Nacht und ging nach Hause, um zu Bett zu gehen, mit der Verpflichtung, Madame Querterot nach besten Kräften bei ihrem Vorhaben zu unterstützen und zu unterstützen.

Alles ist gut gegangen. Madame Querterot hat es geschafft, ihre Erwartungen sogar noch zu übertreffen. Der Vanderstein, wie sie sie nannte, war voller Aufregung und Freude, und Madame Querterot erzählte Bert ausführlich und mit großer Freude von der Szene, in der sie sich auf den Schwindel eingelassen hatte, und von der leichtgläubigen Leichtgläubigkeit von „la Juive". "

„Stellen Sie sich vor", sagte ich zu ihr, „dass ich heute Morgen eine Vorladung einer Hofdame der Prinzessin von Targona zu Fianti erhalte!" Was für eine Ehre! Sie können sich meine Aufregung vorstellen! Diese Dame hielt sich früher oft in der Gesandtschaft ihres Landes hier in London auf und hatte die Angewohnheit, sich von dem armen Eugène *frisieren zu lassen.* Es scheint also, dass sie gestern nach ihm geschickt hat; Aber als man ihr sagte, dass der arme Schatz nicht mehr auf dieser Erde sei, hatte sie die Liebenswürdigkeit, mich aufzusuchen, nachdem sie von all unserem grausamen Unglück gehört hatte, und bat mich, an seiner Stelle zu erscheinen. Deshalb besuchte ich heute das Hotel und hatte das Vergnügen, die *Frisur* einer reizenden Dame anfertigen zu dürfen. Mais elle est charmante, diese Dame-là! Aber – und hier folgt die Angelegenheit, die Sie interessiert, Madame – als ich die Wohnung der Hofdame verließ und die Treppe hinuntersteigen wollte, rief mich eine Stimme zurück und fragte mich, was mich überraschte, als ich mich umsah Ich habe niemand Geringeren als Seine Hoheit, Prinz Felipe, wahrgenommen, der mir offenbar zu winken schien, mich ihm in einem dunklen Teil des Ganges anzuschließen.'

"Frau. Vanderstein unterbrach mich mit funkelnden Augen. „Erzählen Sie mir", rief sie, „die Worte, die Seine Hoheit zu Ihnen gesprochen hat!" „Setzen Sie sich, Madame Justine, und erzählen Sie mir alles, woran Sie sich erinnern können." Ich stellte einen Stuhl in die Nähe des Sofas, auf dem Mrs. Vanderstein saß, und setzte meine Erzählung in vertraulichem Unterton fort. „Ich konnte mir nicht vorstellen, was Prinz Felipe mir zu sagen hatte, aber ich dachte für einen Moment, dass seine Mutter möglicherweise meine Dienste benötigte, und ich war entzückt von der Idee, dass ich vielleicht heute die Haare eines Mannes frisieren sollte Königliche Persönlichkeit. Aber sobald ich näher kam, begann der Prinz, mir Fragen zu stellen, deren Bedeutung ich zunächst nicht verstehen konnte. Bald jedoch verstand ich es. „Sie wohnen in dieser Straße?" er hat gefragt. „Nein, Monsieur", antwortete ich; „Ich wohne weit weg von hier." „Aber ich habe dich gesehen", rief er, „ich bin überzeugt, dass ich dich gesehen habe!" „Wann haben mich Eure Hoheit gesehen?" Ich habe nachgefragt. Ich fühlte mich wirklich geschmeichelt, dass er sich herabließ, mich zu erkennen. "Ich habe dich gestern gesehen. „Sie haben aus dem Fenster eines Hauses gegenüber diesem Hotel geschaut", sagte er positiv. „Ah ja, Monsieur, es ist wahr. Ich war im Haus von Frau Vanderstein, einer meiner Kundinnen, und wir hatten das Glück, Sie vorbeifahren zu sehen."

„„Jetzt begann ich zu verstehen, warum mir die Ehre dieses Interviews zuteil wurde. "Frau. Vanderstein!" er rief aus. „Ist das denn ihr Name? Aber", fügte er hinzu, „es waren zwei Damen da." Welche war Mrs. Vanderstein?" „Der Ältere der beiden, Monsieur, derjenige, dessen Haar dunkel ist." „Sie ist es", sagte er. „Ah, wie schön sie ist! In meinem ganzen Leben habe ich noch nie ein Gesicht gesehen, das mir so sehr in Erinnerung geblieben ist. Es ist das Gesicht, von dem ich all die Jahre geträumt habe. Aber bleib", rief er in einem anderen Ton und mit einem Ausdruck der Verzweiflung. „Sie nennen sie Mrs. Vanderstein! Soll ich dann verstehen, dass sie verheiratet ist? Egal, ihr Mann muss sterben! Einer meiner Herren könnte ihn in ein Duell verwickeln. Diese Dinge können sich von selbst arrangieren." Das waren seine Worte. Ach, Madame! man sieht, dass Seine Hoheit es nicht gewohnt ist, sich zu widersetzen.'

„Der Vanderstein wurde verwandelt. In ihren Augen blitzte ein ungewohntes Feuer. Ihre Wangen waren gerötet, ihre Lippen öffneten sich, ihr Atem ging etwas schnell. Ich war erstaunt über die Veränderung. „Sie sieht zehn Jahre jünger aus", sagte ich mir. „Hat die Massage doch Wirkung gezeigt?" Laut erzählte ich weiter. „Ich erklärte dem Prinzen, dass Mr. Vanderstein ihm die Mühe erspart hatte, ein Duell zu arrangieren. „Dann", rief er, „gibt es kein Hindernis! Außer", fügte er in einem anderen und deprimierten Tonfall hinzu, „den Wünschen meiner Mutter und der Regierung von Targona." Sie sind fest davon überzeugt, dass ich aus Staatsgründen heiraten muss, aber ich habe ihnen immer wieder gesagt, dass ich es nicht tun werde. Ich werde abdanken, wenn sie wollen, aber ich werde nie heiraten, es sei denn, es entspricht dem Gebot meines Herzens. Und mein Herz wurde noch nie zuvor berührt; so dass ich jetzt sicher bin, dass es für mich nur eine Frau auf der Welt gibt. Aber wie soll ich sie kennenlernen? Wenn jemand meine Gefühle vermutet, werden unvorstellbare Schwierigkeiten in den Weg gestellt. Und wie kann ich jemals die Zuneigung der schönen und bezaubernden Frau Vanderstein gewinnen, wenn ich mir nicht einmal vorstellen kann, wie ich sie kennenlernen könnte? Eines ist jedoch sicher. Ohne sie kann ich nicht leben."

„„Ah, Madame', sagte ich, ,wenn Sie den armen Herrn hätten sehen können, wäre Ihnen das Herz um ihn wehgetan. Auf seinem Gesicht war so ein trauriger Ausdruck! Er wirkte so elend und trostlos. Man sieht, dass er ein zartes Wesen hat! In seiner Verzweiflung schritt er den Korridor auf und ab, gestikulierte mit den Händen und zerzauste sein Haar – das so fein wie Seide ist –, indem er es mit den Fingern ausriss! Immer wieder schlug er sich die Hand an die Stirn oder schlug sich auf die Brust, und wenn er davon abhielt, wirklich in Tränen auszubrechen, lag das sicher an den strengen Vorschriften, die jede öffentliche Zurschaustellung von Gefühlen bei Personen verbieten Er war königlicher Abstammung und erlaubte ihm nicht, seine Gefühle zu zeigen, selbst in der Gegenwart einer so unbedeutenden Person wie mir. Ah, der arme junge Mann. Ich, Madame, ich, die er so wahrnahm, wie er Ihren Spiegel oder Ihre Schnürsenkel betrachtete, fühlte mich bereit, ihn in meine Arme zu nehmen und ihn wie eine Mutter zu umarmen und zu trösten.'

„Ich hielt inne, um Luft zu holen, und Mrs. Vanderstein rief: ‚Oh, Madame Justine, ist es wirklich möglich, dass er so empfindet, nachdem er mich nur einmal gesehen hat, und das aus der Ferne?‘ ‚Liebe auf den ersten Blick‘, antwortete ich, ‚ist nichts, wovon man noch nie gehört hat; und sicherlich ist er verliebt, dieser arme Prinz Felipe, oder ich weiß nicht, was Liebe ist. Mehrmals blieb er vor mir stehen und rief: „Wie, wie soll ich ihr Interesse wecken, ihren Respekt gewinnen, vor allem, wie kann ich ihr Herz gewinnen, wenn ich keine Chance habe, mich ihr vorzustellen? Ich kann nicht hoffen, dass sie von meinem persönlichen Erscheinungsbild angezogen wird. Bei einer Person mit ihrer geistigen und spirituellen Überlegenheit – wie ich auf den ersten Blick erkennen kann – werden mein Rang und meine Position kaum von Nutzen sein; nur wenn sie die Tiefe und Aufrichtigkeit meiner Leidenschaft erfährt, nur wenn sie die zärtliche und zärtliche Qualität meiner Liebe zu ihr erkennt, kann sie mit der Zeit dazu gebracht werden, meinem Antrag nicht ganz ungünstig gegenüberzustehen.“ Und er sagte noch viel mehr in dieser Art. Was mich betrifft, Madame, so versicherte ich ihm, ich würde Ihnen auf taktvolle Weise einige Hinweise über seine Gefühle geben. Er bestand darauf, dass es nicht mehr als Hinweise sein sollten, da er befürchtete, Sie würden sich beleidigt fühlen, wenn er mich zum Boten machte. Wenn ich also in meinem Mitgefühl die Grenzen der Diskretion überschritten habe, müssen Sie den Fehler ausschließlich auf meine eigene Seite schieben und ihn nicht auf mangelnde Manieren des Prinzen zurückführen. Seine Absichten sind von vollkommener Richtigkeit.

„„Er hat mich eingehend über Ihre Lebensweise, Ihre Meinungen und Gewohnheiten befragt. „Ah“, rief er, „ich sehe, wir sind füreinander geschaffen, sie und ich. Sie sagen, dass sie sich gerne mit Bildern, Blumen, Juwelen und den luxuriösen Dingen des Lebens umgibt. Sie liebt Musik und Kunst. Jetzt bemerken Sie dies! Ich sammle Gemälde und *Kunstgegenstände*. Auch ich liebe Musik und Rosen. Ich habe auch eine Leidenschaft für Edelsteine und persönlichen Schmuck. Worin unterscheiden wir uns? *Hein! Es ist klar, dass wir den gleichen Geschmack haben und dass ich mit ihr sympathisieren* werde. Oh, wir müssen uns treffen! Irgendwie, irgendwo werde ich, wenn sie zustimmt, dafür sorgen, dass wir uns treffen. Nicht hier. Unmöglich! Nicht bei ihr zu Hause. Ich sollte den Blick meiner Mutter auf mir spüren. Ich könnte der Beobachtung nicht entgehen, wenn ich nur die Straße überquerte. Nein, weder hier noch dort, sondern an einem anderen Ort, über den ich nachdenken werde. In der Zwischenzeit hörst du ihr mit aller

Feinfühligkeit ihre Gefühle gegenüber mir selbst an und bereitest sie auf einen weiteren Ausdruck meiner eigenen vor." Ich denke, Madame, das ist alles, was zwischen uns vorgefallen ist, aber ich soll morgen zu Fianti zurückkehren und ihm berichten, ob Sie unzufrieden schienen." Es schien, dass Frau Vanderstein nicht unzufrieden war. Sie sprach nur noch sehr wenig, aber ich konnte an der glücklichen, aufgeregten Miene, die sie unter ihrer scheinbaren Ruhe ausstrahlte, sehen, dass meine Worte die Wirkung hatten, die ich mir nur wünschen konnte."

All dies erzählte Madame Querterot dem interessierten und erstaunten Bert mit vielen Einzelheiten, und jeden Tag hatte sie neue Berichte über ihre Klugheit und ihren Erfolg zu erzählen. Sie schrieb leidenschaftliche, aber ausgesprochen „korrekte" Briefe auf das königliche Briefpapier, das sie gemäß ihrem Plan geklaut hatte, und brachte sie Mrs. Vanderstein mit einem versteckten, spöttischen Lächeln, als diese Dame ihre Echtheit freudig und vertrauensvoll akzeptierte.

Für die Tat wurde der Abend der Galavorstellung in der Oper festgelegt, und bei jedem ihrer Treffen wiederholte Madame Querterot Bert ihre Anweisungen bezüglich der Rolle, die der Herr aus Indien spielte. Sie arbeitete ihre erste Skizze seines Charakters und seines Verhaltens aus und vervollständigte sie, bis der junge Mann schließlich fast an die wahre Existenz von Mr. West glaubte und mit Sicherheit weit mehr über ihn wusste als über die meisten Menschen, mit denen er tatsächlich zusammen war täglicher Kontakt, denn in der Regel war er völlig unaufmerksam. Sie sorgte auch dafür, dass er lernte, mit der linken Hand zu schreiben, und er konnte dies innerhalb weniger Tage zu ihrer Zufriedenheit tun. Bert war mittlerweile so begeistert von dem Projekt, wie sie es sich nur wünschen konnte. Ein Abend in seinem Club hatte seine Überzeugung gestärkt und bestätigt, dass keine einzelne Frau ein Recht auf den ausschließlichen Genuss so großen Reichtums hatte; und er war sich nun sicher, dass er für seinen Versuch, die Waage neu auszurichten, nichts als Lob verdienen würde. Es gab Momente, in denen er für den Bruchteil einer ansonsten optimistischen Sekunde eine Vision von Julie sah, wie sie ihn ansehen würde, wenn sie jemals erfuhr, was er vorhatte; und es war eine Vision, die ihm den Atem stockte. Aber die Idee schwebte größtenteils nur im Hintergrund seiner Gedanken, so dass er, obwohl er sich sozusagen immer seiner Nähe bewusst war, seinen geistigen Blick mit Mühe abwenden und es vermeiden konnte, sie anzusehen ins Gesicht; und zu diesem Zeitpunkt kam es Madame Querterot so vor, als sei er am eifrigsten und ungeduldigsten auf die bevorstehende Nacht.

Das Haus in der Scholefield Avenue war vergeben, und die Herren Ennidge und Pring zeigten nur wenig Interesse an dem mythischen Mr. West, und zwar hauptsächlich wegen seiner Bereitschaft, eine hohe Miete zu zahlen.

Dann trat eine Schwierigkeit auf, und es war Bert, der zu seiner Zufriedenheit und seinem Stolz einen Ausweg vorschlug.

Als Madame Querterot ihm eines Abends begegnete, machte sie keinen Versuch, ihre Bestürzung zu verbergen.

„Ich habe doch noch etwas vergessen", rief sie. „ *Nom d'un nom!* Dass ich so dumm, so ein Idiot gewesen sein kann! Hören Sie, es ist das. Die Jüdin muss von der Oper zur Scholefield Avenue fahren. Aber womit? Es ist unmöglich, dass sie mit ihrem eigenen Auto fährt, und wenn sie ein Taxi nimmt, sind wir ebenso verraten. *Aïe, aïe!* Was sollen wir tun?"

KAPITEL XXV

DA hatte Bert seine brillante Idee.

Zur Erklärung muss noch einmal auf seine Familiengeschichte zurückgegriffen werden. Die Schwester seines Vaters hatte in Richmond einen Lebensmittelhändler namens Stodder geheiratet, da sie vor diesem Ereignis Köchin in einer Familie in Hampton Court gewesen war.

Das Paar hatte fünf Kinder, und Bert wurde als Kind oft mit nach Hause genommen, um seine Verwandten zu besuchen; In den heißen Ferien hatten die Stodders ihn den größten Teil des Sommers bei sich. Die Kinder hassten ihn, denn er war von Anfang an ein verwöhnter, schlecht gelaunter kleiner Junge, aber sie mussten sich mit ihm abfinden, und er wuchs in vertrauten, wenn auch eher streitsüchtigen Verhältnissen mit der ganzen Familie auf.

Der älteste Junge, Ned, war nach der Schule damit beschäftigt, jeden Tag den Karren seines Vaters durch die Nachbarschaft zu fahren, um eingegangene Bestellungen auszuliefern und neue abzuholen. Berts Lieblingsbeschäftigung war es, hinten im Lieferwagen zu sitzen, die Beine baumeln zu lassen oder gegen die Rückwand zu treten, während er zusah, wie die weißen Straßen unter ihm entlangglitten und der Hund des Lebensmittelhändlers mit ausgestreckter Zunge unter seinen trommelnden Absätzen trottete. Ned war sich der Freude bewusst, die sein Cousin an dieser nicht sehr anstrengenden Form der körperlichen Betätigung hatte, und er überlegte bald, wie er sie zu seinem eigenen Vorteil nutzen konnte. Er wies Bert darauf hin, dass er von niemandem erwarten könne, dass er sich mit seiner Gesellschaft abfinden würde, wenn er nicht etwas unternehme, damit es sich für ihn lohne, und dass er jedenfalls Berts Gesellschaft im Lieferwagen nicht dulden würde, wenn er seine Anwesenheit nicht dadurch rechtfertige, dass er ihn wann putzt Sie kamen nach Hause und halfen dabei, sich um das Geschirr und das Pferd zu kümmern. Bert mochte die Arbeit nicht, aber er hasste es, von seinen Trieben abgeschnitten zu werden, und da Ned ziemlich standhaft war und außerdem älter und stärker war als er, redete er sich ein, dass Bedürfnisse ein Muss seien – und Ned, dass er der Teufel sei – und machte sich an die Arbeit Pflichten eines Stallknaben.

Unter seinem kritischen und schonungslosen Herrn und begleitet von mehr als ein paar Handschellen und Tritten, als er versuchte, sich seiner Arbeit zu entziehen, beherrschte Bert die Pflege des Rosses des Lebensmittelhändlers besser als jede weniger ausgeglichene Mischung aus Schmerz und Vergnügen wahrscheinlich dazu geführt hat.

Als weitere Belohnung gab der strenge Ned so weit nach, dass er ihm gelegentlich gestattete, die Zügel in die Hand zu nehmen. Die Kombination aus Disziplin und frischer Luft hat dem Tremmels-Jungen sehr gut getan und es war ein glücklicher Sommer für ihn. Als er in die Hanover Street zurückkehrte, machte seine Mutter leider bald die gute Wirkung von Neds Handschellen zunichte; und im folgenden Sommer, als er sich wieder unter dem gastfreundlichen Dach seines Onkels befand, hatte Ned es verlassen, um als Privatdienstleistender in den Ställen zu arbeiten, und sein nächster Cousin war von der Schule gekommen und hatte die Aufgabe übernommen, den Lieferwagen zu fahren. Geoffrey war von einem weniger gut gelaunten und lockeren Wesen als sein Bruder Ned, und Bert wurde in diesem Alter immer anstößiger; Es kam selten vor, dass Geoffrey dazu gebracht werden konnte, ihn auf seinen Runden mitgehen zu lassen, aber er folgte dem Beispiel seines Bruders und zwang seinen Cousin, ihm mit dem Pferd und dem Wagen zu helfen, wenn er mit ihnen zurückkam. Dies erzürnte und verbitterte Bert nur noch mehr, und von dem Guten, das im Jahr zuvor getan worden war, war der letzte Überrest nun völlig zerstört.

In der Zwischenzeit wuchs Ned im Laufe der Jahre zu einer Ehre für seine Familie und zu einem guten und beliebten Diener heran. Seine Fortschritte waren so schnell und sein Glück – wie die Tremmels sagten – so erstaunlich, dass er bereits mit dreiundzwanzig Jahren zum Kutscher einer alten Dame namens Mrs. Wilkinson, seiner Tante, aufgestiegen war ehemaliger Meister. Diese Dame hatte nur ein Pferd und einen Brougham und fuhr mit ihnen jeden Nachmittag aus, im Winter von drei bis fünf, im Sommer von vier bis sechs. Es war unmöglich, sich einen einfacheren oder bequemeren Ort vorzustellen, und Bert beneidete seinen Cousin oft um das weiche Ding, in das er getreten war.

Ned war der einzige seiner Verwandten, dem er heutzutage jemals nahe kam, aber er ging während der Mittagspause oft in seinen Stall und erklärte dem jungen Kutscher, wie wenig er sein Glück verdiente.

Erst als er Madame Querterot zum ersten Mal ratlos sah, erst als er hörte, wofür sie in ihrem großen Plan vergessen hatte zu sorgen, wurde ihm plötzlich klar, dass Neds Glück möglicherweise auch sein eigenes war.

„Sehen Sie“, sagte er zu der aufgeregten Französin, „diesen Teil schaffe ich.“ Und er erzählte ihr von seinem Cousin, dem Kutscher.

"Frau. Wilkinson, die Dame, für die er arbeitet, hat glücklicherweise ein Haus in derselben Straße wie das, das ich genommen habe. Sie wohnt in der Scholefield Avenue Nr. 1, nur ein paar Türen von Nr. 13 entfernt. Darüber hinaus hat sie einen großen Garten hinter dem Haus und der Stall liegt ganz am Ende davon von anderen Gebäuden fernhalten. Es gibt Glück für dich!“

"Wie ist das?" rief Madame Querterot, „erklären Sie sich schnell.“ Sie war sehr nervös und aufgeregt, und zum einzigen Mal während der ganzen

Angelegenheit verließ sie ihr ruhiges Selbstvertrauen. Es war so nahe an der Stunde! Sie hatte bereits so viele Schwierigkeiten aus dem Weg geräumt, das Unmögliche geschafft; Und wenn alle ihre Hoffnungen jetzt zunichte gemacht würden, und zwar durch ein so kleines Hindernis, dann wäre es, sagte sie sich, der *Kamm* …

„Na, hier entlang", beruhigte Bert sie. „Ned will immer nach Hause nach Richmond, weil die junge Dame, mit der er Umgang hat, dort unten lebt, obwohl er mir gegenüber vorgibt, er wolle seine Familie sehen. Als ob irgendjemand seine Familie sehen wollte! Aber seine Alte fährt jeden Tag bis sechs Uhr aus, und bis Ned das Pferd gesäubert und abgerieben, gefüttert und die Kutsche und den Rest gewaschen hat, ist es zu spät, um einen ordentlichen Zug nach Richmond zu bekommen, denn es ist ein ordentlicher Weg von der Scholefield Avenue zur Gloucester Road, wo die Züge zusammenkommen.

„Angenommen, ich gehe jetzt zu Ned und sage ihm, dass ich weiß, dass er einen freien Abend haben möchte und dass es mir nichts ausmacht, wenn er möchte, einmal seinen Job zu machen, damit er ihn haben kann. Ich biete ihm an, am Montag dabei zu sein, wenn er von der Fahrt mit der alten Mrs. Wilkinson nach Hause kommt, und mich um das Pferd zu kümmern und es zu verabschieden. Als ich ein Junge war, habe ich es oft für ihn getan, damit er weiß, dass ich es schaffen kann, obwohl ich nicht sagen möchte, dass er über mein Angebot nicht ein bisschen überrascht sein wird, sozusagen. Ich glaube, ich würde vielleicht am besten sagen, dass ich es gegen Entgelt tue. Ich wette, er wird eine gute Figur sein, wenn es um seine junge Dame geht. Außerdem sage ich, dass ich das Pferd morgens füttere, damit es nicht den letzten Zug zurück nehmen muss, sondern über Nacht zu Hause bleiben kann. Nachdem ich ihn vom Gelände gesehen habe, schlüpfe ich in seine Livree – er ist ein größerer Mann als ich, wenn auch nicht so lange in den Beinen – und ich setze das Pferd wieder ein und fahre nach Covent Garden, um es zu holen Dame auf. Wir können sagen, dass der Prinz seine eigene Kutsche für sie schickt."

Madame Querterot weinte vor Freude und Rührung fast an Berts Hals.

„Du wirst uns retten, mein lieber Freund!" rief sie und drückte seine Hand, ein Zeichen dafür, dass er es ärgerte, indem er sie brutal wegriss. „Was für ein Geist, was für ein Genie, an ein so großartiges, so vom Himmel gegebenes Gerät zu denken! Lass es so sein, wie du sagst. Ich bin mir jetzt sicher, dass alles gut gehen wird."

Diese letzten Tage waren eine arbeitsreiche Zeit für Madame Querterot, denn es galt, sich um bestimmte persönliche Details zu kümmern, die für den Erfolg ihres Plans von entscheidender Bedeutung waren. Rechnungen einzuziehen, Verkäufe zu arrangieren und Einkäufe zu tätigen. Endlich war alles erledigt, alles bereit, und sie stand in der Halle der Scholefield Avenue Nr. 13 und wartete mit nur einem Anflug von Nervosität auf das Geräusch von Rädern vor der Tür.

KAPITEL XXVI

SCHON ZU BEGINN des Abenteuers erkannte Bert die Schwierigkeiten der Rolle, die er spielen musste. Er hatte den zufriedenen – wenn auch misstrauischen und undankbaren – Ned dazu gebracht, seine Dienste in Sachen Pferd anzunehmen; und nachdem er gesehen hatte, wie er mit einem kleinen Paket aus braunem Papier wegging – das den äußeren Beweis seiner Absicht lieferte, bei seinen Leuten zu übernachten –, hatte er das Tier rechtzeitig wieder angespannt, sich in die Livree von Ned gekleidet und seine eigene geschmückt Kinn mit dem von Madame Querterot bereitgestellten falschen Bart, damit bei seiner Rückkehr keine Zeit verschwendet werden sollte. „Ich sehe wirklich wie ein Kerl aus", sagte er zu sich selbst, während er sein Spiegelbild im Spiegelstreifen im Geschirrraum betrachtete.

Es blieb ihm nichts anderes übrig, als nach Covent Garden zu fahren und seinen Platz in der Reihe der wartenden Fahrzeuge einzunehmen. Zu seiner Überraschung stellte er fest, dass dies nicht so einfach war, wie er erwartet hatte. Er entdeckte, dass der Versuch, Mrs. Wilkinsons braunes Pferd zu kontrollieren, das einen willigen Geist und ein hartes Maul hatte, eine ganz andere Angelegenheit war, als das alte und träge Biest zu lenken, das sich zwischen den Deichseln des Lieferwagens seines Onkels zu bewegen pflegte. Ihr Vorankommen war äußerst unregelmäßig, und er konnte mehrere Male nur knapp einem Unfall entgehen. Die Vorsehung, die sich um schlechte Fahrer kümmert, ließ ihn jedoch nicht im Stich, und schließlich stellte er fest, dass er zu seiner großen Überraschung – denn zu einem bestimmten Zeitpunkt der Reise hatte ihn die Hoffnung völlig im Stich gelassen – einen der langen Reihen von Motoren und Fahrern bildete Waggons, die bereits in der Nähe des Opernhauses aufgereiht waren.

Nun begann eine Zeit, in der sich die Angst, dass die erwartete Vorladung ihn nie erreichen würde, mit etwas abwechselte, das der Hoffnung sehr ähnelte, dass dies nicht der Fall sein würde. Als er auf dem Bock saß, während Minute um Minute verging und immer noch keine Stimme nach Mr. Targons Kutsche schrie, überkamen ihn immer größere Bedenken hinsichtlich der Erscheinung, die er bot, und er spürte, dass seine schlecht sitzende Livree und der falsche Bart ihm in den Sinn kamen , den der Schal, den er um Hals und Kinn gewickelt hatte, nur teilweise verdeckte, muss die Augen jedes Betrachters auf sich ziehen; so dass kein Blick in seine Richtung geworfen wurde, sondern dass er darin Misstrauen und Misstrauen lesen konnte.

Selbst die scheinbar endloseste Spannung hat endlich ein Ende, und er hatte diese Qualen nicht länger als eine kurze halbe Stunde ertragen, als ihm die Worte, auf die er gewartet hatte, ans Ohr drangen und er aus der Schlange hervortrat gelang es, das braune Pferd unter den Portikus des Theaters zu führen.

Die sichere Durchführung dieses Manövers beanspruchte jedoch alle seine Kräfte, und erst als die Kutsche vor den Türen zum Stillstand gekommen war, hatte er Zeit, einen Blick in die Richtung der Dame zu werfen, die er entführen sollte. Mit einem Schock der Überraschung und Bestürzung sah er, dass nicht nur eine, sondern zwei elegant gekleidete Frauen die Kutsche betreten wollten.

Zu mehr als einer schwachen Einwendung hatte er nicht den Mut; Tatsächlich erforderte es allen Mut, den er aufbringen konnte, um in der Gegenwart der wartenden Diener und im strahlenden Schein der Lampen überhaupt seine Stimme zu erheben. Nachdem er in zunehmender Verwirrung und Unentschlossenheit ein Stück weitergefahren war, hielt er an und versuchte erneut, Barbara zum Aussteigen zu bewegen; Aber die Aufmerksamkeit, die die anschließende Diskussion bei den Passanten erregte, und der Anblick eines herannahenden Polizisten waren zu viel für seine Nerven, und er beschloss hastig, weiterzufahren und Madame Querterot zu überlassen, sich um diese unerwartete Komplikation zu kümmern. Ein flüchtiger Blick auf ihr Gesicht, als sie in der Scholefield Avenue ankamen und sie sah, was passiert war, trug nicht gerade zu seinem Seelenfrieden bei. Er fuhr zu Mrs. Wilkinsons Ställen, löschte die Kutschenlampen und spannte das braune Pferd im Schein seiner Taschenlampe so leise und schnell wie möglich ab, und sein Herz sank bei der Vorstellung, was sie zu ihm sagen würde, wenn er ist zurückgekommen. Es war ein Glück, dass das Stalltor zu einer so einsamen Straße führte, wie sie hinter den Gärten der Häuser in der Scholefield Avenue verlief.

Auf der anderen Straßenseite lag eine kahle Wand, in Abständen mit Türen zu den Gärten hinter den Häusern in der Westford Avenue, die dahinter lagen, übersät. Ein paar hundert Meter weiter gab es einen weiteren Stall; aber wenn nicht jemand wach war und in dieser Richtung unterwegs war, war Berts Wahrscheinlichkeit gering, dass seine Anwesenheit und seine Bewegungen entdeckt wurden. Trotzdem konnte er sich keinen Augenblick lang sicher fühlen, und erst als er alles einigermaßen in Ordnung gebracht und die Tür der Box hinter sich geschlossen hatte, atmete er wieder auf. Er eilte um die Nummer 13 herum und sah hinter jedem Baum und in jedem Schatten die eingebildeten Gestalten lauernder Polizisten, und mit einer Hand, die bereits vor Aufregung zitterte, klopfte er dreimal an die Tür, womit er, wie vereinbart, Madame Querterot seine Rückkehr signalisieren sollte.

Sie begrüßte ihn, wie er befürchtet hatte, mit einem Sturm geflüsterter Vorwürfe. Was hatte er sich dabei überlegt, das Mädchen ins Haus zu bringen? War er verrückt? Als sie ihn jedoch im Licht des Gasstrahls, der am

Fuß der Treppe brannte, ansah, sah sie deutlich, dass er sich in einem Zustand der Nervosität befand, mit dem sie nicht gerechnet hatte; und dass sie, wenn er ihr in der Krise, die ihnen bevorstand, von Nutzen sein wollte, sich besser damit befassen sollte, ihn zu beruhigen, statt ihn noch mehr zu verärgern.

„Nun, nun", unterbrach sie ihre eigenen Worte, „es hat vielleicht keine so große Konsequenz. Möglicherweise etwas mehr Ärger für Sie; aber darüber reden wir später. Im Moment müssen wir zur Sache kommen. Diese Sommernächte sind kurz und wir haben vor dem Morgen noch viel zu tun. Gehen Sie ins Esszimmer, während ich Miss Turner dazu überrede, ihre Freundin zu verlassen. Ich werde sie in die Bibliothek bringen, wo sie vorerst nicht im Weg sein wird."

Nach ein paar Minuten, in denen Bert atemlos in der Dunkelheit des Esszimmers wartete, war sie wieder zurück und verkündete flüsternd, dass alles in Ordnung sei. Barbara war ins Hinterzimmer geführt worden; und oben wartete Frau Vanderstein allein und erwartungsvoll auf die Ankunft des Prinzen.

„Sie hat all ihren Schmuck angezogen", kicherte die Französin und zog ihre Handschuhe an. „Und sie glaubt kaum, dass es hier zwei Menschen gibt, die sie so wertschätzen, wie es ihr Prinz niemals könnte." Ah! Bah! Gibt es Dummköpfe auf der Welt? Nun, mein Freund, du weißt, was du tun musst. Wir stürmen in den Raum, du ergreifst dieses schöne Geschöpf und hältst es fest, während ich ihr einen kleinen Hauch Chloroform verabreiche, der sie ruhig halten und jeden Aufschrei verhindern soll, damit wir ihr die Edelsteine in aller Ruhe abnehmen können. Sehen Sie, ich habe die Flasche bereit. Allons donc; à la besogne!"

Sie gingen leise und schnell die Treppe hinauf. Da nun der Moment zum Handeln gekommen war, war Berts Selbstvertrauen einigermaßen wiederhergestellt. Der Anblick der Diamanten, die im Licht der Brougham-Lampe glitzerten, als Mrs. Vanderstein aufgestanden war und ihn wegen seines schlechten Fahrens getadelt hatte, hatte seinen Appetit darauf geweckt, und die Aussicht, die glänzenden Dinger zu berühren, war angenehm. Innerhalb der vier Wände des Hauses, mit der verriegelten Tür zwischen ihnen und der störenden Außenwelt, schien es wieder sicher und begehrenswert genug, diesem verwöhnten Mitglied der müßigen Reichen ihre Juwelen abzunehmen und sie anschließend mit verbundenen Augen an einen abgelegenen Ort zu führen , wie sie es geplant hatten, und lassen sie dort frei, damit sie ihren eigenen Weg nach Hause finden kann. Selbst wenn sie wüsste, wo sich das Haus befand, zu dem sie verführt worden war, würde es leer und diskret still sein, wenn sie die rächenden Heerscharen der Polizei dorthin bringen könnte. Er selbst war so gut getarnt, dass sie ihn nie wieder erkennen konnte; außerdem würde sie ihn nur für einen Moment sehen. Zwar war ihr Madame Querterot gut bekannt, aber Madame Querterot hatte ihre eigenen Pläne, um unangenehme Folgen ihrer Tat zu vermeiden; so hatte sie es ihm mitgeteilt, und da er sie so gut kannte, zweifelte er nie an ihrer Absicht und Fähigkeit, für sich selbst zu sorgen. Eine Mischung dieser Gedanken ging ihm durch den Kopf, als sie die Treppe hinaufstiegen und einen Moment an der Tür des Wohnzimmers innehielten. Dahinter war kein Laut zu hören, und mit einem aufmunternden Flüstern an ihre Begleiterin drehte Madame Querterot die Klinke und ging hinein.

Am Ende des Raumes erhob sich Mrs. Vanderstein, um sie mit strahlendem, errötendem Gesicht zu begrüßen. Sie war schon immer eine wunderschöne Frau, noch nie war sie so bezaubernd gewesen wie in diesem Moment. Das Lächeln verschwand von ihren Lippen, als ihr klar wurde, dass dies nicht der Liebhaber war, den sie zu sehen schien; aber bevor sie Zeit hatte zu sprechen, war Bert neben ihr, umklammerte sie um die Taille und zog sie zurück zum Sofa, während über den Mund, den sie mit einem vorwurfsvollen Schrei öffnete, die dicken Hände von Madame Querterot klatschten und etwas zwischen sich hielten, das sie erstickte sie mit seinem widerlichen, überwältigenden Geruch.

„Sehen Sie", sagte Madame Querterot nach einer kurzen Pause, „sehen Sie, sie schläft!" Dennoch hielt sie weiterhin den Flaschenhals über Mrs. Vandersteins Mund und Nase.

In diesem Moment wurde die Tür aufgerissen und Barbara stürmte ins Zimmer.

Bert sprang ihr entgegen, völlig im Bewusstsein, dass ihre Anwesenheit unerwünscht war. Es brauchte kaum Madame Querterots Ruf „Nehmen Sie sie weg", um ihn dazu zu bringen, sie an den Armen zu packen und sie halb zu stoßen, halb zu tragen, auf den Treppenabsatz und die schmale Treppe hinunter zur Bibliothek, wo er sie nach einer Minute zurückließ oder zwei sicher eingesperrt. Er lauschte eine Weile draußen vor der Tür, denn er glaubte, das Mädchen würde Alarm schlagen oder etwas Ungeahntes, Verzweifeltes tun, das ihre Sicherheit gefährden würde. Sie hatte bereits damit gedroht, das Haus anzuzünden, und er zerbrach sich den Kopf, um zu erraten, was ihr nächster Schritt sein könnte. Er hatte es übrigens nicht eilig, ins Wohnzimmer zurückzukehren, denn sein Herz klopfte unangenehm schnell, und der Anblick der hilflosen Dame, die sie so heftig behandelt hatten, die still und regungslos auf dem Sofa sank, hatte ihn mit Unbestimmtheit erfüllt Unbehagen.

Denn – der Gedanke ließ sich nicht mehr aus der Welt schaffen – was würde Julie von all dem halten? Konnte man sie jemals dazu bringen, sich um einen Räuber zu kümmern? Ja, das war er – ein Räuber. Sein stärkendes sozialistisches Geschwätz weigerte sich irgendwie, ihm in dieser Stunde der Not zu Hilfe zu kommen. Was würde Julie sagen? Schon jetzt untergruben Bedenken seine instabilen Entschlüsse. Er setzte sich auf halber Höhe der Treppe hin und vergrub sein Gesicht in seinen Händen.

Es dauerte zehn Minuten, bis er sich entschließen konnte, ins Wohnzimmer zurückzukehren.

Als er eintrat, blickte Madame Querterot schnell auf; Sie kniete neben der bewusstlosen Gestalt von Mrs. Vanderstein und war damit beschäftigt, den Verschluss eines Armbands zu öffnen. Neben ihr lag ein helles, mit Seide überzogenes Kissen auf dem Boden.

"Wo bist du gewesen?" Sie sagte. „Komm und hilf mir, diese Dinger loszuwerden.“

Bert ging hinüber und stellte sich ihr gegenüber. Als seine Augen auf der Gestalt ruhten, die so still auf dem Sofa lag, kamen ihm schreckliche Zweifel in den Sinn. Wie weiß, wie schrecklich sah Frau Vanderstein aus! Wie still, wie regungslos sie war. Konnte sie tatsächlich schlafen? Es gab keine Bewegung, die darauf hindeutete, dass sie atmete.

Bert sah Madame Querterot an.

„Madame Querterot!“ war alles, was er sagen konnte. Aber in seinen heiseren Tönen lag eine Welt voller Vorwürfe, und die Französin, die als Antwort auf seine Worte aufblickte, konnte den starren Blick nicht ertragen, mit dem er ihr ins Gesicht starrte, als erwarte sie, darin die schreckliche Wahrheit zu lesen. Armer Unschuldiger, in diesem Gesicht nach der Wahrheit zu suchen!

Dennoch konnte sie ihm dieses eine Mal nicht in die Augen sehen und ihr Blick wanderte verstohlen zur Seite.

Er wusste es jetzt; und in dem Schrecken und der Wut, die ihn überfielen, hätte er sie geschlagen, wenn das Sofa, auf dem Mrs. Vanderstein lag, nicht zwischen ihnen gewesen wäre.

Mit gesenktem Kinn und von seinem Kopf ausgehenden Augen streckte er sein Gesicht nach vorn zu ihr hin.

„Du hast sie getötet!“ er flüsterte.

Madame Querterot lachte ein wenig nervös. „Es war ein Unfall. Ich habe ihr etwas mehr Chloroform gegeben, als ich beabsichtigt hatte.“

"Das ist eine Lüge. Du hattest die ganze Zeit vor, sie zu töten. Dieses Kissen! Du hast sie erstickt! Ich sehe es jetzt. Oh! Ich sehe es in deinem Gesicht; Mörderin!"

„Bert, sei kein Dummkopf!"

„Nun, wir werden sehen, wer ein Narr ist", sagte er. „Ich gehe zur Polizei!"

„Mein guter Bert, Sie sind, wie ich sage, ein Narr", sagte Madame Querterot und nahm mit Mühe ihre übliche Selbstsicherheit wieder auf. „Wofür holen Sie die Polizei? Was wirst du ihnen sagen, nicht wahr? Dass Sie diese Frau in der Kutsche eines anderen hierher gebracht haben, die Sie zu diesem Zweck gestohlen haben; und dass ich sie getötet habe, nehme ich an? Eine wahrscheinliche Geschichte! Wenn Sie weg sind, werde ich schreien und zu Miss Turner rennen, die mich gut kennt; und ihr werde ich sagen, dass du das getan hast und dass du mich und sie nun auch ermorden würdest. Glauben Sie, dass die Polizei glauben würde, dass ich es getan habe? Ich bin nicht stärker als Frau Vanderstein. Es ist unmöglich, dass ich es alleine geschafft hätte, und das werden sie leicht erkennen. Aber es ist sehr gut möglich, dass du es geschafft hast, und glaub mir, Bert, wenn du nicht vernünftig bist und alles tust, was ich dir sage, bist du es, und nur du allein, der als Fortsetzung davon in der Luft baumeln wird Unfall."

Bei dieser Prognose, die, wie er sah, einen Hauch von Wahrscheinlichkeit an sich hatte, schwankte Berts Entschlossenheit, die nie ein verlässlicher Bestandteil seiner Kompositionen gewesen war, und ließ ihn im Stich. Er warf sich in eine Ecke des Zimmers, beklagte sein Schicksal und verfluchte seinen Gefährten mit unvoreingenommener Herzlichkeit.

Madame Querterot wartete, bis er seine Fähigkeit, Vorwürfe zu machen, erschöpft hatte, und beschäftigte sich damit, die Juwelen aus dem Körper von Mrs. Vanderstein in die Tasche zu transportieren, die sie zu diesem Zweck bereitgestellt hatte.

Dann war sie an der Reihe.

„Was", rief sie, „glauben Sie eigentlich, ich sei dumm genug, darüber nachzudenken, dieser Frau das Leben zu erlauben, wo doch ihre erste Tat darin bestanden hätte, mich verhaften zu lassen? Wie, glauben Sie, hätte einer von uns entkommen können, wo doch ich es war, der mit ihr alle Abmachungen getroffen hatte, dass sie in dieses Haus kommen sollte, und wo sie genauso gut wie Sie wusste, dass ich es war, der sie mit Chloroform behandelte? Ohne Ihre Hilfe hätte ich es nicht geschafft, daher sind Sie genauso verantwortlich wie ich; und noch mehr, denn du warst es, der sie ins Haus gebracht hat. Du hast das andere Mädchen auch mitgebracht, du tolles, dummes, wimmerndes Baby, und sie wird ebenfalls sterben müssen, bevor entweder du oder ich in Sicherheit sind. Und das wird allein Ihre Schuld sein, denn wenn sie nicht gekommen wäre, hätte sie von mir aus bis zum Jüngsten Tag leben können. Jetzt müssen Sie nur noch den Spaten holen, den ich heute

Nachmittag aus dem Werkzeughaus im Garten mitgebracht habe, und unter den Bäumen hinter dem Haus ein Grab ausheben, wo Sie das verstecken können." Sie tätschelte Mrs. Vandersteins Arm mit grausiger Vertrautheit.

Aber Bert, krank und ohnmächtig vor Entsetzen, weigerte sich absolut, in dieser Angelegenheit zu tun, was ihm gesagt wurde. In den sternenklaren Garten hinabzusteigen, endlose Stunden lang im Freien zu graben, mit jedem Schatten voller unbekannter Schrecken, die aus der Dunkelheit auf ihn zusprangen, sich von hinten auf ihn stürzten, mit jedem schleichend und schnatternd auf ihn zukamen Blatt, das sich bewegte, oder jeder zufällige Schritt in einer fernen Straße! Nein. Auch hier war es eine lange Arbeit, ein Grab auszuheben; er wusste das. Der Boden wäre hart; er würde eine Spitzhacke wollen. Auf jeden Fall würde er es nicht tun.

Nichts, was Madame Querterot sagen konnte, erschütterte ihn in dieser Entschlossenheit. Sie wurde immer unruhiger, denn es dauerte nur noch zwei oder drei Stunden, bis es dämmerte, und es begann so auszusehen, als müsse man den Körper dort lassen, wo er lag, als ihr durch eine glückliche Eingebung der Blumenständer auf dem Balkon einfiel. Würde Bert ihr dort helfen? Es wäre schneller und weniger gefährlich, wenn er es täte, aber wenn nötig, sagte sie, könnte sie das auch alleine schaffen.

Mit einem wütenden, zitternden Schmollen erklärte sich Bert bereit, zu helfen.

Er öffnete ein Fenster und öffnete die Befestigung der Fensterläden. Dann, nachdem sie das Gas abgestellt hatten, traten sie vorsichtig auf den Balkon hinaus, Madame Querterot trug den Spaten, und spähte, hinter der Balustrade gebückt, ängstlich die verlassene Straße auf und ab. Es war niemand zu sehen oder zu hören, und in rasender Eile begannen sie, die Pflanzen auszureißen, die den Blumenkasten schmückten. Auf Madame Querterots Anweisung hin schöpfte Bert schaufelweise lose Erde aus, bis die Kiste mehr als halb leer war und der Balkon hoch mit schwarzem Schimmel bedeckt war.

Sie stahlen sich zurück in den Salon und Madame Querterot holte aus einem Paket, das sie in einer Ecke des Zimmers aufbewahrt hatte, ein Bündel Kleidung, das sie Bert nach unten tragen und Miss Turner zum Anziehen geben sollte.

„Es würde niemals gehen", sagte sie, „wenn einer von ihnen Kleidung trägt, die als seine eigenen identifiziert werden könnte." Am besten wäre es, sie überhaupt nicht zu finden, aber es ist gut, auf alles vorbereitet zu sein, und obwohl ich befürchte, dass Mrs. Vanderstein früher oder später mit Sicherheit ans Licht kommt, ziehe ich es vor, diesbezüglich noch mehr

Vorsichtsmaßnahmen zu treffen Miss Turner, da ich gezwungen sein werde, die Verfügung über sie Ihrem dürftigen Verstand zu überlassen. Erzählen Sie dem Mädchen daher eine tolle Geschichte über die Absicht, ihr zur Flucht zu verhelfen, damit sie sich bereitwillig in diese Kleidung kleiden kann, die ich für den Vanderstein vorgesehen hatte. Sie werden alle in verschiedenen Lumpenläden gekauft, und auf keinem von ihnen gibt es Hinweise, anhand derer sie identifiziert werden könnten. Sagen Sie ihr auch, sie solle ihr Haar öffnen und es deutlich hochstecken, um es so weit wie möglich zu verbergen. Jetzt geh und tu, was ich sage."

„Aber es ist unmöglich", rief Bert, „dass auch dieses Mädchen getötet wird." Ich kann es nicht, ich werde es nicht zulassen!"

„Anstatt mich das machen zu lassen, mein lieber Bert", antwortete Madame Querterot ruhig, „ist es wahrscheinlich, dass Sie es selbst tun müssen." Aber darüber werden wir noch einmal sprechen."

Bert ging widerstrebend auf seine Mission, und als er zurückkam, hatte Madame Querterot sich ausgezogen und den Körper anständig in den Chintzbezug eines der Sofas gehüllt. Mrs. Vandersteins Kleider lagen in einem Haufen auf einem Stuhl daneben, und die Französin versuchte vergeblich, mit einem seidenen Unterrock einige große Flecken wegzureiben, die auf dem Teppich neben dem Sofa erschienen. Als Bert hereinkam, stand sie schnell auf und gab ihre Bemühungen auf.

"Was ist es?" Er fragte: „Was ist das auf dem Boden?"

"Nichts. Nur etwas, das ich verschüttet habe. Etwas Chloroform. Es kann leicht versteckt werden." Und sie schob das Sofa über den Platz.

Sie sagte Bert gegenüber nichts über das Gift, das sie verwendet hatte, und er ahnte es auch nicht, bis er am darauffolgenden Donnerstagabend die schreckliche Tortur auf sich nehmen musste, mitzuerleben, wie die Leiche von Mr. Gimblet ausgegraben wurde.

Nach einer ersten Erkundung des Balkons, um sicherzustellen, dass unten auf der Straße kein Polizist patrouillierte, trugen der junge Mann und die Frau den Leichnam ihres Opfers hinaus, legten ihn in das Grab, das sie vorbereitet hatten, und fielen dann schweigend dem Toten zu Aufgabe, den Erdhaufen, der auf dem Boden aufgehäuft war, wieder in die Kiste zu bringen. Als alles fertig war und die Blumen gepflanzt waren und wieder an ihrem alten Platz blühten, blieb immer noch eine Menge Erde übrig, für die im Bestand kein Platz war.

Madame Querterot holte ein paar Eimer des Hausmädchens und sie trugen den überschüssigen Schimmel durch die Hintertür in den Garten, wo sie ihn weit über die Blumenbeete verteilten. Es war ein langsames Geschäft und erforderte viele Fahrten, aber inzwischen befand sich Bert in einem Anfall von Angst, die zum Teil um seinen eigenen Hals ging und fast ebenso sehr von der Gewissheit, dass er Julie unwiederbringlich verlieren würde, wenn jemals eine Spur von ihr entdeckt würde Nachdem er die Arbeit in dieser Nacht erledigt hatte, erwies er sich als fügsamer, und als sie den Ort wieder in Ordnung gebracht hatten, war er bereit, den Vorschlägen seines findigen Anführers hinsichtlich ihres künftigen Verhaltens ein offenes Ohr zu schenken. Auf ihren Vorschlag hin setzten sie sich einander gegenüber in den hinteren Teil des Salons, um darüber zu sprechen, wie man am besten auch nur den Hauch von Misstrauen abwehren könne.

„Wir sind sicher genug", stellte Madame Querterot positiv fest; „Wie kommt es, dass du sagst? sicher wie eine Kirche! Das heißt, sobald das Mädchen entsorgt ist. Ah, mein Freund, Sie haben einen Fehler gemacht, als Sie die Aufnahme von Miss Turner in die *Party zugelassen haben* , aber es ist nicht unmöglich, diesen Fehler zu beheben. Hier ist das Chloroform. Was sagen Sie? Sollen wir die Komödie wiederholen, die wir gerade aufgeführt haben? Für mich bin ich bereit, für Sie meinen Teil beizutragen."

„Nein, nein", rief Bert schaudernd, „das nicht, das nicht! Außerdem", fügte er schwach hinzu, „gibt es auf dem Balkon nur einen Blumenkasten."

„Es ist wahr", sinnierte die Französin, „dass dort kein Platz für eine weitere Beerdigung ist." Und Sie weigern sich immer noch, ein Grab zu schaufeln? Vielleicht haben Sie morgen Abend mehr Mut?" sie schlug hoffnungsvoll vor.

Aber darauf machte Bert keine Hoffnung. „Es würde zu lange dauern", sagte er. „Ich habe es vielleicht vermasselt, mit der Arbeit anzufangen, aber ich konnte einfach keine Stunde durchhalten, genauso wenig wie ich fliegen konnte. Ich werde tun, was ich kann, Madame Querterot; Ich möchte nicht für Ihre abscheulichen Morde gehängt werden, und wenn ich mich nicht auf andere Weise aus der Schlinge heraushalten kann, muss ich wohl tun, was Sie sagen – im Rahmen des Zumutbaren, das heißt. Ich glaube, es ist das Leben des Mädchens oder meines, und es kann mir nicht vorgeworfen werden, dass ich in einem solchen Fall zuerst an mich selbst denke", sagte Bert und weinte fast; „Obwohl ich in gewisser Weise nicht so sehr an mich selbst denke, sondern vielmehr an Joolie. Es wäre schön für sie, wenn es heißen würde, dass ihre Mutter gehängt wurde! Ein fairer Leckerbissen, das wär's!"

„Es ist sicher sehr rücksichtsvoll von Ihnen, Bert, diese Ansicht zu vertreten", sagte Madame Querterot mit bitterem Sarkasmus, „aber es nützt nichts, so zu reden, wenn Sie sich weigern, irgendetwas zu tun, um einen solchen Skandal zu verhindern, den ich Ich stimme mit Ihnen darin überein, dass man diese nach Möglichkeit vermeiden sollte. Hier ist eine andere Idee, obwohl ich denke, dass ich zu geduldig mit Ihnen bin und nicht noch mehr

Zeit damit verschwenden werde, Ihnen aus einer Gefahr herauszuhelfen, die Sie selbst über uns gebracht haben. Angenommen, Sie bringen das Mädchen an einen Ort mit tiefem Wasser – es gibt doch einen Kanal in der Nähe des Zoologischen Gartens, nicht wahr? – und stoßen es hinein, während es daneben geht. Sie wird dich gerne begleiten, wenn du sie glauben lässt, dass du ihr zur Flucht verhilfst, und du kannst einen Vorwand finden, ihr zuerst etwas Schweres anzuhängen, damit sie uns nicht belästigt, indem sie wieder an die Oberfläche steigt. In einer dunklen Nacht, in der es, wie Sie wissen, jetzt keinen Mond gibt, dürfte das leicht zu bewerkstelligen sein.“

Bert hatte viele Einwände gegen diesen Plan, und sie diskutierten andere, ohne ein besseres Ergebnis zu erzielen. Schließlich musste er zugeben, dass Ertränken die beste und einfachste Lösung des Problems war, und sie rang ihm das Versprechen ab, dass er die unglückliche junge Dame in der nächsten Nacht auf diese Weise loswerden würde.

Vergeblich betonte Madame Querterot die Gefahr einer Verzögerung und die Gefahren, die damit verbunden wären, Barbara die nächsten vierundzwanzig Stunden im Haus zu behalten. Bert war hartnäckig entschlossen, sich zu dieser Stunde nicht mit ihr hinauszuwagen, denn es war nur noch eine kurze Zeit bis zum Sonnenaufgang und jede Verzögerung würde bedeuten, dass der Höhepunkt erst nach der völligen Dunkelheit der Nacht durch die aufkommende Morgendämmerung vollzogen werden müsste. Sogar Madame Querterot musste zugeben, dass an seinem Argument etwas dran war, und schließlich wurde beschlossen, dass er warten sollte, bis ein weiterer Tag vergangen war.

In der Zwischenzeit würde die Französin, wie bereits vereinbart, unverzüglich England verlassen und die Juwelen mit sich führen, die sie, wie sie Bert versicherte, in ihrem eigenen Land sehr leicht unbemerkt entsorgen könnten, wie sie es getan hatte hatte dort alte Freunde, die „in diesem Geschäft“ waren. Sie versprach treu, ihm die Hälfte des Erlöses zu überweisen, sobald sie das Geld erhalten hätte.

Ménage vorbereiten . Ich denke, Sie werden meine Tochter weniger launisch finden, wenn ich weg bin. Sie wird einsam sein, die arme Kleine, ohne ihre Mutter.“ Madame Querterots Stimme zitterte vor Aufregung bei dem Gedanken, und sie hob ihr Taschentuch ans Gesicht, um eine Träne wegzuwischen – oder um ein Lächeln zu verbergen?

Trotz aller Beteuerungen gelang es ihr nicht, Bert ihr Vertrauen in ihre Sicherheit vor Verdacht zu vermitteln.

„Sie werden sehen, irgendetwas wird die ganze Show verraten“, sagte er immer wieder, halb um sich zu trösten, sich selbst widersprechen zu hören. „Mord wird raus; das ist bekannt.“

"Es ist unmöglich." Madame Querterot sprach mit erfrischender Überzeugung. „Absolut unmöglich, wenn man die Kanalangelegenheit mit Diskretion regelt. Halten. Sie gehen unschuldig einen öffentlichen Weg am Wasser entlang, mit einem Begleiter, der, mein Dieu! ist so ungeschickt, dass man stolpert und hineinfällt. Wenn jemand von dem Platschen angezogen wird oder sie schreit und gehört wird, tun Sie dann nicht Ihr Möglichstes, um sie zu retten? – wenn möglich, wenn möglich, an einer anderen Stelle auf dem Wasser Bank an die Stelle, an der sie solch eine unglückliche Ungeschicklichkeit an den Tag gelegt hat – aber das ist eine entfernte Chance, denn mit der richtigen Sorgfalt wird es Ihnen gelingen, dass der Contretemps an einem Punkt auftritt, von dem aus kein Lärm die Ohren von Fremden erreicht.“

„Ich weiß, wo es eine Lücke im Zaun gibt, der entlang der Parkseite des Kanals verläuft“, unterbrach Bert unwillkürlich.

„In Trauer um ihren Verlust“, fuhr Madame Querterot fort, „aber schweigend, verstehen Sie, setzen Sie Ihren Weg fort, und die Welt hört nichts mehr von Miss Barbara Turner.“ Selbst wenn ihre Leiche irgendwann gefunden wird, wird es nichts darauf geben, was als Eigentum einer bestimmten Person erkennbar wäre; Und wer würde die Trägerin der von mir bereitgestellten Kleidung mit der modischen jungen Dame in Verbindung bringen, die möglicherweise in ihrem Haus in der Grosvenor Street vermisst wird? Niemand. Ich wiederhole, niemand. Was Frau Vanderstein betrifft, sind wir noch völliger über jeden Verdacht erhaben. Erstens wird zumindest für einige Wochen niemand dieses Haus betreten. Dabei ist es unwahrscheinlich, dass der Blumenständer berührt wird. Obwohl die Pflanzen erneuert werden, wird es meines Erachtens keine Gelegenheit geben, den Boden bis zu einer bedauerlichen Tiefe zu stören. Aber selbst wenn wir zugeben, dass das Glück vielleicht gegen uns schlägt und die Leiche entdeckt wird, wird sie nicht identifiziert. Ich schneide die Initialen ab, die auf ihr Hemd gestickt waren, und den Rest der Kleidung werde ich jetzt mit nach Hause nehmen und verbrennen, bevor ich meine Reise antrete. Und ich habe eine noch bessere Idee, jeden Verdacht von uns abzulenken. Hören Sie sich das an.“

Und sie legte Bert einen Plan vor, der dazu führte, dass er die Augen öffnete und die Kühle und den Mut der Frau unwillig bewunderte. Ein solcher Kurs, wie sie ihn einschlagen wollte, hätte völlig außerhalb seiner Kräfte gelegen, und das wusste er wohl; tatsächlich schien es auf den ersten Blick einer fast unmenschlichen Kühnheit zu bedürfen, um es erfolgreich durchzuführen. Ihre Absicht war es, in ein großes Hotel an einer französischen Badestelle, Boulogne oder Dieppe, zu gehen und sich dort für ein oder zwei Tage als Frau Vanderstein auszugeben, aber nicht lange genug, damit die Freunde der Jüdin das herausfanden dort, aber lange genug, um keinen Zweifel daran aufkommen zu lassen, dass sie wirklich dort gewesen war, als die Tatsache später bekannt werden sollte.

„Bis die Anfragen auf der anderen Seite des Kanals eintreffen, werde ich weit weg sein", sagte sie zu Bert, „und der Hotelbesitzer wird alle Fragen zu unserer Zufriedenheit beantworten." Ich werde dafür sorgen, dass nicht ich meinen Namen ins Gästebuch schreibe. Der Manager wird so zuvorkommend sein, dies für mich zu tun, wenn er erfährt, dass ich mir am Finger leicht verletzt habe. Aber ich werde mich nicht sehr gut fühlen, ich werde nach der Reise Ruhe brauchen. Ich denke, ja, ich denke, dass ich den Arzt holen werde. Wenn er weg ist, werde ich verraten, dass er mir gesagt hat, ich solle ein paar Tage in meinem Zimmer bleiben, und werde daher während meines gesamten Besuchs oben bleiben. Wenn ich gehe, werde ich zweifelsfrei festgestellt haben, dass die Dame, die ich verkörpere, im Hotel übernachtet hat, als sie in London gesucht wurde, und danach wird im Ausland nach ihr gesucht. Sobald sich die Polizei in ihren dummen Köpfen festgesetzt hat, dass Mrs. Vanderstein England verlassen hat, können sie ihre Leiche ausgraben, sobald sie wollen, und ich für meinen Teil werde keinen Moment der Sorge verspüren."

„Aber", wandte der erschrockene Bert ein, „die Leute im Hotel werden dich beschreiben, und das wird ein Hinweis sein."

„Sie werden mich beschreiben", sagte Madame Querterot leichthin, „oder sie werden Mrs. Vanderstein beschreiben. Es wird dasselbe sein. Wir sind uns sehr ähnlich, sie und ich. Das heißt", fügte sie hastig hinzu, „wir waren uns sehr ähnlich." Was meine Haarfarbe angeht, muss ich allerdings ein großes Opfer bringen. Aber ich habe beschlossen, den Wert zu vergessen, den nicht ich allein immer dem goldenen Farbton meines *Chevelure beigemessen habe* , und ihn noch am selben Morgen schwarz zu färben, bevor ich meine Reise antrete. Du siehst, ich schrecke vor nichts zurück! Ich verspreche Ihnen, dass Sie selbst bei einem Kleid, wie Vanderstein es getragen hätte, und einer geringfügigen Veränderung meiner Hautfarbe Zweifel daran haben würden, wer ich bin. Es besteht kein nennenswertes Risiko, obwohl es ein wenig wert ist, meinen Rückzug durch eine so meisterhafte List zu decken."

Mit Berts Hilfe wurden die Kleidungsstücke der beiden Damen gefaltet und zu einem ordentlichen Päckchen zusammengelegt, dann mit ein paar weiteren Ratschlägen und der besonderen Empfehlung, nie ohne Vorsichtsmaßnahme Handschuhe zu tragen – denn sie war tief beeindruckt mit den Gefahren, die unvorsichtige Fingerabdrücke mit sich bringen – sagte Madame Querterot hastig Lebewohl, da die frühe Sommerdämmerung nahte, und im nächsten Moment hatte sich die Hintertür des Hauses hinter ihrer verschwindenden Gestalt geschlossen.

Bert, allein gelassen ohne die Unterstützung durch die Hilfsbereitschaft und das ruhige Selbstvertrauen der Frau, wäre bald wieder in Verzweiflung versunken, wenn seine Zeit nicht zu sehr in Anspruch genommen worden wäre, um zum Nachdenken zuzulassen. Außerdem war er inzwischen so müde und erschöpft von den Gefühlen, die er durchgemacht hatte, dass er nicht mehr in der Lage war, zusammenhängende Gedanken zu fassen, und er war mehr als zufrieden damit, seinen ganzen Geist der Ausführung der Anweisungen zu widmen, die er erhalten hatte.

Seine erste Aufgabe bestand darin, eine Bürste aus dem Schrank unter der Treppe zu holen und den Boden im Flur sowie die Teppiche auf der Treppe und im Wohnzimmer zu fegen und zu bürsten. Er war bei der Arbeit unbeholfen, machte aber durch Gründlichkeit wett, was ihm an Geschick fehlte. Überall lagen kleine, glänzende Kleisterstücke von Mrs. Vandersteins Kleid verstreut; Er fegte große Mengen davon zusammen, aber dennoch entgingen einige, die besser verborgen waren als andere, seinem Fleiß.

Dann stellte er die Möbel, die bewegt oder durcheinander gebracht worden waren, zurecht und öffnete leise die Fensterläden des Esszimmers und des hinteren Wohnzimmers, denn er wollte nicht, dass der Ort unbewohnt aussah. Er brachte es jedoch nicht über sich, die Fensterläden des vorderen Salons zu berühren, obwohl er die verächtlichen Worte zu hören schien, die Madame Querterot geäußert hätte, wenn sie noch anwesend gewesen wäre. Er lauschte einige Zeit an der Tür der Bibliothek, doch von drinnen kam kein Laut; Da er schließlich nichts mehr zu tun sah, schlich er sich leise aus dem Haus und zurück zu seiner Unterkunft, wo er trotz der Ängste, die ihn verfolgten, und der schrecklichen Erinnerung an die Arbeit der Nacht bald in den Schlaf der Erschöpfung schlief.

Allerdings nicht mehr lange. Nach ein paar Stunden weckte ihn sein Wecker und er machte sich auf den Weg, um sich den neuen Schrecken zu stellen, die der Tag mit sich bringen würde. Er musste das braune Pferd füttern, erinnerte er sich; es würde nicht genügen, Ned zu ärgern.

Danach folgte das Frühstück, auf das er zu seiner Überraschung einen gewissen Appetit verspürte, und bald war es Zeit, mit seiner täglichen Routine in Ennidge und Prings Büro zu beginnen.

Jedes Mal, wenn die Tür an diesem Tag und an den folgenden Tagen geöffnet wurde, erwartete Bert, einen Polizisten eintreten zu sehen. Aber der Abend kam, ohne dass ein solcher Albtraum wahr wurde, und es gelang ihm sogar, im Laufe des Abends noch einen weiteren unruhigen Schlaf zu ergattern, bevor er wieder seinen Tarnbart annahm und heimlich zum Haus in der Scholefield Avenue zurückkehrte, wohlwissend, dass das Schlimmste vor ihm lag Teil des gesamten Unternehmens. Er hatte jedoch zu viel Angst um seine eigene Sicherheit, um zu zögern.

Darauf hatte Madame Querterot gerechnet, als sie im Geiste seine Wertschätzung für seinen eigenen Hals gegen das abwog, was sie als seine milchige Zimperlichkeit bezeichnet hätte. Es war schwer, allein und im Dunkeln in diesem Haus des Todes zu bleiben und bis in die frühen Morgenstunden zu warten, in denen sein Projekt am besten in Angriff genommen werden konnte.

Bert tat sich sehr, sehr leid, als er heftig zitternd in einem Sessel im Esszimmer saß. Sein Mitleid erstreckte sich nicht auf die andere Seite der Trennwand, wo das Mädchen, dessen Leben er im Begriff war zu nehmen, die letzten vierundzwanzig Stunden in derselben Dunkelheit und Einsamkeit gesessen hatte. Für sie war Bert, der von Natur aus und von seiner Erziehung her durch und durch egoistisch war – da er, in der düsteren Gesellschaft seiner Ängste im Schatten kauernd, die Stunden schüttelte –, von Anfang bis Ende von keinem lähmenden Anflug von Mitleid geschüttelt. Obwohl sein Herz manchmal vor Mitgefühl zu platzen drohte, reichte es kaum aus, um Albert Tremmels dringende Not zu stillen; und als er wie sie das ferne Murmeln hörte, das den herannahenden Sturm ankündigte, und das wütende Dröhnen des Donners begann, näher und näher zu grollen, obwohl er bei jedem Klatschen zusammenzuckte, als wäre es tatsächlich die zornige Stimme des Rächers, der sich näherte Sein ganzes Wesen schrie vor Groll gegen dieses Urteil auf, das im Himmel über ihn gefällt wurde, und gegen die Gewissheit, dass es von der Menschheit gebilligt werden würde.

Er hatte vor, bis zwei Uhr zu warten, aber es war noch nicht einmal halb eins, als er aufstand und seiner einsamen Wachsamkeit nicht mehr gewachsen war. Bring es lieber hinter dich, sagte er sich, wie ein Patient im Zahnarztzimmer, dem ein Zahn gezogen werden muss. Nur dieser Zahn gehörte nicht ihm. Er war schon vor langer Zeit zu dem Schluss gekommen, dass der Spaten das Beste sei, um den Untergang seines Opfers sicherzustellen, und hatte ihn mit einem daran befestigten Stück Schnur bereit neben der Tür abgelegt.

Mit diesem schweren Stück Eisen beschwert, so tröstete er sich, würde es einen einzigen Spritzer geben und alles wäre vorbei. Der Anblick einer kämpfenden Gestalt, die an die Oberfläche stieg und ihn vielleicht um Hilfe oder Gnade anrief, blieb ihm erspart, was er vor allem am meisten fürchtete.

Er stärkte sich mit einer mentalen Vision, in der Julie, der Henker und die Leiche im Blumenständer oben miteinander vermischt waren, schloss er die Bibliothekstür auf und stieß sie auf.

Es ist nicht nötig, noch einmal von seinem Spaziergang mit Barbara durch den strömenden Regen und das Getöse des Sturms zu erzählen, der heftiger und langwieriger war als alle anderen, die in einem Jahr, das für die Zahl und Heftigkeit seiner atmosphärischen Unruhen bemerkenswert war, über

London hereinbrachen. Das Entsetzen, mit dem er im letzten Moment, als er versuchte, Barbara die Schaufel an den Kopf zu binden, bevor er sie ins Wasser stieß, die Gestalt des herannahenden Polizisten erblickte, muss nicht beschrieben werden. In einem Anfall von Enttäuschung, Wut und Angst hob er die Schaufel und schlug immer wieder auf das Mädchen ein, verfehlte sie beim ersten Mal, und als sich der Stiel in seinem schwachen Griff drehte, traf er sie beim zweiten Schlag flach auf den Kopf, statt seitlich, wie er es versucht hatte. Er blieb nicht, um das Ergebnis zu sehen, sondern warf die Schaufel hin und floh um sein Leben.

Seine Beine waren lang und er konnte kurze Strecken schnell laufen. In wenigen Minuten hatte er sich und seinen Verfolger in der Dunkelheit verloren, aber er rannte immer noch blindlings weiter, bis seine äußersten Anstrengungen ihn nicht weiter ziehen konnten, als er sich in voller Länge auf einen der Parksitze warf und versuchte, ihn zum Schweigen zu bringen keuchender, schwerer Atem. Sollte der Polizist jetzt auf ihn zukommen, glaubte er, seine einzige Chance bestehe darin, einen tiefen Schlaf vorzutäuschen. Glücklicherweise wurde die Wirksamkeit dieses Plans nicht auf die Probe gestellt. Minuten vergingen, und niemand kam in seine Nähe. Es dauerte einige Zeit, bis er sich davon überzeugen konnte, dass er sich vorerst jeder Verfolgung entzogen hatte. Als er sich dessen endlich sicher war, ermutigte ihn diese Tatsache wunderbar. Wenn er so leicht entkommen könnte, wenn er tatsächlich in einen gewalttätigen Angriff verwickelt wird, würde es den Behörden in der Tat ein Ärgernis sein, ihn als einen derjenigen zu betrachten, die an einem Verbrechen beteiligt sind, das so gut verschwiegen ist wie das, an dem er nur unfreiwillig mitgewirkt hat.

Als er sich daran erinnerte, dass er überhaupt nicht wusste, welchen Schaden er Barbara zugefügt hatte, überkamen ihn erneut Zweifel. Es schien ihm, als hätte er sie getötet. Aber wenn nicht ... wenn nicht? Warum würde sie Madame Querterot nicht vergessen, obwohl sie ihn kaum denunzieren konnte? Und Madame Querterots erste Verteidigungslinie würde darin bestehen, ihn zu beschuldigen, wie sie selbst erklärt hatte.

Verfluche die Frau, wie er sie hasste! Von Anfang bis Ende war alles ihr Werk; er wünschte, oh, wie er wünschte, dass er sie getötet hätte. Wenn er früher daran gedacht hätte, sagte er sich wütend, wären ihm all diese Probleme erspart geblieben. Unter den gegebenen Umständen würde er wahrscheinlich an diesem Tag verhaftet werden.

Er verlor jedoch nicht den Kopf und ging sofort zurück zur Scholefield Avenue, wo er das zerbrochene Glas in der Bibliothek wegräumte und alles in diesem Raum in Ordnung brachte, wie er es bereits oben getan hatte. Dann überwand er seinen Widerwillen, ging mit seinem Besen auf den Balkon und fegte etwa eine Handvoll Erde zusammen, die sie mit dem Spaten nicht hätten entfernen können.

Er wusste nicht, wie er das zerbrochene Glas loswerden sollte, da es inzwischen hell geworden war und er sich nicht traute, hinauszugehen und es im Garten zu vergraben; Also ließ er es in der Kehrschaufel und fegte die Erdkörner in eine alte Zeitung, die er zerknüllte und hinten in den Schrank im Keller schob. Dann schloss er die Fensterläden wieder, denn er konnte es nicht ertragen, auch nur einen Augenblick im Zimmer ohne den freundlichen Schirm zu bleiben, der ihn vom Blumenständer trennte. Da er jedoch oben nichts mehr zu tun fand, ging er hinunter und schlug die Teile der Fensterscheibe in der Bibliothek heraus, die noch im Rahmen steckten; er glaubte, dass der leere Raum für längere Zeit unbeobachtet bleiben würde. Dabei schnitt er sich durch den Handschuh, den er im Gehorsam gegenüber Madame Querterots wiederholten Befehlen trug, in die Hand, und einige Blutstropfen fielen auf die glänzende Dose der Kehrschaufel, aber er wischte sie sorgfältig ab und polierte die Pfanne mit seinem Ärmel da es sicherlich nie poliert worden war, seit es die Werkstatt verließ und in den häuslichen Dienst kam.

Schließlich konnte sein besorgter Geist nichts weiter vorschlagen, und er betrachtete die Ergebnisse seiner Bemühungen mit einer gewissen Selbstgefälligkeit.

„Es stört mich", sagte Bert zu sich selbst, „wenn der klügste Detektiv auf dieser faulen Erde jetzt einen Hinweis finden könnte."

KAPITEL XXVII

KONNTE er nicht schlafen und fühlte sich schrecklich krank und erschöpft, als es Zeit wurde, ins Büro zu gehen. Mr. Ennidge, immer freundlich, bemerkte mitfühlend sein Aussehen und antwortete, dass er die ganze Nacht durch den Sturm wach gehalten worden sei. Der Tag verging ohne das erwartete Erscheinen des Polizisten, obwohl er in den Zeitungen die erste Anspielung auf das Verschwinden von Mrs. Vanderstein und Miss Turner sah und ein entsetztes Gefühl im Herzen sank, als er las, dass eine Suche durchgeführt wurde, obwohl dies der Fall war Er hatte natürlich die ganze Zeit gewusst, dass es ein Geschrei geben musste.

Er konnte keinen Hinweis auf seine Tat im Regent's Park finden und befürchtete, dass dies bedeutete, dass das Mädchen überlebt hatte, denn wenn er sie getötet hätte, wäre es sicherlich erwähnt worden. Doch wenn sie noch lebte, wäre es seltsam, dass Miss Turner immer noch als vermisst galt. Vielleicht war es ein Trick der Polizei, ihm falsches Vertrauen einzuflößen. Er konnte sich jedenfalls nicht vorstellen, was das bedeutete, und auf jeden Fall war er für eines dankbar: dass er alles geklärt und mit der Scholefield Avenue fertig hatte. Wenn sie glaubten, sie würden ihn dort noch einmal erwischen, lagen sie völlig falsch. Er würde den Ort nie wieder betreten, also helfen Sie ihm!

Er ging davon aus, dass sein Verbündeter entkommen war, und ging nach getaner Arbeit zu Julie, um sich zu vergewissern, dass alles gut gelaufen war.

Er fand sie verzweifelt über den Weggang ihrer Mutter, oder vielmehr über die Art und Weise, wie er fortging; und mit größtem Entsetzen und Empörung erfuhr er, dass Julie – wie sie später gegenüber Gimblet zugab – völlig mittellos zurückgeblieben war. Alle seine Ersparnisse waren bereitwillig Madame Querterot gegeben worden, um ihr bei der Flucht zu helfen, aber er hatte Dinge, die verpfändet werden konnten, und er drängte Julie, seine Hilfe anzunehmen. Das würde sie nicht tun.

Dann zeigte sie ihm die Perlenkette und er erkannte sofort, dass es sich um die Halskette handelte, die Mrs. Vanderstein getragen hatte. Seitdem hatte er in den Zeitungen gesehen, dass diese riesigen Perlen jedem Juwelier in Europa bekannt waren und es nicht an Prognosen gefehlt hatte, dass, wenn sie gestohlen worden wären, ein Versuch, sie zu verkaufen, zur Verhaftung führen würde der Diebe. Er hatte sich gefragt, ob Madame Querterot das wusste, und beruhigte sich, indem er dachte, dass die Freunde, die sie konsultieren sollte, es sicherlich wüssten, wenn sie es nicht wüsste. Aber jetzt erkannte er mit leidenschaftlichem Groll, dass sie es sehr gut gewusst hatte und die Halskette Julie überlassen hatte, ungeachtet des Verdachts, der auf ihre Tochter fallen könnte, wenn sie versucht sein sollte, sie zu verkaufen. Ja, es schien sogar möglich, dass sie Julie absichtlich verdächtigen wollte; Ansonsten war ihr Handeln nicht nachvollziehbar. Aber war es möglich, dass sie nicht nur seine, sondern auch ihre eigene Sicherheit aufs Spiel setzte, um ihren Zorn gegenüber ihrer Tochter zu befriedigen?

Bevor er die Bedeutung dieses letzten Manövers der Frau, die er seine Schwiegermutter nennen wollte, ganz begriffen hatte, erzählte ihm Julie von den Kleidern, die ihre Mutter ihr geschenkt und die sie bereits an eine Zweite verkauft hatte -Handhändler. Mit heiserer Stimme verlangte er eine Beschreibung der Kleidungsstücke, und als er sie erhalten hatte, brach er in so wütende Bemerkungen über die Torheit des Mädchens aus, sie zu verkaufen, und so wütende Verwünschungen über die Bosheit und Dummheit ihrer Mutter, dass Julie Anstoß nahm , und in einem Wutanfall, der ebenso heftig war wie sein eigener, wenn auch weniger gerechtfertigt, forderte er ihn auf, das Haus zu verlassen.

Einen Moment später war er voller Reue, und am Ende nahm sie seine unterwürfige Entschuldigung an. Dennoch war das Feuer seines Zorns nicht erloschen, sondern schwelte mit stumpfer roter Hitze in seinem Herzen, jederzeit bereit, in eine wilde Flamme zu springen, die darauf brennt, zu verzehren und zu verschlingen.

Als es Nacht wurde, konnte er trotz oder vielleicht gerade wegen seiner extremen Müdigkeit und angespannten Nerven nicht schlafen. Erst bei Tagesanbruch fiel er schließlich in einen unruhigen Schlaf, aus dem ihn ein Albtraum im Bett aufsprang und das Haus mit seinen Schreien störte. Seine wütende Vermieterin erschien in extremer Deshabille in seinem Zimmer, und ihre vernichtenden Anspielungen auf Delirium tremens brachten ihn auf die Idee mit der Brandyflasche. Sobald er sich angezogen hatte, kaufte er sich im nächstgelegenen Wirtshaus eins und trank ein gutes Glas Wein, bevor er die Tageszeitung aufschlug, die er gleichzeitig besorgt hatte.

Es war jedoch nichts Neues darin. Obwohl es viele Anspielungen auf die vermissten Damen enthielt, ging es nicht um ein Mädchen, das im Regent's Park auf den Kopf geschlagen wurde; und für Berts Befürchtungen wirkte dieses Schweigen wie eine Denunziation bedrohlich. Er empfand den Brandy als sehr beruhigend und nahm ihn mit ins Büro. Dort löste sein Erscheinen – das durch den Schlafmangel noch grässlicher war als in den Tagen zuvor – bei Mr. Ennidge so große Besorgnis aus, dass er zu Bert sagte, er solle lieber einen nehmen, da Mr. Pring abwesend sei und erst am Montag zurückkomme Feiertag am nächsten Tag, also Freitag.

Am Nachmittag begann er sich ein wenig besser zu fühlen und zu hoffen, dass alles doch irgendwie gut für ihn lief, als in der elften Stunde Mr. Gimblet auf der Bühne erschien. Von dem Moment an, als Bert verstand, wer er war und was sein Geschäft war, gab er sich verloren auf. Jetzt kam ihm jedoch ein unerwarteter Anflug von Mut zu Hilfe – eine Art Phantom der Realität, das man, wie man sich vorstellen kann, in der Brandyflasche finden konnte – und er kam zu dem Entschluss, dass er, wenn er unbedingt genommen werden müsste, es auch tun sollte auf keinen Fall auf eine eigene Offenbarung zurückzuführen sein.

Die Seelenqual, die er in den folgenden Stunden erdulden musste, lässt sich nicht mit Worten beschreiben. Die Furcht, die Spannung, das Gefühl körperlicher Schwäche, das ihn beinahe überwältigte, als er Zeuge der Suche des Detektivs wurde, und der letzte schreckliche Moment, als er sah, wie der Körper der armen Frau aus dem Grab gezogen wurde, wo er ihn für immer vor seinem eigenen, wenn nicht vor jedem anderen Auge verborgen geglaubt hatte, hätte die Nerven eines jeden Mannes strapaziert. Es war in der Tat eine Anhäufung von Schrecken nach dem anderen.

Welche unvorstellbare Hellsichtigkeit, welch übernatürliche Allwissenheit Gimblet dazu gebracht hatte, ausgerechnet dieses Haus in der Großstadt und ihren Vororten für seine Untersuchungen auszuwählen, überstieg Berts Vorstellungskraft ebenso sehr wie die Art und Weise, wie er es geschafft hatte, seine Rolle bei der grausigen Angelegenheit nicht gleich an Ort und Stelle preiszugeben.

Zu seinem fast ungläubigen Erstaunen schien ihn niemand zu verdächtigen, und anstatt, wie erwartet, in Fesseln abtransportiert zu werden, konnte er in seine Unterkunft zurückkehren, um sich dort in einem tiefen, mit Brandy versetzten Zustand von den Schocks zu erholen, die er erlitten hatte schlafen.

Am nächsten Morgen war er früh unterwegs, und das erste Plakat brachte ihm die Nachricht, dass Frau Vanderstein gefunden wurde und sich in Boulogne aufhielt. Er kaufte die Zeitung und beschloss, während er den Absatz las, in dem die Neuigkeit berichtet wurde, die Feiertage, die Mr. Ennidge ihm geschenkt hatte, damit zu verbringen, nach Boulogne zu rennen, um Madame Querterot zu sehen. Er hatte keine genaue Vorstellung davon. Aber seine Wut darüber, wie sie ihre Tochter behandelte, war immer noch glühend heiß, und jetzt gesellte sich noch wütender Groll darüber hinzu, dass sie von dem Verhalten abwich, zu dem sie sich bereit erklärt hatte. Was brachte sie dazu, nicht ruhig in ihrem Zimmer zu bleiben? Es war Wahnsinn, ausgegangen zu sein; Ja, tatsächlich, um ins Casino gegangen zu sein, den Ort von allen anderen, wo sie am wahrscheinlichsten von einigen Bekannten von Mrs. Vanderstein gesehen wurde. Wollte sie sie alle durch ihre Torheit und Rücksichtslosigkeit verlieren?

Und auf jeden Fall konnte er nicht ruhen, bis er ihr gesagt hatte, was er von ihr hielt.

Er ging zu einem Pfandleiher und sammelte durch das Verpfänden seiner Uhr und einiger Schmuckstücke, die seiner Mutter gehört hatten, genug Geld für die Rückreise. Dann nahm er zum ersten Mal in seinem Leben ein Taxi und fuhr nach Whitehall. Er hatte Gimblets Adresse auf der Karte gesehen, die er Mr. Ennidge geschickt hatte.

Higgs teilte ihm als Antwort auf seine Fragen mit, dass die gerichtliche Untersuchung erst am nächsten Tag stattfinden würde, so dass ihn nichts daran hindere, den Zehn-Uhr-Zug von Charing Cross aus zu nehmen. Es dauerte noch einige Zeit, bis er begann, in einem leeren Wartezimmer seinen falschen Bart aufzusetzen und an der Bar des Erfrischungsraums eine kräftige Portion Brandy zu schlürfen. Er fühlte sich sicherer, als er diese Vorsichtsmaßnahmen getroffen hatte, denn ihn hatte das ungute Gefühl geplagt, Higgs könnte ihm aus der Wohnung gefolgt sein.

Die Fahrt verlief ereignislos, das Meer so glatt wie ein Teich. Er wusste kaum, wie die Zeit verging, bis sie am Pier von Boulogne ankamen.

Er ging um den Hafen herum, erkundigte sich durch einfache Wiederholung der Worte „Hôtel de Douvres" nach dem Weg und folgte der Richtung, in die die Finger derer zeigten, die ihm antworteten.

Bald stieß er auf das Hotel am Digue, direkt am Meer. Der Name tanzte in goldenen Buchstaben einen Meter lang vor seinen Augen, aber mit großer Willensanstrengung hielt er sich fest und ging durch die Tür in die Halle.

Wie es der Zufall wollte, war niemand in der Nähe, und die einzige Person, die an seinem Eingang auftauchte, war ein kleiner Page oder Liftjunge.

Ja, Madame Vanderstein war in ihrem Zimmer. Würde Monsieur hinaufgehen?

Sicherlich würde Monsieur es tun; und er wurde in den Aufzug geführt und nach oben getragen.

Er hörte, wie Madame Querterots Stimme als Antwort auf das Klopfen des Jungen „Komm herein" sagte, und eine Minute später war er im Zimmer und die Tür schloss sich hinter ihm.

Einen Moment lang glaubte er, es müsse sich um einen Irrtum handeln, und wenn sie nichts gesagt hätte, wäre er umgedreht und geflohen. Sicherlich hatte er noch nie zuvor die wunderschön gekleidete, dunkelhaarige Dame gesehen, die sich über eine Kiste am Ende des Raumes beugte.

Aber als er ihre Stimme hörte, erkannte er sie wieder, obwohl der Unterschied in ihrem Aussehen, der durch ihr gefärbtes Haar und ihren geschminkten Teint verursacht wurde, wirklich wunderbar war. Sie trug ihr aufwändiges Kleid mit ruhiger Selbstsicherheit, und an ihrem Hals, in ihren Ohren, an ihren Fingern und Handgelenken funkelten Juwelen.

„Was zum Teufel machst du hier?" sagte sie in einem Ton tiefster Missbilligung.

Berts Stimme zitterte, als er das Papier aus seiner Tasche nahm und es ihr hinhielt.

"Hast du das gesehen?" er hat gefragt. „Jeder in London weiß, dass Sie hier sind. Es ist Wahnsinn, zu bleiben."

„Natürlich habe ich es gesehen", antwortete sie kühl. „Und natürlich werde ich nicht bleiben. Ich muss nur noch packen. In zehn Minuten werde ich klingeln, damit mein Gepäck nach unten gebracht wird. In einer halben Stunde kommt der Zug."

„Du wirst jetzt nie mehr entkommen", sagte er düster. „Wissen Sie auch, dass sie die Leiche von Mrs. Vanderstein gefunden haben?"

Diesmal war sie erschrocken.

"Was sagen Sie?" Sie weinte. „Welche *Bêtise* ist das?"

„Es ist wahr", sagte er. „Sie haben es letzte Nacht gefunden. Ich war dort."

"Du warst da? Letzte Nacht?" sie wiederholte. „Und Sie wurden nicht verhaftet, nicht verdächtigt? Nun, unser Stern beschützt uns dann tatsächlich."

„Nein, ich wurde nicht verhaftet", sagte er und beobachtete sie, „und Joolie wurde auch noch nicht verhaftet."

Sie erschrak, und einen Moment lang strahlten ihre Augen vor Hass und Bosheit, die sie für ihre Tochter empfand. Dann fielen ihre Augen auf ihn. „Julie", sagte sie, „warum sollte Julie verhaftet werden?"

„Weißt du es nicht?", fragte er. „Wie soll sie die Perlen, die Kleider und die Opernmäntel erklären?"

„Oh, die Kleider. Hat sie sie nicht verbrannt? Ich habe es ihr gesagt. Wenn nicht, muss sie es sofort tun."

„Und die Perlen – sollte sie die auch verbrennen?", sagte Bert ruhig.

„Sie sahen so schön an ihrem Hals aus, liebes Kind. Ich habe sie euch beiden als Hochzeitsgeschenk hinterlassen."

„Du hast sie verlassen, weil du wusstest, dass du sie nicht loswerden kannst. Mein Gott! Ich glaube, Sie wollten alles für sich behalten. Aber die Perlen waren zu gefährlich, also hast du sie Joolie gegeben! Sie müssen gewollt haben, dass der Verdacht auf sie fällt!"

„Mein lieber Bert, du bist absurd. Komm und hilf mir, dieses Portmanteau zu befestigen. Ich werde das Gepäck nach Paris aufgeben und den Zug selbst in Amiens verlassen. Von dort aus kann ich in eine andere Richtung gehen, und du wirst nie wieder von mir hören."

„Und die Juwelen zweifellos auch nicht."

„Oh, hab keine Angst, du sollst das Geld für die Juwelen haben!"

Madame Querterot begann mit dem Packen fortzufahren, das sie vorerst aufgegeben hatte. Während sie sich über den Kofferraum beugte und die Ecken mit zerknitterten Zeitungen füllte, summte sie ein fröhliches kleines Lied, und die angedeutete Missachtung seiner Vorwürfe machte Bert unerträglich wütend. Er stand ganz still da, bemühte sich heftig um Selbstbeherrschung und blickte sich um, in dem unbewussten Versuch, sein Gleichgewicht wiederzugewinnen, indem er seine Aufmerksamkeit auf einen alltäglichen Gegenstand konzentrierte.

Die frische Brise vom Wasser ließ die weißen Musselinjalousien am offenen Fenster flattern, und als Bert mit der Zunge über seine ausgetrockneten Lippen fuhr, schmeckte er den salzigen Geschmack des Meeres. Die Flut war hoch, und der Raum war erfüllt vom Lärm der brechenden Wellen, so dass das Rattern eines Karrens, der auf der Straße darunter vorbeifuhr, in der kontinuierlichen Lautstärke des Geräusches verschmolz und unterging.

Auf dem Tisch lagen mehrere ausgebreitete blaue Papierstücke, und er las die getippten Nachrichten von seinem Platz aus. Es waren die Telegramme, die Sir Gregory, Gimblet und Sidney an diesem Morgen an Mrs. Vanderstein geschickt hatten.

„Haben Sie diese beantwortet?" sagte er und zeigte auf sie.

„Ich habe Mr. Sidney geantwortet und eins an die Bediensteten in der Grosvenor Street geschickt", unterbrach Madame Querterot ihre Melodie, um zu antworten.

„Ich weiß nicht, wer Aberhyn Jones ist", fügte sie hinzu, „und auch nicht, wo er lebt, deshalb kann ich ihm nicht antworten; und ich habe noch nicht ganz entschieden, was ich dem Detektiv sagen soll."

Sie packte weiter und summte weiter. Bert schwieg eine Minute lang, dann sagte er ganz leise:

„Ich brachte das Mädchen zum Regent's Park, bis ans Ufer des Wassers; Und dann kam ein Polizist und hinderte mich daran, das zu tun, was wir vereinbart hatten."

"Was!" Madame Querterot hätte fast geschrien.

Sie stand aufrecht da und blickte Bert ungläubig und bestürzt an.

„Ich habe sie geschlagen und bin gerannt", fuhr er fort. „Ich glaube nicht, dass ich ihr großen Schaden zugefügt habe, sonst hätte ich es in den Zeitungen erwähnen sollen, und es gab nichts darüber."

„Wenn sie noch lebt, verstehe ich nicht, warum sie immer noch glauben, dass Mrs. Vanderstein hier ist. Aber das ist jetzt egal. Der Punkt ist, dass das Mädchen, wenn sie überlebt, sie auf meine Spur bringen wird. Ich werde jetzt nicht mehr so leicht entkommen können. Vielleicht ist es das Beste, zurückzugehen und sich der Sache zu stellen. Bringen Sie besser meine Geschichte ins Spiel, bevor sie Zeit haben, die Wahrheit herauszufinden."

Sie sprach nachdenklich, mehr mit sich selbst als mit ihrem Begleiter.

"Deine Geschichte!" wiederholte Bert und sprach nur ein wenig mehr als ein Flüstern. Seine Stimme kam irgendwie nicht heraus; es kam ihm vor, als würde er ersticken. „Du meinst, du wirst sagen, dass ich es getan habe! Warum sagst du nicht, dass du dich die ganzen Tage aus Angst um dein eigenes Leben vor mir versteckt hast? Das würde das Ganze gut abrunden!"

„Kein schlechter Vorschlag, Bert", sagte sie. „Ich muss auf mich selbst aufpassen, wissen Sie. Es wäre doch schade, wenn die Leute sagen würden, dass Julies Mutter gehängt wurde?"

Sie sprach mit einem höhnischen Grinsen. Sie hatte weder vergessen, dass Bert diese Worte an sie gerichtet hatte, noch hatte sie ihm vergeben. Sie hatte keine Angst davor, ihn sehen zu lassen, dass seine Vermutung über ihre Absichten richtig war; Sie empfand eine Verachtung für ihn, die zu völlig und tiefgreifend war, als dass sie sich vor irgendetwas fürchtete, was er sagen oder tun würde.

Unter klugen Schurken ist es ein häufiger Fehler, ihre Betrüger zu verachten, doch oft lernen sie auf eigene Kosten, dass die Gefahr von der unwahrscheinlichsten Seite kommen kann.

Der spöttische Unterton in ihrer Stimme war der letzte Tropfen, der Berts angeschlagenen Nerven zum Überlaufen brachte. Seine Wut erfasste ihn, sodass er nicht mehr wusste, worum es ging; er wurde zum Werkzeug in anderen Händen als denen von Madame Querterot.

„Oh du Teufel, du Teufel!" Er weinte, und seine Stimme war hoch und brüchig: „Aufhängen wäre zu schade für einen Teufel wie dich!" Du brauchst keine Angst zu haben, das wird man nie von Joolies Mutter sagen. Du hättest sie hängen lassen, du Teufel! Sie und ich, wir beide. Oh-oh--"

Die Luft war erfüllt vom Rauschen des Meeres. Es vermischte sich mit einem wahnsinnigen Lärm, der in seinen Ohren summte und einen Gedanken unmöglich machte. Vor seinen Augen sammelte sich ein Nebel – ein schrecklicher roter Nebel, in dem alles schwamm und tanzte.

Er sprang auf die Frau zu und hielt die Hände vors Gesicht, als wolle er etwas unsagbar Abscheuliches und Schreckliches abwehren. Dann schlossen sie sich ihr an die Kehle, und mit einem Schluchzen schüttelte er sie hin und her, wie ein Hund eine Ratte schüttelt, die ihn schwer gebissen hat.

Endlich ließ seine Wut nach. Als es vorbeiging, wurde ihm bewusst, was er tat, und mit einem Ausruf des Ekels lockerte er seinen Griff.

Sie fiel krachend nach hinten über den offenen Deckel der Kiste, die sie gepackt hatte. Unter dem Aufprall brachen die Scharniere, der Deckel brach ab und fiel mit ihr auf den Boden. Da lag sie, den Kopf nach unten, in einem unordentlichen Haufen, einen Arm in einem merkwürdigen Winkel unter ihrem Körper verdreht.

Bert zweifelte nie daran, dass sie tot war, und die Erkenntnis überkam ihn mit einem Gefühl der Befriedigung. An ihrem Hals, wo seine krampfhaften Finger danach gegriffen hatten, waren große bläuliche Flecken zu sehen, und er beugte sich über sie und betrachtete sie mit einem zufriedenen Lächeln. Sie wurden bereits schwarz.

Ein leises Geräusch im Nebenzimmer brachte ihn zur Besinnung.

Er schlich auf Zehenspitzen zur Tür und lauschte aufmerksam mit dem Ohr. Die Geräusche im Nebenzimmer hielten an, jemand schien Schubladen zu öffnen und zu schließen; aber es gab keine Bewegung im Flur, und nach einem Moment öffnete er vorsichtig die Tür und ging hinaus.

Niemand war zu sehen, und im Nachhinein ging er zurück, zog den Schlüssel ab und verriegelte die Tür von außen, so lautlos, wie er sie geöffnet hatte. Dann steckte er den Schlüssel in die Tasche und rannte die Treppe hinunter. Der Page, der ihn herbeigeführt hatte, tummelte sich im Flur, aber sonst war niemand zu sehen, obwohl er im Vorbeigehen einen flüchtigen Blick auf eine sitzende Gestalt in der Kommode erhaschte. Er zwang sich, innezuhalten, als er die Seite durchging, und sagte zu ihm:

"Frau. Vanderstein hat mich gebeten, Ihnen mitzuteilen, dass sie Kopfschmerzen hat und heute nicht wieder gestört werden möchte. Verstehst du?"

"Jawohl. Ich werde die Nachricht im Büro abgeben. Sie werden es dem Kellner und dem Zimmermädchen sagen.“

Der Page sprach perfekt Englisch und Bert war sicher, dass er seinen Auftrag erledigen würde. Um sicherzugehen, wiederholte er seine Aufforderung und gab dem Jungen einen Schilling, um ihn in sein Gedächtnis einzuprägen. Dann ging er äußerlich ruhig die Stufen hinunter.

Sein Impuls war, zurück zum Hafen zu gehen, aber vorsichtshalber machte er sich auf den Weg in die entgegengesetzte Richtung und näherte sich den Docks erst, nachdem ihn mehrere Abzweigungen von der Küste getrennt hatten. Allerdings gab es bis nach sieben kein Boot zurück nach England, und er blieb ganze drei Stunden im Hafen herum, was ihm wie drei Jahrhunderte vorkam. In einer ruhigen Ecke hinter einigen leeren Lastwagen entledigte er sich seines schwarzen Bartes, und als er ein Streichholz darauf anlegte, zerzauste er sich und verschwand in zwei oder drei Sekunden. Er mahlte die Asche mit dem Absatz in die Erde und ging mit einer Rücksichtslosigkeit, die ihn selbst überraschte, am Eingang des Hôtel de Douvres vorbei zurück, um zu sehen, ob er erkannt werden würde. Der Page lümmelte immer noch in der Tür und starrte ihn zu Berts Zufriedenheit mit leerem Blick an, als er vorbeiging. Er war sich sicher, dass man ihn nicht erkannt hatte, und ging leichteren Herzens zurück zum Hafen.

Dort beobachtete er, wie der Dampfer aus Folkestone ankam und seine Passagiere ausstieg, darunter – obwohl er es nicht wusste – der Mann, den die Londoner Polizei geschickt hatte, um Mrs. Vanderstein zu befragen; und ein paar Minuten später war es Zeit, an Bord des Bootes zu gehen, das ihn zurück nach England brachte.

Am nächsten Morgen fand er sich wieder an seinem Platz im Büro des Hausverwalters wieder, und als der Tag ereignislos verging, begann er ein Gefühl der Sicherheit zu verspüren, das ihm in letzter Zeit fremd gewesen war. Schließlich hatte er Stunden in der Gesellschaft von Londons größtem Detektiv verbracht, ohne irgendeinen Verdacht zu erregen; und jede Stunde, so glaubte er, trug zu seiner Sicherheit bei.

Er war vergleichsweise gut gelaunt, als er an diesem Abend nach Pimlico ging, um Julie zu besuchen.

Aber er fand sie schlechter gelaunt vor als sonst, und als er mit äußerster Diskretion einen höchst ungünstigen Moment wählte, um ihr seine Bewerbung zu machen, sagte sie ihm ganz offen, dass sie niemals einwilligen würde, seine Frau zu werden.

Sie habe nicht die Absicht zu heiraten, sagte sie; sie wolle ins Kloster gehen, wie sie es sich immer gewünscht habe. Aber, fügte sie mit unnötiger Grausamkeit hinzu – denn sie war noch immer wütend auf ihn wegen seines Verhaltens ein oder zwei Tage zuvor –, sie hätte ihn auf keinen Fall geheiratet. Sie erwiderte seine Gefühle nicht und war der Meinung, dass er und sie völlig unpassend füreinander seien; es sei viel besser, wenn er nie wieder an sie denken würde.

So kam es, dass er in tiefstem Elend und Verzweiflung fortging, und als die Polizei eine Stunde später an seine Tür klopfte, fanden sie einen derart gebrochenen und zerrütteten Mann vor, dass sie ihre Ankunft mit fast einer Erleichterung begrüßten.

Das war der Kern der Geschichte von Albert Tremmels; und da es sich im Verlauf seiner vielen Wiederholungen nie bis ins kleinste Detail veränderte, kann man sich vorstellen, dass es im Wesentlichen wahr war.

Ob dies die Meinung einer Jury gewesen wäre, lässt sich derzeit nicht sagen, da Bert im Gefängnis starb, während er auf seinen Prozess wartete. Seine stets schwache Konstitution hatte den körperlichen Strapazen und vor allem den seelischen Qualen, die er in dieser stressigen Woche ertragen musste, nicht standhalten können, und eine latente Neigung zu Krankheiten nutzte seinen geschwächten Zustand nicht lange aus . Die rasche Entwicklung war vielleicht zum Teil darauf zurückzuführen, dass er sich kaum bemühte, gesund zu werden, und offenbar keinen Lebenswunsch verspürte. Wofür hatte er tatsächlich, wie er sagte, gelebt?

Er zeigte keine Reue für seinen Angriff auf Miss Turner, sagte nur, dass es unnötig gewesen wäre, wenn er klug genug gewesen wäre, zuerst Madame Querterot zu töten, aber er beharrte mit seinem letzten Atemzug darauf, dass die Idee nicht seine war, genauso wenig wie der Gedanke der Mord an Mrs. Vanderstein, woran er, wie er beharrlich beteuerte, nie in den Sinn gekommen sei. Er freute sich jedoch über den Tod seines Verbündeten, und auch die Bemühungen des Gefängnispfarrers konnten ihn im Hinblick auf seine Tat nicht in eine bessere Stimmung versetzen. Im Gegenteil, er hörte nicht auf, sich über die Erinnerung daran zu freuen. Nicht einmal als er hörte, dass Julie ihm fromm ihre Vergebung verweigerte, trotz der Absichten ihrer Mutter gegen sie selbst, gab Bert nicht zu, dass er das, was er getan hatte, bereute. Es ist eine zynische Laune der Umstände, dass seine Liebe zu dem Mädchen, die rein und selbstlos und der einzig glaubwürdige Teil seines gesamten Wesens war, von Anfang bis Ende die inspirierende Quelle gewesen sein sollte, aus der seine Verbrechen hervorgingen.

KAPITEL XXVIII

ES dauerte ein paar Tage, bis Joe Sidney Barbara sehen durfte. Der Arzt hatte ihr die Nachricht vom Tod ihrer Freundin überbracht, und obwohl ihre Trauer tief war, ertrug sie den Schock besser, als sie befürchtet hatten, und machte weiterhin gute Fortschritte auf dem Weg zur Genesung.

Am Tag nach dem Tag, an dem sie die Wahrheit erfuhr, oder besser gesagt, eine abgedroschene Version davon, weigerte sich Sidney, sich länger verweigern zu lassen, und drang praktisch gewaltsam in das Privatzimmer des Krankenhauses ein, in das sie verlegt worden war.

Beim Anblick ihres traurigen, tränenüberströmten Gesichts, das von Bandagen umrahmt war und so ganz anders aussah als beim letzten Blick, erstarb die kleine Rede, mit der er sie zu begrüßen gedacht hatte, auf seinen Lippen, und er konnte es nur ertragen Schweigend hielt sie ihre Hand und blickte sie wortlos an, bis sich die Tür hinter der Krankenschwester geschlossen hatte, die, so sehr sie auch gerne geblieben wäre, glücklicherweise durch eine dringende Aufforderung, den Hausarzt woanders zu behandeln, daran gehindert wurde.

„Oh mein Lieber, ich dachte, du wärst tot", stammelte er.

Sie war immer noch sehr schwach, und während die Zärtlichkeit in seiner Stimme, noch mehr als die Worte selbst, ein schwaches kleines Lächeln reinster Zufriedenheit einen Moment lang um ihre Mundwinkel spielte, ließen sie auch das Blut zu ihr strömen Sie schwenkte ihr Gesicht in einer heißen, peinlichen Welle, sodass sie den Kopf abwandte und mit dem Gesicht zur Wand lag, ohne den bewussten Wunsch, sich vor ihm zu verstecken.

Dann ließ die Röte nach und sie blieb ganz bleich und still und still zurück, mit fest geschlossenen Augen. Sie wusste, wenn sie sie öffnete oder versuchte zu sprechen, würde sie nicht anders können, als zu weinen.

Sidney verstand ihre Stille nicht. Eine schreckliche Angst überfiel ihn, sie sei ohnmächtig geworden, und er blickte sich nach der Glocke um. Es war einfach außer Reichweite; Doch als er versuchte, die Hand zurückzuziehen, die noch immer die ihre hielt, schloss sie sich sanft um sie und ließ ihn nicht los.

Mit einem gedämpften Ausruf fiel er neben dem Kissen auf die Knie.

„Barbara, Barbara", rief er, „wirst du jetzt immer Hand in Hand mit mir gehen?"

Und mit immer noch abgewandtem Gesicht murmelte sie: „Immer, immer!"

Eine halbe Stunde später fragte er sie nach dem nicht unterschriebenen Telegramm, das sie ihm geschickt hatte. Was hatte sie gemeint, als sie sagte, dass ihm das Glück bevorstehe?

Sie gestand widerwillig ihre Entschlossenheit, ihm das Geld zu geben, das er brauchte.

„Natürlich wusste ich immer, dass du schlau und lieb genug bist, auch das zu schaffen“, sagte er. „Deshalb habe ich mich nicht unnötig um den Schlamassel gekümmert, in den ich geraten war.“

„Oh“, rief Barbara, „wie kannst du es wagen, das zu sagen! Du warst verzweifelt; Ich hatte Angst vor den Dingen, die Sie angedeutet haben.“

„Es war eine Schande von mir, so zu reden“, gab er beschämt zu. „Aber Sie haben mir nicht gesagt, wie Sie mich mit Geld versorgen wollten. Als ob ich es dir genommen hätte! Ich wusste nicht, dass du Millionär bist.“

„Wissen Sie, dass Herr Vanderstein mir 30.000 Pfund hinterlassen hat, die ich haben sollte, wenn die arme Frau Vanderstein sterben würde? Ich schätze, ich werde es jetzt bekommen“, sagte Barbara, ihre Augen füllten sich mit Tränen.

Joe streichelte in stillem Mitgefühl ihre Hand, und mit zitternder Stimme fuhr sie fort.

„Nun, ich wollte mir aufgrund meiner guten Aussichten 10.000 Pfund leihen und es Ihnen anonym bei Cox’s gutschreiben. Du siehst also, du hättest es nehmen müssen!“ sie schloss triumphierend. „Man hätte nicht gewusst, von wem es war.“

„Ich hätte es genau wissen müssen“, sagte er. „Von wem sonst könnte mir das Glück kommen, wenn nicht von dir? Ich wusste, dass Sie das Telegramm geschickt haben, wissen Sie?“

„Man hätte es nicht beweisen können und hätte das Geld nehmen müssen, weil es niemanden gegeben hätte, an den man es zurückschicken konnte.“

„Das sah dir ähnlich“, sagte Joe, „aber ich glaube nicht, dass du das Geld überhaupt hättest aufbringen können. Tante Ruths Leben war damals fast so gut wie deines, und du hattest eigentlich keine Sicherheit zu bieten, du dummer Schatz.“

Barbaras Gesicht verfiel. „Daran habe ich nicht gedacht, aber ich hätte sicherlich 10.000 Pfund bekommen können, wenn ich dafür 30.000 Pfund geboten hätte“, sagte sie traurig. „Aber das spielt jetzt doch keine Rolle, oder?“

Er beeilte sich, sie zu beruhigen und zu trösten.

„Und du wirst nie wieder wetten?" fragte sie plötzlich.

„Ich habe geschworen, dass ich es niemals tun werde", antwortete Joe. „Ich glaube, ich hatte eine Lektion, die härter war, als ich selbst brauchte."

„Wenn Sie jemals eine winzige Wette abschließen möchten", lächelte sie, „kann ich das vielleicht für Sie tun, wenn Sie brav sind."

„Nein, nein", sagte er ernst, „du musst es auch aufgeben. Ich möchte, dass Sie mir helfen, an meinen Vorsätzen festzuhalten. Versprechen!"

„Sehr gut", sagte sie, als sie sah, wie ernst er aussah; „Ich verspreche treu, nie wieder in irgendeiner Weise zu spielen, solange ich lebe."

„Jetzt sind wir in Sicherheit!" er weinte. „In der Tat habe ich all das Glück, das ein Mann in seinem Leben zusammenbringen kann, aufgebraucht, um Sie zu gewinnen, und daran werde ich denken, wenn ich jemals wieder versucht bin, etwas auf die Chance auf weitere Freundlichkeit durch die Hände des Schicksals zu setzen. "

„Seien Sie nicht dumm", drängte Barbara; „Dir steht noch jede Menge Glück bevor."

Und so werden wir diese beiden jungen Menschen in ihrer heiteren Zuversicht auf die glückliche Zukunft, die sie erwartet, zurücklassen, die, wenn auf dem Weg, den sie im Laufe der Jahre beschreiten werden, noch weitere Gefahren unvermutet bergen, ihnen nicht länger trotzen werden einsame Isolation, aber gestärkt und verstärkt durch eine dauerhafte Liebe.

DAS ENDE